Martin Zurmühle

DATA BECKERs
große digitale
Fotoschule

DATA BECKER

Wichtige Hinweise

Umschlagbild

Schlange, aufgenommen von Thomas J. Kiefer bei einer Reptilienshow. Er fotografierte das Reptil mit einer Konica/Minolta Dimage A1. Die Brennweite betrug 50 mm bei Blende 3.5 und einer Belichtungszeit von 1/80. Herr Kiefer hat die Lichtempfindlichkeit für diese Aufnahme auf ISO 200 eingestellt.

Copyright	© DATA BECKER GmbH & Co. KG Merowingerstr. 30 40223 Düsseldorf
Produktmanagement	Hans-Peter Kusserow
Textmanagement	Jutta Brunemann
Layout	Jana Scheve
Umschlaggestaltung	Inhouse-Agentur DATA BECKER
Textbearbeitung und Gestaltung	Astrid Stähr
Produktionsleitung	Claudia Lötschert
Druck	Media-Print, Paderborn
E-Mail	buch@databecker.de

ISBN 978-3-8158-2610-2

INHALT

1

Willkommen in der Welt der digitalen Fotografie

Der Siegeszug der digitalen Fotografie ist nicht mehr aufzuhalten. Es werden heute weltweit mehr digitale als analoge Kameras verkauft. Im Bereich der Kleinbildfotografie haben die Digicams die analogen Kameras verdrängt. Aber die digitale Fotografie ist mehr als nur ein Austausch des Films gegen den Chip. Sie erschließt uns neue Möglichkeiten und Chancen. Vieles, was früher sehr schwierig war, wird einfach. Dieses Buch zeigt Ihnen den Weg durch die Welt der digitalen Fotografie zu guten und ausdrucksstarken Bildern.

1.1 Pixel ersetzen Kristalle

Der Hunger nach Bildern ist auch im 21. Jahrhundert ungebrochen. Die digitale Fotografie hat den Alltag erobert. Die kleinen und handlichen Kameras sind immer und überall dabei und alles wird dokumentiert. Gemäß Untersuchungen fotografieren wir mit Digicams fünfmal mehr als mit den analogen Kameras. Aber werden unsere Bilder auch besser? Auf jeden Fall verändert die digitale Fotografie die Art, wie wir fotografieren. Sie bietet uns neue Möglichkeiten, Bilder auch in schwierigen Situationen zu realisieren und die Resultate sofort zu überprüfen und zu korrigieren. Dadurch können wir viel schneller lernen und uns verbessern. Diese Entwicklung ist vergleichbar mit der Ablösung des Handzeichnens in den Planungsbüros durch CAD vor 10 bis 15 Jahren. Das Resultat, der Plan, sieht ähnlich aus, die Arbeitsweise ist aber völlig anders. Neue Fähigkeiten sind nun gefragt. Zuerst sträubten sich viele Zeichner gegen die Umstellung. Dann aber war die Entwicklung nicht mehr aufzuhalten. Heute zeichnet kein Ingenieur- oder Architekturbüro mehr von Hand. In der digitalen Fotografie läuft die Entwicklung ähnlich. Die analogen und digitalen Bilder unterscheiden sich kaum. Der Weg zum Bild ist aber anders. Eine Vielzahl von technischen Möglichkeiten unterstützt (und verwirrt) den Fotografen. Vormals schwierige Situationen können spielend leicht bewältigt werden. Diese Möglichkeiten setzen aber ein großes Wissen und viel Engagement auf Seiten der Fotografen voraus.

▲ *Ein Knackpunkt in der analogen Welt, ein Kinderspiel in der digitalen. Aufnahme von der EXPO 2002 in der Schweiz mit Neonkunstlicht im Inneren eines Gebäudes, Fotograf: Martin Zurmühle.*

Dieses Buch richtet sich an ambitionierte digitale Fotografen und Fotografinnen, die ihre Kameras besser verstehen und beherrschen möchten. Die vielfältigen Kamerafunktionen werden erklärt und Wichtiges von Unwichtigem unterschieden.

Das Buch ist kein reiner Technikführer durch den Kameradschungel. Es ersetzt nicht die intensive Auseinandersetzung mit der eigenen Kamera. Es zeigt Ihnen aber, wie Sie mit diesen technischen Wunderwerken das Hauptziel erreichen, nämlich gute und ausdrucksstarke Bilder zu machen.

1.2 Diese Probleme der analogen Welt können Sie vergessen

Viele Probleme der analogen Fotografie wurden in der digitalen Welt gelöst. Früher mussten Sie vor jedem Shooting entscheiden, welchen Film Sie in die Kamera einlegen sollten (Farbe, Schwarz-Weiß, Negativ oder Dia).

▲ *Ein schönes Porträt von Anuschka mit großem Kontrastumfang, Fotograf: Martin Zurmühle.*

Diese Frage stellt sich heute nicht mehr. Obwohl digitale Kameras oft auch einen Schwarz-Weiß- oder Sepiamodus anbieten, so arbeiten Sie doch am besten immer in Farbe und wandeln die Bilder erst in der Bildbearbeitung um. Das ist viel flexibler und genauer.

Das Porträtbild von Anuschka hat so schöne Kontraste, dass sich eine spätere Umwandlung in Schwarz-Weiß geradezu aufdrängt. In Photoshop ein Kinderspiel mit dem Befehl *Bild/Anpassungen/Kanalmixer.* Aktivieren Sie das Feld *Monochrom* und stellen Sie die Werte 40 % für den Rotkanal und 60 % für den Grünkanal ein. Der Blaukanal kann bei Porträt- und Aktaufnahmen meistens vernachlässigt werden.

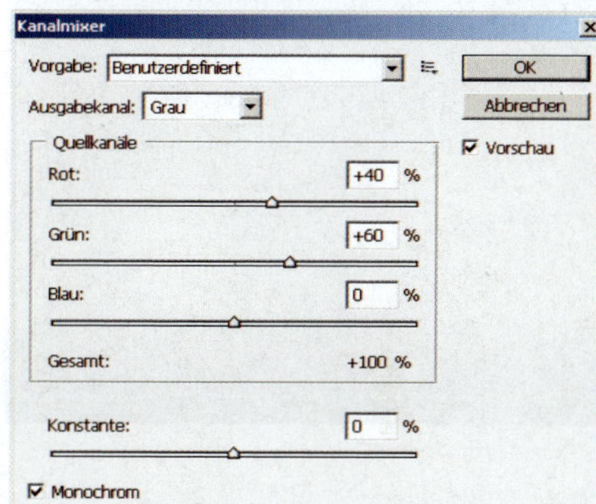

Das Resultat ist ein spannungsreiches und geheimnisvolles Schwarz-Weiß-Bild (siehe Bild auf der nächsten Seite). In der digitalen Welt haben Sie so immer die Möglichkeit zu entscheiden, wie Sie die Bilder am Ende präsentieren möchten.

Haben Sie allerdings bei der Kamera schon den Schwarz-Weiß- oder Sepiamodus eingestellt, ist eine spätere Umwandlung in Farbe in der Bildbearbeitung in der Regel nicht mehr möglich.

Digitale Fotografen müssen nicht mehrere Kamerabodys mit Filmen unterschiedlicher Empfindlichkeit mitnehmen. Vor jeder Aufnahme können die Einstellungen gewechselt werden. Zudem ist die Qualität

Größte Flexibilität dank digitaler Ausgangsbilder, das Porträt von Anuschka in Schwarz-Weiß, Fotograf: Martin Zurmühle.

der Bilder auch bei höheren ISO-Werten (je nach Kameratyp bis ca. ISO 1600) noch sehr gut.

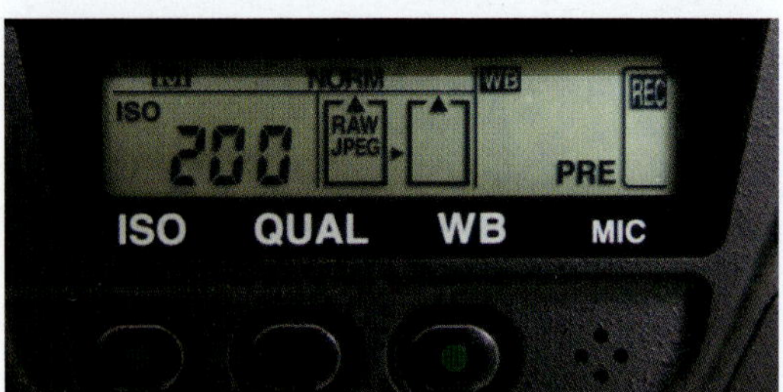

Empfindlichkeit (ISO), Qualität und Weißabgleich (WB) können bei jeder Aufnahme neu ausgewählt werden.

Der digitale Fotograf braucht fast keine Filter mehr. Die Sorgen mit den unterschiedlichen Farbtemperaturen haben mit dem automatischen Weißabgleich ihren Schrecken verloren. Und wenn Sie mit dem RAW-Format arbeiten (was ich engagierten Fotografen empfehlen möchte), können Sie die Farbtemperaturen auch später beliebig anpassen. Effektfilter sind überflüssig geworden. Das kann die Bildbearbeitung besser. Das chemische Schwarz-Weiß-Labor gehört für den digitalen Fotografen der Vergangenheit an. Er kann seine Bilder selbst in Schwarz-Weiß umwandeln und perfekt mit dem eigenen Drucker ausgeben. Damit sind Schwarz-Weiß- und Farbdrucke in bester Qualität möglich, die auch bei Fotowettbewerben gewinnen können. Der digitale Fotograf hat jetzt die Kontrolle über den gesamten Herstellungsprozess des Bildes. In der digitalen Welt sehen Sie die Resultate bereits vor oder unmittelbar nach der Aufnahme. Die Bildausschnitte können bei Kompaktkameras mit dem Kameradisplay sehr gut und präziser als mit dem Kamerasucher festgelegt werden, weil im Display das aufzunehmende Bild genau abgebildet ist. Auch einige neuere digitale Spiegelreflexkameras bieten diese Live-View-Funktion an. Nach der Aufnahme können bei allen Kameratypen die Bilder und die Tonwerte kontrolliert werden. Das lange Warten auf die Bilder aus dem Labor hat ein Ende.

Kameradisplay mit eingeblendetem Histogramm (Tonwertkurve).

Digitale Fotografen arbeiten günstig. Die Kameras und die Speicherchips sind wohl teurer als vergleichbare analoge Systeme, aber es entfallen die Kosten für Filme und die Entwicklung. Zudem werden nur noch gelungene Aufnahmen gedruckt. So amortisieren sich die Kamerakosten sehr schnell. Nun müssen Sie nicht mehr mit den Filmen aus Kostengründen geizen und können viel mehr experimentieren. Sie werden dadurch auch viel schneller aus Ihren Fehlern lernen und können geeignete Motive aus allen möglichen Aufnahmeperspektiven aufnehmen. Sie werden mit besseren Bildern belohnt.

1.3 Neue Anforderungen der digitalen Welt

Neben all den vielen Erleichterungen müssen sich die digitalen Fotografen neuen Herausforderungen stellen. Vor Jahren hatten zum Beispiel analoge SLR-Kameras (Spiegelreflexkameras) nur wenige Funktionen und Einstellungsmöglichkeiten: Blende am Blendenring, Zeit am Drehknopf, mittenbetonte Belichtungsmessung mit Zeitautomatik. Mit diesen wenigen Einstellungen gelangen wunderbare Bilder.

Heutige digitale SLR bieten gleich zwei Kameras in einem: eine hochmoderne Spiegelreflexkamera und einen kleinen Computer mit integrierter Bildbearbeitung. Entsprechend muss der digitale Fotograf die traditionelle Fotografie mit den optischen und mechanischen Gesetzen verstehen und beherrschen. Zudem benötigt er gute Kenntnisse und Erfahrungen im Umgang mit Computern und im Bereich der Bildbearbeitung.

Wollen Sie mit Ihrer Digitalkamera nur Gebrauchsbilder oder einfache Erinnerungsfotos machen, die Sie dann ohne weitere Bearbeitung ausdrucken, müssen Sie sich nicht um die Bildbearbeitung kümmern. Sind Sie aber an qualitativ guten Bildern interessiert, kommen Sie um diese Fragen nicht herum.

Für mich gehören digitale Fotografie und Bildbearbeitung zusammen. Deshalb erhalten Sie in diesem Buch immer wieder Hinweise zur Bildbearbeitung mit Photoshop CS3.

Leider ist der Lernaufwand für die Beherrschung der Bildbearbeitungsprogramme beträchtlich. Aber der Aufwand wird auch mehrfach belohnt. Mit der Bildbearbeitung öffnen sich neue Welten zu kreativen und kunstvollen Bildkreationen.

Eine digitale Komposition von Gerhard Busch.

Fazit: Der digitale Fotograf, vor allem mit einer digitalen SLR, muss sich in beiden Welten, der analo-

Ein einfaches Motiv (links) wird mit einer effektvollen Bildbearbeitung zu einem Hingucker (rechts), Fotograf: Fernando Dinis.

gen und der digitalen, auskennen. Die Fülle an Informationen ist groß, und ich möchte Ihnen mit diesem Buch einen Wegweiser durch diese anforderungsreiche und oft auch verwirrende Welt geben.

TIPP **Stärken der digitalen Fotografie**

- Sie können ein lohnendes Motiv mit vielen Aufnahmen erkunden und den richtigen Aufnahmepunkt finden (ohne Unsummen für Filme auszugeben).
- Sie können vor oder sofort nach der Aufnahme die Resultate überprüfen und, falls nötig, bei den nächsten Aufnahmen Fehler korrigieren.
- Zusammen mit der Bildbearbeitung haben Sie unzählige Möglichkeiten, das Bild zu verbessern und zu verändern. Der Fantasie sind dabei keine Grenzen gesetzt.
- Sie haben wie im Schwarz-Weiß-Labor die volle Kontrolle über den gesamten Herstellungsprozess von der Aufnahme über die Bildbearbeitung bis zum Druck.
- Sie brauchen nur noch eine Kamera und können bei jeder Aufnahme die Empfindlichkeit wechseln. Ob Farbe oder Schwarz-Weiß, können Sie später entscheiden.
- Dank des Weißabgleichs ist die Farbtemperatur kein Hindernis mehr für gute Bilder. Sie benötigen dafür auch keine Filter mehr.

1.4 Lassen Sie sich nicht verwirren

Lesen Sie die heutigen Fotozeitschriften, werden Sie bombardiert mit Fachbegriffen, Kameratests und Technikhinweisen. Es scheint fast so, als sei die Technik das Wichtigste bei der digitalen Fotografie. Es besteht die Gefahr, dass Sie vor lauter Bäumen den Wald nicht mehr sehen. Die Technik ist aber immer nur Mittel zum Zweck, gute Bilder zu machen. Wenn früher Fotografen mit einem Handbelichtungsmesser und zwei Kamerafunktionen (Blende und Belichtungszeit) hervorragende Bilder machen konnten, sollten wir heute mit all den technischen Hilfsmitteln auch dazu in der Lage sein.

Ich beschränke mich in diesem Buch ausschließlich auf die Fragen und Probleme, die in der digitalen Fotografie eine Rolle spielen.

Wichtige Kamerafunktionen werden vertieft behandelt, nebensächliche Dinge, die keinen Einfluss auf das Bild haben und mehr den Marketingabteilungen der Kamerahersteller als den Benutzern dienen, werden weggelassen.

Ich gebe Ihnen im Buch konkrete Angaben dazu, wie ich und die anderen am Buch beteiligten Fotografen arbeiten und welche Ausrüstung wir für die Bilder verwendet haben. So erhalten Sie eine konkrete Vorstellung davon, was nötig ist, um Bilder, wie sie im Buch abgebildet sind, zu erstellen.

Zu einzelnen Fotos erhalten Sie auch Angaben zur Bildbearbeitung. Dabei wird mit dem Programm Photoshop CS3 gearbeitet. Sie können viele dieser Effekte aber auch mit anderen Bildbearbeitungsprogrammen erzielen.

Bei der Auswahl der Bildbeispiele lege ich großen Wert auf eine gute Bildgestaltung. Diese Bilder sollen Sie inspirieren und zu eigenen Versuchen anregen. Und nun wünsche ich Ihnen viel Vergnügen in der Welt der digitalen Fotografie.

Die digitale Fotografie eröffnet uns eine neue Welt der Kreativität, Fotograf: Michael Maier.

2

Die richtige Kamera finden

Das Angebot an digitalen Kameras ist riesig. Neben den bekannten Marken aus der analogen Fotografie gibt es viele neue Anbieter aus dem Bereich der Computer- und Elektronikwelt. Neue Lösungen werden gesucht und gefunden. Die Kameras werden immer leistungsfähiger. Welche Kamera aber benötige ich überhaupt für meine Bilder? Wo liegen die Unterschiede, und welche Modelle eignen sich für anspruchsvolle Fotografen?

2.1 Kameras in Hülle und Fülle

In der analogen Fotografie war die Welt noch übersichtlich. Ein paar Hersteller teilten den Markt der Kleinbildkameras untereinander auf: Nikon, Canon, Minolta, Leica, Pentax, Olympus, Rollei, Ricoh, Sigma und andere. Die digitalen Kameras haben zwei Herzen in ihrer Brust. Sie funktionieren noch ähnlich wie eine konventionelle Kamera und haben zusätzlich einen kleinen Computer eingebaut.

Deshalb werden die früheren Kamerafirmen in der digitalen Welt nun von Konkurrenten aus der Computerindustrie bedrängt: Sony, Epson, Panasonic, Sanyo, Casio, Samsung, Fujifilm und andere. Entsprechend groß ist die Zahl der Kameras und Modelle geworden. Auch die Kameraformen haben sich gewandelt. Neben traditionellen altbekannten Formen gibt es heute futuristische Kameras, die kaum mehr als solche erkannt werden. In viele technische Geräte wie z. B. Handys werden auch kleinere digitale Kameras eingebaut. Die Hersteller versuchen sich mit immer neueren und verrückteren Designs und immer leistungsfähigeren Kameras voneinander abzugrenzen. Ich unterscheide im Buch verschiedene Kameraklassen:

Kameratyp	Beschreibung	Eignung
Kompaktkameras	Klein und handlich mit schon zum Teil beachtlicher Bildqualität.	Bei guter Bildqualität als Zweitkamera geeignet.
Bridge-Kameras	Kompaktkameras mit der Funktionalität von Spiegelreflexkameras ohne Wechselobjektive.	Mit kleinen Einschränkungen für anspruchsvolle Fotografen geeignet.
Digitale Spiegelreflexkameras (DSLR)	Alle Funktionen der analogen SLR, verstärkt durch viele digitale Einstellungsmöglichkeiten.	Das Werkzeug des anspruchsvollen Fotografen.

Grundsätzlich läuft die Entwicklung wie in der Computerindustrie in Richtung mehr Miniaturisierung, mehr Auflösung und mehr Funktionen. Viele dieser Funktionen haben aber eher einen verkaufsfördernden Charakter als einen konkreten Nutzen.

Ich gebe Ihnen deshalb hier einen kurzen Überblick über die verschiedenen Systeme und ein paar Informationen zur Verwendung der Modelle für die anspruchsvolle Fotografie. Als langjähriger Nikon-Fotograf beziehen sich meine Beispiele mehrheitlich auf Nikon-Kameras, die ich gut kenne. Andere Anbieter verfügen aber über gleichwertige Kameras und Objektive. Brauchen Sie detaillierte Angaben zu den verschiedenen Modellen, können Sie sich über das Internet und mit aktuellen Fotozeitschriften auf dem Laufenden halten. Empfehlenswert sind auch die Kamerabücher der Digital ProLine-Reihe von DATA BECKER zu den neusten Modellen.

Eine Beratung im Fachgeschäft und das Austesten der Kamera sind aber auf jeden Fall empfehlenswert. Auch wenn die Kamera im Fachgeschäft einige Euro mehr kostet, ist es immer noch viel billiger als ein Fehlkauf übers Internet. Ob Sie mit einer Kamera richtig umgehen können, entscheidet sich nur in Ihrer Fotopraxis. Da nützen Ihnen auch die detaillierten Testberichte nicht viel.

2.2 Kompaktkameras, die handlichen Kameras für unterwegs

Der Markt der Kompaktkameras ist groß und unübersichtlich. Es gibt Kameras in allen nur erdenklichen Formen und Größen, von der Minikamera in Kreditkartenformat zu Kameras in der Form einer kleinen SLR. Bei manchen kann das Display ausgeschwenkt und gedreht werden, bei anderen das Objektiv. Die Entwicklung läuft bei allen Kompakt- und Bridge-Kameras in Richtung mehr Auflösung (8 bis 12 Millionen Pixel) und immer größeren Zoombereichen der Objektive.

Wer mit hohen Auflösungen arbeiten möchte, braucht große und vor allem schnelle Speicherkarten. Da sollte nicht gespart werden. Eine weitere sinnvolle Neuerung sind Bildstabilisatoren. Die lichtschwachen Objektive verlangen längere Belichtungszeiten. Je größer der Zoombereich, desto schwieriger ist es, die Kamera ruhig zu halten.

Einzelne Anbieter ermöglichen die drahtlose Übertragung der Bilder zum Computer oder Drucker. Diese Entwicklung wird sicher weitergehen, und die verschiedenen technischen Geräte werden immer mehr miteinander vernetzt werden. Nur noch ein Teil der Kompaktkameras verfügt über optische Sucher. Der Sucher besteht aus einem kleinen, teleskopartigen Linsensystem. Es ist unabhängig vom Objektiv.

Das Bild, das auf dem Sensor festgehalten wird, ist dabei genauso im Formatrahmen des Suchers zu sehen. Die Trennung von Sucher und Objektiv verursacht jedoch die Sucherparallaxe, die vor allem bei Nahaufnahmen berücksichtigt werden muss.

Die hochwertigen digitalen Sucherkameras wie die Leica M8 messen die Entfernung mit einem Mischbild-Messsucher und besitzen einen automatischen Parallaxenausgleich. Viele einfachere Kompaktkameras besitzen keinen optischen Sucher mehr und zeigen das Sucherbild parallaxenfrei direkt über die Aufnahmeoptik im Display. Ich unterscheide folgende Typen von Kompaktkameras:

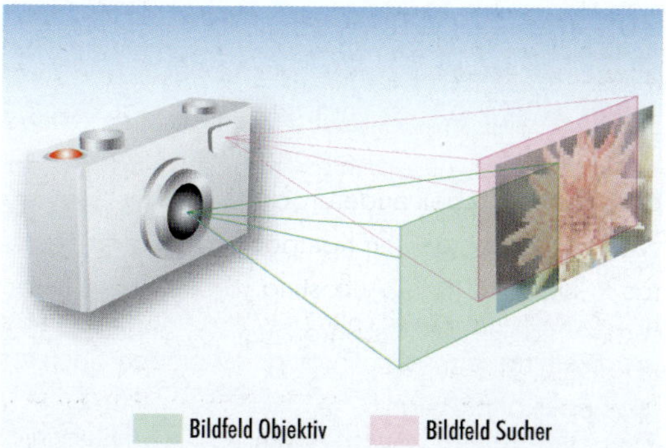

Parallaxe bei Sucherkameras.

Kameratyp	Beschreibung	Eignung
Handy-Kameras	Ins Handy integrierte Kamera.	Nur für Schnappschüsse geeignet.
Kleinere Kompaktkameras	Klein, handlich und kompakt mit vielen Automatikfunktionen.	Für Schnappschüsse und Erinnerungsfotos geeignet.
Größere Kompaktkameras	Größere Kameras mit vielen Automatikfunktionen und manuellen Einstellungsmöglichkeiten.	Bei guter Optik auch als Zweitkamera für anspruchsvolle Fotografen geeignet.
Hochwertige Kompaktkameras	Klassische Sucherkameras mit ausgezeichneter Optik.	Eine leichte und handliche Alternative zu den DSLR.

Die Bildsensoren der Kompaktkameras sind wesentlich kleiner als bei den DSLR. Entsprechend klein sind auch die Brennweiten der Zoomobjektive. Lassen Sie sich von den seltsamen Zahlen auf den Objektiven nicht verwirren.

Entscheidend ist für Sie immer nur die Angabe der Kleinbildäquivalenz. Diese Größen sind aus der analogen Zeit geläufig und können miteinander verglichen werden. In diesem Buch arbeiten wir nur mit diesen Werten.

TIPP **Sucher oder Display**

Der Kamerasucher bei Kompaktkameras zeigt nicht genau das gleiche Bild, das dann auch aufgenommen wird (Parallaxe). Dafür können Sie besser bewegten Objekten folgen und schneller reagieren als mit dem Display. Mit dem Sucher können Sie auch bei starkem Sonnenschein im Freien fotografieren.

Das Kameradisplay zeigt parallaxenfrei das Bild in der Form, wie es aufgenommen wird. Mit dem Display können Sie sehr gut das Bild vor der Aufnahme gestalten. Bei hellem Umgebungslicht ist das Bild auf dem Display manchmal schwierig zu erkennen. Mit dreh- und schwenkbaren Displays können Sie gut Aufnahmen aus der Froschperspektive oder über dem Kopf machen. Idealerweise besitzt Ihre Kamera sowohl einen optischen Sucher als auch ein großes und kontrastreiches Display. Dann haben Sie je nach Aufnahmesituation die Wahl.

Die Optik der Nikon Coolpix P5100 (siehe Bild auf vorheriger Seite) hat eine Brennweite von 7,5-26,3 mm und Blendenwerte von 1:2.7-5.3. Verglichen mit dem Kleinbildformat entspricht die Brennweite einem Zoomobjektiv von 35-123 mm.

Die Berechnung der Brennweite im Kleinbildformat geht so:

Bilddiagonale des Kleinbildformats (36 x 24 mm) = 43 mm.

Die Bilddiagonale des Sensors dieser Kamera (1/1,7"; " = Zoll) ist mit ca. 8,5 mm rund 5-mal kleiner.

Die Brennweite muss deshalb mit 5 multipliziert werden.

Mehr zu den Sensoren erfahren Sie in Kapitel 2.5.

Handy-Kameras

Die kleinsten Kompaktkameras sind die Handy-Kameras. Momentan haben sie eine Auflösung von 2-5 Megapixel. Damit sind Abzüge von Postkartengröße (10 x 15 cm) bis A4 möglich. Die Objektive haben konstruktionsbedingt eine sehr kurze Brennweite von wenigen Millimetern. Entsprechend klein sind deshalb auch die Bildsensoren.

Wegen der kleinen Lichtstärke der Objektive eignen sich diese Kameras nur für Aufnahmen bei guten Lichtverhältnissen. Bei wenig Licht werden die Bilder verwackelt und rauschen stark.

Die Bilder der Handy-Kameras eignen sich vorwiegend zum Dokumentieren von Ereignissen (z. B. Autounfällen), zum Spaß in der Gruppe und für Feriengrüße.

Sie sind allerdings aufgrund der optischen Schwächen, der nicht-ergonomischen Bedienung und des starken Rauschens bei höheren ISO-Werten für die anspruchsvolle Fotografie nicht geeignet.

Die neusten Modelle mit einer Auflösung von 5 Megapixeln nähern sich allerdings schon den kleineren Kompaktkameras an.

Bei guten Lichtverhältnissen sind auch ansprechende Bilder mit Handy-Kameras möglich, Fotograf: Martin Zurmühle.

Kleinere Kompaktkameras

Einfache kleinere Kompaktkameras wie die Nikon Coolpix S600 arbeiten vollautomatisch. Neben der Programmsteuerung bieten sie verschiedene Motivprogramme an. Dadurch können die Kamerafunktionen durch den Fotografen etwas beeinflusst werden.

Hier einige Daten zur Nikon Coolpix S600:

Größe (B x H x T)	88,5 mm x 53 mm x 22,5 mm
Gewicht	130 g
Auflösung	10 Millionen Pixel
Zoom	4x optisch
Brennweite	5,0-20,0 (Kleinbild 28-112 mm)
LCD-Monitor	2,7 Zoll
Speichermedium	SD-Speicherkarten
Besonderheiten	Bildstabilisator, 45 MByte interner Speicher, 14 Motivprogrammme

Diese kleine Kamera hat in jeder Hosentasche Platz und bietet mit einer Auflösung von 10 Millionen Pixeln schon eine beträchtliche Datenfülle. Die Grenzen gegenüber den größeren Modellen liegen beim Objektiv (kleinere Lichtstärke und kleinerer Zoombereich), beim schwächeren eingebauten Blitz und bei fehlenden manuellen Einstellungsmöglichkeiten. Bei wenig Licht und höheren ISO-Werten rauschen die Bilder aufgrund der kleinen Sensoren und der extrem kleinen Pixel zudem stark. Mit so kleinen Kameras in der Tasche entgehen Ihnen keine lohnenden Motive mehr. Dank der hohen Auflösung können diese Bilder bis A3 vergrößert werden.

Größere Kompaktkameras

Die Nikon Coolpix P5100 ist eine größere Kompaktkamera im klassischen Design. Mit ihrer hohen Auflösung von 12,1 Millionen Pixeln, einem optischen Bildstabilisator und einem Blitzanschluss richtet sie sich schon an anspruchsvolle Fotografen.

Neben vielen Automatikfunktionen kann die Kamera auch wie eine DSLR manuell und mit Zeit- oder Blendenautomatik gesteuert werden. Aufgrund der Kompaktheit der Kamera sind diese Einstellungen allerdings nicht so schnell und intuitiv zu tätigen wie bei den Bridge- und DSLR-Kameras. Hier einige Daten zur Nikon Coolpix P5100:

Größe (B x H x T)	98 mm x 64,5 mm x 41 mm
Gewicht	200 g
Auflösung	12,1 Millionen Pixel
Zoom	3,5x optisches Zoom
Brennweite	7,5-26,3 (Kleinbild 35-123 mm)
LCD-Monitor	2,5 Zoll
Speichermedium	SD-Speicherkarten
Besonderheiten	Bildstabilisator, Blitzanschluss, Zeit- und Blendenautomatik, manuelle Belichtungssteuerung, 52 MByte interner Speicher

▲ *Ein Bild ohne Bildbearbeitung direkt aus der Kamera, Fotograf: Martin Zurmühle.*

Der Unterschied zu den Bridge-Kameras liegt in erster Linie in der kleineren Größe und der reduzierten Zahl der Kamerafunktionen.

Die Bedienung der Kameras ist bei der Verwendung von Automatikfunktionen sehr einfach. Ein manuelles Arbeiten ist nur sehr umständlich zu realisieren.

Die Qualität der Bilder ist bei einigen Kompaktkameras erstaunlich gut und bei guten Lichtverhältnissen durchaus mit Bildern von DSLR zu vergleichen.

Die Bildbearbeitung in der Kamera ist so ausgelegt, dass die Bilder sofort und ohne Nachbearbeitung ausgedruckt werden können. Entsprechend stark werden sie beeinflusst.

Das ist bequem und für viele Anwendungen durchaus sinnvoll (z. B. Familienbilder, berufliche Sachaufnahmen). Schwächen zeigen auch diese Kameras bei schlechten Lichtverhältnissen. Dann stört das starke Rauschen doch sehr.

Hochwertige Kompaktkameras

Einen ganz anderen Weg geht die Leica M8. Ihr gelingt der Brückenschlag zwischen den hochwertigen Sucherkameras aus der Zeit der legendären Leica M-Reihe und einer modernen digitalen Sucherkamera.

Diese Kamera kann auch die Anhänger der analogen Sucherkameras von der digitalen Technik überzeugen.

Die Kamera verfügt im Gegensatz zu den anderen Kompaktkameras über eine Palette von Wechselobjektiven mit den Leica M-Bajonetten. Sie sind so vielseitige Arbeitsgeräte für Reportage-, Action- und People-Fotografen. Preislich liegen diese Kameras allerdings im Bereich der höherklassigen DSLR.

Hier einige Daten zur Leica M8:

Größe (B x H x T)	139 mm x 80 mm x 37 mm
Gewicht	545 g
Auflösung	10,3 Millionen Pixel
Sensor	27 x 18 mm CCD
Objektive	Wechselobjektive mit Brenneiten-verlängerung 1.33x
LCD-Monitor	2.5 Inch
Speichermedium	SD-Speicherkarten
Besonderheiten	Zeitautomatik und manuelle Belichtungssteuerung

Die Stärke dieses Konzepts liegt in der einfachen und intuitiven Bedienung der Kamera, des größeren Sensors (mit entsprechend besserem Rauschverhalten), der sehr leisen Auslösung (im Gegensatz zu den lauten DSLR) und der hervorragenden Qualität der Objektive.

Allgemeine Eigenschaften der Kompaktkameras

Die kleinen Brennweiten der Objektive vieler Kompaktkameras haben eine sehr große Schärfentiefe. Da neuere Kameras höhere Auflösungen bei gleich bleibender Sensorgröße anbieten, werden die eigentlichen Pixel immer kleiner.

Dadurch sinkt die Empfindlichkeit, und die Sensoren neigen bei wenig Licht zum Bildrauschen. Lichtstarke Objektive und größere Sensoren können deshalb die Bildqualität verbessern. Achten Sie beim Kamerakauf vor allem auf die Qualität und die Lichtstärke des Objektivs und die Größe des Sensors.

Der Zoombereich beginnt bei den meisten Kameras bei ca. 35 mm. Bei 4-fach-Zooms geht der Bereich bis 140 mm. Es gibt heute auch Kameras mit bis zu 12-fachem Zoom (allerdings oft als Kombination aus digitalem und optischem Zoom). Dort liegt der Telebereich dann schon bei beachtlichen 420 mm.

Bei größeren Zoombereichen (so ab 4-fach-Zoom) leidet aber auch die Bildqualität. Kompaktkameras mit einer kürzesten Brennweite von 24 oder 28 mm sind selten. Für Architekturaufnahmen sind solche Brennweiten allerdings sehr zu empfehlen.

Typische Zoom-brennweiten	Eignung
35-140 mm	Standardzoombereich Hohe optische Qualität
28-135 mm	Architekturaufnahmen Landschaftsaufnahmen
35-400 mm	Allroundobjektiv, Sport- und Tiefaufnahmen

Die größte Öffnung der Blende liegt bei den meisten Kompaktkameras bei ca. 2.8 oder höher. Bei schlechten Lichtverhältnissen wird deshalb die Belichtungszeit zu lange, oder die Empfindlichkeit wird von der Kamera erhöht.

Das führt entweder zu verwackelten Aufnahmen oder zu vermehrtem Rauschen im Bild.

Ein Bild bei gutem Licht, kleiner Blendenöffnung und geringem Rauschen, Fotograf: Martin Zurmühle.

Mehr Rauschen bei wenig Licht, langer Belichtungszeit und offener Blende, Fotograf: Martin Zurmühle.

Eine große Stärke vieler Digicams liegt in den Makroeinstellungen. Ohne spezielle Objektive oder Vorsatzlinsen können Sie mit einzelnen Kameras sehr nahe ans Motiv herangehen. Dazu muss allerdings meistens das Motivprogramm Makro eingestellt werden.

Eine Nahaufnahme mit der Kompaktkamera Nikon Coolpix 5000, Fotograf: Martin Zurmühle.

So kann meine Nikon Coolpix 5000 bis zu einem Abstand von 2 cm scharf stellen. Das ist näher, als es der Grashüpfer auf dem Bild wohl zugelassen hätte. Die Schärfentiefe bei Makroaufnahmen ist aber sehr gering, was Sie bei der Bildgestaltung berücksichtigen müssen.

Viele Handy-Kameras und einige günstige Kompaktkameras arbeiten mit Fixfokus. Das ist wenig flexibel. Sie sollten deshalb eine Kamera mit einem leistungsfähigen und vor allem schnellen Autofokus kaufen, sonst ist das Motiv schon vorbei, bis die Kamera scharf gestellt hat. Ein ärgerliches Problem vieler älterer Kompaktkameras.

Fast alle Kompaktkameras arbeiten mit Autofokus:

Aktiver Autofokus	Gebündelte Lichtstrahlen oder Ultraschallwellen. Erkennt auch Scheiben. Arbeitet ebenfalls bei Dunkelheit.
Passiver Autofokus	Arbeitet mit kleinem Bildchip. Sucht Kontrast und Farbunterschiede. Braucht Licht zum Arbeiten.
Kombination	Hochwertige Kameras haben Aktiv-Passiv-Kombilösungen.

Weitere wichtige Faktoren bei Kompaktkameras sind die Speicherkarten und Schnittstellen zum PC, die Stärke des eingebauten Blitzes, die Lebensdauer der Akkus und natürlich vor allem auch die Kamerabedienung. Sie sollte so einfach sein, dass Sie nicht immer das Manual zu Rate ziehen müssen. Die wichtigsten Kamerafunktionen sollten ohne Mehrfachmenütasten direkt am Kameragehäuse eingestellt werden können. Auch sollten die Kameramenüs logisch aufgebaut und benutzerfreundlich sein.

Bei genügend hoher Qualität der Optik und der Kamerasoftware, einem genügend großen Sensor und einer hohen Auflösung (so ab 6 Megapixel) eignen sich Kompaktkameras sehr gut auch als Zweitkameras für anspruchsvolle Fotografen. Sie haben dann immer eine Kamera mit dabei, wenn Sie auf ein schönes Motiv treffen. Denn was nützt die beste Kamera, wenn sie im entscheidenden Moment gerade nicht griffbereit ist.

TIPP **Digitales Zoom**

Einzelne Handy- und Kompaktkameras werden mit digitalem Zoom angeboten. Das klingt sehr modern, kann aber auf keinen Fall empfohlen werden.
Beim optischen Zoom verändert das Objektiv seine Brennweite und erzielt dadurch eine Vergrößerungswirkung. Die Bildqualität bleibt konstant. Ein digitales Zoom erzielt die Vergrößerungswirkung durch Interpolation, einer Art cleverem Raten. Das digitale Zoom nimmt dazu einen kleineren Bildausschnitt und vergrößert diesen, indem es Bildinformationen dazurechnet. Das führt zu Datenverlusten, und das Bild wird schlechter.
Bei einem 2-fach digitalen Zoom arbeiten Sie so nur noch mit der Hälfte der Bildpunkte, bei einem 4-fach-Zoom nur noch mit einem Viertel. Eine 8-Megapixel-Kamera wird so zu einer schmalbrüstigen 2-Megapixel-Kamera. Wenn Sie keine ungewollten Qualitätseinbußen bei Zoombildern riskieren wollen, stellen Sie das digitale Zoom ab. Sie können in der Bildbearbeitung viel präziser und mit weniger Qualitätsverlust die Bilder zuschneiden und hochrechnen.

Beim Besuch des Zoos von Barben in der Provence hatte ich zum Glück meine Nikon Coolpix 5000 dabei, denn der Tiger war an dem Morgen in bester Laune und posierte mit meinen Kindern für einen schönen Erinnerungsschnappschuss.

2.3 Bridge-Kamera, das Beste aus beiden Welten

Bridge-Kameras wie die Lumix FZ50 von Panasonic liegen zwischen den kleinen und handlichen Kompaktkameras und den großen Spiegelreflexkameras. Von der Funktionalität her verfügen sie über gleiche oder ähnliche Möglichkeiten wie die DSLR. Sie sind aber wesentlich kompakter gebaut. Hier einige Daten zur Lumix FZ50:

Größe (B x H x T)	141 mm x 86 mm x 142 mm
Gewicht	668 g
Auflösung	10,1 Millionen Pixel
Zoom	12x optisches Zoom
Brennweite	7,4-88,8 (Kleinbild 35-420 mm)
Sensor	7,2 x 5,3 mm CCD
LCD-Monitor	2,0 Zoll

Speichermedium	SDHC, SD- und MultiMedia-Speicherkarten
Besonderheiten	Bildstabilisator, Programm-, Blenden-, Zeitautomatik und manuelle Belichtungssteuerung, 17 Motivprogramme

Bridge-Kameras verfügen über ein lichtstarkes und leistungsfähiges Zoomobjektiv. Die kürzesten Brennweiten liegen meistens bei 28 oder 35 mm. Die längsten Brennweiten gehen bis 420 mm. Die größten Blendenöffnungen liegen zwischen 2.0 und 2.8.

Die meisten Kameras können auch manuell fokussiert werden. Die Bedienung ist komfortabel, allerdings nicht so ergonomisch und intuitiv wie bei den DSLR.

Die Einstellungsmöglichkeiten sind umfassend und erlauben es, fast alle Aufnahmesituationen zu bewältigen.

Ein Vergleich der Bridge- mit den DSLR-Kameras:

Vorteile	**Nachteile**
Live-Vorschaubild im Kameradisplay.	Parallaxe im Kamerasucher.
Sehr viele Kamerafunktionen bei kleiner Größe.	Funktionen sind nicht immer ergonomisch angeordnet und müssen über Menüs angewählt werden.
Klein und leicht mit einem leistungsfähigen Zoom mit großem Brennweitenbereich.	Keine Wechselobjektive für spezielle Aufnahmesituationen (z. B. Tele- oder Porträtaufnahmen).

Die bei vielen Digicams zusätzlich eingebauten Funktionen wie zum Beispiel das Aufnehmen von kurzen Filmsequenzen sind Spielereien. Weder eignen sich digitale Videokameras besonders gut zum Fotografieren noch kann man mit Digicams anspruchsvolle Videos drehen. Fazit: Die Bridge-Kameras bieten eine große Funktionalität bei geringer Größe und wenig Gewicht. Sie sind eine Alternative zu den digitalen Spiegelreflexkameras, können diese aber aufgrund der Schwächen beim Objektiv nicht ersetzen.

Tipps zum Kamerakauf

Darauf sollten Sie bei der Auswahl einer Kompakt- oder Bridge-Kameras achten:

- Wählen Sie ein gutes, lichtstarkes Objektiv mit einem 3- bis 4-fach optischen Zoom.
- Wenn Sie Architektur- oder Panoramaaufnahmen machen wollen, suchen Sie eine Kamera mit einer kleinsten Brennweite von 24 oder 28 mm.
- Ein möglichst großes und kontrastreiches Display hilft bei der Bildgestaltung vor und bei der Bildbeurteilung nach der Aufnahme.
- Ein dreh- und schwenkbares Display gibt Ihnen mehr Aufnahmemöglichkeiten (auch aus der Über-Kopf- und Froschperspektive).
- Neben den Automatikfunktionen sollte die Kamera auch manuell bedienbar sein (z. B. für Stativaufnahmen).
- Wählen Sie eine genügend hohe Auflösung für die heutigen Ansprüche (ab 6 Megapixel).
- Achten Sie auf eine genügende Pixelgröße (größer als 3 μm).
- Die Kamera sollte nach dem Einschalten sofort aufnahmebereit sein und schnell fokussieren und auslösen können.
- Ein Bildstabilisator verhindert Verwacklungen bei längeren Belichtungszeiten.
- Die Kamera sollte einfach und intuitiv bedienbar sein, ohne dass dauernd das Manual konsultiert werden muss.

2.4 Spiegelreflexkamera, das Werkzeug des Fotografen

Die digitale Spiegelreflexkamera ist die Königin im Bereich der Kleinbildfotografie. Sie bietet die gleichen technischen Fähigkeiten wie die analogen Vorgänger, zusätzlich ergänzt durch die vielfältigen Möglichkeiten der digitalen Welt.

Hier einige Daten zur Nikon D60:

Größe (B x H x T)	126 mm x 94 mm x 64 mm
Gewicht	495 g (ohne Akku)
Auflösung	10,2 Millionen Pixel
Sensor	23,6 x 15,8 mm CCD
Objektive	Viele Wechselobjektive mit Brennweitenverlängerung 1.5x
LCD-Monitor	2,5 Zoll
Speichermedium	SDHC- und SD-Speicherkarten
Besonderheiten	Staubreduktion, umfangreiches Zubehörmaterial, 8 Motivprogramme

Alle in diesem Buch vorgestellten Kamera- und Objektiveinstellungen können bei hochwertigen DSLR durchgeführt werden. Diese Kameras sind das geeignete Werkzeug des ambitionierten Fotografen. Entsprechend beschreibe ich in diesem Buch die Fotografie aus der Sicht der DSLR. Die meisten Angaben gelten aber auch für die anderen Digicams.

Im Gegensatz zu den Sucherkameras blicken wir bei der Spiegelreflexkamera direkt durch das Objektiv. Das Bild im Sucher ist deshalb genau das gleiche wie das auf dem Sensor. Einzelne Kamerasucher zeigen allerdings einen leicht kleineren Bereich (94 bis 97 %), sodass Sie noch etwas Reserve auf dem Bild haben.

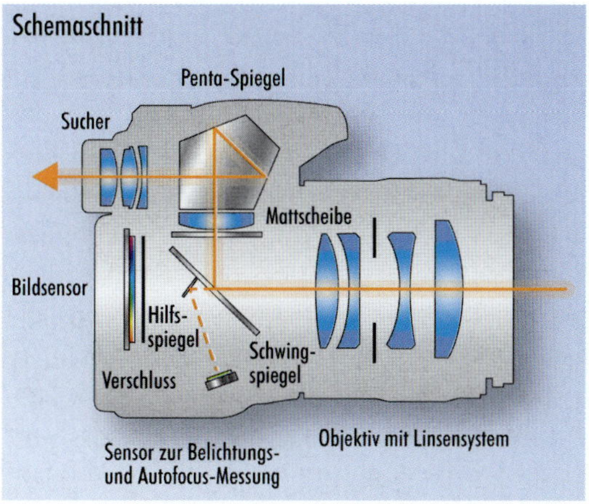

Schemaschnitt durch eine Spiegelreflexkamera.

Das erfasste Bild wird über einen Umlenkspiegel auf die Einstellungsebene reflektiert. Ein Dachkantenprisma bewirkt die Bildumkehrung, sodass das Sucherbild aufrecht stehend und seitenrichtig erscheint. Die meisten Kameras besitzen einen vertikalen Schwingspiegel. Eine andere Lösung wählte Olympus mit der E-330, die einen seitlichen Schwingspiegel besitzt. Dadurch kann die Kameraform kompakter gehalten werden. Der Sucher befindet sich dann wie bei den Sucherkameras an der Seite des Gehäuses. Durch die seitliche Sucheranordnung kann die Kamera sehr kompakt gehalten werden. Zudem wird eine kontinuierliche Anzeige auf dem Sucherbild ermöglicht (Live View). Das Display kann 90 Grad nach oben und 45 Grad nach unten geschwenkt werden und eignet sich so sehr gut für Überkopfaufnahmen oder Bilder aus der Froschperspektive.

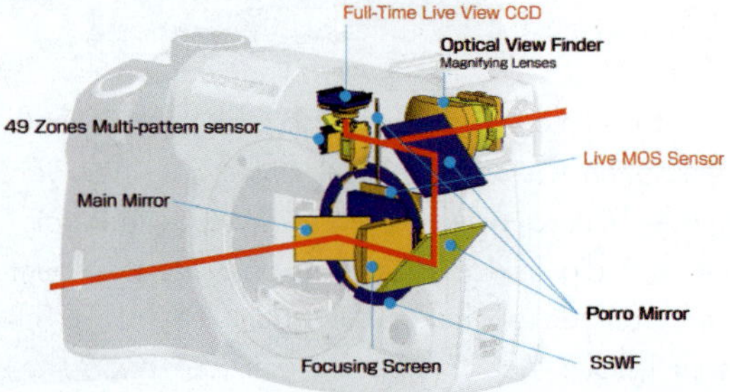

Die Kamera bietet zwei verschiedene Live-View-Modi an: Im Modus A sorgt ein zusätzlicher CCD-Sensor ausschließlich für das permanent sichtbare

Sucherfeld und die volle Autofokusfunktion. Im Modus B ermöglicht der eigentliche Hauptsensor bei hochgeklapptem Spiegel eine 10-fache Vergrößerung des Sucherfeldes für eine optimale Scharfstellung, die vor allem bei Makroaufnahmen ab Stativ hilfreich ist. Einige neuere DSLR-Kameras bieten auch eine Live-View-Funktion an. Allerdings muss hierfür der Spiegel hochgeklappt werden, weil die Bilderfassung immer über den Kamerasensor erfolgt. Zudem lässt sich der Kameramonitor bei den meisten Modellen weder drehen noch schwenken. Dadurch wird die Bedienung erschwert. Diese Live-View-Funktion eignet sich deshalb vor allem für die Fokussierung und Bildkontrolle bei Stativaufnahmen.

Im praktischen Einsatz bewährt sich die Live-View-Funktion, neben den Stativaufnahmen, bei Aufnahmen über Kopf und aus der Froschperspektive. Für die meisten anderen Aufnahmesituationen ist der Sucher aber immer noch die erste Wahl. Die Belichtungszeit wird entweder über einen mechanischen oder elektronischen Verschluss geregelt. Viele CCD-Sensoren benötigen keinen mechanischen Verschluss mehr. Die Belichtungszeit wird elektronisch gesteuert. Um einen Verschluss auf einem CMOS-Sensor zu realisieren, müssen Extratransistoren auf jedem Pixel angebracht werden. Dies reduziert allerdings die Lichtempfindlichkeit.
Deshalb verwenden die High-End-DSLR mit CMOS-Sensoren noch immer einen mechanischen Schlitzverschluss.

Mechanischer Verschluss	Horizontale oder vertikale Metall-, Stoff- oder Gummilamellen, die sich schnell öffnen und schließen. Blitzsynchronisation bis ca. 1/250 Sekunde möglich.
Elektronischer Verschluss	Belichtungszeit wird über die elektronische Aktivierung des Sensors gesteuert.Blitzsynchronisation ohne Lichtverlustbis zu einer Abblitzzeit der Blitzgeräte von 1/500 Sekunde oder kürzer möglich.

Die Bildsensoren sind direkt im Kameragehäuse am Standort des Films angeordnet. Die Kameras besitzen deshalb feste Rückenteile. Die Bildsensoren sind bei den DSLR größer als bei den anderen Kameratypen. Trotzdem haben nur wenige Modelle (z. B. Canon EOS 1DS und EOS 5D, Nikon D3) einen Sensor in der Größe des Kleinbildfilms (36 mm x 24 mm). Bei den Objektiven von DSLR mit kleineren Sensoren muss deshalb mit einem Cropfaktor von 1,5 bis 2,0 (je nach Sensorgröße) gerechnet werden. Als Cropfaktor wird der Verlängerungsfaktor der Brennweite bei digitalen Spiegelreflexkameras bezeichnet. Wenn der Bildsensor kleiner als das Kleinbildformat ist, wird nicht der gesamte Bildkreis des Objektivs ausgenutzt, sondern nur ein Bildausschnitt aus der Mitte. Das hat zur Folge, dass alle Brennweiten und Bildwinkel mit diesem Faktor neu berechnet werden müssen, um die effektiven Werte zu kennen.

Links: Der Schnitt durch die Canon EOS 40D zeigt den Schwingspiegel, den Schlitzverschluss und den dahinter liegenden Sensor. Rechts: Die Rückenansicht der Canon EOS 40D mit dem Kameradisplay, der Speicherkarte und den Tasten für die Menüfunktionen.

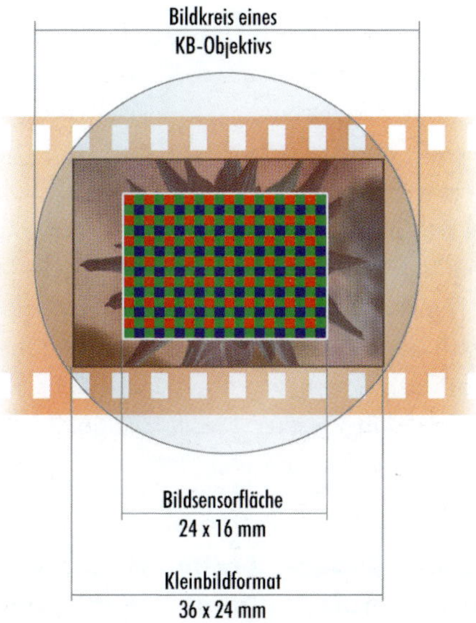

In der Praxis führt der Cropfaktor zu einer Verschiebung der Brennweiten in Richtung Telebereich. Ein Normalobjektiv mit der Brennweite 50 mm hat bei einem Cropfaktor von 1,5 eine neue Brennweite von 75 mm.

Die optischen Gesetze bleiben aber die gleichen wie bei der Originalbrennweite. Der kleinere Sensor schneidet nur einen etwas kleineren Teil aus dem Bildkreis heraus. Das ist vergleichbar mit dem Zuschneiden eines Bildes in der Bildbearbeitung.

Reduktion der Bildfläche durch den Cropfaktor, dadurch entsteht eine Telewirkung.

Bei Tele- und Makroaufnahmen wird diese Brennweitenverlängerung sehr geschätzt. Der große Nachteil ist die geringe Auswahl an guten und bezahlbaren Weitwinkelobjektiven.

Ein kontrastreiches Bild direkt aus der Kamera mit der Nikon D100 und einem CCD-Sensor.

Eine unangenehme Erfahrung machten einige Fotografen beim Kauf einer Profikamera. Die Bilder waren dem ersten Eindruck nach schlechter als bei den günstigeren Amateurmodellen. Was war da geschehen? Bei den günstigeren Kameras werden viele Bildbearbeitungs- und Verbesserungsmaßnahmen bereits in der Kamera durchgeführt. Dadurch wirkt das Bild kontrastreicher mit einer guten Farbsättigung und Schärfe.

Der Fotograf muss dann keine oder nur wenige Korrekturen in der Bildbearbeitung vornehmen. Das ist bequem, aber Profis wollen nicht, dass die Kamera schon selbstständig Korrekturen am Originalbild vornehmen. Profikameras sind deshalb bei der Grundeinstellung der Kamera eher zurückhaltend mit Bildveränderungen.

Im Detail sind die Bilder der Profikameras dann doch wesentlich besser. Der Einsatz eines gezielten Workflows bei der Bildbearbeitung oder speziellen Einstellungen in den Kameramenüs ist aber notwendig, um eine optimale Qualität zu erreichen. Profunde Kenntnisse der Bildbearbeitung werden erwartet.

Bei aller Freude an der Technik vergessen Sie nicht, dass eine Kamera nur so gut ist wie der Fotograf, der sie bedient. Ein begabter Fotograf macht mit jeder Kamera gute Bilder. Einem schlechten Fotografen nützt auch die beste Kameraausrüstung nichts, weil er die Bildmöglichkeiten und Motive nicht erkennt.

Ein schönes Motiv mit zurückhaltenden Farben und Kontrasten mit der Nikon D2X und CMOS-Sensor.

2.5 Der Krieg der Sensoren

Ein weiterer Grund für solche Überraschungen liegt im Wechsel des Sensorentyps. Die meisten Digicams arbeiten heute mit CCD-Sensoren. Teure Profimodelle der DSLR verwenden meistens CMOS-Sensoren. Sensoren gibt es in verschiedenen Größen und Qualitäten:

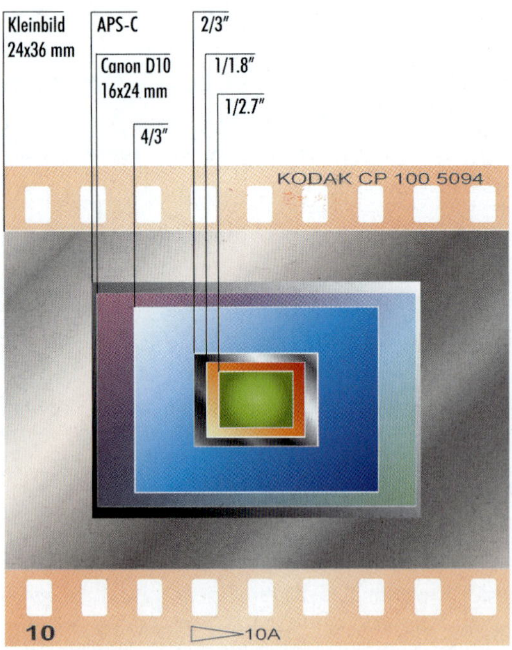

(35 mm Kleinbildfilm zum Größenvergleich)

Je kleiner der Sensor und je größer die Auflösung, desto kleiner wird das Pixel. Kleinere Pixel neigen zu stärkerem Rauschen, größere Pixel sind lichtempfindlicher und rauschen weniger. Die Sensorbezeichnungen z. B. 1/2,7" (1" = 1 Zoll = 2,54 cm) sind verwirrend, weil die effektive Größe kleiner ist. Die Maße stammen noch aus den Zeiten der Fernsehröhren, bei denen der nutzbare Bildbereich auch kleiner war. Die Größenangaben auf dieser Basis haben sich aber für die Sensoren der Digicams durchgesetzt. Die nachfolgende Tabelle zeigt die Diagonalen und Flächen verschiedener Sensoren:

Sensortyp	Diagonale (mm)	Breite (mm)	Höhe (mm)	Fläche (mm²)
1/2,5"	7,2	5,8	4,3	24,9
1/1,8"	8,9	7,2	5,3	38,2
2/3"	11,0	8,8	6,6	58,1
4/3"	21,6	17,3	13,0	224,9
APS-C	28,7	23,4	16,7	390,8
Kleinbild	43,2	36,0	24,0	864,0

Neben der Größe und der Dichte unterscheiden sich die Sensoren auch durch ihren Aufbau voneinander. Das Grundprinzip ist jedoch gleich. Jede Zelle eines Sensors kann nur Helligkeitswerte aufnehmen. Durch überlagerte Filter werden pro Zelle entweder nur rote, grüne oder blaue Farben durchgelassen. Da unser Auge im Grünbereich besonders empfindlich ist, haben 50 % der Zellen einen Grünfilter, je 25 % einen Rot- und Blaufilter (Bayer-Pattern). Für eine perfekte Mischung wird die ermittelte Farbe mit den Werten der benachbarten Sensoren verglichen. Nur ein Drittel aller Werte sind somit echte Farbbildpunkte. Zwei Drittel wurden durch Schätzungen ermittelt. Das kann bei heiklen Lichtsituationen zu Problemen führen. Da die Software die Farben per Interpolation ermittelt, zeigen trotz gleicher Sensoren verschiedene Kameras unterschiedliche Bildqualitäten. Anders liegen die Ver-

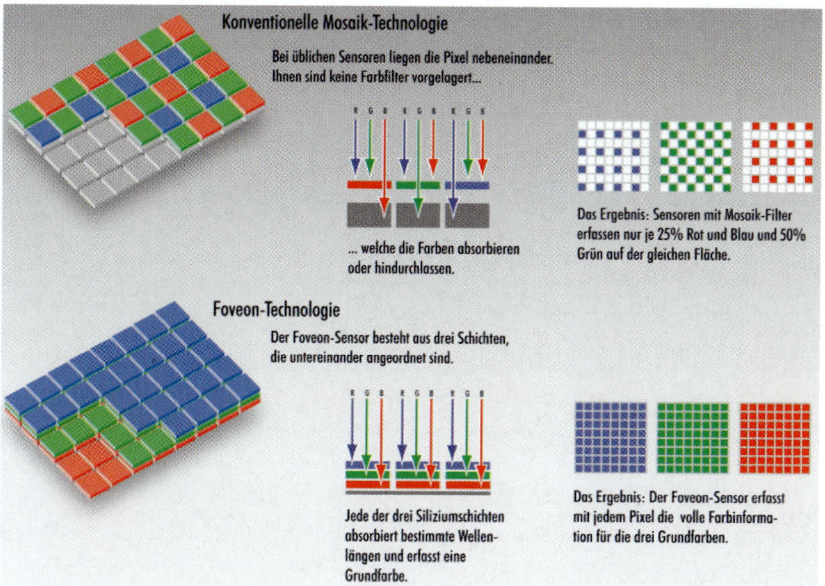

hältnisse beim Foveon-Sensor. Dort sind alle Pixel, ähnlich wie beim analogen Film, für alle Grundfarben empfindlich. Dadurch können bei wesentlich kleineren Pixelzahlen mehr und genauere Informationen gewonnen werden. Die Angaben zur Auflösung der Foveon-Kameras wie der Sigma SD14 werden deshalb vom Hersteller mit 3 multipliziert. Die effektive Sensorgröße ist allerdings 3-mal kleiner. Die Bilder mit Foveon-Vollfarbensensoren sind praktisch frei von Farbartefakten und haben eine gute Farbsättigung und Farbbrillanz.

Sie sind aber anfälliger für Moiré- und Aliasing-Artefakte.

Die in den meisten Digitalkameras genutzten Sensoren lassen sich zwei Sensorenfamilien, der CCD- oder der CMOS-Gruppe, zuordnen. Beide Sensoren sind Metall-Oxid-Halbleiterbausteine, deren lichtempfindlicher Bereich aus dotiertem Silizium besteht und die in Pixel aufgeteilt sind.

In beiden Sensoren werden proportional zu der auftreffenden Lichtmenge Elektronen erzeugt.

CCD-Sensoren (Charge-Coupled Device) sind am weitesten verbreitet bei Einsteiger- und Mittelklassekameras.

Beim CCD-Sensor werden die Elektronen von den Pixeln wegtransportiert, an einem Ort außerhalb des Sensors in Spannung konvertiert und in binäre Werte (0 und 1) umgewandelt. CMOS-Sensoren (Complementary Metal Oxide Semiconductor) werden vor allem in Schnappschusskameras und mit besserem Ausleseregister und größeren Sensoren auch bei Profikameras eingesetzt.

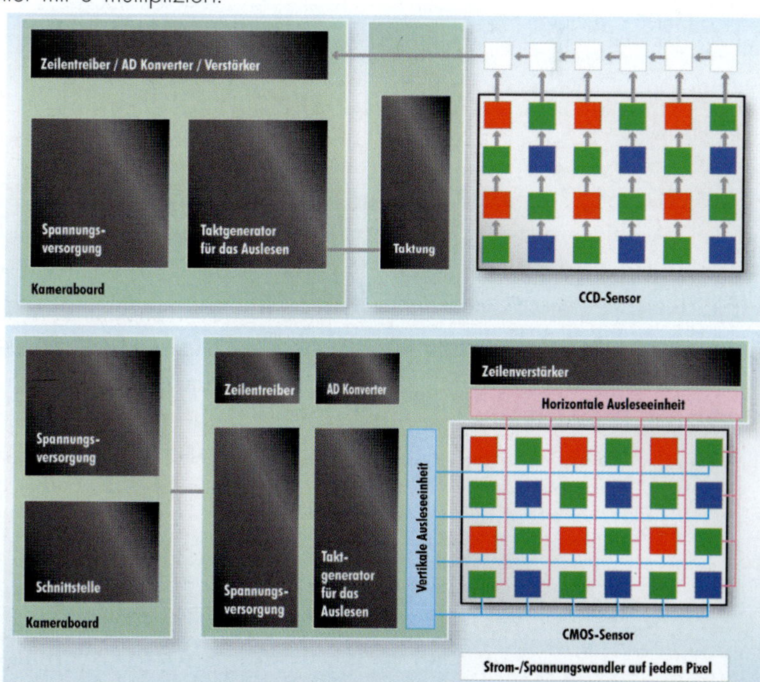

Bei CMOS-Sensoren werden die Elektronen über Transistoren bereits im Pixel in Spannung umgewandelt und auf dem Sensor in binäre Werte (0 und 1) konvertiert.

So ist ein großer Teil der Signalverarbeitung bereits im Sensor integriert, beim CCD-Sensor erfolgt der größte Teil der Verarbeitung in den nachgeschalteten elektrischen Bauteilen. Hier die Unterschiede der beiden Sensorgruppen:

Eigenschaften	CCD	CMOS
Signal des Pixels	Elektronenpaket	Spannung
Signal des Chips	Spannung (analog)	Bits (digital)
Signal der Kamera	Bits (digital)	Bits (digital)
Lichtempfindliche Fläche	groß	moderat
System: Rauschen	niedrig	moderat bis hoch
System: Komplexität	hoch	niedrig
Sensor: Komplexität	niedrig	hoch

Leistungen	CCD	CMOS
Empfindlichkeit	moderat	geringfügig besser
Dynamikumfang	hoch	moderat
Gleichmäßigkeit	hoch	niedrig bis moderat
Gleichmäßiger Verschluss	schnell, üblich	schlecht bzw. problematisch
Geschwindigkeit	moderat bis hoch	höher
Einteilung in Bereiche	gegrenzt	variabel
Antiblooming	entweder hoch oder nicht vorhanden	hoch
Spannungsversorgung und Taktung	variabel, hohe Spannung	nicht variabel, niedrige Spannung

Die Bildqualität bei billigen CMOS-Kameras lässt zu wünschen übrig. Teure Profikameras mit CMOS-Technologie zeigen sehr gute Bildergebnisse. Lassen Sie deshalb die Finger weg von billigen CMOS-Kameras. Verschiedene Anbieter wie Fujifilm mit dem Super-CCD-Sensor oder Sigma mit dem Foveon-Sensor bieten verbesserte Leistungen auf der Basis der CCD- und CMOS-Sensoren an. Sensoren haben andere Abbildungsprobleme als die analogen Filme.

Hier eine kurze Auflistung der wichtigsten Fragen und Probleme:

Probleme	Beschreibung
Blooming	Das Blooming beschreibt einen bestimmten Bildfehler, der besonders bei Übergängen von sehr grellen zu dunklen Motivbereichen entsteht. Die Übergänge erhalten dann einen violetten Saum. Hierbei handelt es sich um eine Fehlleistung des Bildwandlers. Einige Pixel sind dabei elektrisch überladen und geben diese an benachbarte Pixel weiter, was zu Farbverfälschungen führt.
Bildrauschen	Von Rauschen spricht man, wenn eine Farbfläche, die an sich homogen sein sollte, mit unregelmäßigen Punkten versehen ist, also statt ein glattes eher ein körniges Aussehen hat. Bildrauschen tritt vor allem bei kleinen Pixelgrößen, hohen ISO-Werten und schlechten Lichtverhältnissen auf.

Probleme	**Beschreibung**
Moiré	Ein Moiré-Effekt ist ein Interferenzmuster, das entsteht, wenn sich das Muster eines Motivs und das Pixelraster überlagern. Typische Motive, bei denen dies mitunter auftritt, sind Schwarz-Weiß-Muster von z. B. Zebras oder Sakkos mit Fischgrätenmuster. Moiré ist abhängig vom Motiv und kann manchmal trotz bester Technik nicht ganz vermieden werden.
Staub	Bei DSLR führen sehr feine Staubkörner auf den Sensoren zu Staubflecken im Bild. Eine ärgerliche Angelegenheit, die bis heute trotz automatischer Sensorreinigung von den Kameraherstellern nicht definitiv gelöst werden konnte. Die Flecken können manuell oder auch automatisch in der Bildbearbeitung entfernt werden.

Blooming ist ein Problem der digitalen Welt. Analoge Filme mit den unregelmäßig angeordneten Kristallen hatten kaum Probleme mit Moiré-Artefakten. Das Bildrauschen entspricht dem groben Korn der analogen Filme. Leider ist die Bildwirkung des Bildrauschens wesentlich weniger fotogen als das schöne Korn der Filme und sollte deshalb vermieden werden. Kornstrukturen sollten besser in der Bildbearbeitung dem Bild zugefügt werden. Bei Filmen führten Staubkörner manchmal zu horizontalen feinen Linien (Telegrafendrähte) im Bild. Auf den Sensoren stört Staub durch dunkle Flecken. Die Sensoren bei DSLR-Kameras werden im Vollformat (36 x 24 mm), im APS-C-Format (23,4 x 16,7 mm) und im 4/3"-Format (21,8 x 17,4 mm) angeboten. Vollformatsensoren und Sensoren mit einem Cropfaktor haben unterschiedliche Vor- und Nachteile. Hier eine Gegenüberstellung:

Sensortyp	**Vorteile**	**Nachteile**
Vollformatsensor	Größere Auflösung oder größere Pixel (weniger Rauschen) Keine Brennweitenverlängerung der Objektive Weniger starke Vergrößerung beim Ausdrucken	Stärkere Vignettierung (Randhelligkeitsabfall) Stärkere Verzeichnungen am Bildrand
Sensor mit Cropfaktor (1,5 bis 2,0)	Weniger oder keine Vignettierung Kleinere Verzeichnungen am Bildrand Brennweitenverlängerung im Telebereich	Weniger Auflösung oder kleinere Pixel (mehr Rauschen) Im Weitwinkelbereich Spezialobjektive nötig Stärkere Vergrößerung beim Ausdrucken nötig

Satte Farben mit der Nikon D100 und CCD-Sensor, Model Jenny, Fotograf: Martin Zurmühle.

Eher zurückhaltende Farben mit der Nikon D2X und CMOS-Sensor.

Die kleineren Sensoren schneiden den optisch besten Bereich aus dem Bildkreis. Die Bilder müssen dann aber auch wesentlich stärker für den Ausdruck vergrößert werden. Deshalb wird eine höhere Bildschärfe als bei den Vollformatsensoren benötigt, die nicht so stark vergrößert werden müssen.

Für Sie als Fotograf sind die technischen Spezifikationen der verschiedenen Sensoren weniger wichtig als die Wirkung auf das Bild. Und da zeigen sich in der Praxis Unterschiede. In der analogen Welt wählte ich jeweils einen Film aus, der zu meiner fotografischen Aufgabe passte.

So nahm ich für alle meine Natur- und Landschaftsaufnahmen den Fujichrome Velvia 50 wegen seines feinen Korns und seiner starken Farbsättigung. Mit der Zeit wusste ich genau, welche Farben im Film wie wiedergegeben werden. Auch in der digitalen Welt musste ich nun feststellen, dass jede Kamera und jeder Sensor seinen eigenen Charakter hat.

Beide Bilder mit Jenny und den Luftballons wurden mit zwei verschiedenen Kameras mit manuellem Weißabgleich und identischen Licht- und Kameraeinstellungen gemacht. Sie sehen aber klare Unterschiede in der Farbwiedergabe zwischen den Sensoren. So tendieren bei der Nikon D100 die Hauttöne Richtung Orange, während die Nikon D2X die Hautfarbe sehr zurückhaltend und eher bräunlich wiedergibt. Grün, Blau und Gelb werden mit der D2X sehr genau wiedergegeben. Rot- und Orangetöne hingegen wirken heller, flauer und leicht Richtung Rosa verschoben. Bei der D100 werden Rot- und Orangetöne sehr satt gezeigt, Grün- und Gelbtöne allerdings etwas zu kühl.

Der CCD-Sensor der Nikon D100 arbeitet im Studio bei Schwarz-Weiß-Aufnahmen sehr kontrastreich mit sehr schönen Übergängen von Schwarz nach Weiß. Mit dem CMOS-Sensor der Nikon D2X habe ich Mühe, diese schönen Verläufe hinzukriegen. Die Kamera zeichnet viel weicher und feiner. Der CMOS-Sensor der Nikon D2X spielt hingegen seine Stärken bei Außenaufnahmen aus.

Hier wirken die neutralen zarten Hauttöne und die feinen Übergänge wunderbar, kombiniert mit Detailreichtum durch die hohe Auflösung.

Fazit: Sie müssen einen Kamerasensor genauso gut kennen lernen wie das Filmmaterial in der analogen Fotografie. Testberichte helfen Ihnen da wenig. Fotografieren Sie mit der Kamera in verschiedenen Lichtsituationen und analysieren Sie die Resultate.

Mit der Zeit wissen Sie dann genau, wie Ihre Kamera auf Farben und Lichtsituationen reagiert und wie Sie damit in der Bildbearbeitung umgehen müssen.

2.6 Welche Auflösung benötige ich?

Momentan überbieten sich die Kamerahersteller mit immer größeren Auflösungen bei gleich bleibenden Sensorgrößen. Waren bis vor kurzem 6 Megapixel durchaus üblich, werden heute 8-, 10-, 12-, 14- und 21-Megapixel-Kameras angeboten. Wie viele Pixel brauche ich aber wirklich?

Nach verschiedenen Labortests zeigt sich, dass schon qualitativ hochwertige 6- und 8-Megapixel-Kameras Bilder erzeugen, die sich nicht mehr von analogen Fotos unterscheiden – und dies, obwohl Filme oder Dias eine Auflösung von 15 bis 20 Megapixeln bieten. Erst im Mittelformat (bei entsprechend professioneller Arbeitsweise) haben analoge Kameras echte Vorteile. Die Begrenzung der Qualität liegt in der Regel nicht mehr in der Pixelzahl, sondern in der Pixelgröße und den Objektiven, die den Sensor mit seinen gegenüber dem Film erhöhten Anforderungen nicht mehr bedienen können.

Da mit der Vergrößerung des Bildes auch automatisch der Betrachtungsabstand erhöht wird (weil wir sonst das Bild gar nicht mehr überblicken können), brauchen wir bei großen Bildern nicht mehr Auflösung. Auf kurze Distanz werden die Unterschiede aber sichtbar. Wo liegt der Vorteil der größeren Auflösungen?

Aus einem 12-Megapixel-Bild lassen sich zwei hochwertige 6-Megapixel-Bilder schneiden, Fotograf: Martin Zurmühle.

Bilder mit vielen Pixeln zeigen mehr feine Details und können gut beschnitten werden, ohne dass größere Qualitätsverluste in Kauf genommen werden müssen. Das ist ein Vorteil bei der Bildgestaltung. Wir können so ein Motiv großzügig aufnehmen und erst später den genauen Bildausschnitt festlegen.

Die Zahl der Megapixel ist aber nicht allein ausschlaggebend für die Bildqualität. Wichtig sind z. B. auch die Qualität der Optik, die Größe der Pixel (die die Stärke des Bildrauschens beeinflusst), die Farbwiedergabe, das Kontrastverhalten des Sensors und die Bildverarbeitung in der Kamera. Für die allermeisten Zwecke reichen 6 bis 8 Megapixel völlig aus. Ein technisch gutes Bild (mit wenig Rauschen und guter Schärfe) kann bis A4 vergrößert werden. Für den Druck in Büchern und Zeitschriften werden 300 ppi (**p**ixel **p**er **i**nch) benötigt. Aber auch Bilder ab Labor mit 200 ppi wirken noch genügend scharf für den Betrachter. Mehr zur Druckauflösung erfahren Sie in Kapitel 25.

Die Auflösung in ppi berechnet sich wie folgt:
(Pixel / Druckgröße in mm) x 25,4 = 1 Inch

Ein 6-Megapixel-Bild beispielsweise hat eine Auflösung von 3.000 x 2.000 Pixeln. Die Auflösung für ein A4-Bild beträgt somit:

(3.000 Pixel / 300 mm) x 25,4 = 254 ppi

Sie ist so genügend hoch für den Druck.

Druckgröße	150 ppi	200 ppi	300 ppi
10 cm x 15 cm	0,5 Mpix	0,9 Mpix	2,0 Mpix
13 cm x 19 cm	0,8 Mpix	1,5 Mpix	3,3 Mpix
20 cm x 30 cm	2,0 Mpix	3,6 Mpix	8,1 Mpix
30 cm x 45 cm	4,5 Mpix	8,1 Mpix	18,3 Mpix
50 cm x 75 cm	12,7 Mpix	22,6 Mpix	50,9 Mpix

Sie sehen, mit einer 8-Megapixel-Kamera können Sie problemlos Vergrößerungen von 30 x 45 cm mit ca. 200 ppi drucken. Das sollte für die meisten

Anwendungszwecke gut reichen, denn zu viele Pixel haben auch Nachteile.

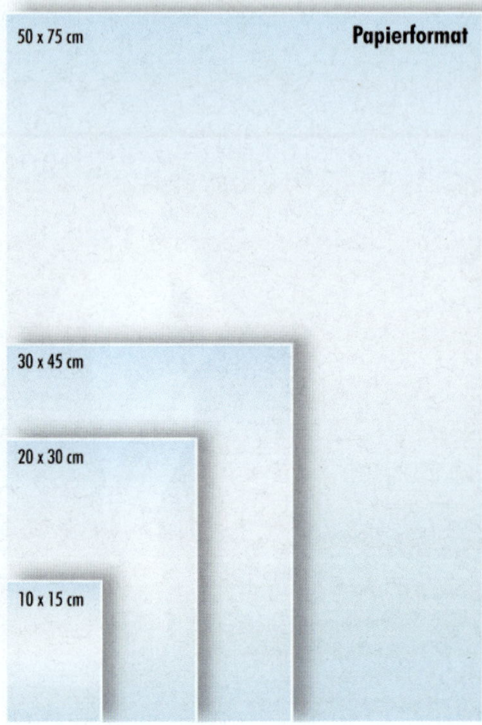

Eine große Pixelzahl kombiniert mit einem sehr kleinen Sensor führt zu sehr kleinen Pixeln. Werden diese kleiner als 3 µm, tendieren diese Kameras bei höherer Auflösung schon ab ISO 200 zu starkem Rauschen.

Die Kamerahersteller antworten darauf mit einer starken softwareseitigen Rauschunterdrückung, die aber die Bildqualität verschlechtert. Kleine Kompaktkameras sind daher bezüglich des Rauschens mit Auflösungen von 10 oder 12 Megapixeln völlig überfordert, denn die Pixelgröße beträgt bei diesen Kameras nur 1,2 bis 2,0 µm.

Die Größe der Pixel können Sie leicht selbst berechnen. Teilen Sie einfach die Sensorbreite in mm durch die Anzahl der Pixel (in der Sensorbreite) und multiplizieren Sie das Resultat mit 1.000. So hat die Nikon Coolpix P50 eine Sensorgröße von 5,8 x 4,3 mm und eine Auflösung von 3.264 x 2.448 Pixel:

$$5{,}8 / 3.264 \times 1.000 = 1{,}78\ \mu m.$$

Eine hohe Pixelzahl führt zu sehr großen Dateien. JPEG-Dateien mit bester Qualität sind bei meiner Nikon D100 mit 6 Megapixeln Auflösung ca. 2 bis 3 MByte groß, RAW-Dateien hingegen schon fast 10 MByte. Bei meiner Nikon D300 mit einer Auflösung von 12 Megapixeln steigen diese Zahlen auf ca. 5 MByte im besten JPEG-Format und auf ca. 24 MByte im 14-Bit-RAW-Format.

Wenn Sie nun die Bilder in Photoshop weiterbearbeiten, vergrößern Sie die Dateien noch weiter. Sie können diese Entwicklung in der Fußzeile von Photoshop verfolgen. Klicken Sie auf das kleine schwarze Dreieck und wählen Sie *Dateigröße* aus. Die Zahl auf der linken Seite gibt die Druckgröße des Bildes an, d. h. die ungefähre Größe der gespeicherten, auf eine Ebene reduzierten Datei im Adobe Photoshop-Format. Die Zahl auf der rechten Seite gibt die ungefähre Größe der Datei einschließlich Ebenen und Kanälen an. Vor allem im 16-Bit-Modus steigt der Speicherbedarf sehr stark an. Wollen Sie (was aus Qualitätsgründen zu empfehlen ist) im RAW-Format und mit 16 Bit arbeiten, werden Sie nicht nur eine neue Kamera mit hoher Auflösung, sondern gleich auch noch einen neuen Computer

Nikon D100/6 Megapixel	**8-Bit-Modus**	**16-Bit-Modus**
Geöffnete Datei	17,2 MByte	34,4 MByte
Mit 2 Ebenen, Beanspruchung RAM	34,4 MByte	68,8 MByte
Mit 2 Ebenen, Beanspruchung Harddisk	51,7 MByte	70,5 MByte

Nikon D300/12 Megapixel	**8-Bit-Modus**	**16-Bit-Modus**
Geöffnete Datei	34,9 MByte	69,9 MByte
Mit 2 Ebenen, Beanspruchung RAM	69,9 MByte	139,8 MByte
Mit 2 Ebenen, Beanspruchung Harddisk	103,2 MByte	181,7 MByte

Ein ruhiges, harmonisches Landschaftsbild mit einer 3-Megapixel-Kompaktkamera, Fotograf: Martin Zurmühle.

mit schnellen Prozessoren und sehr viel RAM (1 bis 2 GByte) benötigen. Dazu noch jede Menge große und schnelle Festplatten.

Vor allem die Umwandlung von RAW-Dateien benötigt eine große Rechenleistung. Sie müssen wohl oder übel einen Kompromiss zwischen Ihren Qualitätsvorstellungen und den Dateigrößen schließen. Alles kann man eben nicht haben im Leben. Dass Sie aber nicht unbedingt eine so hohe Auflösung benötigen, beweist diese Aufnahme, die ich mit einer einfachen Olympus C-300-Kompaktkamera mit 3 Megapixel gemacht habe.

INFO **Downloadhinweis**

Einige Bilder können Sie unter folgender Internetadresse als Übungsbeispiele herunterladen: *www.databecker.de*.
Dort geben Sie unter *Downloads/Buch-Extras* den Titel dieses Buches ein.

2.7 Die Wahl der Speicherkarten

Auch im Bereich der Speicherkarten sind große Fortschritte erzielt worden. Die Karten werden immer schneller mit immer größeren Speichermengen. Die Zahl der auf einer Karte speicherbaren Bilder steigt. Ein paar Angaben dazu finden Sie in der nebenstehenden Tabelle.

2-GByte-Speicherkarte	6-Mpix-Kamera Nikon D100	12-Mpix-Kamera Nikon D300
Bestes JPEG-Format	624 Bilder	370 Bilder
RAW-Format	210 Bilder	197 Bilder
RAW und bestes JPEG	-	129 Bilder

Arbeiten Sie im JPEG-Format, haben Sie mit großen Speicherkarten genügend Reserven. Im RAW-Format und bei Kameras mit einer hohen Auflösung benötigen Sie Speichermedien mit 1 GByte oder mehr.

Es gibt sehr viele verschiedene Speicherformate. Die Preise der Speichermedien unterscheiden sich auch bei gleicher Speichermenge beträchtlich. Einen Vergleich der wichtigsten Kartentypen sehen Sie in der unten stehenden Tabelle.

Die beste Performance erzielen heute die CompactFlash-Karten, die in vielen Bridge- und DSLR-Kameras eingesetzt werden. Aber auch SD-Karten werden bei diesen Kameratypen oft verwendet. Arbeiten Sie mit mehreren Kameras, beachten Sie, dass alle die gleichen Speicherkarten akzeptieren. Einen Vergleich der wichtigsten Speicherkarten finden Sie in dieser Tabelle:

Speicherkarte	Lesen (MByte/s)	Schreiben (MByte/s)
CF SanDisk Extreme III 2 GByte	14,1	13,1
SD SanDisk Extreme III 2 GByte	19,1	18,1
CF SanDisk Extreme IV 2 GByte	39,9	29,4

Eine so schnelle Karte wie die SanDisk Extreme IV kann ein RAW-Bild von 25 MByte in weniger als 1 Sekunde auf die Karte speichern. Das funktioniert aber nur, wenn die Datenverarbeitung in der Kamera auch leistungsfähig genug ist.

Typ	Größe B x H x T	Kapapzität und Eignung
CompactFlash Typ II	42,8 x 36,4 x 3,3	16 MByte bis 16 GByte, schnell und robust, große Speichergröße, DSLR-Kameras
Microdrive	42,8 x 36,4 x 5,0	1 GByte bis 8 GByte, empfindlich gegen Schläge, DSLR-Kameras
Secure Digital Card (SD-Card)	24,0 x 32,0 x 1,4	8 MByte bis 2 GByte, klein, schnell und robust, mit mechanischem Schreibschutz, Kompakt-, Bridge- und DSLR-Kameras
SD-High Capacity (SDHC-Card)	24,0 x 32,0 x 1,4	4 GByte bis 8 GByte, klein, schnell und robust mit großer Speichergröße, Kompakt-, Bridge- und DSLR-Kameras
xD-Picture Card	25,0 x 20,0 x 1,7	16 MByte bis 512 MByte, schnell und robust, Kompakt- und Bridge-Kameras, nur bei Olympus- und Fuji-Kameras im Einsatz
Memory Stick Pro Duo	20,0 x 31,0 x 1,6	256 MByte bis 8 GByte, klein und robust, nur bei Sony-Kameras im Einsatz

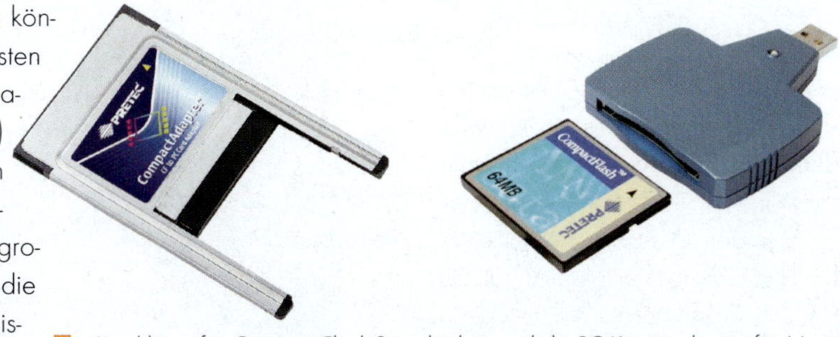

Anschlüsse für CompactFlash-Speicherkarten: links PC-Kartenadapter für Notebooks, rechts Kartenadapter mit USB-Anschluss.

Die modernen DSLR-Kameras können auch mit den schnellsten Speicherkarten mit großer Kapazität (z. B. 4 oder 8 GByte) umgehen. Genaue Angaben dazu finden Sie in Ihrem Kameramanual. So schnelle und große Karten brauchen aber nur die wenigsten Fotografen mit leistungsfähiger DSLR. Manchmal ist es besser, mit 2–3 kleineren Karten zu arbeiten (z. B. mit 2 oder 4 GByte). Ist eine Karte defekt, dann sind nicht alle Bilder des Urlaubs verloren.

Verwenden Sie keine Speichermedien mit beweglichen Teilen wie zum Beispiel die IBM Microdrive-Karten. Fallen sie beim Wechseln zu Boden, funktionieren sie meistens nicht mehr, was bei den Modellen ohne bewegliche Teile normalerweise nicht der Fall ist.

Die Übertragung zum Rechner erfolgt mit einem USB- oder FireWire-Kabel. Mit einem speziellen PCMCIA-Adapter (PC-Card) können die Bilder auch leicht auf ein Notebook überspielt werden. Eine Treiberinstallation ist nicht nötig. Auch die drahtlose Übertragung wird in Zukunft vermehrt angeboten werden.

Mit Multifunktionsgeräten mit Anschlüssen für alle gängigen Kartenformate können Sie die Daten der Karten ebenfalls direkt per USB-Schnittstelle auf den PC übertragen.

In Kapitel 9.6 erfahren Sie mehr dazu. Bei zwei Karten können Sie z. B. im Studio den Inhalt einer Karte auf das Notebook übertragen und mit der zweiten weiter fotografieren. Anschließend kontrollieren Sie die Bilder gleich am größeren Bildschirm des Notebooks.

Wenn Sie sich ein Notebook anschaffen möchten, finden Sie übrigens mit ein bisschen Glück ein Gerät mit standardmäßigem Einschub für die von Ihrer Digitalkamera verwendete Speicherkarte. Der Vorteil: Sie müssen etwa im Urlaub nicht noch zusätzlich einen externen Kartenleser mitnehmen. Die in Notebooks fest eingebauten Kartenleser kommen allerdings meist nur mit einem bestimmten Speicherkartentyp zurecht.

TIPP **Speicherkarten**

- Wählen Sie ein Speichersystem aus, das zu allen Ihren Kameras und zum Notebook passt.
- Meiden Sie Systeme mit beweglichen Teilen.
- Arbeiten Sie mit RAW-Dateien, dann wählen Sie schnelle und große Speicherkarten.
- Haben Sie immer eine Reservekarte mit in der Fototasche.
- Arbeiten Sie im Studio mit mehreren Karten, sodass Sie während des Shootings schon die ersten Bilder auf das Notebook laden können.

3

Objektive und Autofokus

Objektive sind das wichtigste Hardwareglied innerhalb der Fotografiekette. Ohne qualitativ gute und leistungsfähige Objektive können keine guten Bilder gemacht werden. Bei den Kompakt- und Bridge-Kameras sind die Zoomobjektive fest eingebaut und so ein Hauptkriterium für den Kamerakauf. Digitale SLRs arbeiten mit Wechselobjektiven, und Sie können aus einer Vielzahl von Typen und Modellen auswählen. Die Leistungen und Preise variieren dabei sehr stark. Das Verständnis der wichtigsten optischen Gesetze hilft Ihnen bei der richtigen Wahl.

3.1 Optische Gesetze

Auch bei der digitalen Fotografie gelten die alten optischen Gesetze. Zum Verständnis der optischen Eigenschaften, wie Schärfentiefe, Lichtstärke, Blende, ist es wichtig, dass Sie einige dieser Regeln verstehen.

Prinzip der Lochkamera

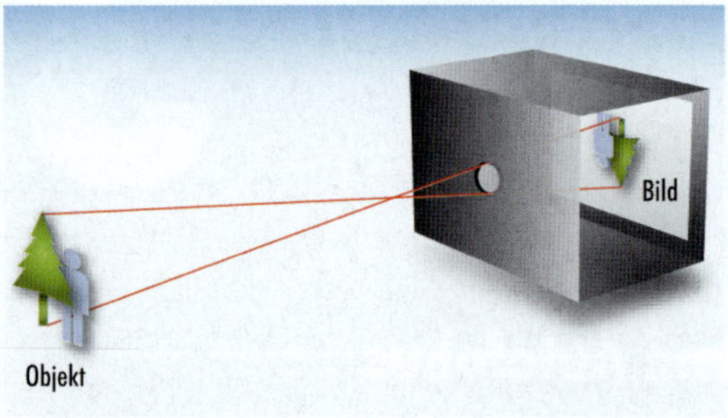

Prinzip der Lochkamera.

Das Grundprinzip der Kamera ist sehr einfach. Durch eine Öffnung wird Licht in das dunkle Kameragehäuse gelassen, und das Bild wird seitenverkehrt und auf dem Kopf stehend an der Rückwand abgebildet. Bei der Lochkamera besteht das „Objektiv" nur gerade aus einer kleinen runden Öffnung. Damit das Bild einigermaßen scharf abgebildet wird, darf die Öffnung nicht zu groß sein. Entsprechend klein wird die Lichtmenge (ca. 1:300, was einer Blende von f300 entspricht!). Das gesamte Bild wird unabhängig von der Aufnahmedistanz gleich scharf (oder eher gleich unscharf) abgebildet. Die Größe des Bildes wird durch die Größe des Kameragehäuses bestimmt.

Aufgabe des Objektivs

Die Objektive haben nun zum Ziel, diese Öffnung zu vergrößern und möglichst viel Licht in die Kamera zu lassen. Gleichzeitig soll aber das Motiv auch scharf abgebildet werden.

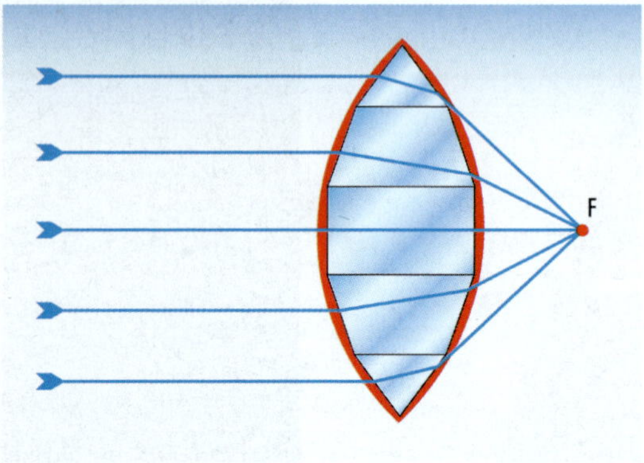

Prinzip einer Linse.

Eine Linse kann man sich als Glaskörper vorstellen, der aus mehreren übereinander gelegten Glasprismen besteht. Auf diese Linsen fallenden Parallelstrahlen (Licht aus sehr weiter Entfernung) werden durch diese Prismen unterschiedlich gebrochen und treffen sich in einem Punkt, dem Brennpunkt der Linse. Eine solche Sammellinse (auch Konvexlinse genannt) kann man sich aus unendlich vielen Einzelprismen aufgebaut vorstellen. Die Linse bildet so ein unendlich weit entferntes Motiv im Brennpunkt der Linse (F) scharf ab.

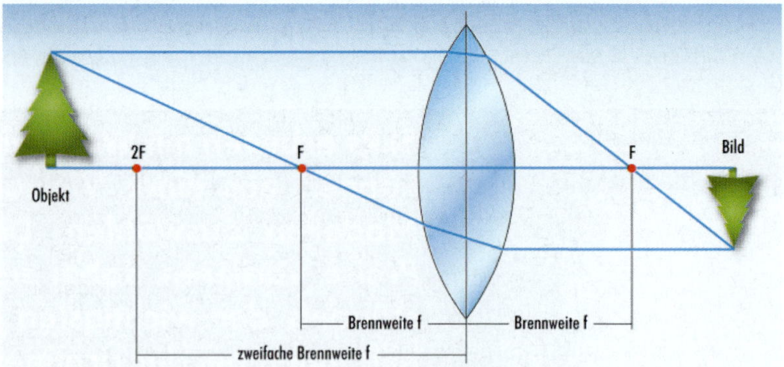

Gegenstand weiter entfernt als doppelte Brennweite.

Liegt das Motiv im Gegenstandsraum (Raum zwischen Motiv und Objektiv) zwischen unendlich und der doppelten Brennweite des Objektivs entfernt, werden die Strahlenbündel im Bildraum (Raum zwischen Objektiv und Sensor) auch in einem Punkt

Die Motive werden auf dem Sensor meistens kleiner abgebildet als in Wirklichkeit, Fotograf: Martin Zurmühle.

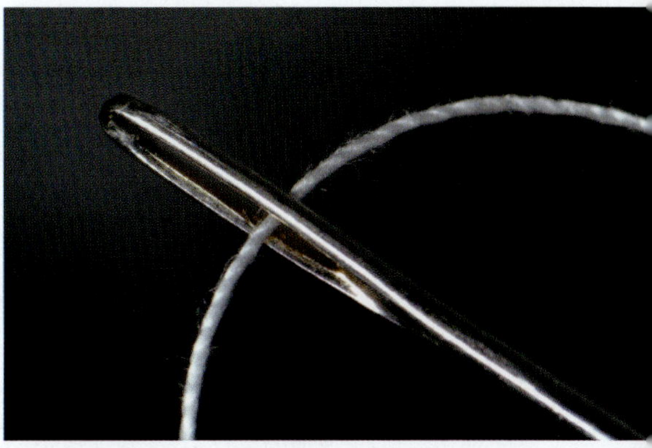

Makroaufnahme im Maßstab 1:1 bilden das Motiv auf dem Sensor genauso groß ab wie in Wirklichkeit, Fotograf: Fernando Dinis.

gesammelt, der aber weiter hinten als der Brennpunkt (F) liegt. Das Objekt wird immer kleiner als seine effektive Größe abgebildet (Maßstab kleiner als 1:1). Mit Ausnahme der speziellen Makroobjektive bewegen sich alle Objektive in diesem Bereich.

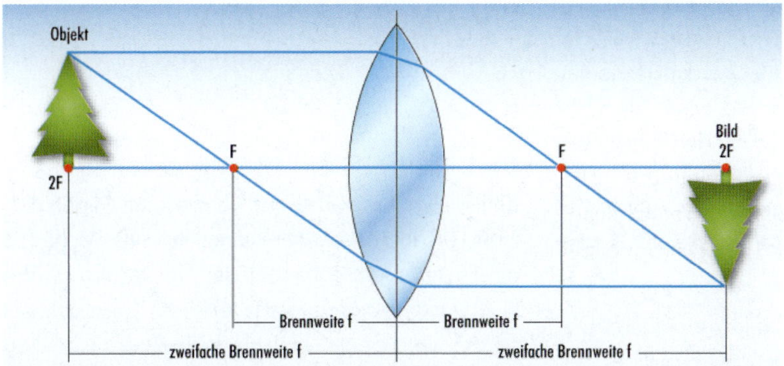

Gegenstand liegt genau in doppelter Brennweite entfernt.

Liegt das Motiv im Gegenstandsraum genau in doppelter Brennweite vom Objektiv entfernt, dann liegt das Bild ebenfalls genau in doppelter Brennweitenentfernung im Bildraum.

Aufnahmedistanz und Kameraauszug sind gleich lang, und die Abbildung ist so groß wie das Motiv (Maßstab 1:1). Die meisten Makroobjektive haben diesen Abbildungsmaßstab. Liegt das Motiv noch näher zum Objektiv, wird es noch größer (Maßstab größer als 1:1) abgebildet. Bei einem Abstand von genau einer Brennweite würde das Motiv theoretisch unendlich groß abgebildet. Die Aufnahmedistanz muss somit immer größer als die Brennweite sein. Nur starke Nahaufnahmen bewegen sich in diesem Bereich.

Mit einer Sammellinse können wir gegenüber der Lochkamera die Blendenöffnung vergrößern und eine scharfe, punktförmige Abbildung erzielen. Allerdings erscheint das Motiv im Gegensatz zur Lochkamera nur gerade in der korrekt eingestellten Bildentfernung scharf.

Da einzelne Linsen mit vielen Abbildungsfehlern behaftet sind, korrigiert man diese Fehler durch das Zusammenfügen mehrerer unterschiedlicher Linsen aus verschiedenen Glassorten.

TIPP **Objektivauszug**

Der Auszug des Objektivs ist am kürzesten, wenn Sie auf unendlich fokussieren. Er wird länger, je näher das Motiv zur Kamera liegt.

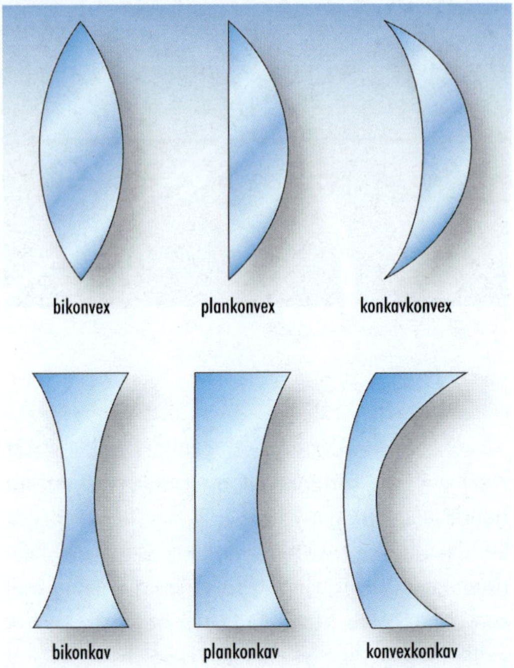

Schärfentiefe

Bei der Scharfstellung auf unendlich ist der Kameraauszug gerade so lange wie die Brennweite des Objektivs. Wir sprechen von unendlicher Aufnahmedistanz, wenn das Motiv weiter als die 300-fache Brennweite entfernt liegt.

Für diese Entfernung zeigen Objektive auf ihrer Distanzeinstellskala das für „Unendlich" gültige Zeichen ∞.

Absolut scharf zeichnet ein Objektiv nur in einem sehr kleinen Punkt. Unsere Augen können aber im Gegensatz zu vielen Tieren nicht besonders scharf sehen. Alle Flächen, die nicht größer als 1/10 mm (bei einem Betrachtungsabstand von ca. 30 cm) sind, erscheinen uns als scharf. In der Fotografie kann ein absolut scharfes Bild auf der Sensorebene nur bei einer einzigen Schärfeebene erzielt werden. Alle Punkte, die näher oder weiter entfernt liegen, erscheinen so nicht mehr als Punkt, sondern als Scheibchen, als Unschärfe- oder Zerstreuungskreise.

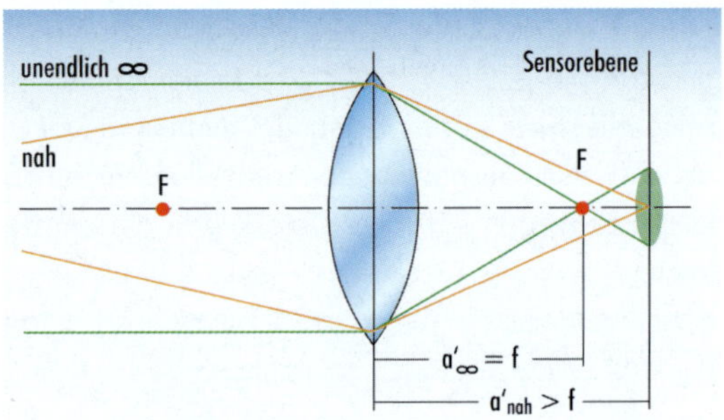

Schema zum Unschärfekreis.

Die Schärfentiefe des Objektivs ist der Bereich, in dem diese Unschärfekreise von unseren Augen nicht mehr erkannt werden können. Für uns wichtig ist aber nicht die Größe bei der Darstellung im Bild (1/10 mm), sondern die Größe der Unschärfekreise auf dem Sensor. Für normale Ansprüche liegt beim Kleinbildformat der Vollformat-DSLR diese Grenze bei 0,033 mm. Kameras mit kleineren Sensoren haben aber eine wesentlich tiefere Grenze (z. B. 0,020 mm beim APS-C-Format). Alles, was größer ist, wirkt für uns unscharf. Durch eine Verkleinerung der Blendenöffnung wird die Schärfentiefe vergrößert. Der Winkel der Strahlenbündel wird durch die kleinere Blende verkleinert und dadurch auch die Unschärfekreise. Ein Abblenden um zwei Blendenstufen halbiert den Unschärfekreisdurchmesser.

Objektivbrennweite	Einstellung unendlich
28 mm	8,4 m
50 mm	15 m
100 mm	30 m
300 mm	90 m

Abhängigkeit der Schärfentiefe von der Blendengröße, links Blende 2, Mitte Blende 4, rechts Blende 8. Model Aniza, Fotograf: Martin Zurmühle.

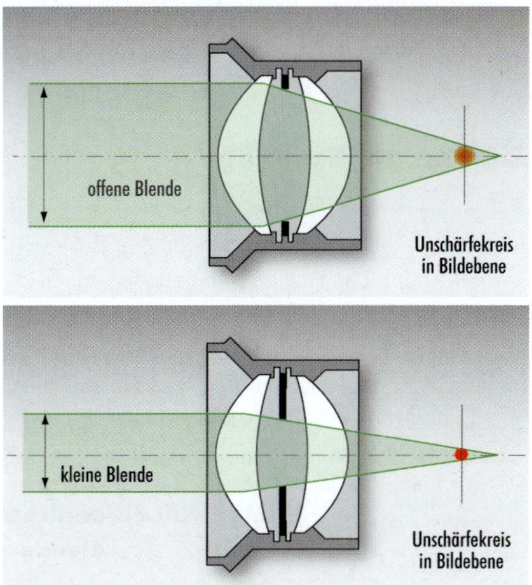

Bild oben: Große Unschärfekreise und somit kleine Schärfentiefe bei offener Blende. Bild unten: Kleinere Unschärfekreise und somit größere Schärfentiefe bei kleinerer Blende.

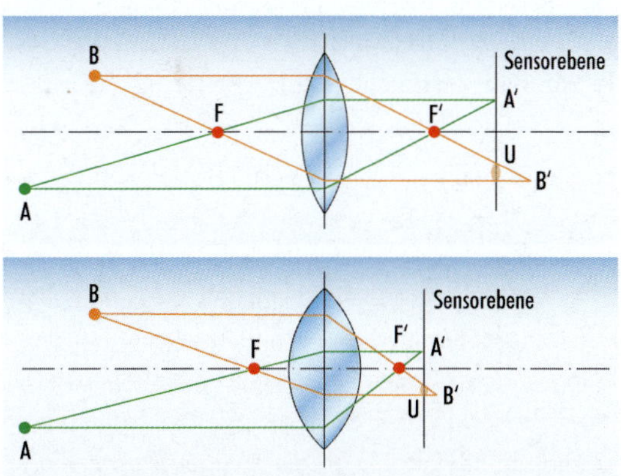

Abhängigkeit der Schärfentiefe von der Brennweite: oben längere Brennweite, unten kürzere.

TIPP Schärfentiefe

- Bei gleicher Brennweite und gleicher Aufnahmedistanz wird die Schärfentiefe bei kleiner Blendenöffnung größer.
- Bei gleicher Blendenöffnung und gleicher Aufnahmedistanz ist die Schärfentiefe bei kurzen Brennweiten größer.
- Bei gleicher Blendenöffnung und Brennweite ist die Schärfentiefe bei größerer Aufnahmedistanz größer.

Kurze Brennweiten haben eine größere Schärfentiefe als längere. Bei gleichem Abstand der Gegenstände vom Objektiv ist der Unschärfekreis beim Weitwinkelobjektiv (mit kürzerem Brennweitenabstand) kleiner, und somit ist die Schärfentiefe größer. Da die Kompaktkameras alle sehr kleine Sensoren und somit auch sehr kleine Brennweiten besitzen, haben sie konstruktionsbedingt eine große Schärfentiefe. Der Unschärfekreis wird kleiner, wenn unter sonst gleichen Bedingungen die Aufnahmedistanz vergrößert wird. Dadurch wird auch die Schärfentiefe größer.

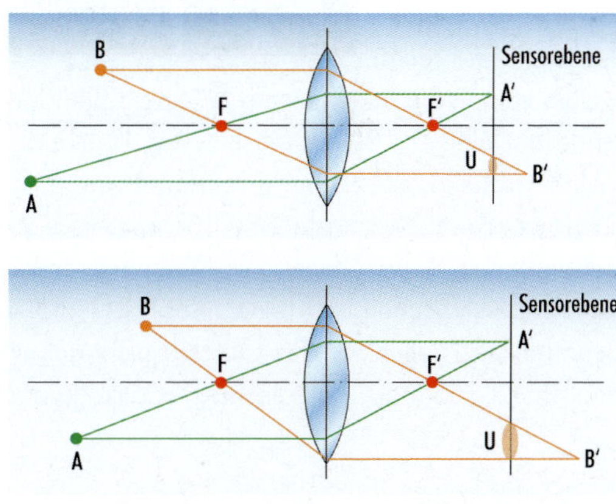

Abhängigkeit der Schärfentiefe von der Aufnahmedistanz: oben größere, unten kleinere Aufnahmedistanz.

Beste Einstelldistanz

Normalerweise wird die Einstelldistanz mit dem Autofokus der Kamera automatisch festgelegt. Wichtig zu wissen ist dabei, dass die Schärfentiefe ca. 1/3 vor der scharf gestellten Ebene und ca. 2/3 hinter dieser liegt.

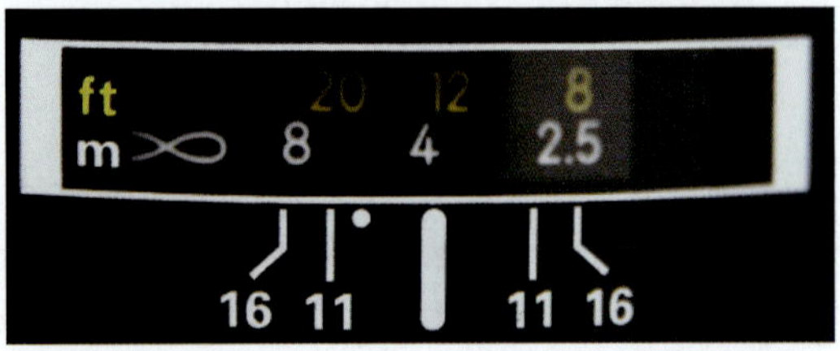

Schärfentiefeskala beim AF Nikkor 85mm/1:1.8.

Stellen Sie zum Beispiel mit dem Nikkor 85mm/ 1:1.8 auf 4 m scharf, wird bei Blende 16 alles zwischen 2,5 und 8 m scharf abgebildet. Diese Angaben gelten aber nur für Vollformatsensoren. Hat die Kamera einen kleineren Sensor mit Cropfaktor von ca. 1,5, dann liegen die Grenzen für noch scharf abgebildete Unschärfekreise tiefer (0,020 anstelle 0,033 mm) und das Objektiv muss für die gleiche Schärfentiefe eine Blendenstufe mehr abgeblendet werden, in oben stehendem Beispiel also auf Blende 22. Bei manueller Fokussierung wird die Scharfstellung direkt am Objektiv festgelegt. Objektive mit Festbrennweiten zeigen die Schärfentiefe für einige Blendenwerte an (meistens Blende 8, 11 oder 16). Objektive mit Festbrennweiten zeigen die Schärfentiefe für einige Blendenwerte an (meistens Blende 8, 11 oder 16). Leider fehlen solche Angaben bei Zoomobjektiven. Hier kann nur die Abblendtaste einen Schärfeeindruck geben, oder man arbeitet mit Erfahrungs- oder Kennwerten. Suchen wir eine möglichst große Schärfentiefe, stellen wir das Objektiv nicht auf unendlich ein, sondern auf die sogenannte hyperfokale Distanz. Bei dieser Distanz ist der Unschärfekreis bei der Einstellung unendlich gerade maximal so groß, um ein scharfes Bild zu erzeugen. Beim Nikkor 85mm/1:1.8 stellen wir das Objektiv auf 8 m scharf. Der linke Bereich der Schärfeskala steht dann bei Blende 16 auf unendlich. Das Objektiv zeichnet (auch hier nur bei Vollformatsensoren) alles bei Blende 16 zwischen 4 m und unendlich scharf. Einfache Fixfokuskameras (Kameras mit einer Festbrennweite ohne Autofokus) haben diesen Wert fest eingestellt. Die Schärfentiefe reicht dann von einer bestimmten minimalen Aufnahmedistanz bis unendlich.

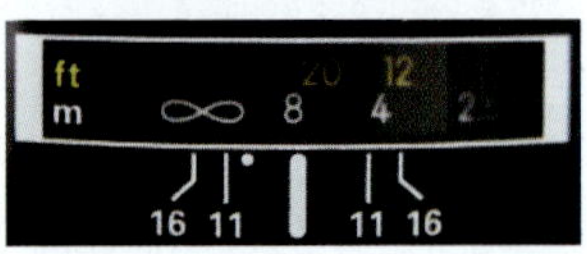

Einfluss der Beugung

Bei zunehmender Abblendung wächst die Schärfentiefe. Je kleiner die Blendenöffnung, desto stärker wird auch der Einfluss der Beugung durch die Lichtbrechung an den Blendenkanten. Die Beugung führt dazu, dass man besonders im Nahbereich nicht so stark abblenden darf, wie es zur Erreichung der notwendigen Schärfentiefe notwendig wäre. Den günstigsten Abblendungskompromiss, bei dem die Beugungsunschärfe nicht größer wird als der zulässige Unschärfekreis, bezeichnet man als förderliche Blende.

Ab welcher Blende die Beugungsunschärfe im Bild auftaucht,

Maßstab	Förderliche Blende
1:2	32
1:1 (Makroobjektiv)	22
2:1	18
3:1	11
5:1	8

TIPP **Beugung als Problem**

Bei Fachkameras mit großem Aufnahmeformat spielt die Beugung kaum eine Rolle. Diese Objektive können auch auf Blende 64 abgeblendet werden. Bei Kleinbildobjektiven der DSLR beginnen die Beugungsverluste erst im Makrobereich ab 1:1 eine Rolle zu spielen. Die kleinste Blendenöffnung der Objektive hat meistens schon eine schlechtere Abbildungsleistung und sollte deshalb nicht eingestellt werden. Bei den digitalen Kompakt- und Bridge-Kameras mit den kleinen Sensoren, den viel kleineren Brennweiten und dadurch extrem kleinen effektiven Blendenöffnungen spielt die Beugung aber eine große Rolle. Diese Objektive haben deshalb oft nur einen sehr beschränkten Blendenbereich mit einer kleinsten Blende von f = 5,6 oder 8. Mit einer kleinsten Blende von 8 kann man in einem Fotostudio mit der großen Lichtmenge der Studioblitzanlagen kaum sinnvoll fotografieren. Deshalb eignen sich diese Kameras nicht für das Arbeiten im Studio.

hängt neben dem Abbildungsmaßstab auch von der Sensorgröße ab. Kleinere Sensoren benötigen kleinere Brennweiten mit entsprechend kleineren Blendenöffnungen (bezogen auf den effektiven Durchmesser der Blendenöffnung). Bei DSLR-Kameras mit größeren Sensoren sind daher kleinere Blenden einsetzbar als bei Kompaktmodellen mit sehr kleinen Sensoren und somit winzigen effektiven Blendenöffnungen. Diese Kameras verfügen deshalb nur über einen sehr begrenzten Blendenbereich (z. B. bei der Coolpix P5000 weniger als 3 Blendenstufen von 2,7-7,6). Im Vergleich dazu besitzen gute Objektive der DSLR Blendenbereiche von 5 bis 7 Blendenstufen.

Aufnahmen mit der DSLR bei der kleinsten Blendenöffnung zeigen wegen der Beugungsunschärfe meistens schon eine klar schlechtere Schärfe. Vermeiden Sie deshalb diese Einstellung.

Schärfeausgleich nach Scheimpflug

Bei Fachkameras kann durch das Schwenken der Objektiv- und Bildebene die Lage der Schärfeebene frei festgelegt werden. Haben Gegenstands-, Objektiv- und Bildebene eine gemeinsame Schnittkante, liegt die Schärfeebene genau auf der Gegenstandsebene. Dadurch wird bei Landschaftsaufnahmen alles scharf abgebildet – vom Vordergrund bis zum Horizont. Mit den Tilt- und Shiftobjektiven (siehe Kapitel 3.6) können diese speziellen Möglichkeiten der Fachkamera in begrenztem Umfang auch mit DSLR ausgeführt werden.

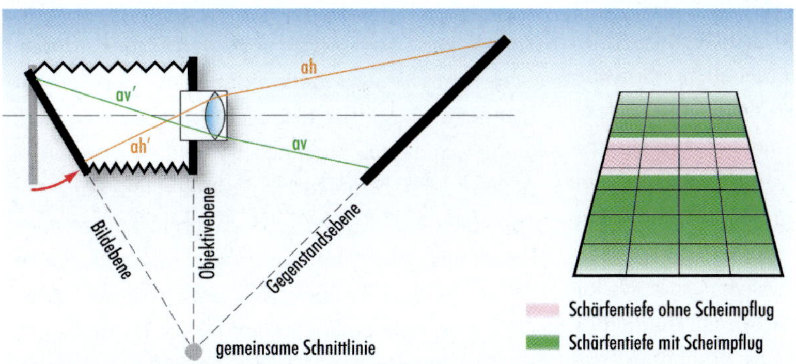

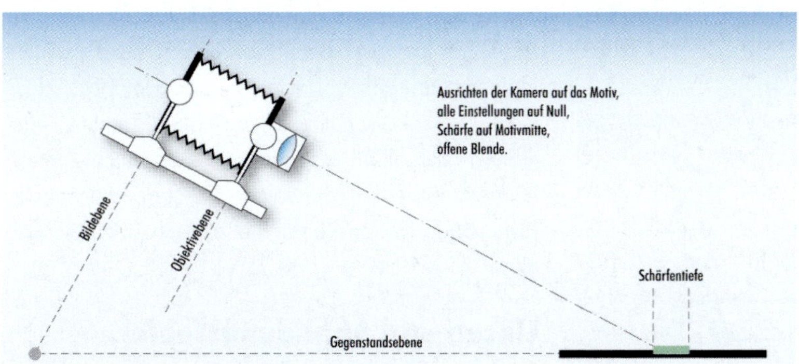

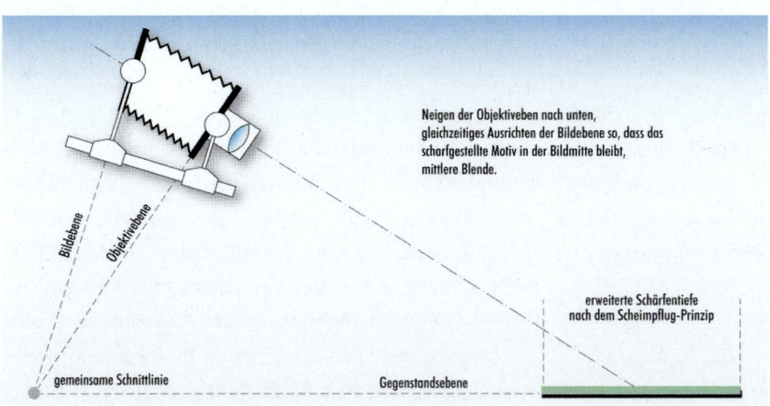

3.2 Bestandteile eines Objektivs

Objektive sind das wichtigste Glied innerhalb der Fotografie. Ihre Abbildungsleistung entscheidet über die Qualität der Bilder. Licht, das durch einen durchsichtigen Körper fällt, wird zu einem kleinen Teil reflektiert. Der Hauptteil erfährt eine Ablenkung, der Strahl wird gebrochen. Sie sehen diesen Effekt, wenn Sie im Schwimmbad beobachten, wie die Beine im Wasser ganz anders aussehen als der Oberkörper, der aus dem Wasser ragt. Linsen nutzen diesen Effekt zum Beugen des Lichts nach optischen Gesetzen. Eine Linse können wir dabei als eine Art Summe unterschiedlicher Prismen ansehen.

Sammel- und Zersteuungslinsen

Die Sammel- oder Konvexlinsen sind in der Mitte dicker und bündeln die parallel eintreffenden Strahlen (Distanz unendlich) in einem Punkt, dem Brennpunkt. Die Distanz von der Linse zum Brennpunkt entspricht der Brennweite. Ein Brennglas, mit dem wir als Kinder gespielt haben, entspricht diesem Prinzip. Die Linse wirkt so als Vergrößerungsglas. Die Zerstreuungs- oder Konkavlinsen sind in der Mitte dünner und lenken den Strahl nach außen ab. Die Strahlen bündeln sich aber im Brennpunkt auf der Gegenstandseite und zeigen ein verkleinertes virtuelles Bild. Die Linse wirkt so als Verkleinerungsglas.

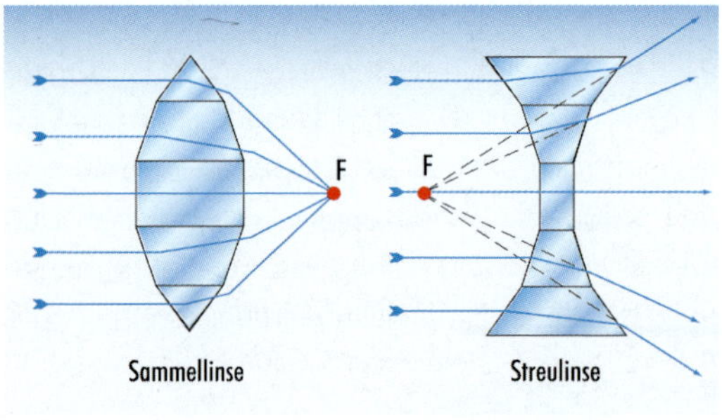

Links Sammellinse, rechts Zerstreuungslinse.

Der Einsatz lediglich einer Sammellinse zur Bilderzeugung wird nur in Billigkameras eingesetzt. Höherwertige Objektive bestehen stets aus mehreren Sammel- und Zerstreuungslinsen, die so angeordnet sind, dass sich ihre optischen Fehler gegenseitig so gut wie möglich kompensieren.

Reflexionen und Vergütung

Die Linsen eines Objektivs werden aus speziellen Glassorten (vor allem Kron- und Flintglas) hergestellt. Günstigere Linsen werden heute auch mit Kunststoffen gemacht. Sobald Licht auf eine Grenzfläche trifft, wird ein geringfügiger Teil davon reflektiert. Neben dem Lichtverlust führt diese Reflexion auch zu Nebenbildern, die das eigentliche Bild überlagern. Das führt zu einem Verlust an Bildbrillanz. Durch den Auftrag von Vergütungsschichten (vorzugsweise aus Leichtmetallfluoriden) wird die Teilreflexion der Gläser stark vermindert. Je mehr Schichten aufgetragen werden, desto kleiner wird die Teilreflexion. Objektive mit Mehrfachvergütung weisen gegenüber einfach vergüteten oder unvergüteten eine bedeutend bessere Bildbrillanz und Farbsättigung auf. Diese Beschichtungen sind hauchdünn, doch bei sorgfältiger Behandlung der Linsenoberfläche relativ kratzfest. Trotzdem sollten Objektive nicht zu häufig und nur mit dem geeigneten Reinigungsmaterial geputzt werden. Schrauben Sie zudem einen hochwertigen Schutzfilter vor die Linse, um unnötige Beschädigungen der Beschichtung zu vermeiden. Beachten Sie allerdings, dass solche Objektivschutzfilter zu ungewünschten Reflexionen, vor allem bei starkem Gegenlicht, führen können. Entdecken Sie solche Geisterbilder am Display, dann fotografieren Sie einfach ohne Schutzfilter.

Linsen und Abbildungsfehler

Optische Gläser allein machen noch kein Objektiv. Dazu müssen zuerst entsprechende Glieder, sogenannte Linsen, hergestellt und in einem Objektiv zusammengebaut werden. Die Mehrzahl der optischen Linsen ist sphärisch geformt. Sie werden durch Kugelflächen und Ebenen begrenzt. Der Kugelmittelpunkt bildet dabei die optische Achse. Asphärische Linsen haben keine kugelförmige Oberfläche. Am Linsenrand ist ihre Wölbung weniger stark als in der Linsenmitte. Asphärische Linsen haben bei richtiger Berechnung eine bessere Strahlenvereinigung als sphärische Linsen.

TIPP Mehrfachvergütung

Sparen Sie nicht beim Kauf der Schutzfilter für das Objektiv. Nur mehrfach vergütete, hochwertige Filter verhindern ungewollte Reflexionen, die die Abbildungsqualität der Optik verschlechtern.

Ein hochwertiges teures Objektiv und ein billiger Schutzfilter (z. B. UV-Filter, Skylight-Filter oder NC-Filter) passen nicht zusammen!

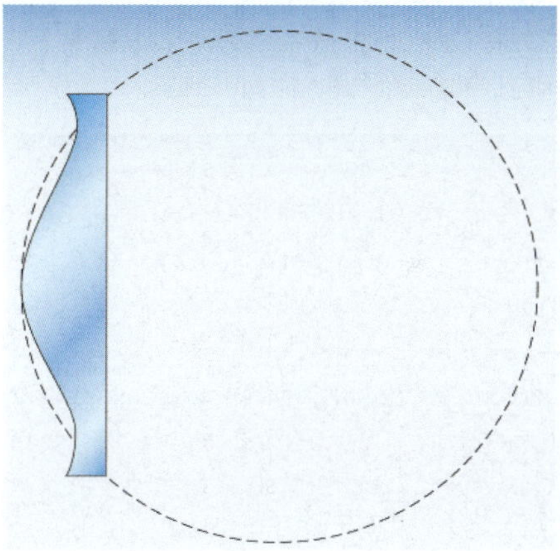

Eine asphärische Linse.

Ein Objektiv besitzt eine Vielzahl von konvexen und konkaven Linsen, die als Einzellinsen und Linsengruppen angeordnet sind. Ein Objektiv sollte im Idealfall einen Gegenstandpunkt absolut scharf abbilden. Der Abbildungsmaßstab sollte dabei im gesamten Bildfeld konstant sein.

Bei der Bilderzeugung durch das Objektiv treten aber diverse Fehler auf, die verhindern, dass dieser Idealfall möglich wird. Durch eine sinnvolle Anordnung verschiedener Linsen aus unterschiedlichen Glassorten lassen sich diese optischen Abbildungsfehler reduzieren. Trotzdem sollten Sie einige dieser Fehler kennen:

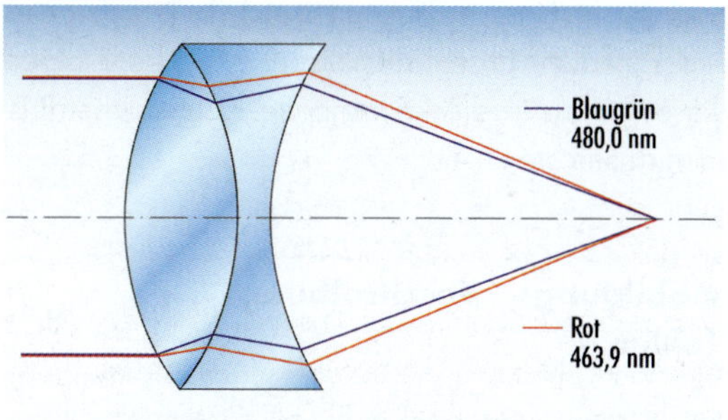

Chromatische Aberration kann durch Kombinieren von konvexen und konkaven Linsen (sogenannten Achromaten) verhindert werden. Apochromatische Linsen (Apo-Linsen) bestehen aus drei oder noch mehr Einzellinsen, die die verschiedenen Wellenlängen des Lichts ausgleichen. Die Brennweitenunterschiede der verschiedenen Farben bleiben dabei so klein, dass sie in der Regel keinen Einfluss auf die Fotografie haben. Bei der sphärischen Aberration verschiebt sich die beste Einstellungsebene für die Scharfstellung mit dem Schließen der Blende. Den Auszugsunterschied zwischen Scharfstellung bei offener und geschlossener Blende bezeichnet man als Blendendifferenz. Normalerweise werden sphärische Aberrationen korrigiert. Einzelne Objektive wie zum Beispiel die Weichzeichnerobjektive (siehe Kapitel 3.6) sind mit sphärischer Aberration behaftet und erzeugen Bilder mit schar-

Abbildungsfehler	Beschreibung
Chromatische Aberration	Farbfehler aufgrund unterschiedlicher Brechung der verschiedenen Farben aufgrund ihrer unterschied-lichen Wellenlängen.
Sphärische Aberration	Abbildungsfehler der Linsen aufgrund der unterschiedlichen Brechung außen und innen.
Koma	Verzerrungen durch sphärische Aberration am Bildrand.
Astigmatismus	Unschärfe durch verschiedene Brechung der Linse in senkrechter und horizontaler Richtung.

fem Bildkern, der durch weiche Lichter überlagert wird. Je weiter die Blende geöffnet wird, desto weicher wird der Bildeindruck. Koma tritt nur noch selten bei lichtstarken Objektiven bei ganz geöffneter Blende und hohen Kontrasten auf. Astigmatismus wird auch durch eine Kombination aus konvexen und konkaven Linsen vermieden. Man bezeichnet diese Objektive als Anastigmate. Folgende Abbildungsfehler treten auch bei modernen Objektiven auf:

Abbildungsfehler	**Beschreibung**
Bildfeldwölbung	Eine ebene Fläche wird schalenförmig abgebildet.
Verzeichnung	Tonnenförmige oder kissenförmige Verzeichnung (oder Distorsion) an den Bildrändern.
Vignettierung	Randhelligkeitsabfall (vor allem bei Weitwinkelobjektiven).

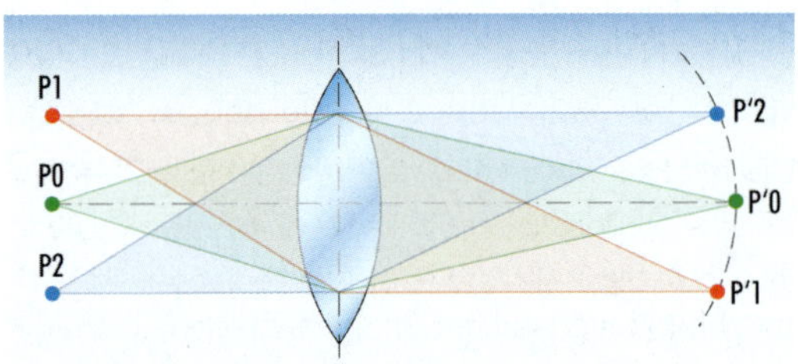

Die Bildfeldwölbung kann zu einer verminderten Schärfe bei der Aufnahme von Flächen führen. Durch ein stärkeres Abblenden und eine Scharfstellung zwischen Bildmitte und Bildrand wird dieses Risiko vermieden.

Eine gute Wiedergabe mit einer kaum merklichen tonnenförmige Verzeichnung beim AF Nikkor 12-24mm/1:4 bei Stellung 24 mm.

Von Verzeichnung (oder Distorsion) spricht man, wenn ein geometrischer Körper an den Bildrändern verzogen dargestellt wird. Die Ursache liegt in der Lage der Blende zur Linse. Steht sie vor der Linse, entstehen tonnenförmige, steht sie hinter der Linse, entstehen kissenförmige Verzeichnungen. Eine symmetrische Linsenkonstruktion mit einer Blende in der Mitte verhindert solche Verzeichnungen.

Eine starke kissenförmige Verformung beim gleichen Objektiv bei Stellung 12 mm.

Lichtstarke Objektive weisen im Nahbereich auch heute noch merkliche Verzeichnungen auf, ebenso sehr asymmetrisch gebaute Systeme wie starke Weitwinkel-, Tele- oder Fischaugenobjektive.

Starke Verzerrungen bei einem Fischaugenobjektiv, Fotograf: Martin Zurmühle.

Stärkere Verzeichnungen zeigen auch Zoomobjektive. Festbrennweiten sind in dieser Hinsicht den Zoomobjektiven klar überlegen. Perfekt sind die symmetrisch aufgebauten Objektive der Fachkame-

Eine leichte Randabschattung nach außen bei einer Aufnahme mit einem 15-mm-Weitwinkelobjektiv, Fotograf: Fernando Dinis.

ras. DSLR-Kameras mit kleineren Sensoren verwenden nur den inneren zentralen Bereich des Bildkreises, der weniger Verzeichnungen hat. Verzeichnungen können durch Abblenden leider nicht behoben oder verbessert werden. In der Bildbearbeitung lassen sich diese Fehler allerdings leicht korrigieren. Die Helligkeit des Bildes nimmt zum Rand hin ab. Das ist kein Abbildungsfehler, sondern ein optisches Gesetz. Störend wirkt diese natürliche Vignettierung bei einem Lichtabfall von mehr als zwei Blendenwerten, was nur bei starken Weitwinkelobjektiven der Fall ist.

Eine Korrektur kann mit einem konzentrischen Verlaufsfilter erreicht werden. Sie verlieren dabei etwas an Lichtstärke (1 bis 2 Blendenstufen). Die Kamera berücksichtigt diesen Lichtverlust automatisch bei der Belichtungsmessung. Die Korrektur der natürlichen Vignettierung kann aber auch leicht in der Bildbearbeitung oder im RAW-Konverter vorgenommen werden. Bei der Vignettierung zeigen DSLR-Kameras mit kleineren Sensoren bessere Objektivleistungen als Vollformatsensoren, weil die Vignettierung sich erst am äußeren Rand des Bildkreises stärker bemerkbar macht, den diese Kameras gar nicht darstellen. Dafür haben Vollformatsensoren eine größere Auflösung, keinen Cropfaktor und größere Pixel und so auch eine bessere Boldqualität (weniger Rauschen). Fazit: Objektive sind immer ein Kompromiss. Nie können alle Faktoren optimal erfüllt werden. Gute Objektive sind sehr aufwendig herzustellen und deshalb auch entsprechend teurer.

Die Bedeutung der relativen Lichtstärke

Die relative Lichtstärke ist in die Objektive eingraviert und entspricht der größten Blendenöffnung. So besitzt das AF Nikkor 50mm/1:1.4 eine größte Blendenöffnung von f1.4.

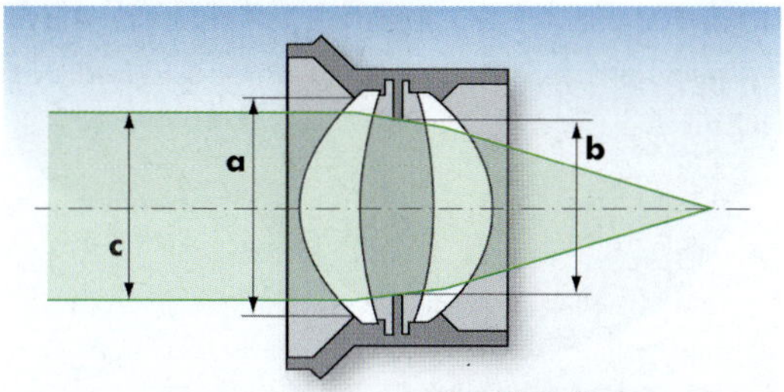

a = freie Linsenöffnung
b = wirkliche Blendenöffnung
c = wirksame Blendenöffnung

Die freie Linsenöffnung ist die von außen sichtbare, von der Fassung freigelassene Glasfläche. Die wirkliche Blendenöffnung ist der Durchmesser der Blende bei der größten Öffnung. Die wirksame Öffnung ist größer als die wirkliche Öffnung, weil die Strahlen von der vorderen Linse gesammelt werden.

Die relative Öffnung ist eine Verhältniszahl. Sie gibt an, wie oft der Durchmesser der wirksamen Öffnung in der Brennweite des Objektivs enthalten ist. Das AF Nikkor 50mm/1:1.4 hat zum Beispiel eine Brennweite von 50 mm und eine wirksame Öffnung von ca. 36 mm bei größter Blendenöffnung von 1.4 (50 mm / 36 mm = 1.4).

TIPP **Lichtstärke**

Extrem lichtstarke Objektive sind bei ungünstigen Lichtverhältnissen von Vorteil (z. B. Theateraufnahmen) und haben eine schöne Unschärfewirkung bei Porträtaufnahmen. Sie sind aber aufwendige und teure Konstruktionen. Lichtschwächere Objektive sind einfacher zu konstruieren und deshalb in der Schärfeleistung und Kontrastwiedergabe extrem lichtstarken Objektiven in der Regel überlegen.

Das extrem lichtstarke Porträtobjektiv 85mm/1:1.2 von Canon besitzt sehr viel Glas und ist entsprechend groß und schwer.

Die Lichtstärke ist sehr wichtig, weil sie festlegt, wie viel Licht auf den Sensor gelangt. Mit lichtstarken Objektiven können Sie auch noch bei wenig Licht von Hand fotografieren. Da lichtstarke Objektive aber sehr große Linsen benötigen, sind sie wesentlich teurer als lichtschwächere Objektive.

Konzertaufnahme bei wenig Licht mit einem lichtstarken Zoomobjektiv und einer relativen Lichtstärke von 2.8, Fotograf: Dragan Tasic.

Die größte relative Lichtöffnung haben Normalobjektive, gefolgt von den Weitwinkelobjektiven. Bei Teleobjektiven sinkt die Lichtstärke stark ab. Lichtstarke Objektive haben deshalb sehr große Linsen und sind entsprechend schwer gebaut und teuer.

Aufbau von Zoomobjektiven

Zoomobjektive besitzen bewegliche Linsengruppen. Beim Drehzoom wird das Vorderglied gegenüber dem Hinterglied verschoben. Die Schärfe wird dadurch auch verändert und muss nachgestellt werden. Die relative Lichtstärke ist in der Weitwinkelstellung am größten und nimmt Richtung Telebereich ab.

Das Drehzoom Nikkor 16-85mm (Kleinbild 24-130 mm) hat bei 16 mm eine relative Lichtstärke von f3.5, die sich bei der Brennweite 85 mm auf f5.6 verschlechtert. Es ist aber leicht und kompakt und eignet sich auch dank des Bildstabilisators (VR) bei Kameras mit dem DX-Format als Universalobjektiv auf Reisen.Bei modernen Schiebezoomobjektiven ist ein Nachstellen der Schärfe nach Brennweitenänderungen nicht nötig. Das ist bequem, muss aber mit Abbildungsfehlern und einer kleinen relativen Lichtstärke erkauft werden.

Einsatz von Floating Elements

Die Korrektur optischer Abbildungsfehler ist meistens eine Kompromisslösung verschiedener Anforderungen. Nicht alle Probleme können dabei mit festen Linsenelementen gelöst werden. Deshalb wurden „Floating Elements" entwickelt. Darunter verstehen wir eine Konstruktion, bei der bei der Scharfstellung nicht nur der Auszug verändert wird, sondern innerhalb des Objektivs auch gleichzeitig bestimmte optische Glieder gegeneinander verschoben werden. Sie sehen, Objektive sind technische Wunderwerke.

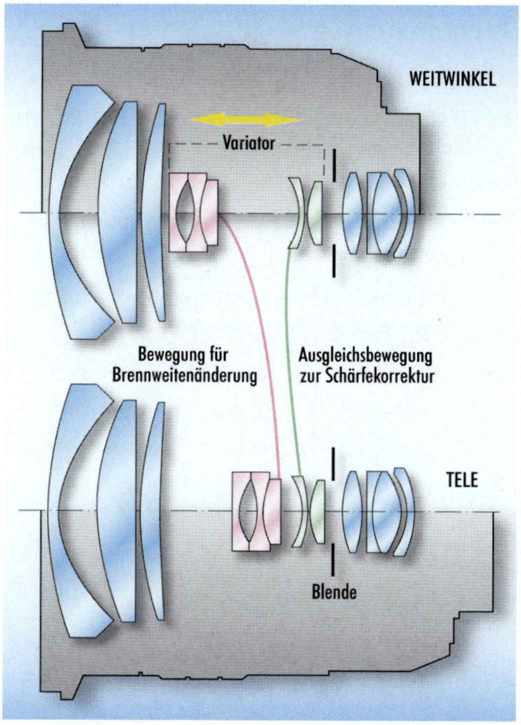

Das Nikkor 12-24mm/1:4 in der Innenfokussierung.

Trotz aller Fortschritte müssen Sie sich aber entscheiden zwischen bester optischer Qualität und Bedienungskomfort. Auch wenn die Werbung anderes verspricht, alles können Sie leider nicht haben.

Alte Objektive an neuen DSLR-Kameras

Die Sensoren der DSLR sind meistens kleiner als das Kleinbildformat, bieten aber eine hohe Auflösung bei immer kleiner werdenden Pixelgrößen. Entsprechend gut müssen demnach auch die Objektive sein, um gute Bildresultate zu liefern. Nicht alle herkömmlichen Objektive entsprechen diesen Anforderungen. Testen Sie ältere Objektive deshalb zuerst, ob sie qualitativ in der Lage sind, gute Bilder mit Ihrer DSLR-Kamera zu machen. Ich habe bei Testaufnahmen festgestellt, dass meine älteren Festbrennweiten (z. B. Nikkor 50mm/1:1.4) sehr gute Resultate auch mit den modernsten DSLR-Kameras liefern. Bei lichtschwachen Zoomobjektiven waren die Ergebnisse aber nicht mehr so klar. Das Nikkor 28-105mm/1:3.5-4.5 liefert sehr gute Ergebnisse, während das Nikkor 75-300mm/1:4.5-5.6 den heutigen Anforderungen nicht mehr genügt. In Kapitel 4.5 sehen Sie, wie Sie Objektive einfach testen können.

Name	Eigenschaften
ED-Glas	Spezielles Glas mit anomaler Teildispersion für bessere Farbwiedergabe und Schärfe.
Super-NIC	Mehrschichtvergütung, die Streulicht und Blendeffekte auf ein Minimum reduzieren.
Nanokristallvergütung	Vergütung zur Eliminierung der Reflexionen an innen liegenden Linsenoberflächen.
Asphärische Linsen	Linsen zur praktisch völligen Beseitigung von Koma und anderen Abbildungsfehlern.
CRC-Nahbereichskorrektur	CRC = Close-Range-Correction: Verbesserung der Abbildungsleistung im Nahbereich mit Floating Elements.
Innenfokussierung (IF)	Zur Fokussierung wird nur noch ein kleines Objektivglied im Inneren der Fassung verschoben, und die Baulänge und der Schwerpunkt des Objektivs bleiben gleich. Kompakte und leichte Objektive mit schneller Scharfeinstellung.
Hinterglied-Fokussierung (RF)	Die Scharfeinstellung erfolgt durch interne Verschiebung des letzten Objektivglieds. Schnelle und gleichmäßige Fokussierung.
DC-Objektive	DC = Defocus Image Control: Gezielter Einsatz sphärischer Aberration im Vorder- und Hintergrund vor allem für Porträtaufnahmen.

Name	Eigenschaften
Abstandsinformationen (D)	Abstandsinformationen werden vom Objektiv an die Kamera weitergegeben.
Silent-Wave-Motor (SWM)	Objektiv mit Ultraschallmotor, der Ultraschallschwingungen in Rotation umwandelt. Dies wird für extrem präzise Scharfstellung bei Teleobjektiven genutzt.
M/A-Betriebsart	Die M/A-Betriebsart erlaubt einen praktisch verzögerungsfreien Übergang von automatischer zur manuellen Fokussierung.
Bildstabilisator (VR)	VR = **V**ibration **R**eduction: Verringert Verwacklungsunschärfe und gestattet so den Einsatz von bis zu achtfach längeren Belichtungszeiten (entspricht 3 Blendenstufen).
DX-Objektive	Speziell für digitale SLR gerechnete Objektive mit kleinerem Bildkreis. Die Verwendung dieser Objektive an Kameras mit Vollformatsensoren oder Kleinbildfilmen kann nicht empfohlen werden.

3.3 Weitwinkelobjektive zeigen viel Raum

◀ *Das Nikkor 20mm/1:2.8 ist ein nicht sehr lichtstarkes, kleines und leichtes Weitwinkelobjektiv.*

▲ *Ein schwaches Weitwinkel (im Beispiel mit 28 mm) zeigt schon viel Raum, ohne stark zu verzerren, Fotograf: Martin Zurmühle.*

Weitwinkelobjektive haben einen großen Abbildungswinkel. Die Brennweiten reichen von ca. 10 mm bis 35 mm. Je kleiner die Brennweite, desto größer der Bildwinkel:

Brennweite	Bildwinkel
10,5 mm Fisheye	180 Grad
15 mm	110 Grad
20 mm	94 Grad
24 mm	84 Grad
28 mm	74 Grad
35 mm	62 Grad

Diese Werte sind für das Vollformat gerechnet. Wie Sie bereits in Kapitel 2.4 gesehen haben, müssen Sie bei Kameras mit kleineren Sensoren die Brennweite des Objektivs mit dem Cropfaktor multiplizieren. Weitwinkelobjektive machen Räume optisch größer, als sie sind. So werden aus kleinen Badezimmern Paläste. Sie erzeugen so eine große Tiefenwirkung.

Schwache Weitwinkelobjektive haben nur geringe Verzeichnungen. Schon ab 28 mm muss mit stärke-

Starke Weitwinkelobjektive (im Beispiel mit Brennweite 18 mm) verzerren die Gesichter.

ren Verzeichnungen gerechnet werden. Weitwinkelobjektive erzeugen bei Porträtaufnahmen verzerrte, unförmige Gesichter. Sie vermitteln aber auf der anderen Seite eine große Nähe zum Geschehen und werden deshalb bei Reportageaufnahmen gern eingesetzt.

Fischaugen- bzw. Fisheye-Objektive

Fisheye-Objektive gibt es grundsätzlich in zwei Bauformen.

- zirkulare Fisheyes, meist bis etwa 8 mm Brennweite, die das Filmformat nicht ausleuchten und ein kreisrundes Bild ergeben, und
- Vollformat-Fisheyes, mit 16 mm (im DX-Format 10,5 mm) Brennweite, die das gesamte Filmformat ausleuchten.

Das Nikkor 10.5mm/1:2.8 DX ist ein Vollformat-Fisheye-Objektiv, das speziell für DSLR-Kameras mit kleineren Sensoren gemacht wurde.

Aufnahme mit dem Vollformat-Fischaugenobjektiv Nikkor 10.5mm/2.8, Fotograf: Martin Zurmühle.

Fischaugenobjektive vermitteln einen extremen Raumeindruck und können so für ganz spezielle Aufnahmen eingesetzt werden. Allerdings erfordert die starke Verzerrung einen gezielten und überlegten Einsatz. Sie können diese Verzerrung aber im RAW-Konverter (z. B. Nikon Capture NX) mit einem Mausklick korrigieren lassen.

Weitwinkelzoomobjektive

Das Zoomobjektiv AF Nikkor 12–24mm/1:4 DX (Kleinbild 18–36 mm) wurde als starkes Weitwinkel für die DSLR mit kleineren Sensoren entwickelt. Der effektive Brennweitenbereich beträgt mit einem Cropfaktor von 1,5 18–36 mm. Solche speziellen DX-Objektive können wegen des kleineren Bildkreises an analogen SLR-Kameras nur mit starken Qualitätseinbußen eingesetzt werden. Aufgrund der aufwendigeren Konstruktion und der je nach Zoombereich asymmetrischen Verteilung der Linsen muss mit Abbildungsfehlern im Randbereich gerechnet werden.

Weitwinkelaufnahmen geben dem Bild Tiefe, Fotograf: Martin Zurmühle.

Starkes Weitwinkelzoomobjektiv AF Nikkor 12-24mm/1:4 DX.

Zoombrennweiten	Einsatzgebiet
12-24mm/1:4 DX (Kleinbild 18-36 mm)	Starkes Weitwinkelzoom für Architektur- und Reportageaufnahmen (DX-Format).
14-24mm/1:2.8	Lichtstarkes und starkes Weitwinkelzoom für Architektur- und Reportageaufnahmen.
17-35mm/1:2.8	Lichtstarkes Weitwinkelzoom.
24-85mm/1:3.3-4.5	Weitwinkelzoom für Landschafts- und Architekturaufnahmen.

3.4 Normalobjektive für die realistische Darstellung

Normalobjektive haben einen Abbildungswinkel, der in etwa unserem eigenen Sehen entspricht. Die Brennweiten reichen von ca. 35 mm bis 80 mm. Je kleiner die Brennweite, desto größer ist der Bildwinkel. Diese Werte sind für das Vollformat gerechnet. Kameras mit kleineren Sensoren und einem Cropfaktor müssen die Werte entsprechend multiplizieren. Normalobjektive ergeben ruhige, ausgewogene Bilder. Leichte Teleobjektive (zum Beispiel das Nikkor 85mm/1:1.8) werden gern für Porträtaufnahmen eingesetzt, da mit dieser Brennweite die Gesichtszüge sehr vorteilhaft wiedergegeben werden.

Das Nikkor 50mm/1:1.4 ist ein leichtes und lichtstarkes Normalobjektiv.

Brennweite	Bildwinkel
35 mm	62 Grad
50 mm	46 Grad
80 mm	28 Grad

Ein weiterer Vorteil der Normalobjektive ist, dass sie eine günstige Variante für lichtstarke Objektive für Aufnahmen mit wenig Licht darstellen. Um nun eine gleiche Lichtstärke wie das Nikkor 50mm/ 1:1.4 bei einer anderen Brennweite (z. B. 28 mm oder 85 mm) zu kaufen, muss schon sehr tief in die Tasche gelangt werden. Mit diesen Objektiven werden ganz spannende Aufnahmen bei sehr schwierigen Lichtverhältnissen möglich.

Eine ruhige Aufnahme mit einer Brennweite von 38 mm (entspricht dem 57-mm-Kleinbildformat).

Standardzoomobjektive

Standardzoomobjektive decken den Bereich vom leichten Weitwinkel bis zum leichten Tele ab. Sie sind daher sehr universell einsetzbar und ideale Reiseobjektive. Leider ist die Lichtstärke bei den günstigeren Modellen ziemlich bescheiden. Größere Zoombereiche sind sehr bequem. Leider nimmt aber die Objektivqualität entsprechend ab. Ich habe Testaufnahmen des neuen Nikkor 24-120mm mit denen meines alten Nikkor 28-105mm verglichen und starke Qualitätsunterschiede zu Lasten des 24-120mm-Objektivs festgestellt. Offensichtlich musste der große Zoombereich mit Kompromissen bei der optischen Qualität erkauft werden.

Nikkor 50mm/1:1.4, Model Irene, Fotograf: Martin Zurmühle.

Festbrennweite gegen Zoom

Festbrennweiten sind in der Regel leichter, kompakte und lichtstärker als Zoomobjektive. Die Optik der Festbrennweiten ist einfacher konstruiert und deshalb mit weniger Abbildungsfehlern behaftet. Zoomobjektive sind sehr bequem und Sie benötigen weniger Objektive. Sie haben aber eine aufwendigere Konstruktion und deshalb auch stärkere Abbildungsfehler als Festbrennweiten. Wenn möglich, testen Sie vor einem Kauf die Objektive. Ich mache dazu Porträtaufnahmen mit einem Referenzobjektiv (z. B. dem Nikkor 50mm/1:1.4) und vergleiche dann die Resultate bei starker Vergrößerung. Beim Auge sind Abbildungsfehler schnell zu erkennen.

Das Nikkor 24-120mm/1:3.5-5.6 ist ein Standardobjektiv für Kameras mit großem Brennweitenbereich und Bildstabilisator.

Zoombrennweiten	Einsatzgebiet
18-55mm/ 1:3.5-5.6 VR DX (Kleinbild 27-82 mm)	Allround-Zoom mit 3-fachem Zoombereich und Bildstabilisator für DX-Kameras
24-70mm/1:2.8	Lichtstarkes und schnelles 3-fach-Normalzoom.
24-120 mm/ 1:3.5-5.6 VR	5-fach-Universalzoom vom Weitwinkel- bis in den Telebereich mit Bildstabilisator.
28-70 mm/ 1:2.8	Lichtstarkes und schnelles Normalzoom.

Die Qualität der Optik entscheidet sich nicht im Testbericht der Fotozeitschriften oder in der Werbung der Hersteller, sondern nur in Ihrer fotografischen Praxis. Neben guten Zoomobjektiven lohnt es sich, eine lichtstarke Festbrennweite für schwierige Lichtverhältnisse in der Fototasche zu haben.

3.5 Teleobjektive für entfernte Motive

Das Nikkor 200mm/1:2 ist ein lichtstarkes mittleres Teleobjektiv mit Bildstabilisator.

Brennweite	Bildwinkel
80 mm	28 Grad
105 mm	23 Grad
135 mm	18 Grad
200 mm	12 Grad
300 mm	8 Grad
400 mm	6 Grad
600 mm	4 Grad
1.200 mm	2 Grad

Mit Teleobjektiven können wir in die Ferne blicken. Durch den kleinen Blickwinkel werden die Bilder verdichtet, der Raum komprimiert. Objekte mit unterschiedlicher Entfernung rücken scheinbar zusammen. Bei Porträtaufnahmen werden die Gesichtszüge leicht abgeflacht. Brennweiten von 80 bis 150 mm werden deshalb als Porträtobjektive bezeichnet. Diese Werte sind für das Vollformat gerechnet. Kameras mit kleineren Sensoren und einem Cropfaktor müssen die Werte entsprechend multiplizieren. Im Telebereich ist der Cropfaktor von Vorteil. So wird aus einem 300-mm-Tele mit einem Cropfaktor von 1,5 ein lichtstarkes 450-mm-Tele.

Links eine Aufnahme mit Brennweite 36 mm, rechts mit Brennweite 120 mm.

Lichtstarke Porträtobjektive

Das kompakte und lichtstarke Porträtobjektiv Nikkor 85mm/1:1.4 mit Innenfokussierung.

Wegen des Cropfaktors bei vielen DSLR können Sie schon ein 50-mm-Objektiv für Porträtaufnahmen verwenden. Besser ist aber das lichtstarke 85mm/1:1.4. Mit dem Cropfaktor 1,5 haben Sie ein leichtes Teleobjektiv mit 130 mm.

Eine Porträtaufnahme mit dem Canon EF 50mm/1:1.4 (Kleinbild 75 mm), Fotografin: Nadja Kornrade.

Starke Teleobjektive

Lichtstarke Teleobjektive mit einer langen Brennweite sind schwer und teuer. Sie eignen sich so nur für den finanzstarken Amateurfotografen. Es sind aber auch herrliche Linsen, mit denen fantastische Sport- und Tieraufnahmen möglich werden. Dank des Bildstabilisators können auch längere Belichtungszeiten kürzer als der Umkehrwert der Brennweite von

Hand aufgenommen werden. Das ist vor allem bei Sportaufnahmen von Vorteil, weil sich dort das Geschehen sehr schnell ändern kann. Die Formel ist ganz einfach: Je mehr Lichtstärke und je länger die Brennweite, desto teurer ist die Optik. Sie müssen wohl einen Kompromiss zwischen Ihren Ansprüchen und Ihrem Geldbeutel schließen.

Das Nikkor 300mm/1:2.8 mit Bildstabilisator ist ein Teleobjektiv für Sportfotografen.

Telezoomobjektive

Telezoomobjektive sind nicht so lichtstark wie die Festbrennweiten, dafür decken sie einen großen Brennweitenbereich vom leichten bis zum mittleren Tele ab. Sie sind so sehr universell einsetzbar und ideale Reiseobjektive. Leider ist die Lichtstärke bei günstigeren Modellen ziemlich bescheiden. Dank des Cropfaktors bei den meisten DSLR können Sie doch einiges Geld sparen. Bei einem Cropfaktor von 1,5 wird aus dem 70-300mm/1:4.5-5.6 ein 105-450mm/1:4.5-5.6-Objektiv. Sie benötigen daher nicht die lichtstarken und sehr teuren Super-Zoomobjektive mehr. Vor allem bei Tieraufnahmen

Eine Teleaufnahme mit der Brennweite von 300 mm (Kleinbild 450 mm), Fotograf: Martin Zurmühle.

Das Nikkor 70-300mm/1:4.5-5.6 VR ist ein universelles leichtes Reisezoom mit Bildstabilisator.

Brennweite	Belichtungszeit
50 mm	1/60 oder kürzer
100 mm	1/90 oder kürzer
200 mm	1/180 oder kürzer
300 mm	1/250 oder kürzer

helfen Ihnen diese Objektive, das Motiv groß abzubilden. Beachten Sie aber, dass Sie aufgrund der langen Brennweite und der damit verbundenen Verwacklungsgefahr immer mit kurzen Belichtungszeiten (im Bereich des Umkehrwerts der Brennweite) arbeiten sollten. Gerade bei Teleobjektiven spielt der Bildstabilisator seine Stärken aus und erlaubt Aufnahmen auch bei 2- oder 3-fach längeren Zeiten als dem Umkehrwert der Brennweite.

3.6 Spezialobjektive für anspruchsvolle Aufgaben

Einige Kamerahersteller wie Canon und Nikon bieten noch einige Spezialobjektive für anspruchsvolle Aufnahmesituationen an. Hier ein Überblick über die verschiedenen Angebote:

Tilt- und Shiftobjektive

Tilt- und Shiftobjektive sind Spezialkonstruktionen mit einem übergroßen Bildkreisdurchmesser. Ihre optische Achse lässt sich aufgrund ihrer Mechanik sowohl parallel verschieben (Shift) als auch verschwenken/neigen (Tilt). Durch ihre Verstell- und Verschwenkmöglichkeiten gehen die Tilt- und Shiftobjektive über die gewohnten Einsatzmöglichkeiten herkömmlicher Objektive weit hinaus.

Zoombrennweiten	Einsatzgebiet
70-200 mm/ 1:2.8 VR	Lichtstarkes 3-fach-Universalzoom mit Bildstabilisator.
70-300 mm/ 1:4-5.6 VR	Handliches, weit gespanntes Telezoom (4,3-fach) mit Bildstabilisator.
80-400 mm/ 1:4.5-5.6 VR	5-fach kompaktes und leichtes Telezoom mit Bildstabilisator.
200-400 mm/ 1:4 VR	Großes, lichtstarkes und schweres 2-fach-Telezoom mit Bildstabilisator.

Das Tilt- und Shiftobjektiv Nikkor PC 24mm/1:3,5.

Durch die Möglichkeit, die Lage der Schärfeebene zu verändern, sowie die perspektivische Wiedergabe sind besondere Aufnahmetechniken und Bildeffekte, die sonst nur mit verstellbaren Fachkameras zu realisieren sind, möglich. Bei der Scheimpflugverzerrung, die Sie bereits in Kapitel 3.1 kennen gelernt haben, wird das Objektiv gegen die Bildebene aus der Senkrechten herausgekippt, dadurch erreicht man, dass die Schärfeebene nicht mehr parallel zum Sensor steht, sondern ebenfalls verdreht ist. So kann man erreichen, dass zwei Objekte, die

Links kippt das Gebäude leicht nach hinten, rechts werden durch Shiften die vertikalen Linien senkrecht abgebildet.

schräg hintereinander stehen, trotzdem scharf abgebildet werden.

Shiftobjektive werden vor allem bei der Architekturfotografie eingesetzt. Dadurch, dass das Objektiv parallel zur Bildebene verschoben wird, erreicht man, dass stürzende Linien (der Effekt, dass bei Gebäuden, die von unten aufgenommen werden, sich die Proportionen stark verjüngen bzw. das Gebäude nach hinten zu kippen scheint) unterdrückt werden. In der Bildbearbeitung kann die Wirkung des Shiftens mit dem Befehl *Bearbeiten/Frei transformieren* simuliert werden. Mehr dazu erfahren Sie in Kapitel 18.6. Die Funktion des Schwenkens und somit die Veränderung der Lage der Schärfeebene kann in der Bildbearbeitung nicht erreicht werden. Hier haben diese Objektive klare Vorteile.

Telekonverter

Telekonverter sind keine eigenständigen Objektive. Sie werden zwischen Objektiv und Kamera eingefügt und verlängern die Brennweite um einen bestimmten Faktor. Gleichzeitig verkleinert sich auch die Lichtstärke des Objektivs in etwa um den gleichen Faktor. Diese Objektive eignen sich deshalb vor allem für den Einsatz mit lichtstarken Teleobjektiven.

Da die meisten DSLR aufgrund der kleineren Sensoren sowieso die Brennweiten ohne Blendenverlust verlängern (Cropfaktor), haben die Telekonverter an Bedeutung verloren.

Die Telekonverter von Nikon: links TC-14 (1,4-fach), Mitte TC-17 (1,7-fach) und rechts TC-20 (2-fache Brennweitenverlängerung).

Weichzeichnerobjektive

Weichzeichnerobjektive sind Porträtteles, bei denen die sphärische Aberration unterkorrigiert ist. Das scharfe Kernbild wird somit von einem unscharfen überlagert, wodurch sich der bekannte schmeichelnde bis surrealistische Eindruck ergibt. Mit den Defocusobjektiven können Sie gezielt den Grad der Unschärfe im Vordergrund und Hintergrund des Bildes steuern.

Das Nikkor AF DC 135mm/1:2 ist ein lichtstarkes Defocusobjektiv.

Neun Blendenlamellen führen zu einer harmonischen Wiedergabe im Unschärfebereich. Diese

Objektive sind somit sehr gut für Porträtaufnahmen geeignet. Da die Weichzeichnung auch sehr gut in der Bildbearbeitung erzeugt werden kann, haben diese Objektive in der digitalen Fotografie an Bedeutung verloren.

Makroobjektive

Das Nikkor 105mm/1:2.8 VR Micro ist ein mittleres Telemakro mit Bildstabilisator für Nahaufnahmen.

Makroobjektive sind für nahe Einstellungen konzipiert und ermöglichen so Fotos von sehr kleinen Gegenständen. Ein gutes Makroobjektiv lässt sich von einem Abbildungsmaßstab von 1:1 bis Unendlich scharf stellen. Makroobjektive benötigen eine große Schärfentiefe und können deshalb auch stark abgeblendet werden (bis Blende 32 oder 45). Wie Sie aber bereits in Kapitel 3.1 erfahren haben, steigt bei sehr kleinen Blenden (bei Makroobjektiven ab Blende 22) das Risiko der Unschärfe wegen der Beugung. Der Vergrößerungsfaktor der Makroobjektive bezieht sich auf das Vollformat des Kleinbildes. Bei kleineren Sensoren wird die Wirkung um den Cropfaktor vergrößert. Viele digitale Kompaktkameras können ebenfalls sehr nahe ans Motiv herangehen und so Makroaufnahmen zulassen.

3.7 Bildstabilisatoren für längere Belichtungszeiten

Autofahrer müssen bei Seitenwind gegensteuern, um die Spur zu halten. Nach dem gleichen Prinzip funktionieren Bildstabilisatoren: Dem Wind entspricht hier das Wackeln der Kamera. Deswegen fällt das Licht vom Motiv unruhig auf den Fotosensor, die Aufnahme verwischt. Bildstabilisatoren kompensieren deshalb das Wackeln durch Gegenbewegungen entweder von Linsen oder vom Fotosensor selbst.

Das AF Nikkor 70-200mm/1:2.8 verfügt über einen optischen Bildstabilisator mit zwei Einstellungsmöglichkeiten (normal und aktiv).

Ein optischer Stabilisator erkennt ungewollte Wackler über kleine Gyro-Sensoren (Kreiselsensoren). Das hat den Vorteil, dass gleichmäßige langsame Bewegungen (also zum Beispiel bei einem ruhigen Schwenk) ignoriert werden. Damit sind auch bei eingeschaltetem Stabilisator ruckelfreie Schwenks möglich. Ein elektronischer Stabilisator erkennt Bewegungen hingegen nur durch Veränderungen des aufgenommenen Motivs. Der elektronische Stabilisator, der vor allem bei Kompaktkameras eingesetzt wird, versucht, diese Bewegung durch Verschiebungen des Bildausschnitts auf dem Sensor auszugleichen. Für elektronische Stabilisatoren ist quasi jede Bewegung ein Wackeln.

Der Bildstabilisator (VR) kann am Objektiv ein- und ausgeschaltet werden.

Optischer Stabilisator	Elektronischer Stabilisator
Funktioniert auch in Dunkelheit aufgrund der Schwerkraft.	Benötigt ein Bild auf dem Sensor.
Langsame Bewegungen werden ignoriert, sodass gleichmäßiges Schwenken möglich ist.	Jede Bewegung wird als Wackler interpretiert und korrigiert, Schwenken ist somit nicht möglich.

Beim AF Nikkor 70-200mm/1:2.8 kann der optische Bildstabilisator am Objektiv ein- und ausgeschaltet werden. Mit diesem Objektiv können so auch Aufnahmen aus der Hand bei wesentlich längeren Belichtungszeiten als dem Umkehrwert der Brennweite gemacht werden (bis zu 3-fach längere Belichtungszeiten als ohne Bildstabilisator). Bei diesem Objektiv kann zusätzlich zwischen normaler und aktiver Bildstabilisation gewählt werden. Die Stellung *Active* ist besser geeignet für Aufnahmen aus einem sich bewegenden Fahrzeug, weil dieser Modus, im Gegensatz zur Stellung *Normal*, nicht unterscheidet zwischen Kameraschwenks und Verwacklungen.

Allerdings habe ich bei Testaufnahmen festgestellt, dass die optische Qualität dieser aufwendigen Konstruktionen manchmal schlechter ist als bei einem Vergleichsobjektiv ohne Bildstabilisator. Offensichtlich kann man auch hier nicht alles gleichzeitig haben. Für mich bleibt die optische Qualität der wichtigste Faktor, ich verzichte daher eher auf einen Bildstabilisator und arbeite ab Stativ. Bildstabilisatoren sind vor allem bei Teleobjektiven mit den langen Brennweiten und den kleinen Blendenöffnungen sehr hilfreich. Sie erlauben so, bei schlechteren Lichtverhältnissen Motive noch aus der Hand aufzunehmen. Im Gegensatz zu verschiedenen Abbildungsfehlern, die in der Bildbearbeitung korrigiert werden können, sind verwackelte Aufnahmen nicht mehr zu retten. Vermeiden Sie deshalb ungewollte Verwacklungen durch kurze Belichtungszeiten, den Einsatz von Bildstabilisatoren oder Aufnahmen ab Stativ.

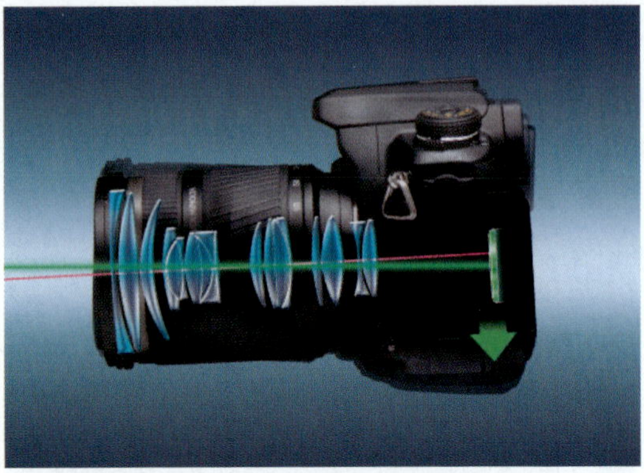

Bildstabilisator im Kameragehäuse.

Die meisten DSLR arbeiten mit Bildstabilisatoren in den Objektiven. Einen anderen Weg gehen Sony und Pentax. Dort wird die Bildstabilisierung vom Objektiv in das Kameragehäuse verlegt. Dem Fotografen wird dadurch eine viel größere Zahl an Objektiven zugänglich, mit denen er in den Vorteil der Bildstabilisierung kommt, und selbst das riesige Objektivangebot von Fremdherstellern ist davon nicht ausgeschlossen. Bei diesem System erkennt ein Sensor den Grad der Verwacklung, und durch Verschiebung des Sensors gleicht die Kamera die Verwacklung aus. Anders als bei optischen Bildstabilisatoren, die die Größe und Abbildungsqualität der Objektive beeinflussen können, bleibt bei diesen Anti-Shake-Systemem das Objektiv unverändert.

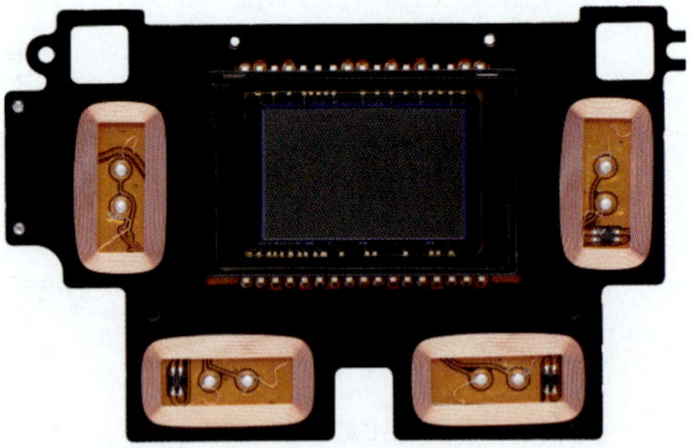

Bildstabilisator der Pentax K 100D.

Bei der Pentax K 100D werden die Ausgleichsbewegungen des Sensors magnetisch gesteuert, ein im Vergleich zu Piezomotoren verschleißfreies Prinzip. Bildstabilisatoren benötigen aber mehr Strom, und die Akkus sind deshalb schneller leer.

TIPP **Autofokus**

Objektive mit Autofokus sind heute Standard und eine gute Sache vor allem für Brillenträger. Da nur dann ausgelöst werden kann, wenn das Fokusmessfeld auch scharf ist (Stellung S = Einzelautofokus), besteht eine große Sicherheit für korrekt fokussierte Aufnahmen. Objektive mit der Wahlmöglichkeit von manueller und automatischer Fokussierung am Objektiv bringen nur dann einen Vorteil, wenn die Schärfeebene schnell manuell verändert werden soll. Objektive mit der Wahlmöglichkeit von manueller und automatischer Fokussierung haben aufgrund der zusätzlichen neuen Einstellungen größere Fehlerrisiken und können zu ungewollt unscharfen Bildern führen.

3.8 Scharf stellen mit Autofokus

Heute werden praktisch nur noch Objektive mit Autofokus angeboten. Bei den DSLR-Kameras erfolgt die Fokussierung im Objektiv. Die Schnelligkeit der Fokussierung ist vor allem bei Sportaufnahmen sehr wichtig, und entsprechend leistungsfähige Systeme (z. B. Silent-Wave-Motoren mit Ultraschallmotoren) wurden entwickelt. An vielen Objektiven der neueren Generation kann eingestellt werden, ob das Objektiv manuell oder manuell und automatisch fokussiert werden soll. Bei der Stellung M (**m**anuell) ist der Autofokus ausgeschaltet, und die Schärfe wird am Objektiv eingestellt. In der Stellung M/A fokussiert das Objektiv automatisch, diese Werte können aber manuell übersteuert werden. So haben Sie beide Möglichkeiten der Scharfstellung zur Verfügung.

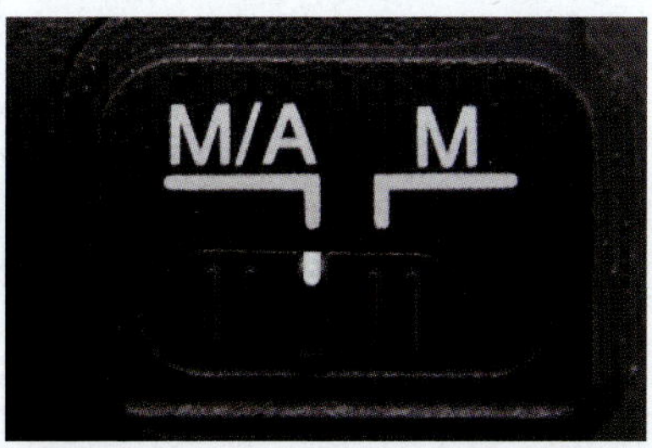

Bei der Kamera können Sie auch den Autofokus-Modus einstellen. Es stehen Ihnen hier eine manuelle Einstellung (M) und zwei automatische Einstellungen (S = Einzelautofokus und C = kontinuierlicher Autofokus) zur Verfügung. So haben Sie plötzlich mit diesen neuen Objektiven vier Einstellungskombinationen (siehe Tabelle unten). Der kleine Vorteil der Übersteuerung der Scharfstellung wird mit einer Vervierfachung der Einstellungsmöglichkeiten bezahlt. Da frage ich mich manchmal, ob all diese schönen neuen Funktionen mehr Segen oder Fluch sind. Auf jeden Fall steigen mit jeder neuen Funktion die Fehlermöglichkeiten. Und wenn mitten im Gefecht dann plötzlich der Autofokus nicht mehr funktioniert, wissen Sie nun, wo Sie überall die Einstellungen kontrollieren müssen. In meiner fotografischen Praxis habe ich die Funktion der übersteuerten Scharfstellung noch nie vermisst. Ich arbeite deshalb auch ganz gern noch mit den alten Objektiven, die diese Funktion nicht kennen und so einfacher zu bedienen sind. Drehen Sie nämlich ungewollt am Einstellungsring, verschiebt dies möglicherweise unbemerkt die Schärfeebene, und die Kamera löst auch bei einem unscharfen Fokusmessfeld aus. Mehr zum Thema Autofokus in der Praxis erfahren Sie in Kapitel 9.1.

Objektiv	Kamera	Wirkung
M	M	Keine automatische Fokussierung, Kamera löst aus, auch wenn Fokusmessfeld nicht scharf ist.
M	S oder C	Keine automatische Fokussierung, Kamera löst aus, auch wenn Fokusmessfeld nicht scharf ist.
M/A	M	Keine automatische Fokussierung, Kamera löst aus, auch wenn Fokusmessfeld nicht scharf ist.
M/A	S oder C	Automatische Fokussierung und Auslösung (bei Stellung S nur, wenn Fokusmessfeld scharf ist). Die Fokussierung kann aber am Objektivring übersteuert werden, und dann löst die Kamera auch aus, wenn nicht mehr scharf gestellt ist.

4

Die Wirkung der Objektivwahl und des Abstands auf das Bild

Nicht die Brennweite des Objektivs bestimmt die Perspektive, sondern der Aufnahmeabstand. Es gibt somit keine Weitwinkel- oder Teleperspektive. Der Abstand zum Motiv legt fest, wie die Fluchtlinien verlaufen und die Perspektive wirkt. Ich zeige Ihnen anhand von Beispielbildern diese auf den ersten Blick nicht ganz einfach zu verstehenden Zusammenhänge und wie Sie diese Regeln in Ihren Bildern geschickt einsetzen können.

4.1 Die Aufgabe des Objektivs

Die Hauptaufgabe des Objektivs ist die Verbesserung der Lichtstärke gegenüber den alten Lochkameras. Das Ziel ist die Vergrößerung der Lichtdurchgangsöffnung, ohne die Punktgröße bei der Abbildung des Gegenstands erkennbar zu verändern.

Eigentlich eine ganz banale Sache, die aber aufgrund vielfältiger optischer Gesetze, die ich Ihnen im letzten Kapitel vorgestellt habe, nicht einfach umzusetzen ist.

Bei der Camera obscura waren Kameraauszug und Brennweite fest und identisch. Heutige DSLR-Kameras arbeiten mit Wechselobjektiven mit festen wie auch mit variablen Brennweiten, die die Aufnahmemöglichkeiten erweitern.

Die Objektive selbst haben aber keinen Einfluss auf die Perspektive und dadurch auch nicht auf die Bildgestaltung.

Das Bild wird mit dem Auge des Fotografen gestaltet und die Perspektive der Aufnahme durch die Wahl des Aufnahmestandpunkts festgelegt. Die Wahl des Objektivs erfolgt einzig, um vom gewählten Standpunkt aus den gewünschten Ausschnitt zu erfassen.

Es gibt somit keine Weitwinkel- oder Teleperspektive, auch wenn uns das auf den ersten Blick nicht logisch erscheint.

4.2 Die Brennweite legt den Bildwinkel fest

Wie Sie bereits in Kapitel 3 gesehen haben, ist die Brennweite eine entscheidende Größe bei den Objektivdaten. Je nach Brechkraft der Linsen hat ein Objektiv eine kürzere oder längere Brennweite und benötigt deshalb auch einen kürzeren oder längeren Auszug.

Der Abbildungsmaßstab ist das Verhältnis der Bildgröße (Abbildungsgröße auf dem Sensor) zur Gegenstandsgröße. Er wird bei gleicher Aufnahmedistanz mit zunehmender Brennweite immer größer. Sonst ändert sich aber überhaupt nichts! Die folgende Aufnahmeserie wurde ab Stativ mit einem festen Abstand gemacht. Es wurde jeweils nur die Brennweite verändert.

Eine kleine Brennweite (18 mm) zeigt einen großen Bildwinkel, Fotograf: Martin Zurmühle.

Starkes Teleobjektiv mit Brennweite 300 mm (Kleinbild 450 mm).

Leichtes Teleobjektiv mit Brennweite 130 mm (Kleinbild 195 mm).

Normalobjektiv mit Brennweite 50 mm (Kleinbild 75 mm).

Starkes Weitwinkelobjektiv mit Brennweite 12 mm (Kleinbild 18 mm).

Weitwinkelobjektiv mit Brennweite 24 mm (Kleinbild 36 mm).

Die Aufnahmen wurden mit der Nikon D2X mit einem Cropfaktor von 1,5 aufgenommen. Ich gebe die Werte der Originalbrennweite und der Brennweite mit dem Cropfaktor an.

Die Bilder sehen ganz unterschiedlich aus. Die Teleaufnahmen zeigen einen sehr engen Ausschnitt, die Weitwinkelaufnahmen einen sehr breiten. Die Perspektive der Abbildung ist aber genau gleich, was folgende Vergrößerung beweist. Vergrößert man den Bildausschnitt der Aufnahme mit dem 50-mm-Normalobjektiv auf die gleiche Größe wie die der 300-mm-Teleaufnahme, zeigen beide Bilder genau den gleichen Bildbereich mit der gleichen Perspektive. Es gibt deshalb keinen Unterschied zwischen der „Teleperspektive" und der „Weitwinkelperspektive". Nur der Bildwinkel ist verschieden (siehe Skizze auf der nächsten Seite).

Die obere Aufnahme wurde gemacht mit der Brennweite 300 mm (Kleinbild 450 mm), die untere mit 50 mm (Kleinbild 75 mm).

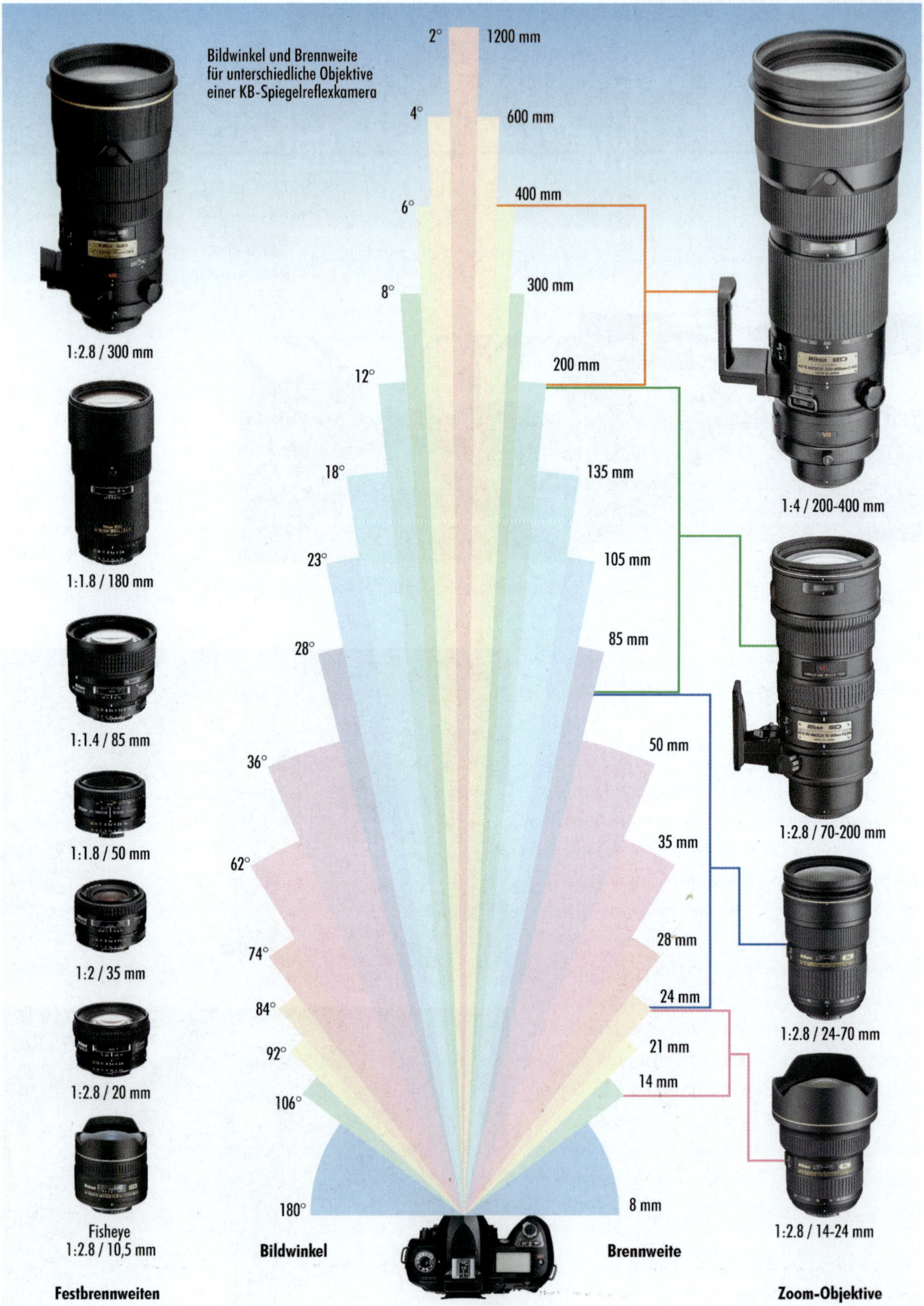

Bildwinkel und Brennweiten verschiedener Objektive.

4.3 Der Abstand zum Motiv bestimmt die Perspektive

Die Perspektive verändert sich also nicht bei der Veränderung der Brennweite. Für einen gegebenen Abstand gibt es somit nur eine einzige Perspektive. Die Perspektive ist aber abhängig vom Aufnahmeabstand.

Bei größerem Aufnahmeabstand sind die Fluchtlinien paralleler als bei geringem Abstand. Je kürzer der Abstand, desto extremer wird das Verhältnis zwischen gleichen Strecken im Bildvordergrund und im Bildhintergrund. Die folgende Aufnahme mit einem starken Weitwinkel verdeutlicht diese Aussage. Alle horizontalen Linien des Gebäudes laufen in einem Fluchtpunkt auf der linken Seite zusammen. Alle vertikalen Linien laufen auf einen Fluchtpunkt oberhalb des Bildes zusammen. Je kürzer der Abstand zum Motiv, desto stärker laufen diese Linien zusammen. Bei einem sehr großen Abstand bleiben diese Linien aber weitgehend parallel.

Die Fluchtlinien treffen sich im Fluchtpunkt.

Bei der folgenden Bilderserie wurde das Motiv immer gleich groß abgebildet. Um das zu erreichen, muss der Abstand zwischen Kamera und Motiv je nach Brennweite verlängert oder verkürzt werden. Entsprechend verändert sich bei jeder Aufnahme die Perspektive.

Aufnahme mit einer Brennweite von 12 mm (Kleinbild 18 mm) und kurzem Abstand, Fotograf: Martin Zurmühle.

Starkes Teleobjektiv mit Brennweite 300 mm (Kleinbild 450 mm).

Leichtes Teleobjektiv mit Brennweite 130 mm (Kleinbild 195 mm).

Normalobjektiv mit Brennweite 50 mm (Kleinbild 75 mm).

Die Änderung der Perspektive sehen Sie anhand der seitlichen weißen Abschrankungen. Die Perspektive hat einen großen Einfluss auf die Darstellung des Menschen. Bei großem Abstand erscheint der Körper ausgewogen, bei sehr kurzem Abstand verzerrt. Mit ein Grund, warum Sie bei Porträtaufnahmen leichte Teleobjektive (80 bis 120 mm) verwenden sollten. Schon das relativ leichte Weitwinkel von 36 mm hat Verzerrungen im Gesicht zur Folge. Die Nase wird größer, und der Kopf bekommt eine längliche und rundere Form. Mit einem starken Weitwinkel wird das Gesicht verformt. Die Nase wird aufgrund der Nähe zur Kamera übergroß, der Kopf oval und die Augen nach außen

Eine klassische Porträtaufnahme mit 105 mm Brennweite, Model Daniela, Fotograf: Martin Zurmühle.

Die Aufnahme mit einem leichten Weitwinkel mit 36 mm Brennweite führt zu leichten Verzerrungen.

Leichtes Weitwinkelobjektiv mit Brennweite 24 mm (Kleinbild 36 mm).

Starkes Weitwinkelobjektiv mit Brennweite 12 mm (Kleinbild 18 mm).

geschoben. Keine sehr schmeichelhafte Perspektive und ich entschuldige mich bei Model Daniela dafür. Wollen Sie also eine spezielle Perspektive darstellen, wählen Sie die entsprechende Aufnahmedistanz. Die Wahl der Brennweite ist dazu sekundär und dient lediglich der Bestimmung des gewünschten Bildausschnitts. Gehen Sie nahe ans Motiv heran, wenn Sie Nähe und Unmittelbarkeit darstellen wollen (z. B. bei Reportageaufnahmen in einer Menschenmenge). Gehen Sie weiter weg, wenn Sie Ruhe und Ausgewogenheit zeigen möchten (z. B. bei Architekturaufnahmen).

Ein starkes Weitwinkel von 18 mm führt zu starken Verformungen im Gesicht.

TIPP **Regeln zur Perspektive**

Wollen Sie ein Motiv formatfüllend aufnehmen (z. B. einen Mensch), müssen Sie bei Objektiven mit kurzen Brennweiten nahe herangehen. Sie erhalten so stark zusammenlaufende Fluchtlinien. Das Bild wirkt verzerrt.

Bei Objektiven mit längeren Brennweiten müssen Sie den Aufnahmeabstand vergrößern. Die Fluchtlinien laufen dann wenig konvergent. Das Bild wirkt ruhig.

Die Perspektive wird also nur über den Abstand zwischen Fotograf und Motiv festgelegt. Weil aber der Abstand beim Einsatz von Weitwinkelobjektiven meistens wesentlich kürzer ist als bei Teleobjektiven, haben Bilder mit Weitwinkelobjektiven in der Regel auch andere Perspektiven als die mit Teleobjektiven.

Eine sehr kurze Abbildungsdistanz mit einem großen Bildwinkel (Brennweite 18 mm), Fotograf: Martin Zurmühle.

4.4 Beeinflussung der Perspektive

Zur zweidimensionalen Darstellung der dreidimensionalen Welt verwenden wir Fluchtlinien. Wie Sie bereits gesehen haben, ist eine Beeinflussung lediglich durch eine unterschiedliche Aufnahmedistanz möglich.

Zur Wiedergabe der Höhe sind in den meisten Fällen Fluchtlinien der Senkrechten unerwünscht. Finden wir aber keinen geeigneten Standort (vorzugsweise auf der mittleren Höhe des aufzunehmenden Gebäudes), müssen wir die Kamera nach oben oder unten kippen. Dadurch liegt nun die Lage des Sensors nicht mehr parallel zu den Senkrechten des Bauwerks.

Angewinkelte Kamerastellung ergibt stürzende Fluchtlinien.

Das Dach des Hauses ist dann wesentlich weiter entfernt als die Grundmauern und wird dadurch kleiner dargestellt. Das Bauwerk verjüngt sich nach oben und neigt sich optisch nach hinten. Dadurch entstehen stürzende Linien, die in einigen Fällen auch den Eindruck schwindelnder Höhe unterstützt. In vielen Fällen ist diese Perspektive jedoch unerwünscht.

Parallele Kamerastellung ergibt senkrechte Fluchtlinien.

Die Kamera musste nach oben gedreht werden, deshalb kippt das Gebäude leicht nach hinten, Fotograf: Martin Zurmühle.

Zur Vermeidung stürzender Linien stehen Ihnen verschiedene Möglichkeiten zur Verfügung:

- Wählen Sie einen genügend großen Abstand und eine geeignete Aufnahmehöhe, sodass Sie die Kamera waagerecht und im rechten Winkel zum Motiv halten können.
- Verwenden Sie ein Shiftobjektiv, das in Kapitel 3.6 beschrieben wurde. Damit lässt sich mit einer parallelen Hochschiebung der Objektivebene ein Ausgleich erzielen.
- Korrigieren Sie die Bilder nachträglich in der Bildbearbeitung. Bei der Korrektur darf man aber nicht übertreiben, sonst wirkt das Gebäude unnatürlich.

Korrektur der stürzenden Linien in der Bildbearbeitung.

Fotografieren Sie aus einem erhöhten Standort horizontal, wirkt das Bild sehr ausgewogen und harmonisch. Kippen Sie die Kamera nach unten oder nach oben, entstehen stark zusammenlaufende Fluchtlinien, die aber die Bildwirkung unterstützen können.

Die folgende Bilderserie zeigt Ihnen verschiedene Ansichten der Altstadt von Bergamo aus verschiedenen Aufnahmestandpunkten. Mit der Gestaltung der Perspektive bei der Aufnahme sind aber die Möglichkeiten noch lange nicht ausgeschöpft. Auch das Verhältnis der Bildgröße zum Betrachtungsabstand hat einen großen Einfluss. Gehen wir mit einem starken Weitwinkelobjektiv oder einem Fisheye-Objektiv sehr nahe ans Motiv ran, erzeugt gerade diese bewusste Missachtung der normalen Abstandsregel (z. B. 30–40 cm beim Lesen eines Buches) spezielle Bildeffekte. Die Bilder wirken so

Eine fast horizontale Kameralage ergibt eine ruhige und ausgewogene Bildwirkung, Fotograf: Martin Zurmühle.

Kippt die Kamera leicht nach unten, laufen die Fluchtlinien in einem Fluchtpunkt zusammen.

Ein starkes Kippen nach unten führt zu einer spannenden Bildwirkung (Vogelperspektive).

Ein starkes Kippen nach oben führt zu stark stürzenden Linien nach hinten (Froschperspektive).

stark verzerrt (wie beim Porträtbild von Daniela). Um einen unverzerrten Eindruck zu erhalten, muss folgendes Verhältnis übereinstimmen:

Aufnahmeabstand zu Gegenstandsgröße = Bildbetrachtungsdistanz zu Bildgröße

Sie können diesen Effekt testen. Wenn Sie ein stark verzerrtes Bild ganz aus der Nähe anschauen (mit der Nase am Bild), verschwindet die Verzerrung, wenn Sie in die Bildecken schielen.

TIPP **Spannende Perspektiven**

Experimentieren Sie mit dem Aufnahmestandort. Der Blick nach oben oder unten kann oft ganz neue und starke Eindrücke vermitteln. Viele Bilder wirken besser, wenn die Kamera stark gekippt wird. Vogel- und Froschperspektiven geben uns einen ungewohnten Einblick und wirken so spannender als eine ausgewogene horizontale Bildgestaltung.

4.5 Zweckmäßige Objektivkombinationen für den Einsatz

Welche Objektive Sie für Ihre fotografische Praxis benötigen, ist sehr individuell. Ich möchte Ihnen trotzdem hier ein paar Hinweise und Entscheidungshilfen geben. In den Kapiteln zu den verschiedenen fotografischen Aufgaben erhalten Sie dann noch weitere Angaben zur Ausrüstung der am Buch beteiligten Fotografen. Bevor Sie ein teures neues Objektiv kaufen, wäre es gut, wenn Sie ein paar Testaufnahmen machen könnten. Ich teste meine Objektive im Studio mit vergleichbaren Lichtsituationen bei Porträtaufnahmen. Ich nehme dazu den gleichen Ausschnitt mit verschiedenen Objektiven auf und vergrößere dann das scharf gestellte Auge. Dort sieht man die qualitativen Unterschiede sofort. Hochwertige Objektive wie das Nikkor 50mm/1:1.4 zeichnen alle Härchen scharf, und auch im Auge sieht man die feinen Strukturen der Iris. Schwächere Objektive zeigen verwischte Haare und unscharfe Irisstrukturen.

Einsatz	Ausrüstung
Allroundfotografie, Reiseaufnahmen	Weitwinkelzoom (z. B. 17-35 mm), Normalzoom (z. B. 24-120 mm) und Telezoom (z. B. 70-300 mm)
Aufnahmen bei wenig Licht	Lichtstarke Festbrennweiten (z. B. 28 mm/1:2, oder 50 mm/1:1.4, 85 mm/1:1.4)
Architekturaufnahmen	Weitwinkelzoom (z. B. 17-35 mm) und gute Weitwinkel-Festbrennweiten (wegen geringerer Verzeichnung), evtl. Tilt-/Shiftobjektiv
Sport- und Tieraufnahmen	Lichtstarkes Telezoom (z. B. 70-200 mm/1:2.8 oder 200-400 mm/1:4) oder Festbrennweiten mit Bildstabilisatoren
Nahaufnahmen	Spezielle Makroobjektive (z. B. 105 mm/1:2.8)

Mein altes Zoomobjektiv Nikkor 28-105mm/1:3.5-4.5 war nur unwesentlich schlechter. Das Nikkor 24-120mm/1:3.5-5.6 fiel aber im Vergleich zu den anderen stark ab und zeigte unscharfe Haare und eine unklare Irisstruktur. Die optische Qualität eines Objektivs über den gesamten Blendenbereich können Sie ganz einfach selbst testen. Machen Sie dazu Aufnahmen ab Stativ mit der Einstellung A (Zeitautomatik). Fotografieren Sie dann das Objekt bei allen Blendenstellungen des Objektivs. Mit der Lupe können Sie die Resultate im Detail anschauen und zwischen den verschiedenen Einstellungen blättern. Sie werden staunen, wie unterschiedlich scharf die verschiedenen Objektive bei den verschiedenen Blendeneinstellungen abbilden. Das Nikkor 28mm/1:1.4 zeichnet sehr weich und unscharf bis

Porträt im Studio mit Scharfstellung auf das linke Auge, Model Anuschka, Fotograf: Martin Zurmühle.

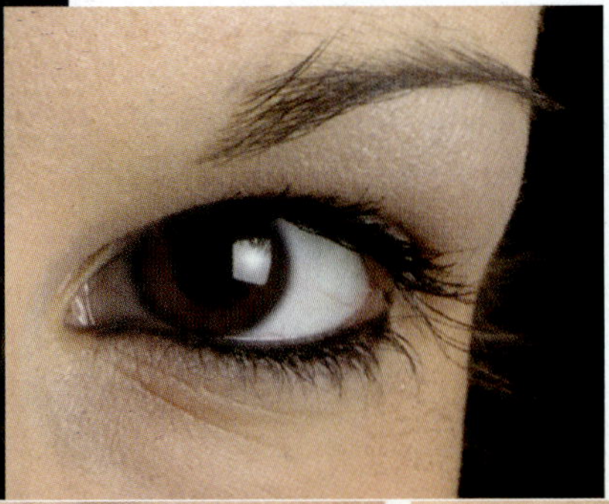

Vergrößern Sie das Auge und beurteilen Sie dann die optische Qualität der verschiedenen Objektive.

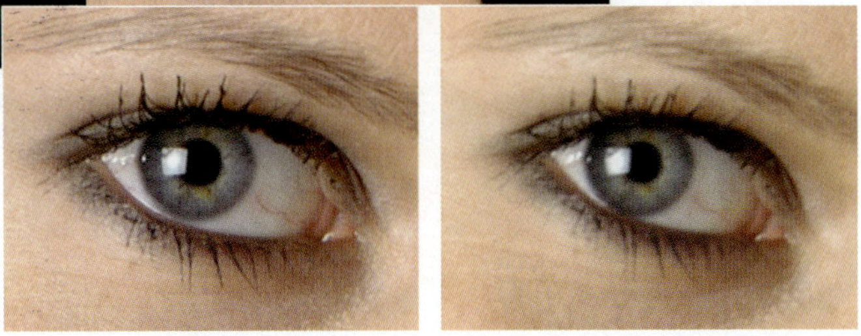

Links Festbrennweite Nikkor 50mm/1:1.4, rechts Zoomobjektiv Nikkor 24-120mm/1:3.5-5.6.

TIPP Objektivkauf

Beim Objektivkauf zu sparen lohnt sich nicht. Kaufen Sie besser wenige, dafür gute Objektive. Zoomobjektive sind bequem und decken einen großen Brennweitenbereich ab, sind optisch schlechter und haben eine kleinere Lichtstärke als die der Festbrennweiten. Ein lichtstarkes Objektiv (z. B. 50 mm/ 1:1.4) sollten Sie immer mit dabeihaben, um bei schwierigen Lichtsituationen noch fotografieren zu können. Starke Weitwinkelobjektive (z. B. Fisheye-Objektive) und starke Teleobjektive (ab 400 mm) sind sehr teuer; und nur absolute Spezialisten brauchen sie (z. B. Sport- und Tierfotografen). Mit zwei bis drei guten Zoomobjektiven können Sie einen großen Brennweitenbereich abdecken (z. B. von 14 mm bis 300 mm). Lichtstärke kostet unverhältnismäßig viel. Brauchen Sie nicht die lichtstärksten Zoomobjektive, können Sie viel Geld sparen. Zudem sind lichtstarke Objektive aufgrund der aufwendigen Konstruktion oft optisch weniger gut als lichtschwächere vergleichbare Objektive. Nicht alle teuren, modernen Objektive sind automatisch besser als die älteren Modelle. Die optische Qualität können Sie am besten anhand von Testaufnahmen mit Ihrer eigenen Kamera überprüfen.

Blende 8. Auch das Nikkor 50mm/1:1.4 wird erst ab Blende 5.6 richtig scharf. Das Zoomobjektiv Nikkor 28-105mm/1:3.5-4.5 zeigt eine sehr gleichmäßige und hohe Schärfe über den ganzen Blendenbereich. Das teure Nikkor 28-70mm/1:2.8 hat eine ausgezeichnete Schärfe außer bei der kleinsten und größten Blende, die leicht schwächer sind.

Eine fein verzierte Buddha-Figur ist ein geeignetes Bild für den Objektivtest.

Objektivqualität

Die größten 1 bis 2 Blendenöffnungen wirken leicht bis stark weich und unscharf. Die schärfsten Bilder werden meist bei Blende 8 und 11 gemacht. Die kleinste Blendenöffnung ist wegen der Beugung wieder etwas weniger scharf. Sehr lichtstarke Objektive zeichnen bei großen Blendenöffnungen weich und unscharf.

1. Reihe: Nikkor 28mm/1:1.4, 2. Reihe: Nikkor 50mm/ 1.1.4, 3. Reihe: Nikkor 28-105mm/1:3.5-4.5 bei 28mm. 4. Reihe: Nikkor 28-70mm/1.2.8 bei 70mm. Links größte, rechts kleinste Blendenöffnung.

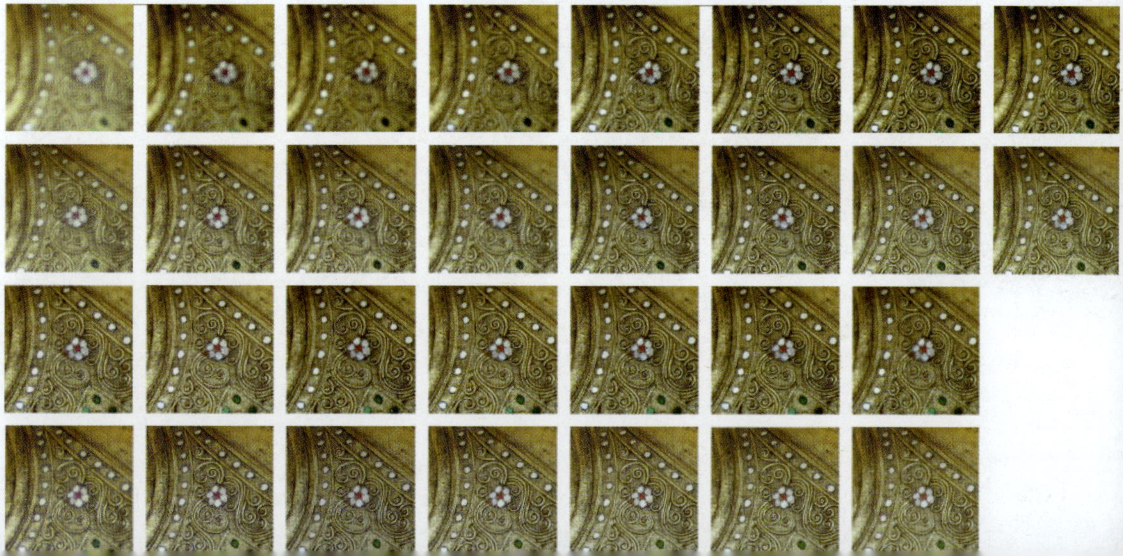

5

Wie wirken sich Blende und Belichtungszeit auf das Bild aus?

Alle Kameras funktionieren nach dem gleichen Grundprizip. Das Objektiv lässt Licht in die Kamera, und die Belichtungszeit reguliert die Lichtmenge, die auf den Sensor einwirkt. Lassen Sie sich von den vielen Begriffen der modernen digitalen Kameras nicht verwirren. Es gelten noch immer die gleichen einfachen Gesetzmäßigkeiten von Blende und Belichtungszeit, die Sie kennen sollten, um eindrucksvolle Bilder zu machen.

5.1 Das Wechselspiel von Blende und Belichtungszeit

Bei den ältesten Kameras wurde die Belichtung nur durch die Belichtungszeit geregelt. Die Öffnung des Objektivs konnte nicht verändert werden. Der Fotograf nahm einfach für eine bestimmte Zeit den Objektivdeckel ab. Die ersten Spiegelreflexkameras hatten noch keine eingebauten Belichtungsmesser. Die Bedienung beschränkte sich deshalb auf das Einstellen der Blende (am Objektiv) und der Belichtungszeit (an der Kamera).

Die Belichtung wurde mit einem Handbelichtungsmesser gemessen oder aufgrund von Erfahrungswerten eingestellt. Mit dem Einbau von Belichtungsmessern in die Kameras wurde die Belichtungsmessung viel anwenderfreundlicher. Allerdings musste jetzt zusätzlich die Filmempfindlichkeit eingestellt werden, um eine korrekte Belichtung zu erhalten. Die vielen technischen Einstellungsmöglichkeiten der heutigen High-Tech-Kameras im Bereich der Belichtungsmessung und Belichtungssteuerung haben das Ziel, die optimale Kombination aus Belichtungszeit und Blende zu einer Lichtsituation zu fin-

EXIF-Daten	
Brennweite	50 mm
Belichtungszeit	1/30 Sek.
Blendenwert	2.8
Empfindlichkeit	ISO 100

EXIF-Daten	
Brennweite	50 mm
Belichtungszeit	1 Sek.
Blendenwert	16
Empfindlichkeit	ISO 100

Eine lange Belichtungszeit zeigt das Wasser weich, Model Irene, Fotograf: Martin Zurmühle.

den. Eigentlich sollen diese viele Funktionen dem Fotografen helfen, leider verwirren sie oft mehr, als sie nützen. Die Wahl der Blende und der Belichtungszeit haben einen großen Einfluss auf die Bildwirkung. Die erste Wasserfallaufnahme wurde mit offener Blende und kurzer Belichtungszeit gemacht. Der Wasserfall ist unscharf, und das Wasser wirkt unnatürlich.

Bei der zweiten Aufnahmen wurde die Blende geschlossen und die Belichtungszeit verlängert. Das Bild ist nun von vorne bis hinten scharf. Dank der langen Belichtungszeit wird der Wasserfall sehr weich wiedergegeben. Eine wunderbar verträumte Wirkung entsteht. Solche Aufnahmen sind nur ab Stativ möglich, und das Model muss absolut ruhig bleiben.

5.2 Die Blende gibt dem Bild Tiefe

Die Blende wird mit einer Blendenzahl oder einem Blendenwert (manchmal mit dem Buchstaben F bezeichnet) angegeben. Der Erfinder dieser Blendenzahlen ist allerdings auch Schuld daran, dass die meisten Fotografen Mühe haben, die Logik dieser Zahlen zu verstehen. Es ist ja schon seltsam, dass eine kleine Blendenzahl eine große Blendenöffnung bedeutet. Will man die Blende schließen, muss man die Blendenzahl erhöhen. Da sind Fehler und Verständigungsprobleme vorprogrammiert. Leider lässt sich das heute nicht mehr ändern, und Sie müssen mit diesen Zahlen leben.

Auf älteren Objektiven sind die Blendenzahlen noch an den Blendenringen eingraviert. Brennweite und größte Blendenöffnung (Lichtstärke) sind am Objektiv angegeben. Eine kleine Blendenzahl weist auf ein lichtstarkes Objektiv hin.

Das Normalobjektiv Nikkor 50mm/1:1.4 hat folgende Blendenreihe: 1.4/2/2.8/4/5.6/8/11/16. Jeder Zahlensprung bedeutet dabei die halbe Öffnungsfläche. Wie Sie bereits in Kapitel 3.1 erfahren haben, berechnet sich die Blendenzahl wie folgt:

Brennweite / wirksame Objektivöffnung

Die wirksame Objektivöffnung verkleinert sich beim Abblenden. Hier die Werte beim AF Nikkor 50mm:

Brennweite	Wirksame Öffnung	Blendenzahl
50 mm	35,7 mm	1.4
50 mm	25,0 mm	2
50 mm	17,8 mm	2.8
50 mm	12,5 mm	4

Die Blendenzahl ist also das Verhältnis zwischen der Brennweite des Objektivs und dem Durchmesser der Blendenöffnung.

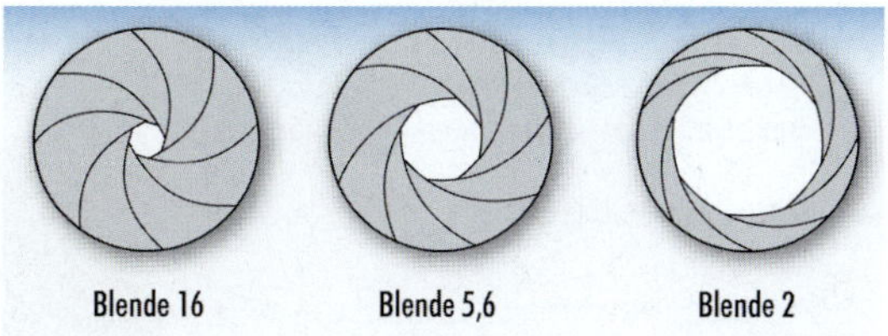

Jeder Blendensprung verkleinert den Lichtdurchlass um die Hälfte. Das scheint unlogisch, weil ja die Zahlensprünge viel kleiner sind. Da die Kreisfläche aber eine quadratische Funktion ist ($r^2 \times \pi$), ergeben sich diese Zahlenreihen (siehe Tabelle auf der nächsten Seite).

Wie können Sie sich diese auf den ersten Blick unlogische Zahlenfolge am besten merken? Nehmen Sie einfach den Umkehrwert.

Blenden-zahl	Wirksame Öffnung	Öffnungsfläche
1.4	35,7 mm	ca. 1.000 mm²
2	25,0 mm	ca. 500 mm²
2.8	17,8 mm	ca. 250 mm²
4	12,5 mm	ca. 125 mm²

Dann wird klar, dass der höhere Zahlenwert eine kleinere Öffnung bedeutet:

1/1.4 1/2 1/2.8 1/4

Multiplizieren Sie nun diese Werte noch mit sich selbst (weil die Kreisfläche eine quadratische Formel hat), dann ergibt sich eine logische Zahlenreihe mit einer stetigen Halbierung der Zahlen:

1/1.4 x 1/1.4 = 1/2 1/2 x 1/2 = 1/4
1/2.8 x 1/2.8 = 1/8 1/4 x 1/4 = 1/16

Bei den digitalen Kameras werden neben diesen Hauptblendenzahlen auch Zwischenwerte mit 1/3- oder 1/2-Blendensprünge angezeigt. Auch wenn die modernen Objektive die Blendenzahlen nicht mehr anzeigen, ist es gut, die offiziellen Blendenreihen zu kennen. Viele Kamerafunktionen nehmen darauf Bezug. So bedeutet zum Beispiel die Veränderung der Einstellungen um einen **L**icht**w**ert (LW) die Anpassung um 1 Blendenstufe oder die Verdopplung oder Halbierung der Belichtungszeit.

Aber wozu sind diese Blendenzahlen nützlich? Die Größe der Blendenöffnung entscheidet über die Schärfentiefe im Bild. Die oft verwendete Bezeichnung Tiefenschärfe ist allerdings falsch. Die Schärfe besitzt eine Tiefe, die Tiefe aber keine Schärfe. Der Verlauf der Schärfe ist ein wichtiges Gestaltungsmittel bei vielen Aufnahmesituationen, vor allem auch bei Porträtaufnahmen.

Bei den modernen digitalen Kameras legen wir die Entfernung zum Motiv mit dem Autofokus fest. Mit dem aktiven Sensorfeld bestimmen wir den Ort der Messung. Der Schärfeverlauf ist dabei so, dass ca. 1/3 des scharfen Bereichs vom Motiv Richtung Kamera und ca. 2/3 vom Motiv Richtung Hintergrund zu liegen kommen. Wie Sie bereits in Kapitel 3.1 erfahren haben, können Sie bei Objektiven mit Festbrennweiten die entsprechenden Distanzwerte am Objektiv ablesen. Für die Größe der Schärfentiefe gibt es wie auf der Skizze gezeigt folgende Grundregeln:

- Eine große Blendenöffnung (kleine Blendenzahl) ergibt eine kleine Schärfentiefe.
- Eine kleine Blendenöffnung (große Blendenzahl) ergibt eine große Schärfentiefe.

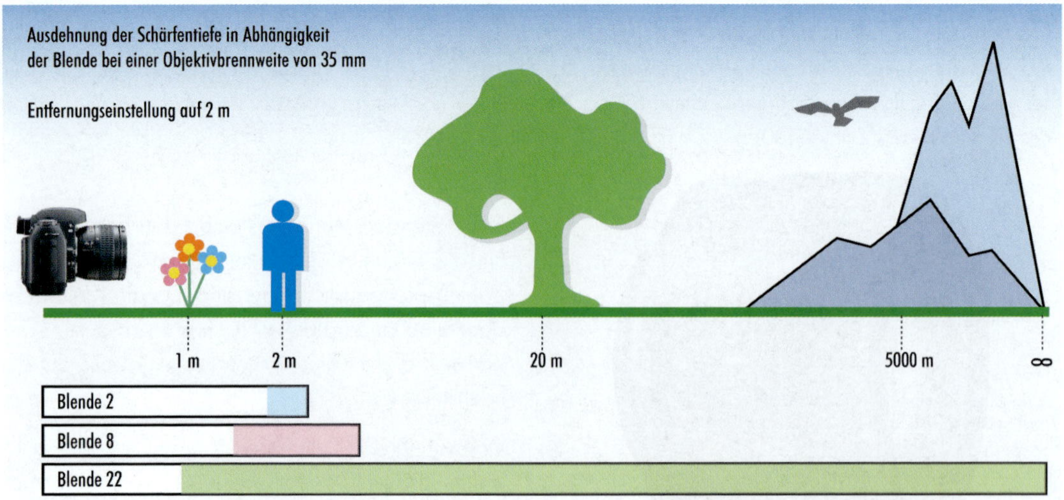

Beim ersten Wasserfallbild haben Sie gesehen, dass Sie mit einer großen Blende das Motiv vom Hintergrund trennen können. Vor allem bei Porträtaufnahmen wird dieser Effekt häufig als Gestaltungsmittel eingesetzt. Bei dem Porträtbild von Anuschka wählte ich ein lichtstarkes Porträtobjektiv mit längerer Brennweite (85 mm/1:1.4). Dadurch wird die Schärfentiefe klein und der Hintergrund unscharf. Bei der ersten Porträtaufnahme öffnete ich die Blende maximal. Der Schärfebereich wird

▲ *Porträt von Anuschka bei größter Blendenöffnung, Fotograf: Martin Zurmühle.*

EXIF-Daten	
Brennweite	85 mm
Belichtungszeit	1/250 Sek.
Blendenwert	1.4
Empfindlichkeit	ISO 100

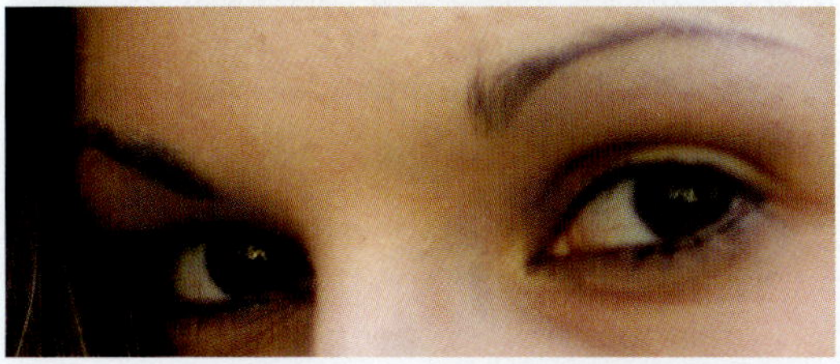

▲ *Größere Schärfentiefe durch Abblenden um 3 Blendenstufen, Fotograf: Martin Zurmühle.*

EXIF-Daten	
Brennweite	85 mm
Belichtungszeit	1/60 Sek.
Blendenwert	4
Empfindlichkeit	ISO 100

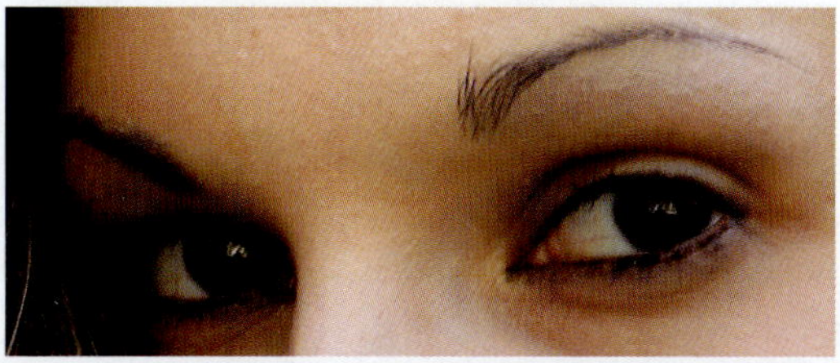

dadurch extrem kurz im Bereich von wenigen Zentimetern. Das erste Porträtbild wirkt harmonisch und schön. Der Hintergrund ist weich und unscharf. Die Felsstrukturen sind völlig verwischt, und nur noch die Farbwerte werden angezeigt. So schöne weiche Bereiche können mit der Bildbearbeitung nicht erzielt werden. Es lohnt sich deshalb, mit lichtstarken Objektiven und großen Blendenöffnungen zu arbeiten. Bei einer Vergrößerung des Augenbereichs wird jedoch sichtbar, dass nur das rechte Auge von Anuschka wirklich scharf gezeichnet ist. Beim linken Auge wirkt sich die optische Unschärfe schon stark aus.

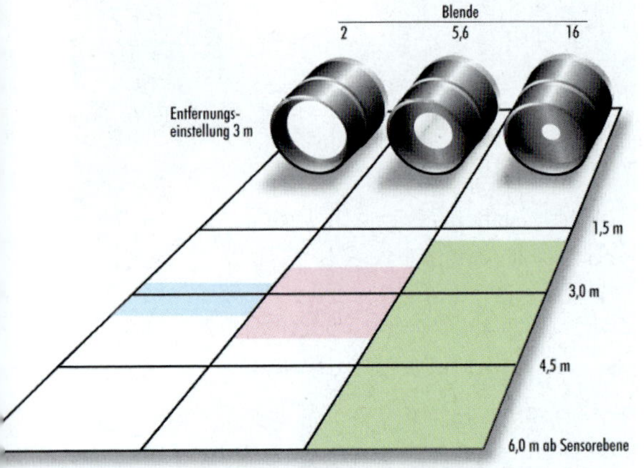

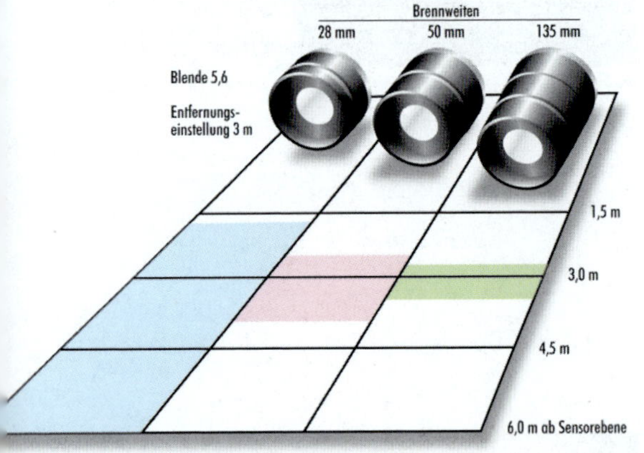

Der Schärfebereich bei diesem Hochleistungsobjektiv ist bei diesem Bild nur wenige Zentimeter tief. Durch die leichte Drehung des Kopfes sind beiden Augen nicht mehr in gleichem Abstand zur Kamera. Möchten Sie mit so großen Blendenöffnungen ar-

Fotograf Martin Zurmühle mit Model Anuschka.

beiten, achten Sie darauf, dass beide Augen in der gleichen Ebene senkrecht zur optischen Achse (Linie zwischen Fotograf und Motiv) liegen. Das erreichen Sie, wenn der Kopf frontal Richtung Kamera ausgerichtet ist. Mehr Schärfentiefe erhalten Sie durch das Abblenden des Objektivs auf einen höheren Blendenwert. Dadurch wird aber auch der Hintergrund schärfer, kontrastreicher und lenkt etwas vom Gesicht ab. Durch das Abblenden von Blende 1.4 auf Blende 4 (3 Blendenstufen) sind jetzt beiden Augen und das ganze Gesicht scharf.

Die Felsen im Hintergrund sind nun erkennbar. Das Model wird nicht mehr so klar und schön vom Hintergrund freigestellt. Eine weitere Verkleinerung der Blende ist nicht mehr möglich, weil die Belichtungszeit von 1/60 schon an der Grenze für Handaufnahmen mit diesem Objektiv liegt. Entweder arbeiten Sie dann ab Stativ oder erhöhen die Empfindlichkeit (z. B. auf ISO 200 oder ISO 400).

Viele Spiegelreflexkameras besitzen eine Taste zum manuellen Schließen der Blende. Dadurch sehen Sie schon im Sucher die Wirkung der gewählten Blende auf das Bild. Da aber gleichzeitig auch die

▲ *Ein starker Schärfeverlauf gibt diesem Bild Tiefe, Model Irene mit Fotograf Martin Zurmühle.*

Lichtstärke im Sucher reduziert wird, nützt diese Funktion nur etwas bei guten Lichtverhältnissen. Wenn Sie nicht sicher sind, wie der Schärfeverlauf am besten wirkt, machen Sie einfach eine Belichtungsreihe mit mehreren Blendenwerten und vergleichen die Aufnahmen am Monitor des PCs. Das Bild mit Model Irene zeigt, wie mit dem bewussten Einsatz der Schärfentiefe die Tiefenwirkung verstärkt und der Blick auf das Motiv gelenkt wird.

EXIF-Daten	
Brennweite	50 mm
Belichtungszeit	1/125 Sek.
Blendenwert	2
Empfindlichkeit	ISO 400

Solche Aufnahmen sind nur mit DSLR mit lichtstarken Objektiven möglich. Bei den Kompaktkameras mit den kleinen Sensoren und den kurzen Brennweiten der Objektive können Sie diese Effekte nicht erzielen. Experimentieren Sie mit verschiedenen Blendenwerten. Sie werden mit spannenden Aufnahmen belohnt.

TIPP Schärfentiefe

- Möchten Sie viel Schärfentiefe (z. B. für Landschaftsaufnahmen), wählen Sie eine kleine Blendenöffnung (große Blendenzahl) und eine kurze Brennweite.
- Möchten Sie wenig Schärfentiefe (z. B. für Porträtaufnahmen), wählen Sie eine große Blendenöffnung (kleine Blendenzahl) und längere Brennweiten.
- Wenn Sie die Schärfentiefe als Gestaltungsmittel einsetzen möchten, benötigen Sie lichtstarke Objektive. Das geht am besten mit digitalen SLR mit Festbrennweiten.
- Wenn Sie auf größte Schärfentiefe Wert legen, wählen Sie Objektive mit großen Blendenzahlen (16 oder höher).
- Digitale Kompaktkameras haben wegen der kleinen Sensoren und der kleinen Brennweiten sehr viel Schärfentiefe. Sie eignen sich deshalb nicht zum Freistellen des Motivs mit der Objektivunschärfe.

Eine genügend große Schärfentiefe durch eine kleine, kurze Brennweite (40 mm) und eine kleine Blende (f8), Fotograf: Martin Zurmühle.

5.3 Die Belichtungszeit hält die Bewegungen fest

In den meisten Situationen können Sie problemlos mit der Programmautomatik fotografieren. Die Kamera stellt dann eine geeignete Kombination aus Belichtungszeit und Blende ein. Dabei berücksichtigen diese intelligenten technischen Wunderwerke das vorhandene Licht, das eingesetzte Objektiv und den Abstand zum Motiv. Die Belichtungszeit wird so eingestellt, dass verwacklungsfreie Aufnahmen möglich werden. Als Faustregel für verwacklungsfreie Aufnahmen gilt, dass die Belichtungszeit kürzer als der Umkehrwert der Brennweite sein sollte. Bei einem Objektiv mit einer Brennweite von 85 mm (Porträtlinse) sollte die Belichtungszeit also kürzer als 1/85 Sekunde sein (z. B. 1/125).

Länger als 1/60 Sekunde sollte man nicht von Hand fotografieren. Objektive mit Bildstabilisatoren erlauben längere Zeiten. Nicht immer wollen Sie sich aber von der Automatik vorschreiben lassen, welche Werte die besten sind. Gerade spezielle Aufnahmesituationen sind ja besonders fotogen und geben den Bildern einen unverkennbaren Reiz. Mit der Belichtungszeit entscheiden Sie, ob Sie Bewegungen einfrieren oder verwischen lassen wollen. Hier ein paar Richtwerte für Belichtungszeiten zum Einfrieren der Bewegungen:

Motiv	Richtung Kamera	Quer zur Kamera	Diagonal zur Kamera
Fußgänger	1/30	1/125	1/60
Jogger	1/60	1/250	1/125
Radfahrer	1/250	1/1000	1/500
Pferd im Galopp	1/500	1/2000	1/1000
Fahrzeug 120 km/h	1/1000	1/4000	1/2000

TIPP Wischeffekte

- Halten Sie die Kamera mit beiden Händen ruhig und drücken sie die Ellbogen an den Körper.
- Führen Sie ruhige und fließende Drehbewegung mit dem Oberkörper in der Bewegungsrichtung des Motivs durch.
- Beginnen Sie mit dem Drehen schon, bevor das Motiv am geplanten Ort ist, und drücken Sie im richtigen Moment auf den Auslöser.
- Drehen Sie nach dem Auslösen noch etwas weiter.
- Machen Sie mehrere Aufnahmen mit unterschiedlichen Belichtungszeiten und kontrollieren Sie die Bildschärfe und den Wischeffekt am Kameradisplay (mit Lupenfunktion).

Diese Tabelle ist natürlich nur eine ganz grobe Annäherung. Sie bezieht sich auf den Abstand zum Motiv mit einem Normalobjektiv. Die genauen Werte können Sie aber leicht mit Testaufnahmen ermitteln. Kontrollieren Sie anschließend die Bilder auf dem Display bei starker Vergrößerung. Sie erkennen die Bewegungsunschärfe sofort. Wollen Sie die Bewegung des Motivs einfrieren, aber den Hintergrund verwischen, müssen Sie die Kamera im Tempo der Bewegung des Motivs mitziehen. Das erfordert einige Übung. Die Belichtungszeit kann dann wesentlich länger gewählt werden als beim Einfrieren, weil ja das Motiv zur mitbewegten Kamera ruhiger ist. Das nächste Beispiel zeigt eine Aufnahme auf der Kirmes an einer Bahn für Kinder. Hier die Kameraeinstellungen:

EXIF-Daten	
Brennweite	60 mm
Belichtungszeit	1/30 Sek.
Blendenwert	5
Empfindlichkeit	ISO 200

Die Belichtungszeit war mit 1/30 Sekunde etwas zu lang, um das Motiv ganz scharf abzubilden. Es entsteht eine dynamische Bildstimmung durch den Wischeffekt des Hintergrunds und der drehenden Autoräder. Bleiben wir aber nochmals beim Thema Wasser. Kurze Belichtungszeiten halten die Wassertropfen einzeln fest. Das Wasser wirkt unnatürlich (siehe Bilder auf der nächsten Seite). Unser Auge ist nicht in der Lage, solche Bewegungen festzuhalten. Die vielen Tropfen machen das Bild unruhig, und es wirkt so, als leere jemand weiter oben einen Kübel Wasser aus. Aber die Belichtungszeit von 1/60 Sekunde ist auch gleichzeitig die Grenze für Aufnahmen aus der Hand. Um den Schleiereffekt des Wassers besser darzustellen, musste ich deshalb mit einem soliden Stativ arbeiten. Die lange Belichtungszeit von 1/3 Sekunde führt zu einer weichen, schleierhaften Darstellung des Wassers. Allerdings war es für Model Anuschka sehr schwierig, so lange ruhig zu stehen. Eine leichte Bewegungsunschärfe war da kaum zu vermeiden. Machen Sie aber mehrere Aufnahmen mit verschiedenen Belichtungszeiten ab Stativ, können Sie leicht die beiden Bilder in der Bildbearbeitung miteinander kombinieren.

Kurze Belichtungszeiten frieren Bewegungen ein, Model Anuschka, Fotograf: Martin Zurmühle.

EXIF-Daten	
Brennweite	75 mm
Belichtungszeit	1/60 Sek.
Blendenwert	4
Empfindlichkeit	ISO 100

Lange Belichtungszeiten verwischen Bewegungen, Model Anuschka, Fotograf: Martin Zurmühle.

EXIF-Daten	
Brennweite	75 mm
Belichtungszeit	1/3 Sek.
Blendenwert	22
Empfindlichkeit	ISO 100

Auch hier zeigt sich wieder, dass Sie entscheiden müssen, was Ihnen wichtig ist. Wollen Sie eine optimale Schärfe, arbeiten Sie mit kurzen Belichtungszeiten, um Verwacklungen zu vermeiden. Möchten Sie aber eine schöne Bewegungsunschärfe abbilden, arbeiten Sie mit Stativ und langen Belichtungszeiten. Benötigen Sie beides, machen Sie mehrere Aufnahmen und bauen diese in der Bildbearbeitung zusammen. Und so erzielen Sie diesen Effekt mit Photoshop CS3:

1 Scharfes Bild öffnen

Öffnen Sie das Bild mit dem eingefrorenen Wasserfall. Korrigieren Sie falls nötig die Tonwerte und Kontraste.

2 Weiches Bild öffnen

Öffnen Sie das Bild mit dem weichen Wasserfall. Korrigieren Sie die Tonwerte und Kontraste so wie beim ersten Bild. Aktivieren Sie das Verschieben-Werkzeug und ziehen Sie mit gedrückter Umschalt-Taste das Bild in das erste Bild hinüber. Dadurch liegen beide Bilder genau übereinander.

3 Bilder mischen

Fügen Sie der oberen Ebene mit dem weichen Wasserfall eine Ebenenmaske mit dem Befehl *Ebene/Ebenenmaske hinzufügen/Alles einblenden* hinzu. Malen Sie anschließend mit einem schwarzen weichen Pinsel den Bereich des Models aus. Dadurch wird das schärfere unten liegende Bild des Models sichtbar und nahtlos ins obere Bild eingefügt. Da die Pixel der Aufnahme genau übereinander liegen, müssen Sie nicht einmal sehr genau arbeiten.

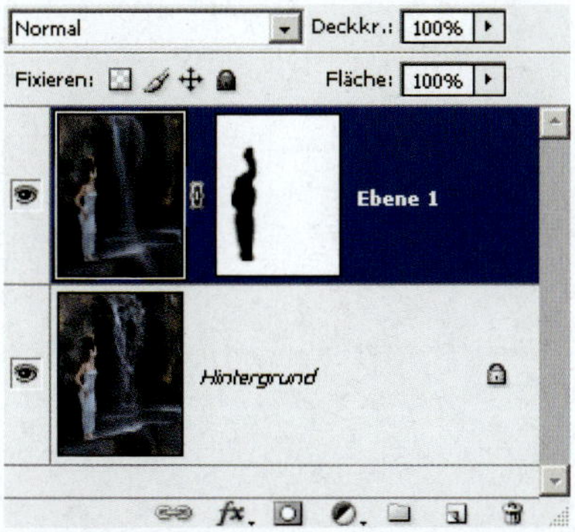

Dieses Verfahren geht allerdings nur, wenn sich die scharfen und weichen Bereiche nicht überlappen (in unseren Bild der Wasserfall und Model Anuschka). Achten Sie deshalb bereits vor der Aufnahme bei der Bildgestaltung auf eine klare Trennung der verschiedenen Bereiche. Das Resultat zeigt, dass sich der Aufwand der Bildbearbeitung gelohnt hat. Nun ist das Model perfekt scharf abgebildet, und der Wasserfall fließt weich über die Felskante (siehe Bild auf der nächsten Seite).

Bei guten Lichtverhältnissen ist es oft schwierig, lange Belichtungszeiten zu erhalten. Stellen Sie die Kamera auf die tiefste Empfindlichkeit ein. Wählen Sie eine kleine Blendenöffnung (Blende 16 oder kleiner).

Genügt das noch immer nicht für eine lange Zeit, können Sie einen Polfilter einsetzen. Dieser ist weitgehend farbneutral und reduziert das Licht um 1 bis 2 Blendenstufen (je nach Drehstellung des Filters). Nützlich sind auch neutralgraue Filter (z. B. ND4), die ebenfalls lichtschluckend wirken, ohne die Farben zu verändern. Mehr dazu erfahren Sie in Kapitel 10.3.

Für kurze Belichtungszeiten gelten genau die umgekehrten Regeln. Da sind Objektive mit einer großen Lichtstärke besser, bei denen die Blende weit geöffnet werden kann. Auch höhere ISO-Werte (z. B. ISO 400 oder ISO 800) ermöglichen kürzere Belichtungszeiten, verstärken aber auch das Bildrauschen. Bei kritischen Lichtverhältnissen müssen Sie sich entscheiden, ob Sie den Qualitätsverlust von höheren ISO-Werten oder das Risiko einer Verwacklung in Kauf nehmen wollen.

Ich bevorzuge in solchen Fällen höhere ISO-Werte. Ein verwackeltes Bild kann auch in der Bildbearbeitung nicht mehr gerettet werden. Der Qualitätsverlust durch Bildrauschen ist bei Werten bis ISO 800 bei den DSLR (im Gegensatz zu vielen Kompaktkameras) nicht gravierend (es gibt kein grobes Korn wie bei den hoch empfindlichen Filmen), und die Bilder können in der Bildbearbeitung noch verbessert oder in Schwarz-Weiß umgewandelt werden. Einige neuere DSLR besitzen ein sehr gutes Rauschverhalten auch bei ISO-Werten von 800 oder höher. Bei einer Belichtungszeit von 1/15 Sekunde wie beim Porträtbild von Anuschka kann auch

TIPP **Belichtungszeit**

Bei der Festlegung der Belichtungszeit sollten Sie folgende Regeln beachten:

- Für verwacklungsfreie Aufnahmen (vor allem mit großen Brennweiten) wählen Sie möglichst kurze Belichtungszeiten (1/60 oder kürzer).
- Die Belichtungszeit sollte kürzer als der Umkehrwert der Objektivbrennweite sein.
- Für kurze Belichtungszeiten sind lichtstarke Objektive und höhere ISO-Werte empfehlenswert.
- Zur Darstellung von Bewegungen mit Wischeffekten wählen Sie lange Belichtungszeiten (bei Wasserfällen 1/15 oder länger).
- Längere Belichtungszeiten erreichen Sie mit kleinen Blendenöffnungen, einem tiefen ISO-Wert und Licht schluckenden Filtern (ND-Filter, Polfilter).

Anuschka am Wasserfall nach der Bildbearbeitung, Fotograf: Martin Zurmühle.

▲ *Verwackeltes Porträt wegen zu langer Belichtungszeit, Fotograf: Martin Zurmühle.*

der beste Fotograf mit einem 85-mm-Objektiv nicht mehr von Hand fotografieren. Hätte ich die Empfindlichkeit auf ISO 800 erhöht, wäre die Aufnahme mit einer Belichtungszeit von 1/125 Sekunde gut gelungen.

Variante 1	**Variante 2**	**Variante 3**	**Variante 4**
ISO 100 1/15 Sek.	ISO 200 1/30 Sek.	ISO 400 1/60 Sek.	ISO 800 1/125 Sek.

EXIF-Daten	
Brennweite	85 mm
Belichtungszeit	1/15 Sek.
Blendenwert	8
Empfindlichkeit	ISO 100

Auch an diesem Beispiel zeigt sich wieder, dass es in der Fotografie häufig keine perfekten Lösungen gibt. Es bleibt Ihre Aufgabe als Fotograf, abzuwägen und sich für eine gute Lösungsvariante zu entscheiden. Das herrliche Bild eines Bachs von Jörg

▼ *Ein wunderbares Bild mit weichem Wasser, Fotograf: Jörg Rhode.*

Rhode zeigt, dass dank einer langen Belichtungszeit wunderbare verträumte Bildkompositionen auch mit einfachen, unscheinbaren Motiven möglich sind.

5.4 Die Zwillinge Blende und Belichtungszeit

Blende und Belichtungszeit (auch Verschlusszeit genannt) sind unzertrennliche Zwillinge. Sie gehören immer zusammen. Zu jeder Lichtsituation gibt es aber eine Vielzahl von geeigneten Kombinationen aus Belichtungszeit und Blende.

An einem sonnigen Tag im Freien brauchen Sie nicht einmal einen Belichtungsmesser. Stellen Sie einfach die Blende auf 16 und die Belichtungszeit auf ihren eingestellten ISO-Wert. Und schon haben Sie die richtige Belichtung gefunden!

Gehen wir von diesem Ausgangswert aus: Blende 16 und Belichtungszeit 1/125 (ISO 100). Welche Kombinationen von Belichtungszeit und Blenden gibt es bei diesen Lichtverhältnissen?

Blenden-Belichtungszeit-Kombinationen		
1.4	1/16000	Sehr große Blendenöffnung
2	1/8000	
2.8	1/4000	
4	1/2000	
5.6	1/1000	Mittlere Blendenöffnung
8	1/500	
11	1/250	
16	1/125	
22	1/60	
32	1/30	Sehr kleine Blendenöffnung

Jede dieser Kombinationen lässt gleich viel Licht auf den Sensor. Trotzdem eignen sich nicht alle Kombinationen für die gleichen Aufnahmesituationen.

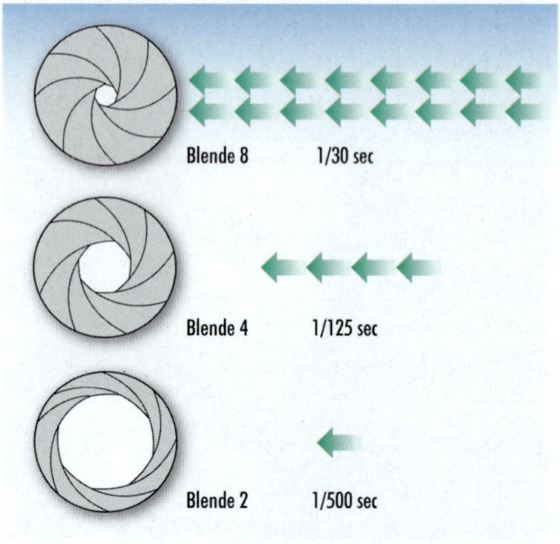

Die Belichtungsautomatik der Kamera wählt in der Regel mittlere Werte aus. Die Belichtungszeit ist genügend kurz, um Verwacklungen zu vermeiden, und die Blende ist in einem mittleren, optimalen Bereich. Die Automatik würde Wertepaare im Bereich von f8 und 1/500 wählen.

Blendenöffnung	Werte	Einsatz
Große Blendenöffnung	1.4 bis 2.8	Porträtaufnahme, wenig Licht
Mittlere Blendenöffnung	5,6 bis 8	Gute optische Qualität, Allroundeinstellung
Kleine Blendenöffnung	11 bis 22	Landschafts- und Architekturaufnahmen, viel Licht

Wollen Sie am hellen Tag mit großen Blendenöffnungen arbeiten (z. B. bei Porträtaufnahmen), benötigen Sie Kameras mit sehr kurzen Belichtungszeiten oder sehr tiefe ISO-Werte. Auch ein ND- oder Polfilter (mehr dazu in Kapitel 10.3) kann helfen, die Belichtungszeit in den möglichen Bereich der Kamera zu bringen. Bei modernen digitalen SLR können kürzeste Belichtungszeiten zwischen 1/2000 und 1/8000 eingestellt werden.

Wollen Sie eine große Schärfentiefe erreichen, stellen Sie eine kleine Blende ein. Die Kombination f16 und 1/125 wäre da eine gute Lösung. Die meisten Objektive von digitalen SLR haben kleinste Blendenöffnungen im Bereich von 16 bis 22.

Belichtungszeiten	**Werte**	**Einsatz**
Kurze Belichtungszeit	1/500 bis 1/8000	Sport- und Tieraufnahmen, Einfrieren von Bewegungen
Mittlere Belichtungszeit	1/60 bis 1/250	Aufnahmen von Hand, Allroundeinstellung
Lange Belichtungszeit	30 Sek. bis 1/30	Stativaufnahmen, fließende Bewegungen Dämmerungs- und Nachtaufnahmen

Je nach Lichtsituation verschieben sich diese Werte natürlich. Im Display der Kamera sehen Sie die eingestellten Blenden und Zeitwerte. Mit dem Einstellrad an den DSLR können Sie auch bei automatischer Belichtungssteuerung eine Verschiebung dieser Wertepaare (Programmverschiebung) nach oben oder unten durchführen. Dadurch stellen Sie einfach und schnell die gewünschten Belichtungszeiten oder Blenden ein. Eine sehr praktische Funktion, die sich im Einsatz sehr bewährt hat.

5.5 So finden Sie die richtige Belichtung!

Unsere Väter hatten es leicht. Die nahmen ihre manuellen Kameras und steckten einen Handbelichtungsmesser in den Sack. Vor Ort maßen sie mit dem notabene batterielosen Handbelichtungsmesser das auf das Motiv einfallende Licht (Belichtungsmesser vom Motiv aus Richtung Kamera halten). Und schon hatten sie die genau richtigen Einstellungswerte für Belichtungszeit und Blende gefunden. Und das unabhängig davon, ob nun das Motiv schneeweiß oder schwarz war. Noch heute verwenden viele Landschafts- und Porträtfotografen diese Methode. Leider ist sie aber ziemlich zeitaufwendig und eignet sich nicht für sich schnell bewegende Motive oder Schnappschüsse. Die findigen Kamerahersteller haben sich deshalb etwas einfallen lassen und verschiedene Methoden der Belichtungsmessung in die Kameras eingebaut. Bei den DSLR erfolgt die Messung durch das Objektiv (TTL) und erfasst so genau den gewünschten Bildausschnitt.

Mit dem Handbelichtungsmesser wird das Licht gemessen, das auf das Motiv fällt (Lichtmessung). Dabei spielt die Helligkeit des Motivs keine Rolle. Bei der TTL-Messung wird das vom Motiv reflektierende Licht gemessen (Objektmessung). Weil nun aber die Helligkeit des Motivs die Messung stark beeinflusst, mussten die Kamerahersteller geeignete Messmethoden entwickeln, um mit kontrastreichen Motiven richtig umgehen zu können. Bei digitalen SLR können Sie aus drei oder mehr Methoden zur Belichtungsmessung auswählen. Jede Version hat dabei klare Stärken und Schwächen, die Sie im täglichen Einsatz kennen sollten:

Spotmessung

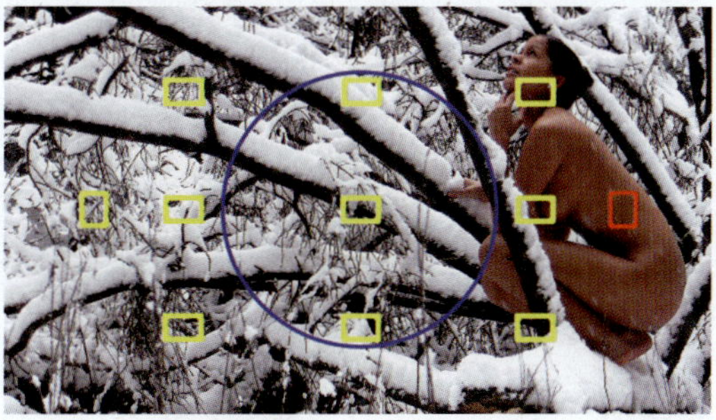

Die Kamera misst die Lichtverteilung in einem kleinen Kreissegment (ca. 2 % des Bildfelds des Suchers). Die Spotmessung erfolgt dabei stets im Zentrum des aktiven Fokussierfelds. Im Beispielbild wird die Belichtung von der Haut des Models gemessen (rotes Rechteck). Die gelben Rechtecke zeigen weitere Fokussierfelder. Der blaue Kreis beschreibt den Bereich für die mittenbetonte Belichtungsmessung.

Leider ist die Kamera nicht intelligent. Sie kann nicht unterscheiden, ob das Motiv schwarz, grau oder weiß ist. Der Sensor betrachtet alles als neutralgrau. Messen Sie also mit der Spotmessung eine Schneelandschaft an, wird der Schnee grau. Messen Sie eine schwarze Katze, wird diese im Bild auch grau. Sie müssen deshalb die gewonnenen Belichtungswerte selbst anpassen.

TIPP **Spotbelichtungsmessung**

Wenn möglich, stellen Sie Ihre Kamera so ein, dass bei der Fokussierung gleichzeitig auch die Belichtungsmessung erfolgt. Sie können dann mit leicht gedrückter Auslösetaste diese Werte speichern und den endgültigen Bildausschnitt wählen, ohne dass die Belichtung an den neuen Bildausschnitt angepasst wird.

Bei Schneeaufnahmen erhöhen Sie deshalb die Belichtung um ca. 2 **L**icht**w**erte (LW). Das heißt, die Blende wird um 2 Stufen weiter geöffnet (Blendenzahl um 2 Stufen verkleinert) oder die Belichtungszeit um 2 Stufen verlängert. Bei der schwarzen Katze machen Sie genau das Gegenteil. Sie reduzieren die Belichtung um ca. 2 LW. Das klingt nicht gerade sehr benutzerfreundlich, aber es gibt auch einfachere Wege. Wenn es im Bild einen neutralgrauen Bereich gibt, können Sie die Belichtung bei der Spotmessung dort abnehmen. Die Handflächen oder leicht gebräunte Gesichter entsprechen im Lichtwert ziemlich genau der Graukarte. Die Winteraufnahme mit Model Andrea zeigt eine absolute Grenzsituation für die Belichtungsmessung. Nur mit einer Spotmessung auf den Körper des Models konnte ein korrekter Belichtungswert ermittelt werden. Aufgrund der Kälte musste sehr schnell und ohne Stativ gearbeitet werden.

EXIF-Daten	
Brennweite	31 mm
Belichtungszeit	1/50 Sek.
Blendenwert	3.8
Empfindlichkeit	ISO 200

Aufnahme im Schnee mit Spotbelichtungsmessung, Model Andrea, Fotograf: Martin Zurmühle.

Alle Kameraeinstellungen wurden vorgängig im Auto vorgenommen. Während der Aufnahme haben Sie keine Zeit mehr, die Einstellungen zu korrigieren. Sonst erfriert Ihnen das Model! Alle anderen Messmethoden würden bei solchen Lichtverhältnissen fehlerhafte, zu dunkle Bilder liefern. Aber zum Glück haben Sie ja meistens wesentlich einfachere Lichtsituationen zu bewältigen.

Mittenbetonte Messung

Die mittenbetonte Messung ist die klassische Messmethode in der Porträtfotografie. Ältere analoge SLR wie die legendäre Nikon F3 kannten nur diese Art der Belichtungsmessung. Die Kamera misst die Lichtverhältnisse im gesamten Bildfeld, legt aber den Messschwerpunkt auf ein mittleres Kreissegment.

Bei Motiven mit kleinen Kontrasten liefert diese Messmethode sehr gute Resultate. Unproblematisch ist es, wenn die Person in der Bildmitte platziert ist. Liegt das Motiv aber nicht in der Mitte, wird die Belichtung durch die Lichtverhältnisse des Hintergrunds verfälscht.

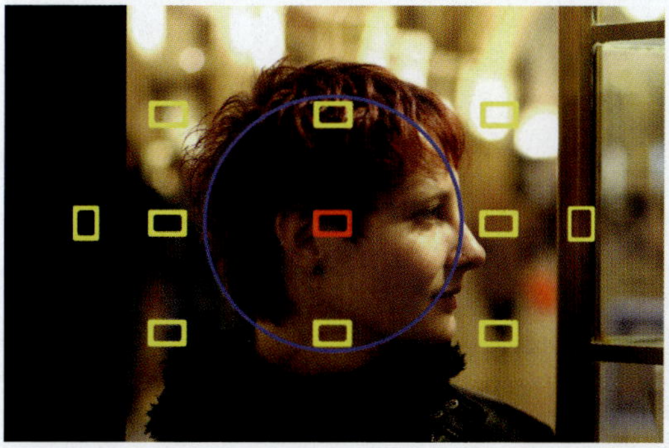

Es kann so zu Über- oder Unterbelichtungen kommen. Um eine falsche Belichtung zu vermeiden, sollten Sie in diesen Fällen den Belichtungsmesswertspeicher der Kamera verwenden.

1 Scharfstellen auf Motiv

Richten Sie die Kamera so auf das Motiv, dass es innerhalb des zentralen Messfelds liegt (siehe Bild unten links). Legen Sie dabei die Fokussierung auf den Kopf oder die Augen des Models. Drücken Sie den Auslöser bis zum ersten Druckpunkt und halten Sie ihn in dieser Position. Dadurch erfolgen die Fokussierung und gleichzeitig die Belichtungsmessung.

2 Ausschnitt festlegen und auslösen

Drücken Sie nun die Taste für die Speicherung der Belichtung. Nun können Sie die Kamera drehen, ohne dass die Belichtungswerte verändert werden. Bei einigen Kameramodellen können Sie auch bestimmen, dass Belichtung und Fokussierung immer miteinander gespeichert werden (siehe Bild oben). Diese Einstellung ist für Porträtaufnahme sehr zu empfehlen.

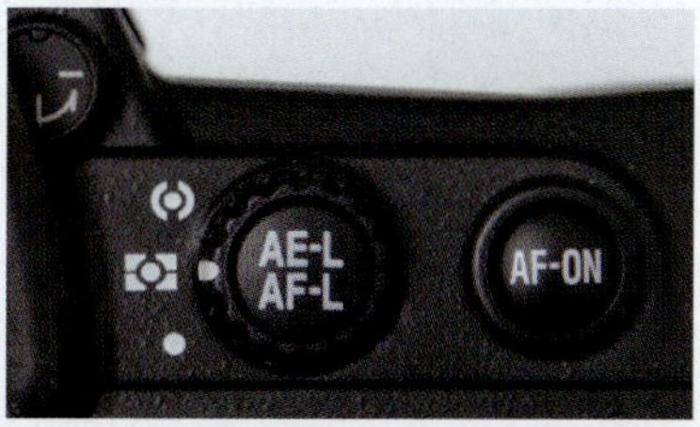

▲ *AE-L = Auto Exposure Lock, AF-L = Auto Focus Lock, Speicherung der Belichtungszeit oder der Fokussierung je nach Menüeinstellung.*

Mehrfeldmessung

Sowohl Spot- als auch die mittenbetonte Messung haben Mühe mit großen Helligkeitsunterschieden im Bild. Deshalb entwickelten die Kamerahersteller ganz ausgeklügelte Mehrfeldmesssysteme.

Viele Sensoren messen das Bild aus. Die Kamerasoftware vergleicht die Helligkeitsunterschiede und ermittelt eine geeignete Belichtung.

Die meisten Kompaktkameras kennen nur diese Belichtungsmessmethode. Dabei wird die korrekte Belichtung auf Basis des gesamten Bildfelds berechnet. Ein interner Computer berechnet dabei aufgrund von Erfahrungswerten die Einstellungswerte für Blende und Belichtungszeit. Neben den Helligkeitsinformationen werden bei einzelnen Modellen auch die Abstands- und Farbwerte mit berücksichtigt. Das führt zu besseren Resultaten bei großen Helligkeitsunterschieden. Mehrfeldmessungen liefern bei den meisten Aufnahmesituationen sehr gute Resultate und können auch mit größeren Helligkeitsunterschieden umgehen. Oft zeigt sich aber, dass schon kleine Veränderungen bei der Ausschnittwahl zu großen Veränderungen bei der Belichtung führen können, je nachdem, wie die Sensoren die Lichtsituation ausmessen. Außer bei ganz schwierigen Lichtverhältnissen ist die Mehrfeldmessung sicher die erste Wahl. Testen Sie aber die Reaktion Ihrer Kamera auf verschiedene Lichtsituationen. Ich reduziere zum Beispiel bei kontrastreicheren Motiven die Belichtung jeweils um 1/2 LW (mit der Taste für

Eine problemlose Belichtungssituation, Fotograf: Martin Zurmühle.

Belichtungskorrekturen). Dadurch wird verhindert, dass helle Bereiche überbelichtet werden. Es ist für die spätere Bildbearbeitung besser, wenn das Bild eher leicht unterbelichtet als überbelichtet ist. Mehr zur Belichtungskorrektur erfahren Sie in Kapitel 6.5.

Bei der Naturaufnahme mit Moos, Farn und grauen Felsen können Sie auf die Mehrfeldbelichtungsmessung vertrauen. Auch die mittenbetonte Messung würde korrekte Resultate liefern. Bei der Spotmessung müssen Sie die grauen Felsen als Referenzwerte anmessen.

Histogramm

Digitalkameras kennen eine weitere geniale Methode der Belichtungskontrolle. Das Histogramm der gemachten Aufnahme zeigt die Tonwertverteilung von Schwarz nach Weiß. Da diese Werte direkt vom Sensor kommen, sind sie die präziseste Kontrolle der Belichtung. Sie können die Kamera so einstellen, dass Sie neben dem Vorschaubild auch ein Histogramm der Aufnahme eingeblendet bekommen. Das Histogramm ist auf den ersten Blick nicht ganz einfach zu lesen. Geben wir am besten ein konkretes Beispiel.

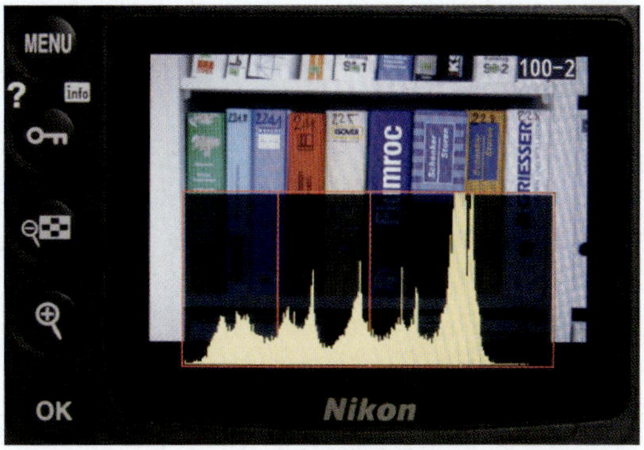

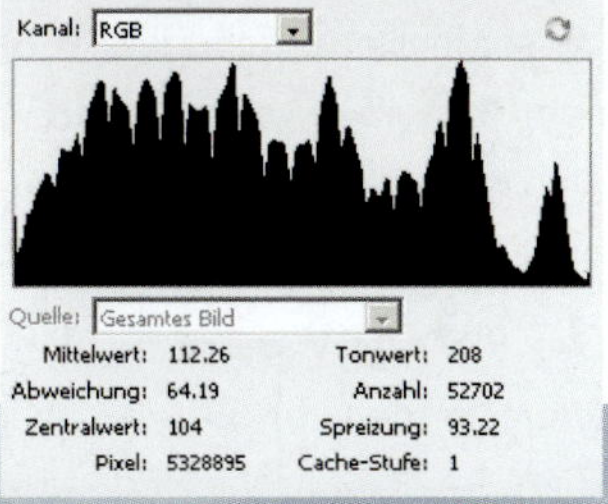

Die gezeigten Histogramme entsprechen der Darstellung in der Bildbearbeitung mit Photoshop. Die Kurven sind die gleichen wie in den Histogrammen der Kameradisplays.

Das Bild der Stierkampfarena hat ein fast perfektes Histogramm. Die Tonwerte sind über das ganze Spektrum sehr gut verteilt. Es hat keine Bereiche mit rein weißer Zeichnung. In der Bildbearbeitung sind keine Anpassungen nötig.

Solche Histogramme sollten Sie bei normalen Aufnahmesituationen anstreben. Korrigieren Sie die Belichtungswerte so lange, bis das Histogramm am Kameradisplay einen solchen Verlauf anzeigt.

TIPP Belichtungsmessung

- Für sehr schwierige Aufnahmesituationen mit großen Helligkeitsunterschieden oder sehr hellen oder sehr dunklen Motiven eignet sich die Spotmessung auf einen neutralgrauen Bereich am besten.
- Für Porträtaufnahmen (Kopf- oder Brustbild) ist die klassische mittenbetonte Messung noch immer am besten geeignet.
- Bei allen übrigen Motiven kann mit der Mehrfeldmessung gearbeitet werden.
- Mit dem Histogramm erhalten Sie die genauesten Angaben über die Belichtung der Aufnahme.
- Kontrollieren Sie das Histogramm regelmäßig und vermeiden Sie blinkende, überbelichtete Bereiche.
- Bei unsicheren Lichtsituationen verwenden Sie eine automatische Belichtungsreihe (z. B. drei Aufnahmen mit Schrittweiten von +/- einer Blende).

Das Bild am Wasser ist eher zu dunkel. Die Tonwerte im helleren Bereich fehlen. Falls die Bildwirkung so gewünscht wird, kann man die Einstellungen so lassen. Ansonsten müsste die Belichtung leicht erhöht werden.

Arbeiten Sie im RAW-Format, können Sie im RAW-Konverter auch eine Belichtungskorrektur vornehmen. Weitere Informationen dazu erhalten Sie in Kapitel 13.

Beim Bild des Bauernhofs hatte die Mehrfeldbelichtungsmessung der Kamera Mühe mit den großen Helligkeitsunterschieden. Der Himmel und die Hausmauer haben reinweiße Bereiche. Vermeiden Sie unbedingt solche Überstrahlungen. Mit reinweißen Bereichen kann auch die Bildbearbeitung nichts anfangen, da hier keine Bildinformationen mehr vorhanden sind.

Stellen Sie die Anzeige der Kamera so ein, dass überstrahlte Bereiche im Display blinken. So werden Sie vor Überbelichtungen gewarnt und können die Belichtung noch anpassen.

In der analogen Welt musste die Belichtung genau stimmen. Vor allem Diafilme waren da gnadenlos. Die Sensoren in der digitalen Welt sind viel geduldiger. Im 8-Bit-JPEG-Format kann eine Unterbelichtung von 1 Blendenstufe problemlos korrigiert werden.

Arbeiten Sie im 16-Bit-RAW-Format, sind auch Überbelichtungen bis 1 Blendenstufe und Unterbelichtungen bis 2 Blendenstufen noch ohne große Qualitätsverluste korrigierbar. Trotzdem lohnt sich eine möglichst genaue Belichtung vor allem dann, wenn Sie die Bilder vor dem Drucken nicht mehr nachbearbeiten wollen.

INFO Downloadhinweis

Einige Bilder können Sie unter folgender Internetadresse als Übungsbeispiele herunterladen: *www.databecker.de*.
Dort geben Sie unter *Downloads/Buch-Extras* den Titel dieses Buches ein.

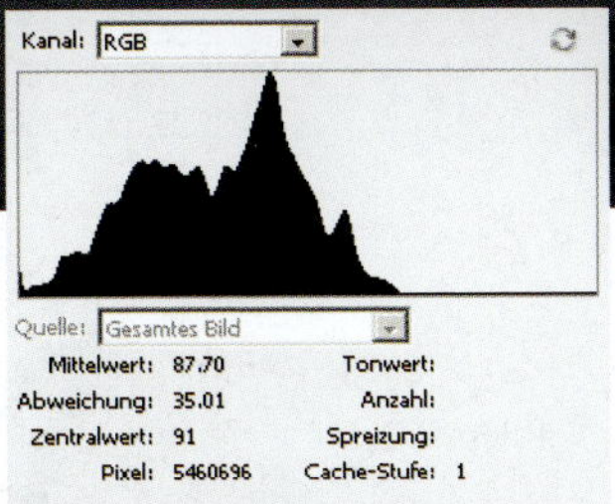
Kanal: RGB
Quelle: Gesamtes Bild
Mittelwert: 87.70
Abweichung: 35.01
Zentralwert: 91
Pixel: 5460696
Tonwert:
Anzahl:
Spreizung:
Cache-Stufe: 1

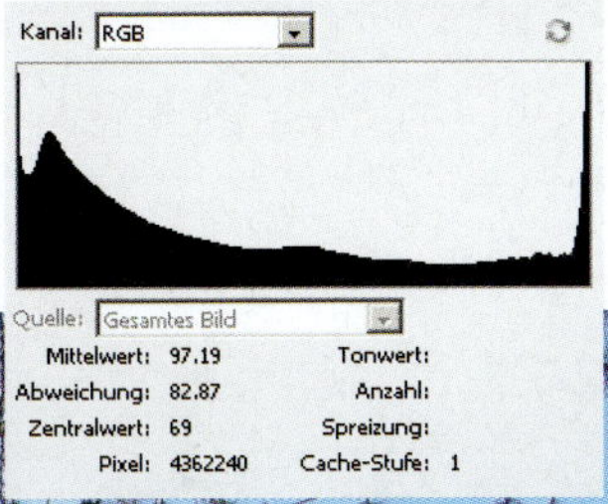
Kanal: RGB
Quelle: Gesamtes Bild
Mittelwert: 97.19
Abweichung: 82.87
Zentralwert: 69
Pixel: 4362240
Tonwert:
Anzahl:
Spreizung:
Cache-Stufe: 1

6

Belichtungssteuerung und Motivprogramme

Hat die Kamera die Belichtung gemessen, werden die Blenden und Belichtungszeiten nach verschiedenen Methoden gesteuert. Die Wahl der geeigneten Methode erleichtert Ihre Arbeit als Fotograf und erlaubt Ihnen, gezielte Bildwirkungen zu erreichen. Und wenn Sie es einfach und problemlos haben wollen, stehen Ihnen bei vielen Kameratypen verschiedene Motivprogramme zur Verfügung.

6.1 Programmautomatik: Die Kamera übernimmt die Arbeit

Dieser Modus wird meistens mit „P" oder „Auto" an den Einstellknöpfen bezeichnet. Manche Kameras haben gleich zwei verschiedene Automatikeinstellungen: eine Vollautomatik und eine mit Programmverschiebung veränderbare Normalautomatik.

Der Einstellknopf der Nikon D60.

Einfache Kompaktkameras verfügen oft nur über die Programmautomatik. Anspruchsvollere Kompakt- und alle Bridge- und Spiegelreflexkameras kennen mehrere Programme zur Belichtungssteuerung. Am Einstellknopf der Nikon D80 können zum Beispiel folgende Aufnahmebetriebsarten eingestellt werden:

Einstellung	Wirkung
Auto	Programmautomatik ohne Programmshift
P	Programmautomatik
S	Blendenautomatik (Shutter Speed Priority)
A	Zeitautomatik (Aperture Priority)
M	Manuell

Bei den meisten Motiven können Sie sich voll und ganz auf die Programmautomatik verlassen. Sie wählt aufgrund der herrschenden Lichtverhältnisse, der eingestellten Empfindlichkeit, der verwendeten Objektive und der eingestellten Brennweite eine geeignete Kombination aus Blende und Belichtungszeit aus.

Die Belichtungszeit wird so kurz eingestellt, dass verwacklungsfreie Bilder möglich werden. Die Blende wird entsprechend korrigiert. Erst wenn der Spielraum der Blende ausgeschöpft ist, wird die Belichtungszeit verlängert. Bei längeren Belichtungszeiten warnen viele Kompaktkameras den Benutzer vor der Verwacklungsgefahr oder aktivieren den eingebauten Kamerablitz zur Aufhellung des Motivs. Mit der Programmverschiebung (Programmshift) können Sie auch bei Programmautomatik schnell einen gewünschten Blenden- oder Zeitwert einstellen. Das ist eine sehr gute Alternative zu den anderen Steuerungsmethoden.

Ein unproblematisches Motiv bei guten Lichtverhältnissen, wie geschaffen für die Programmautomatik, Fotograf: Martin Zurmühle.

6.2 Blendenautomatik: Die Belichtungszeit wird vorgegeben

Dieser Modus ist bei vielen Kameras mit dem S (aus dem Englischen Shutter Speed Priority, übersetzt Vorrang der Belichtungszeit) markiert. Die englische Bezeichnung ist klarer als die deutsche, denn bei der Blendenautomatik liegt die Priorität auf der Belichtungszeit.

Blendenautomatik ist der richtige Modus, wenn Sie sicher sein wollen, dass eine spezielle Belichtungszeit bei der Aufnahme angewendet wird. So kann man mit der Blendenautomatik sehr gut bewegte Motive wie Radfahrer, Autos, Sportler aufnehmen.

EXIF-Daten	
Brennweite	165 mm
Belichtungszeit	1/45 Sek.
Blendenwert	16
Empfindlichkeit	ISO 100

Ein bewegtes Motiv, gerade richtig für die Blendenautomatik, Fotograf: Jörg Rhode.

Sie geben eine entsprechend kurze Belichtungszeit ein, und die Kamera kümmert sich dann um die Blende.

Beim Motorradbild von Jörg Rhode wird das Tempo durch den verwischten Hintergrund verdeutlicht. Die Kamera wird wie in Kapitel 5.3 beschrieben mit dem Fahrer mitgezogen. Bei einer Belichtungszeit von 1/45 muss der Fotograf allerdings genau die richtige Geschwindigkeit der Kamerabewegung finden, um ein scharfes Bild zu schießen.

Mit Blende 16 war die Schärfentiefe trotz der längeren Brennweite noch genügend groß, um den ganzen Fahrer scharf abzubilden.

Wollen Sie sich vor Verwacklungen schützen und nehmen häufig bewegte Motive auf, ist die Blendenautomatik die richtige Wahl für Sie.

Bei der Wahl der richtigen Belichtungszeit empfehle ich Ihnen, immer mehrere Aufnahmen mit unterschiedlichen Einstellungen zu machen.

Das geht am einfachsten mit der Programmverschiebung durch Drehen des Einstellrads der Kamera. Sie können dann am Display der Kamera oder am PC den besten Wert ermitteln.

Einstellrad der Nikon D2X.

Die erste Aufnahme des Riesenrads (siehe Bilder auf der nächsten Seite) wirkt trotz der langen Belichtungszeit statisch, weil die Fahrgäste gerade einsteigen und die Gondeln deshalb still stehen. Die Lichtstimmung ist wohl sehr schön, der Eindruck entspricht aber nicht unserer Erfahrung und passt so nicht richtig zum Motiv.

Mit einer längeren Belichtungszeit verwischen die drehenden Kabinen, und das Bild wirkt sehr dynamisch. Je länger die Belichtungszeit dauert, desto stärker wirken der Wischeffekt und der Geschwindigkeitseindruck. Machen Sie deshalb mehrere Aufnahmen mit unterschiedlichen Belichtungszeiten und wählen Sie die Aufnahme aus, die Ihren Vorstellungen am besten entspricht.

Die dritte Aufnahme des Riesenrads wirkt schon sehr dynamisch. Die Bewegung des Riesenrads wird so sehr schön verdeutlicht.

Ein Riesenrad in der Dämmerung mit stehenden Kabinen wirkt trotz der langen Belichtungszeit von 1 Sekunde statisch, Fotograf: Martin Zurmühle

EXIF-Daten	
Brennweite	28 mm
Belichtungszeit	1 Sek.
Blendenwert	8
Empfindlichkeit	ISO 100

Mit einer Belichtungszeit von 1/2 Sekunden wirkt das Bild schon dynamischer, Fotograf: Martin Zurmühle.

EXIF-Daten	
Brennweite	28 mm
Belichtungszeit	1/2 Sek.
Blendenwert	5.6
Empfindlichkeit	ISO 100

Welche Belichtungszeit am besten zur angestrebten Bildwirkung passt, müssen Sie selbst entscheiden. Schon kleine Unterschiede können da eine ganz andere Wirkung entfalten. Mit einer sehr langen Belichtungszeit wie bei der letzten Aufnahme wirkt das Bild nun ganz anders. Die Dreharme erzeugen eine starke grafische Wirkung, und der Eindruck entspricht nun auch nicht mehr unseren Erfahrungen. Wer möchte schon mit einem so schnellen Riesenrad mitfahren! Dafür erhalten wir so jedoch ein ganz spannendes und grafisch wirkendes Bild.

6.3 Zeitautomatik: Die Schärfentiefe ist Ihnen wichtig

Dieser Modus ist bei vielen Kameras mit einem A (aus dem Englischen **A**perture Priority, übersetzt Vorrang der Blende) markiert.

Die englische Bezeichnung ist klarer als die deutsche, denn bei der Zeitautomatik liegt die Priorität bei der Blende. Die Zeitautomatik war die erste Automatikfunktion bei SLR. Der Fotograf stellte dabei die Blende am Objektiv ein, und die Kamera

Mit einer Belichtungszeit von 1 Sekunde verwischen die Leuchtspuren, Fotograf: Martin Zurmühle.

Mit einer sehr langen Belichtungszeit von 4 Sekunden entsteht ein grafisches Bild, Fotograf: Martin Zurmühle.

EXIF-Daten	
Brennweite	28 mm
Belichtungszeit	1 Sek.
Blendenwert	8
Empfindlichkeit	ISO 100

EXIF-Daten	
Brennweite	28 mm
Belichtungszeit	4 Sek.
Blendenwert	16
Empfindlichkeit	ISO 100

regulierte aufgrund der Messresultate der Belichtungsmessung den Verschluss der Kamera. Heute wird die Blende wie die Belichtungszeit über die Kamera eingestellt.

Die Zeitautomatik ist wichtig, wenn Sie eine gezielte Schärfentiefe im Bild haben wollen. Bei Porträtaufnahmen trennen Sie mit einer großen Blendenöffnung das Motiv vom Hintergrund.

Wollen Sie bei Landschaftsaufnahmen eine optimale Schärfe über das ganze Bild, dann stellen Sie eine kleine Blende ein. Die Kamera kümmert sich in dem Fall um die Belichtungszeit.

Beim Porträtfoto von Andrea werden die Augen durch die Schärfe betont und der etwas unruhige Hintergrund durch Unschärfe neutralisiert.

Porträtaufnahmen sind gut geeignet für die Zeitautomatik, Model Andrea, Fotograf: Martin Zurmühle.

EXIF-Daten	
Brennweite	50 mm
Belichtungszeit	1/200 Sek.
Blendenwert	2
Empfindlichkeit	ISO 200

Ein wichtiger Faktor für die ästhetische Qualität von Bildern mit einer großen Blendenöffnung ist die Darstellung des unscharfen Gebiets. Der Fachbegriff dafür ist der aus dem Japanischen stammende Begriff Bokeh. Es handelt sich dabei nicht um die Größe des Unschärfebereichs, sondern darum, wie dieser aussieht.

Je nach Blende und Objektiv wird der Unschärfebereich unterschiedlich dargestellt. Bei einigen Objektiven erscheinen im vorderen Bereich viele helle Kreise, während bei anderen Objektiven diese Kreise eine andere Form, Farbe oder einen anderen Kontrast zeigen. Bokeh ist eine ausgesprochen subjektive Qualität, die schwierig zu messen ist, aber einen großen Einfluss auf die Bildwirkung hat.

Die Porträtaufnahme mit dem Nikkor 50mm (Kleinbild 75 mm)/1:1.4 zeigt bei Blendenöffnung 2 ein sehr schönes Bokeh an der Halskette.

Das Bokeh an der Halskette in Form von sechseckigen hellen, sich überlagernden Scheibchen.

TIPP **Bokeh**

Zoomobjektive haben keine großen Blendenöffnungen und tendieren dazu, ein schlechtes Bokeh zu produzieren.
Lichtstarke Objektive mit Festbrennweite (vor allem die leichten Tele der Porträtlinsen) weisen bei großen Blendenöffnungen eine besonders geringe Schärfentiefe auf und zeigen meistens ein sehr angenehmes Bokeh.

Die Ursache für Bokeh liegt in der scheibenförmigen Darstellung des unscharfen Bereichs. Wie Sie schon in Kapitel 3 gesehen haben, vergrößern sich die Unschärfekreise mit dem Abstand zur eingestellten Aufnahmedistanz.

Bei großer Blendenöffnung und längeren Brennweiten wächst die Größe dieser Unschärfekreise sehr schnell, und es entsteht meistens eine sehr schöne Wirkung.

Bei großen Blendenöffnungen müssen Sie sich kaum um die Belichtungszeit kümmern. Diese ist sowieso kurz genug. Bei kleinen Blendenöffnungen lohnt sich der Blick auf die Belichtungszeit, um Verwacklungen zu vermeiden. Der Einsatz eines Stativs kann deshalb bei Landschaftsaufnahmen auch im Zeitalter der Digitalfotografie allen anspruchsvollen Fotografen empfohlen werden.

Ich arbeite bei Außenaufnahmen und genügend Licht sehr häufig mit der Zeitautomatik. Mir ist die Schärfentiefe als Gestaltungsmittel wichtig. Dafür schaue ich regelmäßig auf die Zeiteinstellung im Sucher, um zu kontrollieren, ob die Belichtungszeit kurz genug ist, um ungewollte Verwacklungen zu verhindern. Falls nötig stelle ich die Empfindlichkeit auf ISO 200 oder ISO 400, um mehr Belichtungsspielraum zu erhalten.

Die Schärfentiefe kann auch ganz bewusst an einen auf den ersten Blick falschen Ort gelegt werden. Dadurch können Sie den Betrachter verwirren, dem Bild aber einen besonderen Reiz geben.

EXIF-Daten	
Brennweite	32 mm
Belichtungszeit	1/125 Sek.
Blendenwert	11
Empfindlichkeit	ISO 200

Eine Landschaftsaufnahme mit großer Schärfentiefe von vorne bis hinten, Fotograf: Martin Zurmühle.

◀ *Der Fokus und die Schärfe liegen auf dem Vordergrund bei den Farnen, die spannende Szene findet aber im unscharfen Hintergrund statt und lässt so Raum für die Fantasie des Betrachters, Fotograf: Walo Thönen.*

EXIF-Daten	
Brennweite	74 mm
Belichtungszeit	1/60 Sek.
Blendenwert	4
Empfindlichkeit	ISO 200

Aufgrund der nahen Fokussierung auf die Pflanzen zeigt diese Aufnahme auch noch bei Blende 4 ein sehr schönes, harmonisches Bokeh im Hintergrund.

6.4 Manuell: Sie bestimmen selbst

Mit der manuellen Belichtungssteuerung fotografieren Sie wie zu Großvaters Zeiten. Dieser Modus ist bei vielen Kameras mit dem M versehen. Sie stellen mit den Einstellungsrädern an der Kamera die Blende und die Belichtungszeit ein. Im Sucher zeigt dann eine Skala an, ob die mit dieser Kombination resultierende Belichtung korrekt ist oder eine Unter- oder Überbelichtung erzeugt wird.

Dieser Modus eignet sich vor allem in der Studiofotografie. Da der Studioblitz nicht automatisch gesteuert werden kann, funktionieren alle automatischen Belichtungssteuerungen nicht mehr. Sie stellen die Belichtungszeit auf einen kurzen Wert (z. B. 1/125), messen die Belichtung mit dem Handbelichtungsmesser und stellen die entsprechende Blende ein.

Ein weiteres Einsatzgebiet für die manuelle Belichtungssteuerung sind Stativaufnahmen. Wollen Sie zum Beispiel mehrere Aufnahmen für ein Panorama-

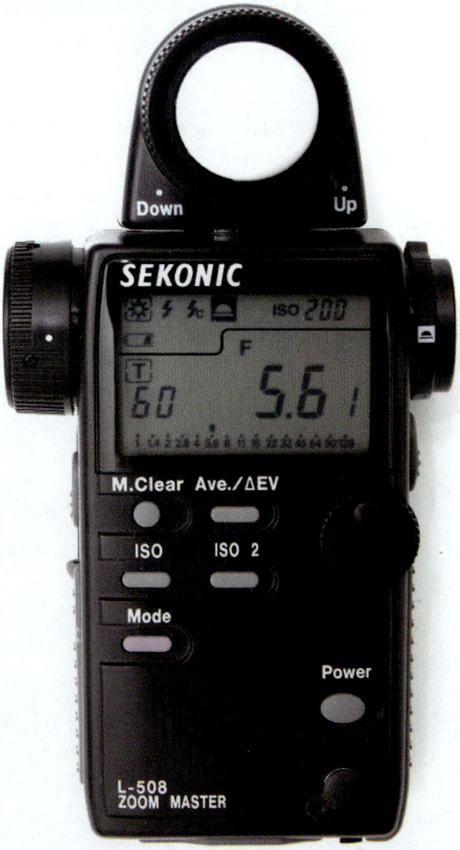

▲ *Ein Handbelichtungsmesser zeigt die richtige Kombination aus Belichtungszeit und Blende (im Beispiel 1/60 und Blende 5.6 bei ISO 200).*

Studioaufnahmen sind das Paradefeld der manuellen Fotografie, Model Anuschka, Fotograf: Martin Zurmühle.

bild mit genau den gleichen Belichtungswerten machen (z. B. für den späteren Zusammenbau in der Bildbearbeitung), stellen Sie die Kamera auf manuell. Schalten Sie auch die anderen Automatikfunktionen wie die ISO-Automatik und den automatischen Weißabgleich aus. Dann erhalten Sie mehrere Aufnahmen mit genau den gleichen Einstellungswerten.

Fotografieren Sie einen Tag lang nur mit der manuellen Belichtungssteuerung. Sie werden sehen, das ist gar nicht so schwer, und Ihr Verständnis für die Zusammenhänge zwischen Belichtungsmessung und Belichtungssteuerung wird sich gleichzeitig auch verbessern.

6.5 Belichtungskorrektur und Belichtungsreihen

Bei den DSLR kann zusätzlich eine Belichtungskorrektur in LW eingegeben werden. Dadurch wird bei jeder Aufnahme die Belichtung um diesen Wert verändert. Geben Sie zum Beispiel – 1 LW ein, verkleinert die Kamera bei Blendenautomatik die Blende um 1 Blendenstufe (z. B. von 5.6 auf 8).

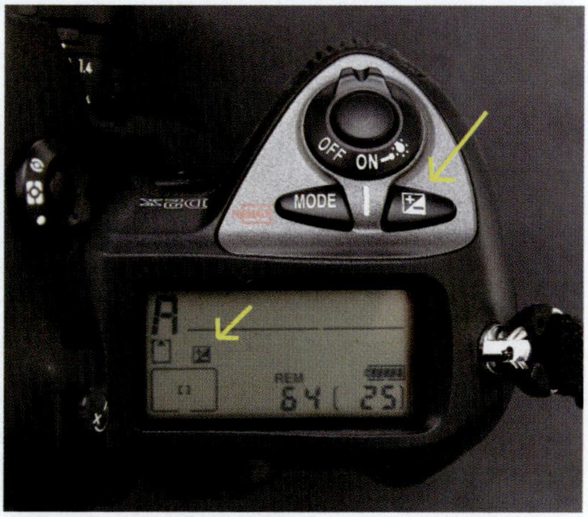

Solche feste Korrekturwerte sind durchaus sinnvoll, wenn Sie zum Beispiel verhindern wollen, dass helle Bereiche im Bild überstrahlt werden. Ich arbeite häufig mit Zeitautomatik und reduziere die Belich-

Aufnahme mit +1 LW (eine Blende mehr Licht).

Aufnahme nach Kamerabelichtungsmessung.

Aufnahme mit –1 LW (eine Blende weniger Licht).

TIPP **Belichtungssteuerung**

- Die manuelle Belichtungssteuerung eignet sich für Spezialfälle wie das Fotografieren mit der Studioblitzanlage, das Arbeiten ab Stativ (z. B. bei Langzeitbelichtungen) und für gezielte Über- und Unterbelichtungen.
- Die Zeitautomatik verwenden Sie, wenn Sie die Schärfentiefe genau festlegen wollen (z. B. große Schärfentiefe bei Landschaftsaufnahmen, kleine Schärfentiefe bei Porträtaufnahmen).
- Die Blendenautomatik wird eingesetzt, um Bewegungen gezielt abzubilden (z. B. für Wischeffekte, das Einfrieren von Bewegungen) oder wenn Verwacklungen durch eine kurze Belichtungszeit vermieden werden sollen.
- In allen anderen Fällen bietet die Programmautomatik den besten Bedienungskomfort bei optimaler Belichtungssteuerung.
- Bei den meisten Automatikeinstellungen kann die Belichtung zusätzlich mit einer manuellen Belichtungskorrektur und mit Belichtungsreihen beeinflusst werden.

tung um -0.5 LW. Dadurch erhalten auch die hellen Bereiche noch genügend Zeichnung.

In der Bildbearbeitung können dunkle Bilder wesentlich besser aufgehellt als zu helle Bilder abgedunkelt werden. Reinweiße Bereiche ohne Zeichnung können bei JPEG-Bildern nicht mehr korrigiert und verbessert werden. Bei Belichtungsreihen machen Sie mehrere Aufnahmen (meistens 3 oder 5) in Folge mit unterschiedlichen Belichtungswerten. Sie können dabei selbst die Stufen festlegen.

Da digitale Bilder in der Bildbearbeitung noch gut korrigiert werden können, benötigen Sie im Gegensatz zur analogen Fotografie nicht mehr eine so präzise Belichtung. Sie können deshalb die Korrekturwerte recht groß wählen (z. B. 1.0 LW).

Bei den Herbstbildern wirkt das Bild mit der Belichtungsmessung durch die Kamera etwas zu dunkel. Das Bild mit +1 LW (eine Blende mehr Licht) wirkt viel leichter und heller und passt besser zur Lichtstimmung des Herbsts. Der helle Himmel, der die Belichtungsmessung der Kamera stark beeinflusst hat, stört die Bildstimmung nicht.

Mit Belichtungsreihen können Sie so bei schwierigen Lichtverhältnissen die Chancen auf gute Bilder erhöhen. Achten Sie aber immer darauf, diese Einstellungen nach Gebrauch sofort zurückzustellen. Sonst arbeiten Sie über längere Zeit mit falschen Belichtungswerten.

6.6 Motivprogramme für sorgenfreies Fotografieren

Das Zusammenspiel von Blende und Belichtungszeit ist nicht immer einfach zu verstehen. Deshalb haben die Kamerahersteller verschiedene Motivprogramme entwickelt. Diese nehmen uns Fotografen die Arbeit ab und stellen die Kamera nach fotografischen Motiven automatisch richtig ein.

Kompakt- und Bridge-Kameras verfügen über viele Motivprogramme. Bei den digitalen SLR besitzen nur die günstigeren Modelle solche Hilfsmittel. Bei den teureren Kameras gehen die Hersteller davon aus, dass die Anwender fachkundig sind und die Zusammenhänge von Blende und Belichtungszeit kennen.

Die Nikon D80 zum Beispiel verfügt neben der Automatikeinstellung für Schnappschüsse (AUTO) über sechs verschiedene Motivprogramme für unterschiedliche Aufnahmesituationen. Die Tabelle auf der nächsten Seite zeigt eine Kurzbeschreibung der Motivprogramme der Nikon D80.

Einstellknopf für Motivprogramme der Nikon D80 mit Bildbeispielen – Porträt, Landschaft und Nachtaufnahme von Martin Zurmühle, Nahaufnahme und Nachtporträt von Thomas J. Kiefer, Sport von Jörg Rhode.

TIPP **Pro und kontra Motivprogramme**

Motivprogramme sind sehr bequem und anwenderfreundlich. Trotzdem müssen Sie darauf achten, dass das Programm nach einer Aufnahmeserie wieder ausgeschaltet wird. Sonst erhalten Sie beim Wechsel von Porträt- zu Landschaftsaufnahmen unscharfe Bilder.

Viele Funktionen, die dazu gedacht sind, unser Leben zu erleichtern, bergen so neue Fehlerrisiken in sich. Aufnahmen mit falschen Motivprogrammen können auch mit der Bildbearbeitung nicht mehr gerettet werden.

Bei Kompakt- und Bridge-Kameras sind Motivprogramme sinnvoll, weil dort die Kamerabedienung nicht so einfach und intuitiv ist. Zudem können nur so Einstellungen für spezielle Motive (z. B. Makroaufnahmen) angewählt werden.

Bei DSLR verzichte ich auf den Einsatz der Motivprogramme. Wenn Sie die Bedeutung von Blende und Belichtungszeit verstanden haben, können Sie die Einstellungen für die verschiedenen Motive selbst an der Kamera vornehmen und haben so immer die volle Kontrolle.

Programm	Wirkung
Porträt	Die Kamera verwendet eine große Blendenöffnung (kleine Blendenzahl). Dadurch wird der Hintergrund unscharf wiedergegeben. Dieser Modus eignet sich vor allem für lichtstarke Objektive mit mittleren bis längeren Brennweiten. Die Farbe der Haut wird naturgetreu wiedergegeben.
Landschaft	Hier spielt die Schärfentiefe eine große Rolle. Die Kamera wird so eingestellt, dass eine möglichst große Schärfentiefe erreicht werden kann. Die Farben, Kontraste und Konturen werden verstärkt.
Nahaufnahmen	Bei Nahaufnahmen ist eine genügende Schärfentiefe aufgrund des kurzen Aufnahmeabstands nötig. Der Modus hebt Pflanzen, Insekten und andere kleinere Objekte deutlich vom Hintergrund ab. Die Fokussierung wird auf das mittlere Feld eingestellt.
Sport	Die Kamera stellt eine kurze Belichtungszeit ein, um bewegte Motive scharf wiederzugeben. Je nach Lichtverhältnissen ist die Schärfentiefe entsprechend klein. Der Autofokus wird auf kontinuierlich eingestellt.
Nachtaufnahmen	Bei Nachtaufnahmen arbeiten wir ab Stativ mit langen Belichtungszeiten. Die Rauschunterdrückung wird ab einer Belichtungszeit von 1 Sekunde oder länger aktiviert, und Farbverschiebungen werden korrigiert. Der Blitz wird deaktiviert.
Nachtporträt	Das Blitzgerät wird bei Nachtaufnahmen ab Stativ so gesteuert, dass der angeblitzte Vordergrund und der Hintergrund in einem ausgewogenen Verhältnis belichtet werden. Die Kamera stellt dafür die Blitzfunktion auf Langzeitsynchronisation ein. Die Rauschunterdrückung wird ab einer Belichtungszeit von 1 Sekunde oder länger aktiviert.

7

Lichtempfindlichkeit und Weißabgleich im praktischen Einsatz

Die großen Vorteile der digitalen Kameras liegen bei der freien Wahl der Empfindlichkeit und des Weißabgleichs. Bei jeder Aufnahme können Sie diese Werte einstellen. Sie benötigen so nur noch eine Kamera für unterschiedliche Lichtsituationen. Die Zeiten des Filmwechsels und der vielen Vorsatzlinsen sind endgültig vorbei. Trotzdem gibt es einige Dinge, die Sie im täglichen Einsatz bei der Einstellung der Empfindlichkeit und des Weißabgleichs beachten sollten.

7.1 Lichtempfindlichkeit der Sensoren

Der ISO-Wert (International Standards Organisation) hat die früher gebräuchlichen Angaben DIN (Deutsche Industrie-Norm) und ASA (American Standard Association) abgelöst. Eine Verdopplung des ISO-Werts entspricht dabei einer Verkürzung der Belichtungszeit um die Hälfte oder einer Verkleinerung der Blende um eine Blendenstufe:

ISO	DIN	ASA
50	18	50
100	21	100
200	24	200
400	27	400
800	30	800
1600	33	1600
3200	36	3200

ISO	ISO 100	ISO 200	ISO 400
Blende	1/60 f5.6	1/60 f8.0	1/60 f11
Zeit	1/60 f5.6	1/125 f5.6	1/250 f5.6

Alle drei Beispiele ergeben die gleiche Belichtung für das Bild. Bei einem höheren ISO-Wert wird das Bild wegen des Rauschens etwas körniger. Als Bildrauschen bezeichnet man die Degradation eines Bildes durch Überlagerung von Störungen, die keinen Bezug zum eigentlichen Bildinhalt, dem Bildsignal, haben.

Bei den analogen Filmen wurde die Lichtempfindlichkeit durch ein größeres Filmkorn erhöht. Entsprechend grobkörnig wirkten dann die Vergrößerungen von hoch empfindlichen Filmen, was vor allem bei Schwarz-Weiß-Filmen von Fotografen zur Bildgestaltung eingesetzt wurde. In Analogie zu den Filmen hat man den Sensoren die gleichen Empfindlichkeitswerte zugeteilt. Bei den digitalen Sensoren wird nicht die empfindliche Fläche vergrößert, sondern das analoge Sensorsignal verstärkt. So bleibt das „digitale Korn" gleich groß.

Die Anhebung der Verstärkung ist leider nicht auf das Nutzsignal beschränkt, sondern es wird im gleichen Maße auch das Rauschen verstärkt. Dies kann bei höheren ISO-Werten trotz automatischer Rauschunterdrückung der Kamera zu Bildstörungen führen.

Das Bildrauschen wirkt nicht so schön wie das grobe Korn der hoch empfindlichen Filme. Eine starke Rauschunterdrückung in der Kamera oder in der Bildbearbeitung geht zu Lasten der Bilddetails. Die Lichtempfindlichkeit der Kamerasensoren beginnt bei den meisten DSLR bei ISO 100. Die Obergrenze liegt bei den meisten DSLR bei ISO 1600 bis 3200. Da ab ISO 800 trotz automatischer Rauschunterdrückung der Kamera mit starkem Rauschen gerechnet werden muss, haben einzelne Kameras Warnanzeigen für diese Bereiche.

Einige Kameras haben eine automatische Empfindlichkeitseinstellung (ISO-Automatik). Diese erhöht automatisch die Empfindlichkeit bei ungenügendem Licht. Ich empfehle Ihnen, diese Funktion zu deaktivieren, wollen Sie nicht qualitativ schlechte Bilder mit starkem Rauschen in Kauf nehmen. Im Studio

Aufnahme bei wenig Licht und ISO 800, Model Irene, Fotograf: Martin Zurmühle.

Bildausschnitt mit starkem Bildrauschen bei wenig Licht und ISO 800.

kann diese Funktion bei einigen Kameras zu völlig weißen Bildern führen. Vor der Aufnahme ist der Raum dunkel, und die Kamera erhöht den ISO-Wert automatisch auf 1600, 3200 oder noch höher. Dann kommt aber der Studioblitz und das Bild wird völlig überbelichtet, weil die Belichtungsmessung auf ISO 100 berechnet wurde.

7.2 Aufnahmen bei viel Licht

Bei viel Licht stellen Sie die Empfindlichkeit der Kamera auf den tiefstmöglichen Wert ein. Nicht immer allerdings ist die tiefste Einstellung auch die beste. Bei einigen Kameramodellen liefern leicht höhere Werte (z. B. ISO 200 anstelle von ISO 100) bessere Bilder, weil die Sensoren bei dieser Einstellung genau die für sie beste Lichtempfindlichkeit haben. Konsultieren Sie dazu die Bedienungsanleitung Ihrer Kamera.

TIPP **Für viel Licht**

Bei viel Licht können Sie die Belichtungszeit verlängern durch:

- Reduzieren der Empfindlichkeit auf den tiefsten Einstellungswert.
- Verkleinern der Blendenöffnung auf das Minimum.
- Einsatz von neutralgrauen Filtern (ND-Filtern) oder einem Polfilter (mehr dazu in Kapitel 10.1) zur Reduktion der Lichtmenge.

TIPP **ISO-Werte**

- Tiefe ISO-Werte: In der Regel stellt man die Kamera auf den kleinsten ISO-Wert ein. Einige Kameras liefern aber die besten Resultate bei leicht höheren Werten (z. B. bei ISO 200 statt 100).
- Mittlere ISO-Werte: Bei schlechteren Lichtverhältnissen ohne Stativ ist es oft besser, die ISO-Werte zu erhöhen (vor allem bei Zoomobjektiven mit kleinen Lichtstärken). Bis ISO 400 bleibt das Bildrauschen bei den meisten Kameras noch relativ klein.
- Hohe ISO-Werte: Beim Fotografieren mit sehr wenig Licht stellen Sie hohe ISO-Werte ein. Ab ISO 800 muss mit starkem Rauschen gerechnet werden. Das Rauschen wirkt allerdings nicht so schön wie das Korn der hoch empfindlichen Schwarz-Weiß-Filme.
- Die ISO-Automatik bei einigen Kameras führt zur automatischen Erhöhung der Empfindlichkeit bei wenig Licht. Deaktivieren Sie diese Funktion, wenn Sie nicht stark verrauschte Bilder in Kauf nehmen wollen.

Versuchen Sie nicht wie bei den analogen Filmen, mit einer hohen Empfindlichkeitseinstellung ein attraktives „Korn" zu erreichen. Fotografieren Sie mit einem tiefen ISO-Wert und fügen Sie das gewünschte Korn erst später in der Bildbearbeitung ein. Ein starkes Bildrauschen kann nachträglich in der Bildbearbeitung nur mit Aufwand und Verlust an Detailzeichnung behoben werden.

Verlängerung der Belichtungszeit mit einem neutralgrauen Filter (ND4-Filter) für weiches Wasser, Fotograf: Martin Zurmühle.

EXIF-Daten	
Brennweite	28 mm
Belichtungszeit	1/2 Sek.
Blendenwert	22
Empfindlichkeit	ISO 100

Ob es besser ist, die ISO-Werte zu erhöhen oder mit der größtmöglichen Blendenöffnung (kleinstem Blendenwert) zu arbeiten, sollten Sie mit Testaufnahmen mit der eigenen Kamera ausprobieren. Die meisten Objektive bringen erst bei einer Abblendung von 1, 2 oder mehr Blendenstufen die optimale Leistung. Die beste Bildqualität liegt in der Regel zwischen Blende 5.6 und 16 mit einem Optimum bei Blende 8 oder 11.

Bei kritischen Lichtsituationen und Aufnahmen von Hand vergrößere ich zuerst die Blende bis eine Blendenstufe über der größten Blendenöffnung und erhöhe dann die Empfindlichkeit auf ISO 400 bis maximal 800. Noch höhere Werte führen zu starkem und unschönem Rauschen. Auf jeden Fall möchte ich die Bewegungsunschärfe vermeiden, denn diese lässt sich in der Bildbearbeitung nicht mehr korrigieren.

Beim Straßenbild mit Irene in Wien habe ich noch einen weiteren Trick angewendet. Ich arbeitete mit Zeitautomatik, stellte die Blende fest auf f2 ein und reduzierte die Belichtung mit der Belichtungskorrekturtaste an der Kamera um 1½-Blendenstufen. Dadurch nahm ich eine Unterbelichtung des Bildes in

7.3 Aufnahmen bei wenig Licht

Am Morgen vor Sonnenaufgang, in Gebäuden mit wenigen Fenstern oder am Abend nach Sonnenuntergang reduziert sich die Lichtmenge sehr stark.

Es wird schwierig, eine genügend kurze Belichtungszeit für Aufnahmen aus der Hand zu erhalten. Sie haben aber die Möglichkeit, die Blende weiter zu öffnen oder die Empfindlichkeit zu erhöhen.

Eine Aufnahme bei Dämmerung mit hoher Empfindlichkeit, Model Irene, Fotograf: Martin Zurmühle.

EXIF-Daten	
Brennweite	50 mm
Belichtungszeit	1/60 Sek.
Blendenwert	2
Empfindlichkeit	ISO 400

Kauf, konnte aber noch mit 1/60 Sekunde und ISO 400 aus der Hand fotografieren.

Durch die Verwendung des RAW-Formats konnte ich anschließend in der Bildbearbeitung die Belichtung wieder nach oben korrigieren. Da ich eine

TIPP **Für wenig Licht**

Bei wenig Licht können Sie die Belichtungszeit verkürzen durch:

- Erhöhung der Empfindlichkeit (z. B. auf ISO 400 oder 800).
- Öffnung der Blende (kleine Blendenzahlen).
- Verwendung eines lichtstarken Objektivs mit großer Blendenöffnung.
- Unterbelichtung der Aufnahme um 1 bis 1.5 Blendenwerte (mit RAW-Format).

dunkle Bildstimmung suchte, erhöhte ich die Werte nur um eine halbe Blende.

Welche Kombination für Sie die besten Resultate gibt, können Sie mit Testaufnahmen ermitteln.

In meiner Kameratasche habe ich immer das lichtstarke und preisgünstige Standardobjektiv Nikkor 50mm/1:1.4 dabei, um bei kritischen Lichtsituationen noch aus der Hand fotografieren zu können.

EXIF-Daten	
Brennweite	50 mm
Belichtungszeit	1/60 Sek.
Blendenwert	2.8
Empfindlichkeit	ISO 800

Ein Bild an der Grenze für Aufnahmen aus der Hand, Model Irene, Fotograf: Martin Zurmühle.

Und wenn alles nichts mehr hilft, setzen Sie ein stabiles Stativ ein.

Das letzte Bild mit Irene und der Schaufensterpuppe ist nicht nur eine Grenzsituation für Aufnahmen aus der Hand, sondern auch eine schwierige Mischlichtsituation. Das kühle Umgebungslicht der eindunkelnden Nacht steht im Kontrast zum warmen Licht des Schaufensters. Solche Lichtsituationen waren in der analogen Fotografie nur sehr schwierig zu bewältigen. In der digitalen Fotografie mit dem Weißabgleich geht es einfacher.

7.4 Farbtemperatur und Weißabgleich

Farbtemperatur

Die Farbtemperatur gibt an, welche Temperatur ein schwarzes Objekt (Wolfram-Würfel) haben müsste, damit es Licht in einer bestimmten Farbe abstrahlen kann. Diese Temperatur wird in Kelvin angegeben. Das ist nicht ganz einfach zu verstehen. Aber vielleicht hilft folgender Vergleich.

Aus unserer Erfahrung wissen wir, dass eine rot glühende Herdplatte weniger heiß ist als eine Gasflamme. Das blaue Feuer der Gasflamme oder des Schneidbrenners ist wesentlich heißer als das gelbrote Licht des Lagerfeuers. Die Lichttemperatur beginnt deshalb bei Schwarz und geht dann über die roten und gelben Töne ins Blaue über.

0 Grad Kelvin entspricht dabei dem absoluten Nullpunkt bei -273 °C. 1 Grad Kelvin entspricht 1 °C. Die Farbtemperatur des Umgebungslichts ist für die Fotografie besonders wichtig, um Farbstiche zu vermeiden.

In der analogen Fotografie mussten Farbtemperaturunterschiede mit definierten Lichtquellen (z. B. Blitzgeräten), mit Korrekturfiltern oder dem Licht angepasstem Filmmaterial (Kunstlichtfilm, Tageslichtfilm) ausgeglichen werden. Digitalkameras können diesen Ausgleich mit dem Weißabgleich selbstständig vornehmen.

Wirkung auf das Bild

Die Wirkung auf das Bild war in der analogen Fotografie einfach zu verstehen. Hatte das Umgebungslicht eine tiefere Farbtemperatur als der Film, wurde das Bild rot. Hatte es eine höhere Farbtemperatur, wurde es blau. Bei der digitalen Fotografie können

Lichtquelle	Farbtemperatur	Filmmaterial
Kerze	1.500 Kelvin	
Glühlampe 100 W	2.800 Kelvin	
Halogenlampe, Leuchtstoffröhre (Warmweiß)	3.000 Kelvin	
	3.200 Kelvin	Kunstlichtfilm
Sonnenaufgang, Sonnenuntergang	3.200 Kelvin	
Fotolampe, Halogenglühlampe	3.400 Kelvin	
Eine Stunde vor Dämmerung	3.400 Kelvin	
Leuchtstoffröhre (Kaltweiß)	4.000 Kelvin	
Vormittags-, Nachmittagssonne	4.900-5.300 Kelvin	
Blitzlicht	5.000-5.400 Kelvin	
	5.200 Kelvin	Tageslichtfilm
Mittagssonne	5.500-5.800 Kelvin	
Bedeckter Himmel	6.500-7.500 Kelvin	
Blauer Himmel im Schatten	9.000-12.000 Kelvin	
Kurz nach Sonnenuntergang und kurz vor Sonnenaufgang	9.000-12.000 Kelvin	

Sie die Farbtemperatur in der Kamera mit dem Weißabgleich selbst festlegen. Hat das Umgebungslicht eine tiefere Farbtemperatur als der eingestellte Wert, wird das Bild rot. Hat es eine höhere Farbtemperatur, wird es blau.

Schwierig war es aber in der analogen Fotografie, diese Farbunterschiede zu korrigieren. Der Einsatz von verschiedenen Filtern wurde nötig, um mit dem vorhandenen Filmmaterial die richtige Farbwiedergabe je nach Farbtemperatur zu erhalten. Und oftmals musste man einfach gut raten und hoffen, dass es einigermaßen klappen würde. Die Ergebnisse sah man erst nach der Entwicklung der Filme. In der digitalen Welt können Sie die Korrekturen ganz einfach vor der Aufnahme mit dem Weißabgleich und nach der Auf-

Kamera	Umgebungslicht	Farbveränderung
Kunstlicht 3.000 Kelvin	Studioblitz 5.400 Kelvin	höhere Lichttemperatur des Umgebungslichtes erzeugt blaue Bilder
Tageslicht 5.200 Kelvin	Kunstlicht 3.000 Kelvin	tiefere Lichttemperatur des Umgebungslichtes erzeugt gelbe Bilder

Ein Porträt mit der Kameraeinstellung Blitzlicht (5.400 Kelvin) und Studioblitz (5.400 Kelvin), Model Daniela, Fotograf: Martin Zurmühle.

Das gleiche Bild mit der Kameraeinstellung Kunstlicht (3.000 Kelvin) und Studioblitz (5.400 Kelvin).

nahme (nur beim RAW-Format) im RAW-Konverter vornehmen. Bei der zweiten Porträtaufnahme von Daniela führt die Weißabgleicheinstellung Kunstlicht (3.000 Kelvin) in der Kamera zu einer blauen Aufnahme, weil das Blitzlicht eine wesentlich höhere Farbtemperatur von 5.400 Kelvin hat. Umgekehrt liegen die Verhältnisse bei den Nachtaufnahmen von Model Irene in Wien. Hier wirkt das Bild sehr warm und gelb, weil das Umgebungslicht (Straßenlaternen) mit ca. 3.000 Kelvin wesentlich kühler ist als der eingestellte Kamerawert des Weißabgleichs mit ca. 5.200 Kelvin (Tageslicht). Die blaue Farbe der Jeans wird falsch wiedergegeben. Durch eine Korrektur des Weißabgleichs auf Kunstlicht (3.000 Kelvin) wird die Farbwiedergabe wesentlich neutraler, allerdings auch weniger stimmungsvoll. Nun stimmt die Farbe der Jeans. Der beste Wert würde wahrscheinlich in der Mitte (bei ca. 4.000 Kelvin) liegen. Sie können solche Zwischenwerte bei den meisten DSLR im Menü Weißabgleich der Kamera einstellen.

TIPP **Farbwirkung**

- Das Bild wird bläulich, wenn das Umgebungslicht eine höhere Farbtemperatur besitzt als der eingestellte Wert für den Weißabgleich der Kamera.
- Das Bild wird gelblich, wenn das Umgebungslicht eine tiefere Farbtemperatur besitzt als der eingestellte Wert für den Weißabgleich der Kamera

Licht der Straßenlaternen (ca. 3.000 Kelvin) und Weißabgleich Tageslicht (5.200 Kelvin), Model Irene, Fotograf: Martin Zurmühle.

Neutralere Farbwiedergabe mit Kameraeinstellung Weißabgleich auf Kunstlicht (3.000 Kelvin).

7.5 Farbtemperatur im Tagesablauf

Das Tageslicht verändert laufend seine Farbtemperatur. Entsprechend verändern sich auch die Farben im Bild. Stellen wir die Kamera auf einen mittleren Wert für das Tageslicht ein (z. B. 5.200 Kelvin), wirken die verschiedenen Tageslichtsituationen im Bild wie folgt:

Tageszeit	Bildwirkung
Vor Sonnenaufgang und nach Sonnenuntergang	Sehr hohe Farbtemperatur (9.000 - 12.000 Kelvin), führt zu stark blauer Bildwirkung (blaue Stunde).
Sonnenaufgang und Sonnenuntergang	Sehr tiefe Farbtemperatur (3.200 Kelvin) mit stark gelblich-rötlicher Farbe.
Vormittags- und Nachmittagssonne	Mittlere Farbtemperatur (4.900 - 5.300 Kelvin) und weitgehend neutrale Bildwirkung.
Mittagssonne	Höhere Farbtemperatur (5.500 - 5.800 Kelvin) und leicht kühle, bläuliche Bildwirkung.
Bedeckter Himmel	Hohe Farbtemperatur (6.500 - 7.500 Kelvin) und bläuliche Farbe.
Blauer Himmel im Schatten oder in den Bergen	Sehr hohe Farbtemperatur (9.000 - 12.000 Kelvin) und blaue Bildwirkung.

Erhöht man die Farbtemperatur von ca. 3.000 Kelvin bis ca. 9.000 Kelvin, ändert sich der Farbeindruck von Rot über Orange, Gelb, Weiß, Hellblau, Blau bis Violett. Mit einem gezielten Weißabgleich können wir die Bildwirkung neutralisieren. Allerdings verliert das Bild dadurch auch einen Teil seiner Wirkung. Wir haben und daran gewöhnt, dass Sonnenuntergangsfotos einen wunderschönen Rotton haben. Hier würde eine Neutralisierung die Bildwirkung zerstören. Nicht der perfekte Weißabgleich, sondern die richtige Bildstimmung sollte deshalb

Sonnenuntergangsstimmung mit starkem Rotton, Fotograf: Martin Zurmühle.

unser Ziel sein. Mit der Korrektur des Weißabgleichs können wir aber dieses Ziel unterstützen. Während des Tages ist das Licht farblich neutral weiß, nur in den Bergen muss mit einer leicht bläulichen Stimmung aufgrund der hohen Farbtemperaturen gerechnet werden.

Bei Sonnenuntergang färben sich die noch von der Sonne (Farbtemperatur 3.200 Kelvin) beschienenen Bergspitzen rot ein, während die im Schatten liegenden Bereiche bereits die blaue Färbung der blauen Stunde erhalten (siehe Bildfolge auf der folgenden Seite oben). Nach Sonnenuntergang während der blauen Stunde wird alles in ein kühles Blau getaucht. Arbeiten Sie wenn möglich immer im RAW-Format. Dann können Sie den Weißabgleich auch später in der Bildbearbeitung anpassen und genau die gewünschte Bildwirkung erzielen.

Eine farblich ausgewogene Aufnahme am Vormittag, Fotograf: Martin Zurmühle.

In den Bergen bewirkt die hohe Farbtemperatur am Mittag eine leicht bläuliche Farbstimmung, Fotograf: Martin Zurmühle.

Blaue Stunde

Hierbei handelt es sich um einen schwärmerischen Begriff für die Zeitspanne sowohl der Dämmerung zwischen Sonnenuntergang und nächtlicher Dunkelheit als auch für die Zeit kurz vor dem Sonnenaufgang.

Ihren Namen erhielt sie der tiefblauen Färbung wegen, den der wolkenlose Himmel zu dieser Zeit besitzt. Diese Anmutung wird durch die unterschiedliche Streuung des Sonnenlichts in der Atmosphäre und durch die Filter-

Abendstimmung während der blauen Stunde zwischen Tag und Nacht, Fotografin: Eliane Zwimpfer.

▲ *Sonnenuntergang auf der Rigi, Fotograf: Martin Zurmühle.*

▲ *Nach Sonnenuntergang auf der Rigi, Fotograf: Martin Zurmühle.*

wirkung der Ozonschicht erzeugt. Wolken, die in dieser Zeit von der Sonne direkt angestrahlt werden, erscheinen rötlich, die übrigen Bildbereiche sind in ein bläuliches Licht getaucht.

Die blaue Stunde bietet für den Fotografen viele stimmungsvolle Bildmotive. Die Lichtstimmung ist kühl und entrückt, die Bilder wirken leicht melancholisch.

Lassen Sie sich diese Gelegenheit bei schönem Wetter und gutem Licht nicht entgehen.

Besonders spannend ist die Zeit unmittelbar vor Einbruch der Nacht, wenn bereits die Lichter der Gebäude eingeschaltet sind, aber noch immer das Licht des Tages wirkt.

7.6 Weißabgleich bei der Kamera

Die Sache mit dem Weißabgleich ist also gar nicht schwierig. Sie müssen einfach die Werte beim Weißabgleichprogramm der Kamera auf die Farbtemperatur des Umgebungslichts einstellen, und Sie erhalten neutrale Bilder.

Das Weiß wird dann ohne Farbstich gezeigt. Daher kommt auch der Name Weißabgleich. Stimmen diese Werte überein, sehen Bilder praktisch gleich aus, unabhängig von der Lichtquelle des Umgebungslichts. Der Unterschied zwischen der Blitzaufnahme und der Aufnahme mit dem Halogen-Einstelllicht (siehe Bilder auf der nächsten Seite) liegt nur bei den Kamerawerten.

Aufgrund der kleinen Lichtmenge benötigt die Aufnahme mit dem Kunstlicht eine wesentlich längere Belichtungszeit und eine größere Blendenöffnung als die Blitzaufnahme. Mit den festen Weißabgleicheinstellungen Blitz und Kunstlicht werden die Bilder nicht 100%ig gleich, da die Leuchten je nach Alter leicht abweichende Farbtemperaturen haben. Wenn Sie das möchten, müssen Sie zu jeder Lichtsituation einen manuellen Weißabgleich mit der Graukarte durchführen.

Halten Sie dazu die Graukarte vor das Model und machen Sie den manuellen Weißabgleich auf die Graukarte.

Diese wird dann im Bild neutralgrau wiedergegeben, und die anderen Farbwerte werden entsprechend angepasst.

Bild mit Studioblitz (5.400 Kelvin) und Weißabgleich auf Blitzlicht (5.400 Kelvin).

Kamera-einstellung	Blitzlicht	Kunstlicht
Belichtungszeit	1/180	1/2
Blende	16	5.6

Sie können den Weißabgleich auf mehrere Arten einstellen:

Automatischer Weißabgleich	Die Kamera ermittelt den richtigen Wert aufgrund der vorhandenen Lichtverhältnisse.
Einstellung mit vorgegebenen Werten	Sie wählen aus einer Liste feste Werte von bekannten Lichtsituationen aus.
Auswahl der Farbtemperatur	Wenn Sie den genauen Wert kennen, können Sie ihn bei einigen Kameras auch als Zahl (Grad Kelvin) eingeben.
Eigener Messwert	Bei Mischlichtsituationen können Sie den korrekten Wert mit einem weißen Blatt oder einer Graukarte anmessen.

In den meisten Fällen liefert die Weißabgleichautomatik der Kamera (von 3.500–8.000 Kelvin) gute Werte. Arbeiten Sie mit dem RAW-Format, können Sie Abweichungen in der Bildbearbeitung und im RAW-Konverter korrigieren. Feste Einstellungen lohnen sich bei schwierigen Lichtverhältnissen und beim Arbeiten mit dem JPEG-Format. Folgende Standardeinstellungen stehen in der Regel zur Verfügung:

Bild mit Studioblitz (5.400 Kelvin) und Weißabgleich auf Kunstlicht (3.000 Kelvin).

- Kunstlicht (3.000 Kelvin)
- Leuchtstofflampen (2.700–7.200 Kelvin je nach Lampentyp)
- Direktes Sonnenlicht (5.200 Kelvin)
- Blitzlicht (5.400 Kelvin)
- Bewölkter Himmel (6.000 Kelvin)
- Schatten (8.000 Kelvin)

Beim Arbeiten mit dem Studiolicht funktioniert die Weißabgleichautomatik oft nicht richtig. Stellen Sie deshalb dort auf den Wert Blitzlicht. Mit dem Alter

TIPP Weißabgleich

Bei normalen Lichtverhältnissen liefert der automatische Weißabgleich in der Regel gute Resultate.
Im Studio stellen Sie den Weißabgleich auf Blitz oder führen einen manuellen Weißabgleich auf eine Graukarte oder ein weißes Blatt durch. Bei schwierigen Mischlichtsituationen hilft nur ein manueller Weißabgleich. Wenn Sie bei einer Aufnahme eine Graukarte mit ins Bild nehmen, können Sie den Weißabgleich in der Bildbearbeitung leicht durchführen. Und wenn alle Stricke reißen und Sie den Weißabgleich nicht mehr hinkriegen, wandeln Sie die Aufnahme in ein Schwarz-Weiß-Bild um. Dort spielt der Weißabgleich keine Rolle.

Bild mit Halogen-Einstelllicht des Studioblitz (3.000 Kelvin) und Weißabgleich auf Blitzlicht (5.400 Kelvin).

Bild mit Halogen-Einstelllicht des Studioblitz (3.000 Kelvin) und Weißabgleich auf Kunstlicht (3.000 Kelvin).

der Blitzgeräte ändert sich die Farbtemperatur, sodass die voreingestellten Werte der Kamera nicht mehr genau zutreffen. Sie können dann den Wert im Kameramenü mit der Funktion *Farbtemperatur wählen* genau einstellen (von 2.500–10.000 Kelvin). Wollen Sie aber ganz sichergehen oder haben Sie eine schwierige Mischlichtsituation, erstellen Sie einen manuellen Weißabgleich. Aktivieren Sie dazu die Funktion *Benutzerdefinierter Weißabgleich* und richten Sie dann die Kamera auf ein neutralgraues (z. B. Graukarte) oder weißes Objekt. Mit einer Probeaufnahme wird dann der korrekte Weißabgleich ermittelt, den Sie nun bis zur Änderung der Lichtsituation verwenden können. Als

Model mit Graukarte, Fotograf: Martin Zurmühle.

Alternative dazu können Sie die Graukarte oder eine Farbkarte mit weißen, schwarzen und grauen Feldern auf der ersten Aufnahme mit fotografieren. Damit können Sie anschließend in der Bildbearbeitung den Weißabgleich auch schnell und präzise durchführen.

7.7 Weißabgleich in der Bildbearbeitung

Auch bei der besten Kamera können bei schwierigen Aufnahmesituationen Farbstiche durch ungenaue Einstellung der Farbtemperaturen entstehen.

Bei der folgenden Aufnahme mit Model Irene vor einem Wasserfall führten die vielen grünen Blätter des Waldes trotz Weißabgleichautomatik zu einem starken Grünstich im Bild.

Dieser Grünstich hätte nur mit einem manuellen Weißabgleich auf ein weißes Blatt oder eine Graukarte vermieden werden können. Die übrigen Kameraeinstellungen (z. B. vorgegebene Farbtemperaturwerte) hätten nur ungenaue Resultate geliefert. Leider hatte ich beides nicht dabei. Da ich aber immer im RAW-Format fotografiere, habe ich verschiedene Möglichkeiten, wie ich in der Bildbearbeitung eine neutrale Farbwirkung erzielen kann.

Farbkorrektur im RAW-Konverter

Eine sehr präzise Korrektur der Farbwerte kann im Spezialprogramm Nikon Capture NX durchgeführt werden. Dort können im Menü *Weißabgleich* alle Kameraeinstellungen auch nachträglich aktiviert werden. Das hilft allerdings bei dieser Aufnahme nicht weiter, da alle festen Einstellungswerte zu ungenau sind. Anstatt nun aber die Farbtemperatur der Aufnahme festzulegen, kann auch ein Graupunkt im Bild gesetzt werden. Dazu benötigen Sie nur einen Bereich im Bild, der neutrale graue oder weiße Werte aufweist. In unserem Beispiel ist das der weiße Schaum des Wasserfalls.

▼ *Starker Grünstich trotz Weißabgleichautomatik aufgrund des durch die grünen Blätter gefilterten Tageslichts, Model Irene, Fotograf: Martin Zurmühle.*

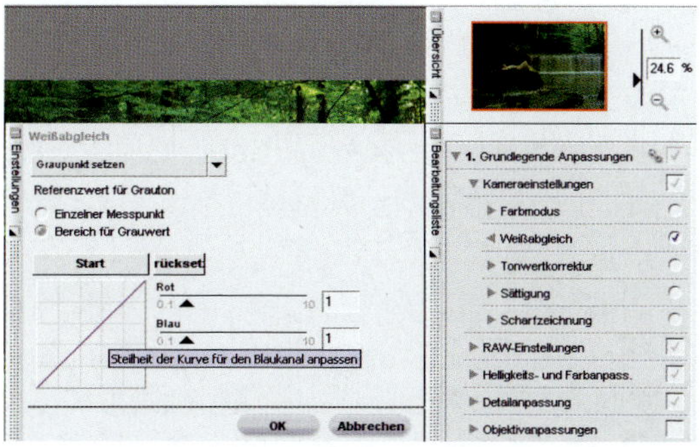

Sie haben nun die Wahl zwischen einem einzelnen Messpunkt oder einem Bereich für Grauwerte. Ein einzelner Messpunkt ist allerdings oft zu ungenau. Wählen Sie deshalb besser einen Bereich aus.

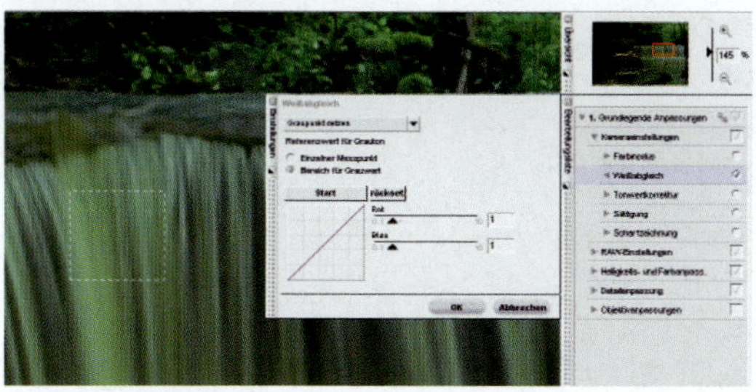

Durch die Auswahl eines Bereichs des Wasserfalls (weiß gestricheltes Feld) werden die Farbwerte dort neutralisiert. Die übrigen Farbwerte im Bild werden entsprechend angepasst. In der Bildbearbeitung im RGB-Modus hat ein neutraler Farbwert immer drei gleiche Zahlenwerte für die Farben **R**ot (R), **G**rün (G) und **B**lau (B). Ein neutrales 50-%-Grau hat so den Wert 128/128/128.

Bei einem Schwarz-Weiß-Bild im RGB-Modus sind alle Werte immer gleich, was Sie leicht mit der Pipette überprüfen können. Wird nun ein Bereich für den Grauwert festgelegt, werden die Werte so verändert, dass im Durchschnitt eine neutraler Wert mit gleichen Zahlen entsteht. Die übrigen Werte im Bild werden dann auch entsprechend verschoben.

Es spielt aber keine Rolle, ob Sie einen neutralgrauen oder einen weißen Bereich anmessen. Die Bildhelligkeit wird beibehalten, nur die Farbwerte werden neutralisiert.

Farbkorrektur in Photoshop

Im RAW-Konverter von Photoshop (Adobe Camera Raw) können Sie ebenfalls schnell und einfach den Weißabgleich korrigieren.

Sie benötigen dazu die beiden Schieber oben rechts. Mit dem Schieber *Temperatur* (von Orange nach Blau) stellen Sie die Farbtemperatur des Lichts ein, in unserem Beispiel auf 5.400 Kelvin, weil die Aufnahme während eines sonnigen Tages gemacht wurde. Mit dem Schieber *Farbton* (von Magenta nach Grün) korrigieren Sie noch einen Farbstich. Im Bildbeispiel musste der Schieber auf +50 gestellt werden, um eine farbneutrale Wiedergabe zu erreichen.

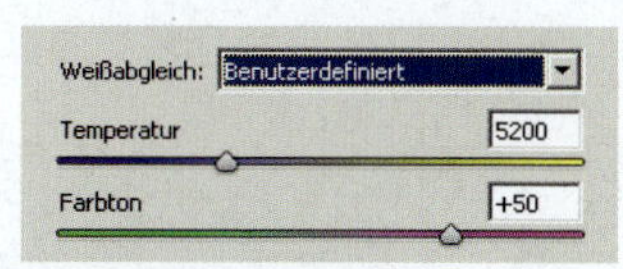

Natürlich könnten Sie auch im Auswahlfeld *Weißabgleich* einen vorgegebenen Wert (z. B. *Tageslicht*) auswählen. Allerdings würde das den Grünstich nicht entfernen. Sie kommen so um eine Feinabstimmung nicht herum. Wie beim Programm Nikon Capture NX können Sie auch mit dem Weißabgleich-Werkzeug (Pipette links oben) direkt eine farblich neutrale Stelle im Bild (z. B. das weiß schäumende Wasser des Wasserfalls) anklicken. Das funktioniert recht gut und schnell, sofern eine solche farblich neutrale Stelle im Bild vorhanden ist. Das Arbeiten mit der Pipette ist aber weniger genau als mit dem Auswahlbereich bei Capture NX.

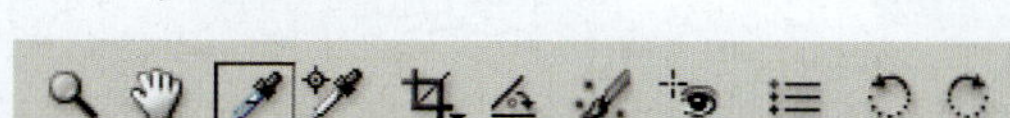

Haben Sie das Bild im JPEG-Format aufgenommen, können Sie die Korrekturen auch in Photoshop mit folgenden Schritten durchführen:

1 Tonwertkorrektur

Öffnen Sie das Bild in Photoshop. Mit dem Befehl *Bild/Anpassungen/Tonwertkorrektur* öffnen Sie das Fenster der Tonwertkorrektur.

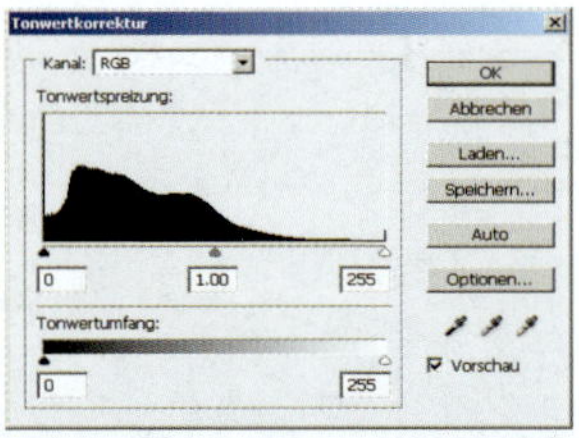

2 Pipette wählen

Unten rechts im Fenster stehen Ihnen drei Pipetten für die Tiefen (schwarze Pipette), Mitteltöne (graue Pipette) und den Weißpunkt (weiße Pipette) zur Verfügung.

Für unser Bild eignet sich am besten der Weißpunkt. Wählen Sie deshalb diese Pipette aus. Den Auswahlbereich der Pipette können Sie einstellen. Ein Pixel ist zu ungenau, besser sind 3 x 3 oder 5 x 5 Pixel. Das Programm ermittelt dann für die Messung den entsprechenden Mittelwert.

3 Neutrale Stelle im Bild anklicken

Klicken Sie nun auf einen möglichst hellen und reinweißen Bereich des Schaums des Wasserfalls. Dadurch werden die Farbwerte des Bildes ebenfalls ausgeglichen und angepasst. Diese Methode ist nicht so präzise wie das Arbeiten mit dem RAW-Konverter, liefert aber in der Regel auch gute Ergebnisse. Sie sehen, der Weißabgleich ist keine Hexerei, und mit dem RAW-Format haben Sie alle Korrekturmöglichkeiten jederzeit zur Verfügung.

▼ *Das fertig zugeschnittene Bild mit ausgeglichenen Farbwerten, Model Irene, Fotograf: Martin Zurmühle.*

8

Bildgröße, Dateiformate, Farbräume, EXIF und andere Rätsel

Die digitale Welt ist voller neuer Begriffe. Wir brauchen uns nicht mehr um die verschiedenen Filmtypen und -qualitäten zu kümmern, dafür müssen wir viele neue Fachausdrücke und Themen aus der EDV-Welt und der Bildbearbeitung kennen lernen. Aber keine Angst, diese Rätsel sind schnell gelöst.

8.1 Bildgrößen bei Digicams

Jede Digicam hat eine maximale Auflösung oder Bildgröße, die in Megapixeln angegeben wird. Die Werte liegen heute bei 5 Megapixeln oder höher.

Neben der höchsten Auflösung können aber auch kleinere Werte eingestellt werden. Dadurch sinkt auf der einen Seite der Speicherbedarf, auf der anderen Seite haben Sie weniger Pixel und somit auch weniger Bildinformationen.

Das Argument des kleineren Speicherbedarfs zählt heute bei den günstigen großen Speicherkarten nicht mehr. Hier zu sparen wäre der falsche Ort.

Die Bildgröße und der Speicherbedarf im JPEG-Format (beste Qualität) bei der Nikon D300 betragen:

Bildgröße in Pixel	Speicherbedarf	Anzahl Bilder (2-GByte-Karte)
4.288 x 2.848 (12 Megapixel)	7,2 MByte	276
3.216 x 2.136 (6,7 Megapixel)	3,4 MByte	588
2.144 x 1.424 (3 Megapixel)	1,7 MByte	>1000

Kleinere Bildgrößen sind nur dann sinnvoll, wenn Sie absolut sicher sind, dass Sie die Bilder nur in der kleineren Auflösung gebrauchen werden (z. B. im Internet oder für berufliche Zwecke). Beim RAW-Format können Sie nur mit der größten Auflösung arbeiten.

Besteht allerdings die Möglichkeit, dass die Bilder später ausgedruckt werden sollen, benötigen Sie die maximale Auflösung. Eine hohe Auflösung ist auch von Vorteil, wenn Sie die Bilder später beschneiden möchten. So haben Sie noch immer genügend Reserven.

TIPP **Bildgröße**

Arbeiten Sie wenn immer möglich mit der größten Kameraauflösung. Kleinere Bildgrößen können Sie in der Bildbearbeitung jederzeit herstellen. Ein Bild, das aber zu klein aufgenommen wurde, kann später nicht mehr verbessert werden.

8.2 JPEG-Format für unproblematisches Arbeiten

Das JPEG-Format ist ein universelles Datenformat, das von praktisch allen Anwendungen gelesen werden kann. Es eignet sich deshalb hervorragend für das problemlose Arbeiten.

Das JPEG-Format ist ein komprimiertes Datenformat mit 8 Bit Farbtiefe. Bei stärkerem Komprimierungsgrad leidet die Bildqualität, dafür werden die Dateien sehr klein. Bei bester Qualität ist der Unterschied zu einem verlustfreien Bild in einem anderen Modus (z. B. TIFF oder RAW) kaum zu erkennen. JPEG-Bilder können von praktisch allen Programmen gelesen werden.

Mehrfaches Abspeichern und Komprimieren der Bilder im JPEG-Format führt zu einer ständigen Verschlechterung der Bildqualität und sollte vermieden werden. Arbeiten Sie deshalb besser im Datenformat der Bildbearbeitung und speichern Sie erst am Ende die Bilder im JPEG-Format für den Druck oder die Verwendung im Internet ab.

Einzelne Kameras kennen neben JPEG und RAW noch das TIF-Format. Dieses ist ein verlustfreies Datenformat. Es ist ebenfalls sehr universell einsetzbar in vielen Bildbearbeitungsprogrammen und auch geeignet zum Datenaustausch zwischen verschiedenen Plattformen. Die Dateien sind allerdings sehr groß und benötigen eine lange Speicherzeit.

Das TIF-Format ist für Amateurfotografen wenig geeignet. Ein Einsatz ist höchstens bei unbewegten Motiven mit viel Zeit sinnvoll oder wenn höchste Bildqualität gefordert wird und nicht mit RAW gearbeitet werden kann.

Das JPEG-Format ist geeignet für einfache, anspruchslose Bilder im Beruf, in der Familie oder auf Reisen bei mehrheitlich unproblematischen Lichtverhältnissen.

Alle Kamerabefehle wirken sich sofort auf das Bild aus und können in der Bildbearbeitung im Gegensatz zum RAW-Format nicht mehr rückgängig gemacht werden. Der große Vorteil liegt aber darin, dass mit guten Kameraeinstellungen bei JPEG-Bildern keine Nachbearbeitung mehr nötig wird und die Bilder sofort ausgedruckt werden können.

Für Ferien- und Familienaufnahmen sowie für berufliche Zweckaufnahmen verwende ich deshalb immer das bequeme JPEG-Format.

Die Stärke der Komprimierung können Sie an der Kamera einstellen. Je stärker die Komprimierung, desto kleiner wird die Datei und desto schlechter die Bildqualität. Folgende Tabelle zeigt den Speicherbedarf im JPEG-Format mit verschiedenen Qualitätsstufen mit der Nikon D300 bei der größten Auflösung (4.288 x 2.848 Pixel oder 12 Megapixel):

Qualität	**Speicherbedarf**	**Anzahl Bilder (2-GByte-Karte)**
Fine (beste Qualität)	7,2 MByte	276
Normal	4,1 MByte	487
Basic (schlechteste Qualität)	1,7 MByte	>1000

Wählen Sie neben der schlechtesten Qualität auch noch die kleinste Bildgröße aus, passen über 4.000 Bilder auf eine Speicherkarte mit 1 GByte. Das sollte für eine Weile reichen.

Das Prinzip der JPEG-Komprimierung basiert auf der Tatsache, dass Helligkeitsinformationen (also die Zeichnung und die Details) für ein Bild wichtiger sind als Farbinformationen.

Deshalb wird bei der JPEG-Komprimierung ein Großteil der Pixel nur mit ihren Helligkeitswerten, aber ohne Farbinformationen gespeichert. Beim Öffnen der Bilddatei berechnet die Software aus den noch vorhandenen Farben die fehlenden Farbinformationen.

Kleinere Farbtonschwankungen (z. B. Pixelwerte von 244, 243, 243, 244, 244) werden verkürzt in 5 x 244. Je stärker Sie komprimieren, desto größer ist die Toleranz bei der Einstufung ähnlicher Werte als gleiche Werte, und desto größer sind somit auch die Verluste im Bild.

Folgende drei Bilder zeigen einen vergrößerten Bildausschnitt in den drei Komprimierungsstufen der Nikon D300 (siehe Abbildungen auf der nächsten Seite).

Bei der besten JPEG-Qualität sind vom Auge kaum Unterschiede zum verlustfreien TIF- oder RAW-Format erkennbar.

Ein perfektes Bild ohne Nachbearbeitung direkt aus der Kamera, Fotograf: Martin Zurmühle.

Ausschnitt mit größter Auflösung und bester Qualität (Fine).

Ausschnitt mit mittlerer Auflösung und mittlerer Qualität (Normal).

Ausschnitt mit kleinster Auflösung und schlechtester Qualität (Basic).

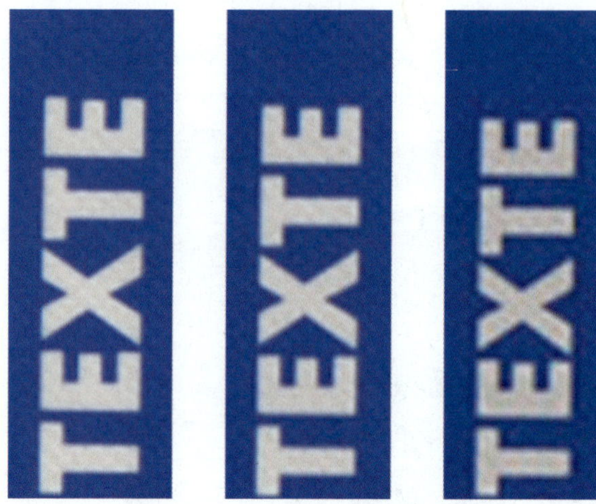

Vergrößerter Detailausschnitt zeigt Unterschiede: links Qualität Fine, Mitte Normal, rechts Basic.

Die Bildbeispiele zeigen, dass die Unterschiede vom Auge nur schwer zu erkennen sind. Die stärkere Komprimierung wirkt sich vor allem bei starken Übergängen und homogenen Flächen unschön aus (z. B. beim weißen Schriftzug), und die Bilder wirken unschärfer.

Die Kameraeinstellungen für Scharfzeichnen, Tonwerte, Farbwerte und -korrekturen und anderes beeinflussen nur JPEG- und TIFF-Bilder.

Diese Befehle wirken sich direkt auf das Bild aus (im Gegensatz zum RAW-Format, bei dem sie in eine separate Befehlsdatei geschrieben werden) und können nicht mehr rückgängig gemacht werden. Sie sollten deshalb mit diesen Befehlen zurückhaltend umgehen.

TIPP **JPEG-Format**

Arbeiten Sie im JPEG-Format wenn immer möglich mit der besten Qualität. Eine spätere Komprimierung in der Bildbearbeitung ist jederzeit möglich. Verluste durch eine schlechte JPEG-Qualität bei der Aufnahme können nicht mehr korrigiert werden.

Hier noch ein paar Angaben zu den verschiedenen Kameraeinstellungen, die einen Einfluss auf die Bildbearbeitung haben (siehe Tabelle auf der nächsten Seite).

Befehl	**Wirkung**	**Praxistipps**
Scharfzeichnen	Bei der Scharfzeichnung kann zwischen Automatisch und verschiedenen Stärken der Scharfzeichnung gewählt werden.	Automatik liefert in der Regel gute Resultate. Werden die Bilder immer nachbearbeitet, ist die Einstellung *keine Scharfzeichnung* zu empfehlen.
Kontrast	Bei der Kontrasteinstellung kann zwischen Automatisch und verschiedenen Stärken der Kontraste gewählt werden.	Automatik liefert in der Regel gute Resultate. Werden die Bilder immer nachbearbeitet, sollte keine Korrektur vorgenommen werden.
Helligkeit	Die Bildhelligkeit kann leicht angepasst werden.	Sollte nicht verändert werden.
Farbsättigung	Steuert die Intensität der Farben. Bei Automatisch wird die Farbsättigung für jedes Motiv individuell angepasst.	Automatik liefert in der Regel gute Resultate. Bei Nachbearbeitung keine Anpassung vornehmen.
Farbton	Der Farbton der Aufnahme kann in verschiedene Richtungen von Rot über Blau und Grün nach Gelb verschoben werden.	Sollte in der Regel nicht verwendet werden. Die Bildbearbeitung am PC ist da viel präziser.
Monochrom	Darstellung der Bilder in Schwarz-Weiß oder mit einer monochromen Tonung.	Sollte nicht verwendet werden, da das in der Bildbearbeitung besser gemacht werden kann.
D-Lighting	Verbessert die Detailzeichnung in den Tiefen (dunkle Partien) und in den Lichtern (helle Partien).	Kann bei kontrastreichen Motiven hilfreich sein. Auch hier ist die Bildbearbeitung am PC aber leistungsfähiger.
Farbraum	Der kleinere Farbraum sRGB eignet sich vor allem für die Darstellung der Bilder am Monitor und im Internet, der größere Farbraum Adobe RGB für den anspruchsvollen Druck der Bilder.	Der Farbraum sRGB ist für viele Geräte zum Standard geworden und erlaubt ein unkompliziertes Arbeiten. Adobe RGB ist für anspruchsvolles Fotografieren besser geeignet.

8.3 RAW-Format, das digitale Negativ

RAW bedeutet, aus dem Englischen übersetzt, roh. Im Zusammenhang mit diesem Speicherformat spricht man entsprechend von Rohdaten. Während im JPEG- und TIF-Format die Bilder nach den Voreinstellungen der Kamera verändert, komprimiert und gespeichert werden, bietet das RAW-Format die unverfälschten Daten. Die vom Bildsensor produzierten Rohdaten werden in der Regel mit 12- oder 14-Bit-Farbtiefe gespeichert. Die bei der Aufnahme eingestellten Kameraoptionen werden in einer separaten Datei abgelegt. In dieser Datei finden sich dann Informationen wie Farbwerte, Schärfe, Weißabgleich und Farbtiefe, die sonst in die Berechnung des Bildes mit einfließen würden. Prinzipiell wird also zunächst fotografiert, und erst später werden die Aufnahmeparameter bestimmt. Was paradox klingt, bringt aber durchaus Vorteile. Selbst nach der Belichtung lassen sich die eben genannten Aufnahmeparameter verändern. So können z. B. Überbelichtungen korrigiert oder der Weißabgleich angepasst werden. Sogar das Bildrauschen lässt sich reduzieren. Um diese Korrekturen ohne Qualitätsverluste durchzuführen, ist allerdings eine spezielle Kamerasoftware nötig. Übliche Bildbearbeitungsprogramme können RAW-Daten nicht verarbeiten. Bei einigen Herstellern findet sich die entsprechende Software bereits im Lieferumfang der Digicams. Auch die neusten Photoshop-Versionen können RAW-Daten einiger Kameras lesen und via RAW-Konverter in bearbeitbare TIF-Dateien umwandeln. Bilder von unbearbeiteten und nicht korrigierten RAW-Daten sehen matschig, flau und unscharf aus. Im RAW-Konverter können die Bilder aber bereits verbessert werden. Viele Bildkorrekturen wie Schärfe, Gradations- und Tonwertkurven sowie Farbkorrekturen können im RAW-Konverter vorgenommen werden.

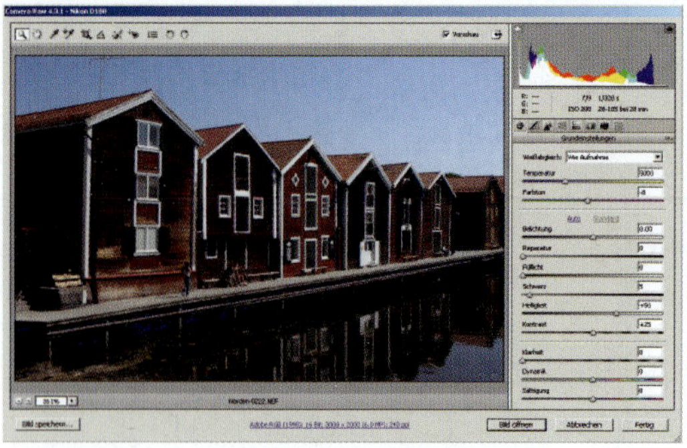

RAW-Konverter von Photoshop CS.

Das RAW-Format unterliegt keinem allgemeinen Standard. Je nach Hersteller werden unterschiedliche Dateiendungen verwendet.

Dateiendung	Kamerahersteller
NEF	Nikon
CRW	Canon
RAF	Fujifilm
ARW	Sony
ORF	Olympus
DNG	herstellerunabhängiges RAW-Format von Adobe

Arbeiten Sie mit dem RAW-Konverter von Nikon, Nikon Capture NX, werden die Kameraeinstellungen – im Gegensatz zu anderen RAW-Konvertern – auch im RAW-Format mit übernommen. Sie können dann aber in Capture NX wieder rückgängig gemacht oder angepasst werden.

Der RAW-Konverter von Nikon, Nikon Capture NX.

RAW-Dateien brauchen weniger Speicherplatz als TIF-Dateien und lassen sich entsprechend auch schneller abspeichern. Gewisse RAW-Formate erlauben auch eine Komprimierung mit oder ohne Qualitätsverluste. Bei verschiedenen Kameras kann gleichzeitig mit dem RAW-Bild noch ein JPEG-Bild aufgenommen werden. Eine geniale Sache, denn dann hat man die Vorteile beider Bildformate, das digitale Negativ im RAW-Format und das kleine, schnelle und universelle Bild im JPEG-Format. Hier die Vergleiche der Dateigrößen bei der Nikon D2X bei größter Auflösung (4.288 x 2.848 Pixel oder 12 Megapixel):

Bildqualität	Speicherbedarf	Anzahl Bilder (1-GByte-Karte)
TIFF	36,5 MByte	26
NEF + JPEG Fine	26,6 MByte	36
NEF + JPEG Normal	23,7 MByte	41
NEF + JPEG Basic	22,2 MByte	45
NEF (RAW)	20,7 MByte	49

Die TIFF-Dateien sind riesig und eignen sich deshalb kaum zum schnellen Fotografieren. Ich verwende in der Regel die Kombination aus RAW-Bild und einem mittelgroßen JPEG-Bild in mittlerer Qualität. Diese kleinen und schnellen Bilder sind für die Durchsicht und Auswahl der Aufnahmen oder zum Abgeben an die Kunden. Im Vergleich zum JPEG-Format haben RAW-Bilder folgende Vor- und Nachteile (siehe Tabelle auf der gegenüberliegenden Seite).

Fazit: Wollen Sie ein sorgenfreies Leben, arbeiten Sie mit dem JPEG-Format. Wollen Sie hingegen das Optimum aus Ihren Bildern herausholen, verwenden Sie das RAW-Format.

Die Möglichkeiten des RAW-Formats und der RAW-Konverter sind sehr umfangreich. In meinem zweiten Buch, „Die große Fotoschule – Bildgestaltung für Fortgeschrittene", gehe ich im Detail auf die Mög-

RAW-Format	JPEG-Format
Keine direkten Bildveränderungen durch die Kamera. Viele Kameraeinstellungen können korrigiert werden.	Kamerabefehle wirken sich direkt auf die Bilder aus und können nicht rückgängig gemacht werden.
Langsamere Verarbeitung in der Kamera.	Sehr schnelle Verarbeitung in der Kamera mit schneller Bildfolge.
Keine Qualitätsverluste durch Komprimierung.	Je nach Komprimierung Qualitätsverluste.
Große Dateigrößen.	Kleine Dateigrößen.
Spezialprogramme zur Betrachtung und Konvertierung notwendig.	Universell verwendbar.
Viele spezielle Bearbeitungsmöglichkeiten im RAW-Konverter.	Keine Konvertierung notwendig.
Benötigt sehr leistungsfähige Hardware.	Benötigt keine leistungsfähige Hardware.

lichkeiten des RAW-Formats und der RAW-Konverter ein. Ich gebe hier ein paar Tipps aus meiner Fotopraxis, was mit dem RAW-Format und dem RAW-Konverter von Photoshop CS3 (Adobe Camera Raw) alles gemacht werden kann.

TIPP **RAW-Format**

Das RAW-Format ist das digitale Negativ. Mit RAW-Bildern haben Sie die beste Qualität und können viele Kameraeinstellungen auch nachträglich korrigieren. Arbeiten Sie bei anspruchsvollen Fotoprojekten immer im RAW-Format. Und wenn Sie genügend Speicherplatz haben (und es die Kamera erlaubt), nehmen Sie die Bilder gleichzeitig im RAW- und JPEG-Format auf. Dann haben Sie alle Trümpfe in der Hand!

1 Anpassen des Weißabgleichs

Wie Sie schon in Kapitel 7 gesehen haben, eignet sich der RAW-Konverter sehr gut zur Anpassung des Weißabgleichs (Weißbalance). Die Einstellungen sind hier wesentlich besser und genauer als in der Bildbearbeitung, und die vorgegebenen Standardeinstellungen können noch mit den Reglern *Temperatur* und *Farbton* feingesteuert werden.

2 Anpassung von Belichtung, Lichter, Tiefen, Helligkeit, Kontrast und Sättigung

Ich verwende hier vor allem die Anpassung der Belichtung. Bei RAW-Bildern kann eine Unterbelichtung bis zu 2 Blendenstufen und eine Überbelichtung bis zu 1 Blendenstufe noch korrigiert werden. Bei JPEG- und TIFF-Bildern können Sie Überbelichtungen nicht mehr korrigieren. Ein weiteres starkes Argument für das RAW-Format.

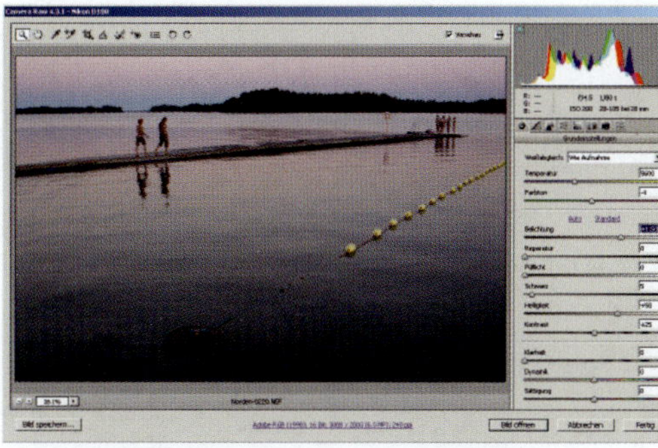

Eine Belichtungskorrektur von 1.5 Blendenstufen kann problemlos im RAW-Konverter durchgeführt werden.

Sehr hilfreich sind auch der Schieberegler *Reparatur*, der überstrahlte Lichter korrigiert, und der Schieberegler *Fülllicht*, der die Tiefen ähnlich wie beim

Befehl *Tiefen/Lichter* von Photoshop CS3 aufhellt. Mit *Schwarz* können Sie dunkle Töne im Bild beeinflussen, mit *Helligkeit* die hellen. Verwenden Sie diese beiden Schieberegler aber vorsichtig.

Mit dem Schieberegler *Kontrast* verändern Sie den Bildkontrast. Dazu eignet sich aber Photoshop wesentlich besser. Auch die unteren Schieberegler (*Klarheit*, *Dynamik* und *Sättigung*) verwende ich in der Regel nicht, da ich mit den Werkzeugen in Photoshop (vor allem mit der Ebenen- und Maskentechnik) mehr Kontrolle über diese Prozesse habe.

3 Bildvergrößerungen

Bei Bildvergrößerungen müssen fehlende Pixel eingerechnet werden. Das führt zu Qualitätsverlusten und Unschärfe. Besser ist es, die Bildvergrößerung bereits im RAW-Konverter mit den RAW-Dateien durchzuführen. Klicken Sie dazu in Camera Raw auf den unten stehenden Link mit den Angaben zum Farbraum und zur Bildgröße. Im sich dann öffnenden Fenster wählen Sie einfach eine passende Größe im Auswahlfeld *Größe* aus. Hier können Sie auch festlegen, ob das Bild in Photoshop CS3 als *Smart Objekt* geöffnet wird. Dann können Sie jederzeit direkt aus Photoshop wieder Camera Raw öffnen und Anpassungen an den Einstellungen vornehmen. Das Bild wird dann bei der Konvertierung entsprechend vergrößert. Die Dateigröße wächst aber auch entsprechend an.

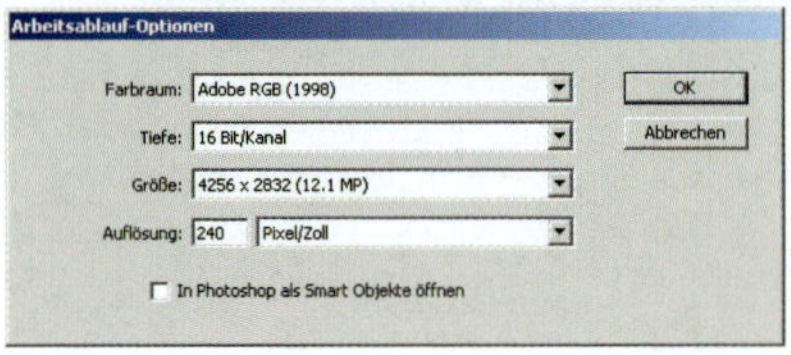

In diesem Dialogfeld können Sie gleichzeitig auch die Farbtiefe, den Farbraum und die Auflösung anpassen. Allerdings verwende ich diese Funktionen selten, da ich die Bilder in bester Qualität in Photoshop konvertieren möchte.

4 Schwarz-Weiß

Eine spannende und sehr flexible Lösung ist die Umwandlung des Farbbildes in Schwarz-Weiß bereits im RAW-Konverter. Der Vorgang ist einfach. Wählen Sie zuerst in der Auswahlliste das Register *HSL/Graustufen*. Dort aktivieren Sie die Option *In Graustufen konvertieren*. Nun können Sie mit den unteren Schiebereglern Ihr Graustufenbild nach Belieben anpassen. Wollen Sie z. B. den Himmel abdunkeln, nehmen Sie einfach den Wert der Blautöne zurück (im Beispiel auf -50). Die hellbraunen Häuser werden heller, wenn Sie die Orange- und Gelbtöne verstärken (im Beispiel auf +10 und +20). So arbeiten Sie ähnlich wie die analogen Schwarz-Weiß-Fotografen, die dazu entsprechende Filter (z. B. Gelbfilter) bei der Aufnahme eingesetzt haben. Das Schöne ist, dass Sie die Wirkung Ihrer Maßnahmen sofort beurteilen können.

Durch die Anpassung dieser Regler können Sie ein feinreguliertes Schwarz-Weiß-Bild herstellen und dieses anschließend als RGB-Bild in Photoshop konvertieren. Wenn Sie allerdings starke Farbanpassungen vornehmen, kann die Bildqualität leiden. Arbeiten Sie in Photoshop CS3 mit Smart Objekten, können Sie die Einstellungen im RAW-Konverter aber jederzeit wieder korrigieren. Die gleiche Funktion können Sie auch erst in Photoshop CS3 mit dem Befehl *Bild/Anpassungen/Schwarzweiß* durchführen. Diese Methode ist noch eleganter und intuitiver als der Kanalmixer.

5 Mehrfachentwicklungen

Eine weitere geniale Sache beim RAW-Format sind Mehrfachentwicklungen. Dabei konvertieren Sie nacheinander das gleiche Bild mit verschiedenen Einstellungen und bauen dann die Bilder in Photoshop als Sandwich zusammen. Wie es genau geht, erfahren Sie in Kapitel 13.

8.4 Welcher Farbraum (sRGB oder Adobe RGB) ist für welche Aufgaben geeignet?

Bei RGB-Bildern werden die Farben durch RGB-Werte jeweils zwischen 0 und 255 angegeben. Leider ist der RGB-Farbraum nicht standardisiert. Ein Farbton mit R=230, G=34, B=98 wird je nach Hardware (Mac/PC) und Anwendungssoftware (z. B. Photoshop, Freehand, QuarkXPress etc.) unterschiedlich dargestellt. Der RGB-Farbraum wird trotz der fehlenden Standardisierung sehr häufig als Arbeitsfarbraum eingesetzt. Vor allem in der Bildbearbeitung hat RGB Vorteile gegenüber CMYK, dem Farbraum für den Druckbereich. Zum Beispiel lässt sich eine Vielzahl der Photoshop-Filter nur auf RGB-Bilder anwenden. Mithilfe von Colormanagement und ICC-Profilen für RGB-Farbräume kann die unterschiedliche Farbdarstellung von RGB-Farben beseitigt werden. Einfachere Digicams arbeiten nur mit dem sRGB-Farbraum. Bei digitalen SLR kann zwischen dem sRGB- und dem Adobe RGB-Farbraum gewählt werden.

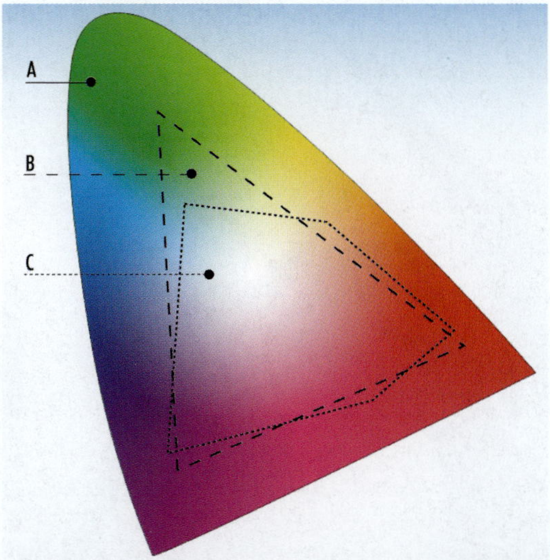

A = Lab-Farbraum (umfasst alle sichtbaren Farben), B = RGB-Farbraum, C= CMYK-Farbraum.

sRGB-Farbraum für Bildschirmanwendungen

Für Anwender, die in erster Linie für eine Bildschirmdarstellung fotografieren, ist der sRGB-Standard eine gute Wahl. Auch auf Computern ohne Colormanagement ergibt sich so eine akzeptable Bildschirmdarstellung. Beim Druck zeigen diese Farbräume Schwächen.

Die gesättigten Cyan- und Yellowtöne, die viele Drucker erreichen können, liegen außerhalb dieses RGB-Farbraums. Der Farbraum der Drucker kann somit nicht optimal ausgenutzt werden. Liegt ein Bild mit einem Motiv vor, in dem Rot oder ungesättigte Farben dominieren, führt dieser Farbraum aber auch zu guten Ergebnissen im Druck.

Adobe RGB mit großem Farbbereich für den Druck

Das Gegenstück bilden die sehr großen Farbräume mit dem riesigen Kodak ProPhoto an der Spitze. Sie enthalten viele Farben, die in der Natur nur sehr selten vorkommen.

Für die Druckvorstufe wäre ein RGB-Arbeitsfarbraum ideal, der alle Farbbereiche des Druckers abdeckt und möglichst wenige Farben außerhalb des Druckerfarbraums „verschenkt", um die 8-Bit-Farbtiefe je Kanal bestmöglich auszunutzen. Für Photoshop-Anwendungen empfiehlt sich der Adobe RGB-Farbraum (Adobe RGB 1998), der wesentlich größer ist als der sRGB-Farbraum. Haben Sie Ihre Kamera auf Adobe RGB eingestellt und die Bilder in Photoshop für die Internetpräsentation verkleinert

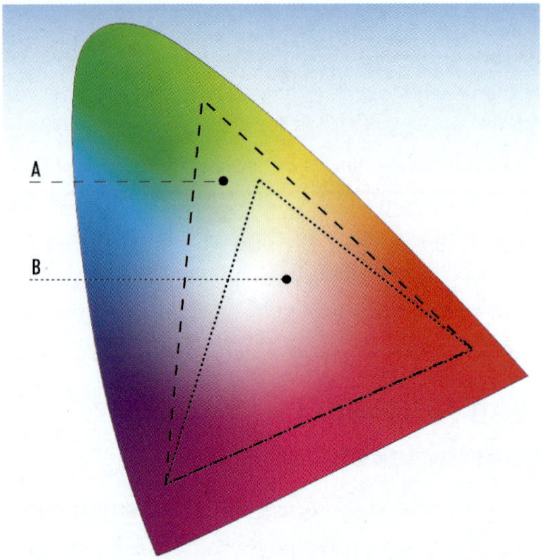

▲ *Die Adobe RGB- und sRGB-Farbräume sind kleiner als der Lab-Raum und eignen sich als praktische Arbeitsfarbräume zur Bearbeitung und Ausgabe von Bildern. A = Adobe RGB (1998), B = sRGB.*

und in JPEG umgewandelt, werden Sie nach dem Hochladen auf eine Fotoseite vielleicht feststellen, dass Ihre Bilder plötzlich viel flauer wirken als in der Bildbearbeitung. Was ist geschehen? Das Internet arbeitet mit dem sRGB-Farbraum. Bilder mit einem Adobe RGB-Farbraum werden deshalb anders angezeigt. Die Zahlenwerte der Pixel bleiben unverändert, nur werden die Farben am Bildschirm verändert.

Sie können diesen Effekt in Photoshop mit dem Befehl *Bearbeiten/Profil zuweisen* simulieren. Wählen Sie dann das Profil sRGB aus.

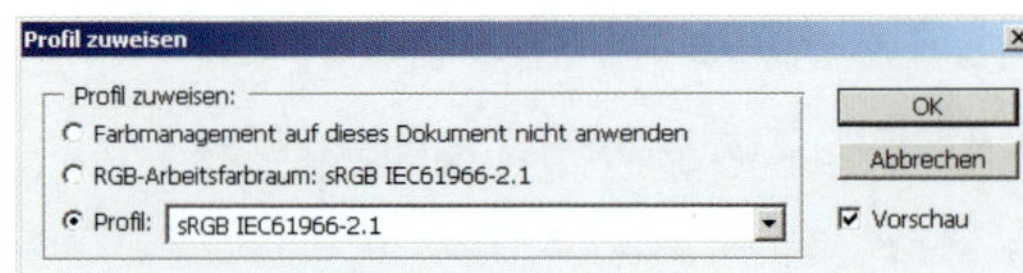

▲ *Sie werden staunen, wie stark sich die Farben ändern. Im Gesamten wird das Bild wesentlich flauer und kühler.*

▼ *Links die Darstellung des Bildes in Photoshop im Adobe RGB-Farbraum, rechts die Darstellung als sRGB im Internet ohne Konvertierung, Model Daniela, Fotograf: Marin Zurmühle.*

Wollen Sie solche ungewollten Farbveränderungen vermeiden, müssen Sie das Bild nach der Verkleinerung und vor der Umwandlung in ein JPEG-Bild mit dem Befehl *Bearbeiten/In Profil umwandeln* in den sRGB-Farbraum konvertieren.

Dabei werden die Pixelwerte so verändert, dass eine möglichst gleiche Darstellung im neuen Farbraum erreicht wird. Da dadurch die Farbwerte definitiv verändert werden, sollten Sie diesen Befehl nur für Internetdateien anwenden und die Originalbilder im Adobe RGB-Farbraum belassen.

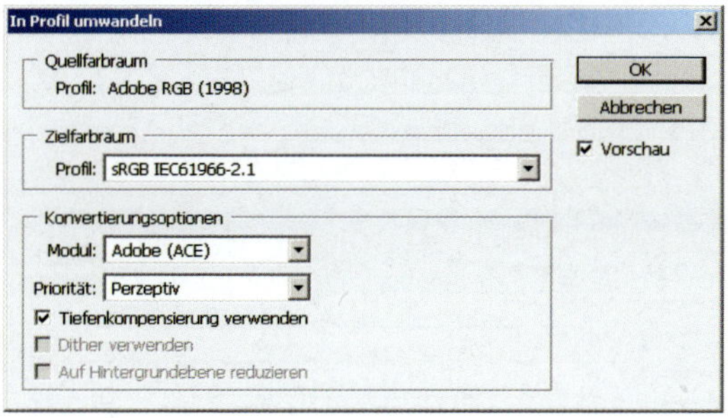

Sie sehen, das Arbeiten mit dem größeren Adobe RGB-Farbraum ist wesentlich anspruchsvoller als mit sRGB.

Verwenden Sie diesen Farbraum deshalb nur, wenn Sie die höchste Qualität bei Ihren Ausdrucken wünschen. Für die meisten Anwendungen reicht Ihnen der sRGB-Farbraum, und Sie haben weniger Probleme.

TIPP **Farbräume**

Wollen Sie Ihre Bilder vor allem im Internet zeigen und haben Sie keine hohen Ansprüche an die Drucke, arbeiten Sie am besten mit dem einfachen und bequemen sRGB-Farbraum. Legen Sie Wert auf sehr gute Ausdrucke mit einem großen Farbraum, arbeiten Sie besser mit dem größeren, aber auch anspruchsvolleren Adobe RGB (1998)-Farbraum.

8.5 Bildinformationen der Kamera in EXIF-Dateien

Beim Betrachten der Bilder ist es sehr hilf- und lehrreich zu wissen, mit welchen Einstellungen die Aufnahme gemacht wurde. Nicht wenige analoge Fotografen notieren sich jeweils diese Einstellungen. Wer digital fotografiert, hat das nicht mehr nötig, denn die Kamera speichert eine Vielzahl von Informationen mit jedem Bild ab. Die entsprechenden Datenfelder sind normiert und werden von praktisch allen Bildorganisationstools erkannt.

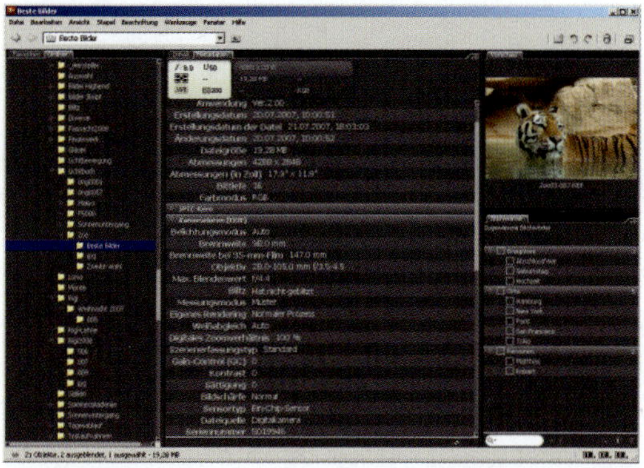

Anzeige der EXIF-Daten im Browser von Photoshop CS3 (Adobe Bridge).

In den EXIF-Dateien wird eine Vielzahl von Informationen zur Aufnahme gespeichert. Hier die Angaben in Adobe Bridge:

- Blende, Belichtungszeit und ISO-Wert
- Erstellungsdatum und -zeit
- Dateigröße
- Auflösung (Abmessungen) und Bit-Tiefe
- Farbmodus
- Belichtungsmodus
- Brennweite und Brennweite Kleinbildformat
- Objektiv mit maximaler Blendenöffnung
- Blitzeinstellung
- Weißabgleich
- weitere Kameraeinstellungen wie Kontrast, Sättigung, Scharfzeichnung etc.

Wollen Sie Ihre fotografischen Fähigkeiten überprüfen und verbessern, schauen Sie regelmäßig die EXIF-Dateien Ihrer Bilder an. Sie können so wertvolle Informationen sammeln und Aufnahmefehler beim nächsten Mal vermeiden. In der digitalen Welt können Sie so viel schneller lernen als früher, und Sie werden dadurch auch schneller ein guter Fotograf.

Beim Konvertieren der Bilder in der Bildbearbeitung in andere Dateiformate können EXIF-Informationen verloren gehen. Es ist daher immer wichtig, die Originalbilder aufzubewahren. So haben Sie die Gewähr, dass Sie jederzeit in den Originalaufnahmedaten nachschauen können. Ich erstelle nach jedem Shooting eine Sicherungskopie der Originalbilder auf DVD. Diese bewahre ich an einem sicheren Ort auf (wegen der Brandgefahr am besten nicht im gleichen Gebäude wie den PC).

Diese Daten bilden für mich den letzten Notnagel, wenn mal alles schief geht. EXIF-Dateien können mit den Bildbetrachtungs- und -bearbeitungsprogrammen und dem Windows-Explorer angeschaut werden. Es gibt außerdem spezielle EXIF-Betrachtungsprogramme wie den Exif Viewer oder den Quick EXIF Editor.

8.6 Bildinformationen in der Bildbearbeitung festlegen

Schon mithilfe der EXIF-Informationen können Sie mit geeigneten Programmen Schlagwörter und Suchinformationen erfassen. Noch weiter geht die Erfassung der Bildinformationen mit IPTC. Dateiinformationen, sogenannte Metadaten, nehmen in allen Publishing-Bereichen an Bedeutung zu. Photoshop unterstützt den von der **N**ewspaper **A**ssociation of **A**merica (NAA) und dem **I**nternational **P**ress **T**elecommunications **C**ouncil (IPTC) entwickelten Informationsstandard zum Erkennen übermittelter Texte und Bilder. Dieser Standard umfasst Einträge für Beschreibungen, Stichwörter, Kategorien, Bildrechte und Herkunft. Diese Daten werden von Fotografen, Bildredaktionen und Bildagenturen verwendet. Auch diese Daten werden von vielen professionellen Bildbearbeitungs- und -archivierungsprogrammen (nicht aber von Windows) unterstützt. Neben EXIF ist IPTC der momentan einzige verbreitete Standard, den die meisten Bildorganisationstools verstehen. In Zukunft könnte IPTC durch den neuen NewsML-Standard abgelöst werden.

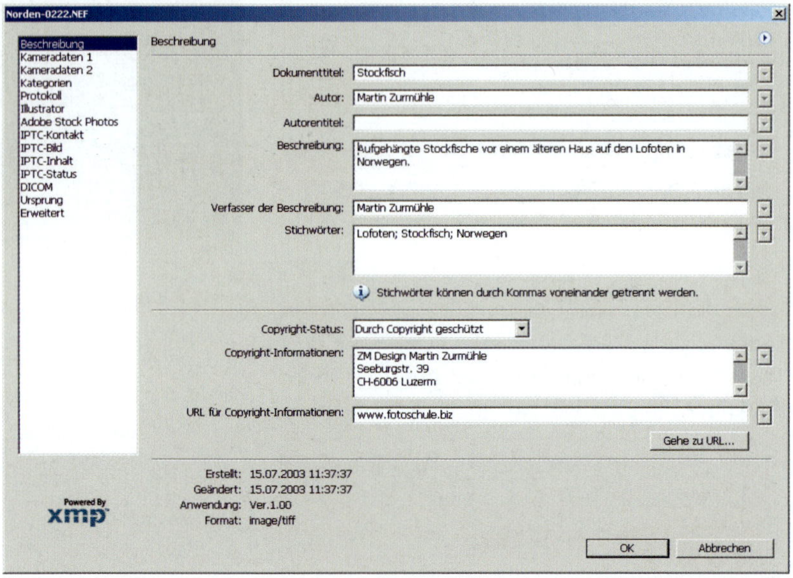

Zu der Aufnahme auf der gegenüberliegenden Seite wurden mit dem Befehl *Datei/Datei Information* folgende Informationen hinterlegt:

Sie können so wichtige Informationen und Suchwörter in den Bildern hinterlegen. Mit einer Aktion in Photoshop können Sie die Dateneingabe erleichtern. Trotzdem ist es ein schönes Stück Arbeit und lohnt sich nur, wenn Sie Ihre Bilder professionell vermarkten möchten.

Neben den von Ihnen angegebenen Daten finden Sie auch noch einen Teil der EXIF-Daten in den entsprechenden Registern.

Zusätzlich zu den Bildinformationen finde ich es auch wichtig, dass Sie Ihren Bildern aussagekräftige Namen geben.

Arbeiten Sie zum Beispiel mit Nikon ViewNX, können Sie beim Überspielen der Bilder von der Kamera oder der Speicherkarte alle Bilder automatisch umbenennen lassen. So haben Sie Ordnung und können jedes Bild sofort zuordnen.

Ich verwende dazu bei den Shootings den Namen des Models und die Nummer des Shootings. Bei anderen Aufnahmen nehme ich eine Sach- oder Ortsangabe (z. B. Schweden) und das entsprechende Jahr. Die Laufnummer der Bilder wird dann entsprechend der Aufnahmereihenfolge durch das Programm vergeben, beispielsweise *Schweden02-001.jpg*.

INFO **Downloadhinweis**

Einige Bilder können Sie unter folgender Internetadresse als Übungsbeispiele herunterladen: *www.databecker.de*.
Dort geben Sie unter *Downloads/Buch-Extras* den Titel dieses Buches ein.

9

Die Kamera im täglichen Einsatz

In den ersten Kapiteln haben Sie die wichtigsten Kamerafunktionen und die Grundregeln der Optik kennen gelernt. Nun wollen Sie aber die Kamera auch in der Praxis richtig einsetzen. Welche Autofokus-Funktionen eignen sich am besten für welche Aufnahmesituationen? Wie soll die Kamera gehalten werden, um verwacklungsfreie Bilder zu erhalten? Wie schützen Sie diese Wunderwerke der Technik am besten vor den Witterungs- und Umwelteinflüssen? Und welche Tricks gibt es, um die Bilder auf längeren Reisen zu speichern?

9.1 Aufnahmebetriebsarten und Autofokus

Sie haben in den vorangehenden Kapiteln viele Informationen zur Kamera und der Optik erhalten. Nun wollen wir diese Kenntnisse aber auch in der Praxis umsetzen. Zwei wichtige Einstellungen beeinflussen entscheidend das Arbeiten mit der Kamera: die Aufnahmebetriebsart und der Autofokus.

Aufnahmebetriebsart

◀ *Aufnahmebetriebsartenschalter der Nikon D300.*

Moderne DSLR kennen mehrere Aufnahmebetriebsarten (siehe Tabelle unten). In der Regel arbeite ich mit der Einzelbildschaltung. Dort habe ich die beste Kontrolle über das Bild und kann genau entscheiden, wann ich auslösen will. Bei bewegten Motiven (z. B. bei Tier- und Sportaufnahmen) spielt die Serienschaltung ihre Stärken aus. Durch eine Vielzahl von Aufnahmen in kurzer Abfolge haben Sie wesentlich bessere Chancen, genau den richtigen Zeitpunkt für die Aufnahme zu erwischen. Die Live-View-Funktion ist praktisch für Aufnahmen über Kopf oder aus der Froschperspektive. Dazu sollte allerdings auch das Kameradisplay geschwenkt und gekippt werden können (was bei vielen DSLR leider nicht möglich ist). Gut geeignet ist Live View bei Stativaufnahmen. Dank der Lupenfunktion können Sie die Scharfstellung sehr gut am Display kontrollieren.

▲ *Dank Selbstauslöser kommt der Fotograf auch mal mit aufs Bild.*

Den Selbstauslöser setze ich vor allem dann ein, wenn ich mich selbst mit fotografieren möchte. Es ist ja eine bekannte Tatsache, dass Fotografen von sich selbst fast keine Bilder haben. Da kann der Selbstauslöser zwischendurch gute Dienste leisten.

Aufnahmebetriebsart	**Wirkung**
S – Einzelbild (Single)	Standardeinstellung. Jeder vollständige Druck auf den Auslöser löst ein Bild aus. Mehrere Bilder können (je nach Leistungsfähigkeit der Kamera) in kurzer Folge aufgenommen werden. Ist der Pufferspeicher in der Kamera voll, wird der Auslöser blockiert.
C – Serienaufnahme	Solange der Auslöser gedrückt wird, werden mehrere Aufnahmen in Folge ausgelöst. Die Bildfolge und Anzahl der Bilder ist abhängig von der Größe und der Schnelligkeit des internen Pufferspeichers. Viele DSLR kennen langsamere und schnellere Serienaufnahmen.
Live View	Sie wählen den Bildausschnitt nicht durch den Sucher, sondern mit dem Kameramonitor aus.
Selbstauslöser	Zeitverzögerte Kameraauslösung (meistens um 10 Sekunden) für Stativaufnahmen. Der Verzögerungswert kann individuell festgelegt werden.
Spiegelvorauslösung	Beim ersten Druck auf den Auslöser wird der Spiegel hochgeklappt, beim zweiten wird die Aufnahme belichtet. Dazwischen steht natürlich kein Sucherbild mehr zur Verfügung. Nach der Aufnahme wird der Spiegel wieder gesenkt. Nicht alle DSLR-Kameras kennen diese Funktion.

TIPP **Stativaufnahmen**

Sie können den Selbstauslöser aber auch für Aufnahmen ab Stativ einsetzen, wenn Sie keinen Kabelfernauslöser dabeihaben. Dadurch stellen Sie ein erschütterungsfreies Auslösen sicher. Die Spiegelvorauslösung hilft zur Vermeidung minimaler Vibrationen, die durch das Hochklappen des Spiegels ausgelöst werden können – etwas für qualitätsbewusste Fotografen bei Stativaufnahmen mit dem Kabelfernauslöser. Mit Live View können Sie, kombiniert mit der Lupenfunktion, die Schärfe sehr gut direkt am Kameramonitor kontrollieren. Einige Kameras können auch direkt am Monitor mit der Kontrasterkennung automatisch fokussieren.

Autofokus bei der Kamera

In Kapitel 3 habe ich Ihnen die Autofokus-Funktion im Objektiv erklärt. Die Ansteuerung dieser Funktion erfolgt von der Kamera aus. Achten Sie darauf, dass bei neuen Objektiven der Schalter beim Objektiv auch eingeschaltet ist. Sonst funktioniert der Autofokus nicht.

Digitalkameras kennen zwei verschiedene Methoden zur automatischen Fokussierung. Der passive Autofokus, wie er in den Kompaktkameras eingebaut ist, erfasst nur den Bildkontrast. Das Bild auf dem Sensor gibt der Kameraelektronik Hinweise zur Bildschärfe, allerdings nicht zur Richtung, in die fokussiert werden sollte. Mit Trial & Error ermittelt nun die Kamera den optimalen Fokuspunkt. Dieser ist erreicht, wenn bei einer weiteren Fokussierung der Kontrast im Bild wieder abnimmt. Das funktioniert in den kleinen digitalen Kompaktkameras sehr gut, weil die Schärfentiefe aufgrund der kleinen Brennweite sehr hoch und die Einstellwege sehr klein sind. So fokussieren die Kompaktkameras erstaunlich präzise und schnell. Bei DSLR sind die Einstellwege aber viel länger und die Objektive benötigen eine viel höhere Einstellgenauigkeit.

In neueren DSLR wie der D300 oder D3 ist die Live-View-Funktion eingebaut. Bei Stativaufnahmen kann nun auch wie bei den Kompaktkameras mit einem passiven Autofokus durch Kontrasterkennung scharf gestellt werden. Die Fokussierung ist entsprechend langsam, was aber bei Stativaufnahmen keine Rolle spielt. Dafür kann die Scharfstellung mit der Lupenfunktion sehr präzise durchgeführt und am Monitor kontrolliert werden.

Fokussierung mit Live View und Kontrasterkennung mit der Nikon D300.

Die DSLR-Kameras arbeiten mit aktivem Autofokus mit Erkennung der Phasenverschiebung. Hinter dem

TIPP **Fokussierung bei wenig Licht**

Bei wenig Umgebungslicht haben verschiedene DSLR Mühe, auf das ausgewählte Fokusmessfeld scharf zu stellen. Die Kamera fokussiert dann nicht auf den ausgewählten Messpunkt, sondern wählt selbstständig einen anderen, helleren Bereich im Hintergrund aus. Eine ausgesprochen ärgerliche Sache, da Sie ja bei wenig Licht auch große Mühe haben, manuell zu fokussieren. Kontrollieren Sie bei solchen Lichtverhältnissen deshalb die Scharfstellung regelmäßig mit der Lupenfunktion am Kameradisplay. Mit manueller Fokussierung und mehreren Testaufnahmen können Sie die richtige Einstellung auch bei Dunkelheit finden.

in der Mitte lichtdurchlässigen Schwingspiegel ist ein weiterer Spiegel angebracht. Dieser lenkt das durchgelassene Licht des Schwingspiegels nach unten zum Boden des Kameragehäuses, wo die Sensoren des Autofokus-Systems angeordnet sind. Für die Fokussierung werden nun mehr oder weniger weit außen liegende Randstrahlen des Objektivs mithilfe einer Feldlinse auf dem AF-Sensor abgebildet. Aus der Lage und der Breite der aufgenommenen Signale ermittelt die Kamera den genauen Fokuspunkt und die Richtung der Fokussierung.

Dieses System arbeitet sehr schnell und meistens auch genau. Lichtstarke Objektive sind bei der Fokussierung von Vorteil, weil hier die Randstrahlen mehr Information bringen als bei kleineren Blendenöffnungen, die die Randstrahlen abschatten.

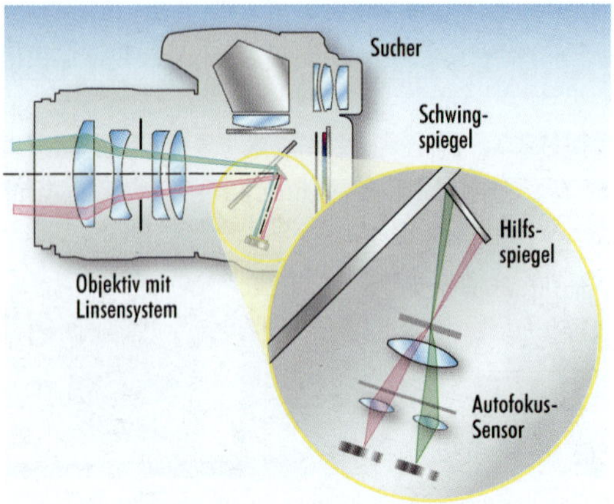

Das Autofokus-System der DSLR.

Der Autofokus-Sensor besteht aus kurzen Pixelreihen, die zusammen ein Messfeld, einen Liniensensor, bilden. Diese Liniensensoren stehen entweder senkrecht oder waagerecht. Ein waagerecht ausgerichtetes Messfeld reagiert nur auf vertikale Strukturen, ein vertikal ausgerichtetes Messfeld nur auf waagerechte. Der Kreuzsensor besteht aus zwei Messfeldern, die senkrecht aufeinander stehen. Dadurch kann der Sensor sowohl auf vertikale als auch auf horizontale Strukturen reagieren. Die Kreuzsensoren eignen sich deshalb sehr gut zur Erfassung von Bewegungen und sind im Bildzentrum angeordnet.

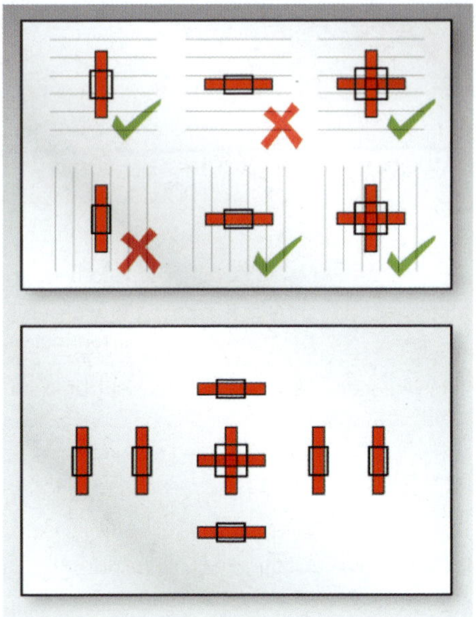

Die Nikon D300 besitzt z. B. 51 AF-Sensoren, davon 15 Kreuzsensoren. Die Zahl der aktiven Sensoren bei dynamischer Mehrfeldsteuerung kann ausgewählt werden (9, 21 oder 51 Messfelder). Alle 51 Sensoren stehen ab einer Lichtstärke von 5.6 oder höher uneingeschränkt für die Fokussierung zur Verfügung. Diese große Zahl an Messfeldern erleichtert in der Praxis die präzise Fokussierung sehr.

Der Autofokus wird gesteuert durch die Wahl der Autofokus-Betriebsart und die Autofokus-Mehrfeldsteuerung.

Autofokus-Betriebsartenschalter der Nikon D300.

Die manuelle Fokussierung eignet sich vor allem für Stativaufnahmen, wenn kein geeignetes Fokusmessfeld angewählt werden kann. Zudem können Sie so

Die DSLR-Kameras verfügen über drei Autofokus-Betriebsarten:

Betriebsart	Wirkung
M - **M**anuell	Keine Autofokus-Funktion. Die Scharfstellung erfolgt manuell direkt am Objektiv. Die Schärfe kann aber mit dem Schärfeindikator in der Kamera kontrolliert werden (elektronische Einstellhilfe). Die Kamera löst unabhängig von der Scharfstellung aus.
S - Einzelautofokus (**S**ingle)	Standardeinstellung. Die Kamera stellt automatisch scharf, wenn der Auslöser bis zum ersten Druckpunkt gedrückt wird. Die Schärfe bleibt fixiert, solange der Auslöser in dieser Stellung gehalten wird. Die Kamera löst nur aus, wenn das Motiv scharf gestellt ist. Bei neueren Objektiven muss evtl. auch am Objektiv auf Autofokus umgestellt werden.
C - kontinuierlicher Autofokus (**C**ontinous)	Solange der Auslöser bis zum ersten Druckpunkt gedrückt wird, stellt die Kamera automatisch die Schärfe nach, wenn sich das Motiv bewegt. Die Kamera kann jederzeit auslösen, auch wenn das Motiv nicht scharf gestellt ist. Bei neueren Objektiven muss evtl. auch am Objektiv auf Autofokus umgestellt werden.

auch die Schärfeebene in der Mitte zwischen die gestaffelten Motive legen und so einen größeren Schärfebereich abdecken.

Eine Architekturaufnahme mit großer Schärfentiefe ist ein Fall für manuelle Fokussierung und Einzelautofokus, Fotograf: Gerhard Busch.

Bei Nachtaufnahmen muss oft manuell fokussiert werden, weil zu wenig Licht für den Autofokus vorhanden ist. Hier kann das Licht einer Taschenlampe helfen. Auch im Studio bei wenig Einstelllicht ist die Verwendung des Autofokus manchmal schwierig, weil homogene Flächen wie die Haut schlecht erfasst werden. Manchmal wird der Autofokus auch durch spiegelnde Oberflächen verwirrt.

Der Einzelautofokus eignet sich für die meisten Aufnahmesituationen. Er wird fast immer kombiniert mit Einzelbildschaltung und Einzelfeldmessung. Der genaue Zeitpunkt der Auslösung wird vom Fotografen festgelegt. Mit Blitzlicht funktioniert wegen der Ladezeit des Blitzes nur die Einzelbildschaltung. Wenn der Auslöser bis zum ersten Druckpunkt gedrückt wird, stellt das Objektiv scharf. Wird der Bildausschnitt anschließend verändert, bleibt die Lage der Schärfe aber fest.

Beim kontinuierlichen Autofokus wird beim Drücken des Auslösers bis zum ersten Druckpunkt die Schärfe dauernd gemessen und nachgestellt.

Wähler für die Autofokus-Messfeldsteuerung bei der Nikon D300.

Dieser Modus ist geeignet für Aufnahmen von bewegten Motiven (z. B. Tieren, Sportlern). Üben Sie das ruhige Halten des Auslösers in dieser Stellung. Die Autofokus-Betriebsart bestimmt, wie das Objektiv fokussiert wird.

Die Autofokus-Mehrfeldsteuerung legt im Gegenzug fest, welche Messfelder im Sucher für die Bestimmung der Lage der Schärfe im Bild verwendet werden. Auch hier gibt es mehrere Einstellungsmöglichkeiten:

Schwimmende Fische sind ein Fall für den kontinuierlichen Autofokus, Fotograf: Martin Zurmühle.

Betriebsart	Wirkung
Einzelfeldsteuerung	Die Kamera fokussiert nur im vorgewählten Fokusmessfeld. Das Fokusmessfeld kann dabei individuell festgelegt werden. Die Fokussierung kann bis zum Auslösen gespeichert werden (z. B. durch leichtes Drücken und Halten der Auslösetaste).
Dynamische Messfeldsteuerung	Die Kamera berücksichtigt verschiedene Informationen aus mehreren Messfeldern. Bei sich bewegenden Objekten wird auch die Schärfe nachgeführt, wenn sich das Objekt von einem zum anderen Fokusmessfeld bewegt. Gewisse Kameras berechnen sogar die Bewegungen voraus oder fokussieren automatisch auf die kürzeste Distanz.

Ich arbeite meistens mit der Einzelfeldsteuerung. Da weiß ich genau, bei welchem Fokusmessfeld die Kamera die Schärfe misst. Vor allem bei Porträtaufnahmen muss die Schärfe ganz präzise auf das Auge gelegt werden. Unscharfe Augen wirken auf den Betrachter sehr störend. Sind die Augen aber scharf, darf ruhig ein großer Teil des übrigen Bildes unscharf sein.

Bei Einzelautofokus kann nach dem Drücken und Halten des Auslösers auf dem ersten Druckpunkt nach der Fokussierung der Bildausschnitt gewechselt werden, ohne dass automatisch nachfokussiert wird. Achten Sie aber darauf, dass der Abstand zum scharf gestellten Motiv nicht verändert wird.

Bei der dynamischen Messfeldsteuerung werden die Informationen von verschiedenen Messfeldern gesammelt und in die Berechnung der Schärfeebene einbezogen. Moderne DSLR-Kameras kennen gleich mehrere verschiedene Methoden des Einbezugs einer unterschiedlichen Zahl von Messfeldern.

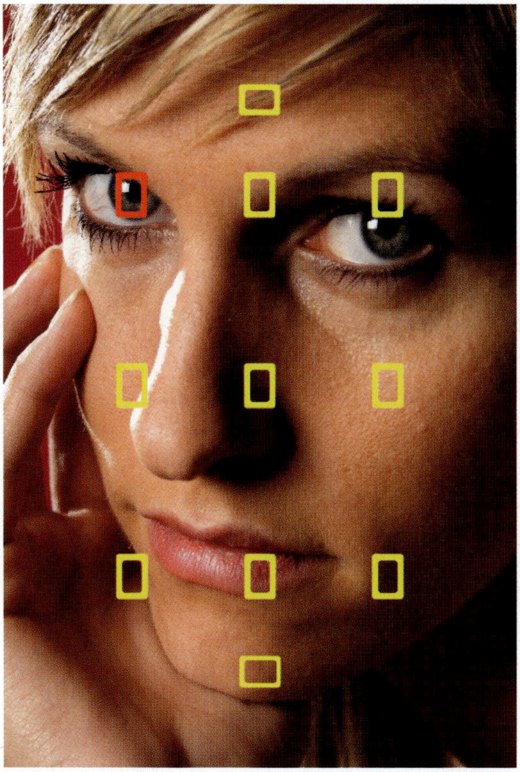

▲ *Das Fokusmessfeld liegt genau auf dem Auge, das sehr scharf abgebildet wird. Trotz Blende 8 wird das zweite Auge schon leicht unscharf wiedergegeben, Model Daniela, Fotograf: Martin Zurmühle.*

Bei der Nikon D300 können zwei verschiedene Methoden gewählt werden:

- dynamische Messfeldsteuerung
- automatische Messfeldsteuerung

Die dynamische Messfeldsteuerung ist gut geeignet für sich unvorhersehbar bewegende Motive, bei denen nicht klar ist, in welchem der Messfelder sich das Motiv zum Zeitpunkt der Auslösung befinden wird.

Die dynamische Messfeldsteuerung arbeitet am besten mit kontinuierlichem Autofokus. Die automatische Messfeldsteuerung findet selbstständig das Motiv im Vordergrund und ist so gut für Personenaufnahmen geeignet. Welche der verschiedenen Methoden sich für Ihren Zweck am besten eignet, erfahren Sie durch Testaufnahmen.

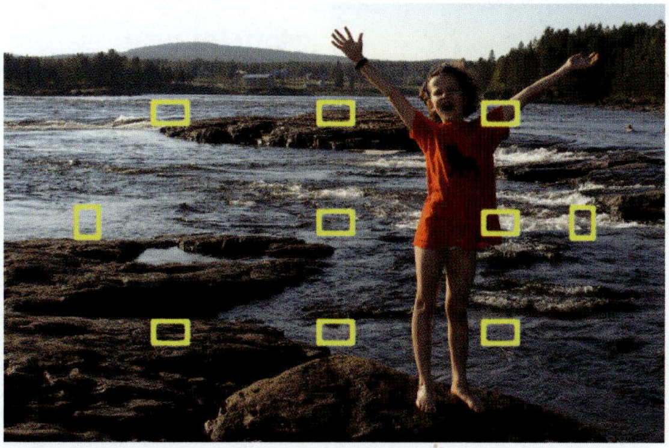

▲ *Bei der automatischen Messfeldgruppensteuerung wird die Schärfe automatisch auf meine Tochter Sarah im Vordergrund gelegt.*

Die Kameras sind heute so intelligent, dass sie die Bewegungsrichtung des Motivs erkennen und so auch die richtige Lage der Schärfeebene zum Zeitpunkt der Auslösung berechnen können. Wunderwerke der Technik, die vor allem bei Sport- und Tieraufnahmen ganz tolle Arbeit leisten.

Die richtigen Kombinationen

Mehrere Funktionen haben also einen Einfluss auf die Aufnahme und die automatische Fokussierung:

- zwei Einstellungen bei der Aufnahmebetriebsart (Einzelbild und Serienaufnahme)
- zwei Einstellungen bei der Fokussierung (Einzelautofokus und kontinuierlicher Autofokus)
- zwei oder mehr Einstellungen bei der Einzelfeldsteuerung und Messfeldsteuerung

So ergeben sich mindestens acht Kombinationen. So viele Möglichkeiten sind ein Eldorado für den Technikfreak, aber auch ein Horror für den nicht so technikorientierten Fotografen. Die vielen Möglichkeiten bieten nämlich auch diverse Gelegenheiten für Fehleinstellungen. Welche Kombinationen sind nun aber für welche Zwecke am besten? Stellen Sie die Kamera auf Einzelbildschaltung, auf Einzelautofokus und Einzelfeldmessung, und Sie liegen bei 90 % Ihrer Aufnahmen goldrichtig! Das ist gleichzeitig auch die Standardeinstellung der Kamera.

Motiv	Einstellung
Einfangen von sich schnell bewegenden Motiven	Durch Serienaufnahmen werden schnelle Bewegungen in vielen Einzelbildern festgehalten. Das kann bei Sport- und Tieraufnahmen wie auch bei Porträt- und Reportageaufnahmen sinnvoll sein.
Motiv bewegt sich regelmäßig und kalkulierbar	Dank des kontinuierlichen Autofokus liegt die Schärfe immer auf dem bewegenden Objekt. Allerdings löst die Kamera auch aus, wenn das Motiv für einen Moment nicht mehr in der Schärfeebene liegt. In Kombination mit Serienaufnahmen haben Sie eine hohe Trefferwahrscheinlichkeit.
Motiv bewegt sich überraschend und unkalkulierbar	Der kontinuierliche Autofokus und die dynamische Messfeldsteuerung bieten hier eine sehr hohe Aufnahmesicherheit.
Motiv bewegt sich in Richtung der Kamera oder von der Kamera weg	Hier bieten sich die Einzelbildschaltung und der Einzelautofokus in Kombination mit der dynamischen Messfeldsteuerung an. Die Messfeldsteuerung berechnet dabei die Lage des Motivs zum Zeitpunkt der Auslösung und stellt darauf scharf.
Porträt- und Gruppenaufnahmen	Bei Porträt- und Gruppenaufnahmen erkennt die automatische Messfeldsteuerung die im Vordergrund stehenden Motive selbstständig, auch wenn sie sich nicht in der Bildmitte befinden, und stellt darauf scharf.

Ändern Sie diese Grundeinstellungen nur, wenn Sie einen wirklich guten Grund dafür haben. Vergessen Sie aber nicht, diese Einstellungen nach der Verwendung wieder zurückzustellen. Sonst werden Sie mit überraschenden Ergebnissen bestraft.

Die oben stehende Tabelle zeigt ein paar gute Argumente für eine abweichende Einstellung. Beim Mitziehen von sich bewegenden Objekten (z. B. Fahrzeugen) arbeiten Sie hingegen besser mit den Grundeinstellungen (evtl. noch mit Serienaufnahmen), da die Kamera ja bezüglich des Motivs ruhig steht und der Hintergrund bewusst verwischt wird.

TIPP **Autofokus**

Bei statischen Aufnahmen verwenden Sie nur die Einzelbildschaltung, den Einzelautofokus und die Einzelfeldmessung. Bei sich regelmäßig bewegenden Motiven können Sie mit Einzel- oder Serienaufnahmen, kontinuierlichem Autofokus und Einzelfeldsteuerung arbeiten. Bei sich unregelmäßig bewegenden Motiven können Sie mit Einzel- oder Serienaufnahmen, kontinuierlichem Autofokus und dynamischer Messfeldsteuerung arbeiten.

9.2 Kamerahaltung bei der Aufnahme

Die richtige Handhabung der Kamera bei der Aufnahme erleichtert Ihre Arbeit und verhindert Aufnahmefehler. Viele Kompaktkameras haben Displays auf der Kamerarückseite.

Die Kamera wird mit ausgestreckten Armen gehalten und der Bildausschnitt am Display festgelegt. Bei dreh- und schwenkbaren Displays sind auch Aufnahmen aus der Froschperspektive oder über Kopf möglich.

Im Freien bei viel Licht ist das Arbeiten mit Display aber schwierig, weil Sie das Sucherbild schlecht erkennen können. Dann wählen Sie den Bildausschnitt besser durch den Kamerasucher. Bei den meisten DSLR-Kameras haben Sie nur diese Möglichkeit, dafür zeigt Ihnen die Kamera (im Gegensatz zu den meisten Sucherkameras) den genauen Bildausschnitt.

Wichtig für eine verwacklungsfreie Aufnahme ist neben einer kurzen Belichtungszeit eine ruhige Hand beim Halten und Auslösen der Kamera. Am schwierigsten ist es, eine Kamera im Stehen und ohne Auflage zu halten.

Das ist vergleichbar mit dem Schießen aus dem Stand. Ein Anwinkeln der Arme an den Körper kann hier eine zusätzliche Stabilisierung bringen. Achten Sie aber auch beim Auslösen auf eine langsame und ruckfreie Bewegung des Fingers, so wie Sie beim Schießen auch den Schuss mit einer möglichst gleichmäßigen Bewegung am Abzug auslösen.

Besser ist es, wenn Sie eine zusätzliche Auflage für Ihre Ellbogen finden. Aus dem Schneidersitz können Sie zum Beispiel die Kamera viel ruhiger halten als stehend. Im Liegen können Sie die Ellbogen ebenfalls gut am Boden aufstützen. So sind auch längere Belichtungszeiten als der Umkehrwert der Brennweite möglich. Wichtig ist aber immer, dass Sie sich in der gewählten Position wohl fühlen. Verkrampfe Stellungen führen schnell zu verwackelten Aufnahmen, weil die Muskulatur dann zu zittern beginnt.

Die DSLR-Kameras sind gebaut für Aufnahmen im Querformat. Bei Hochformataufnahmen müssen Sie eine seltsame Überkopfbewegung mit einem Arm durchführen. Da wir solche Bewegungen nur selten ausführen und auch Mühe haben, dabei die Arme zu stabilisieren, sind solche Aufnahmen wesentlich schwieriger durchzuführen als Querformataufnahmen.

Eine perfekte Lösung für dieses Problem sind nachträglich montierbare Hochformatmodule oder Kameras, die schon einen Hochformatauslöser besitzen.

Sie brauchen nur die Kamera zu drehen und können die Armstellung wie bei den Querformataufnahmen belassen. Wer einmal so fotografiert hat, will nichts anderes mehr.

Der einzige Nachteil ist das wesentlich höhere Kamerägewicht. Bei Profikameras ist der Hochformatauslöser bereits ins Kameragehäuse integriert.

Bei anderen Modellen kann er als Zusatz gekauft werden. Neben dem Auslöser bietet dieses Modul auch noch Platz für eine zweite Batterie.

Multifunktionshandgriff der Nikon D300 mit Hochformatauslöser

9.3 Kameratransport und Kamerataschen

Digitale Kameras sind nicht mehr so robust wie die alten analogen Eisen. Sie besitzen sehr viel Technik mit vielen Einstellknöpfen und Bedienungselementen.

Auch das Kameradisplay ist empfindlich gegen Schläge und Kratzer. Schützen Sie deshalb Ihre Kamera während des Transports. Kleine Digicams können Sie in einfachen Ledereetuis oder Kamerataschen aufbewahren. Meistens sind diese Kameras sowieso sehr kompakt und können leicht geschützt und transportiert werden.

Schwieriger wird die Sache bei umfangreichen Ausrüstungen moderner DSLR-Kameras. Der beste Schutz der Kameras beim Transport ist ein robuster Aluminiumkoffer mit weichen Kunststoffeinlagen.

Solche Koffer werden von Profis für längere Reisen verwendet. Eine Alternative dazu sind auch gute Kamerarucksäcke oder -taschen. Diese gibt es in vielen Größen und Ausführungen. Kamerarucksäcke bieten auch genügend Befestigungsmöglichkeiten für den Transport eines stabilen Stativs.

Eine weitere Möglichkeit ist ein Lederschutz für die Kamera selbst. Das ist ein guter Schutz gegen Schläge, erweist sich aber in der Praxis als ziemlich unhandlich, da der Deckel nicht zu allen Objektiven passt. Zudem muss die Sonnenblende abmontiert werden, und die Kamera ist so nicht sofort einsatzbereit. Ich verzichte deshalb heute auf diesen

TIPP Kamerataschen

Schöne Kamerataschen haben einen großen Nachteil. Jeder erkennt sofort, dass sich darin eine teure Kameraausrüstung befindet. Ich nehme deshalb auf langen Reisen in schwierige Länder anstelle der Kameratasche einfach eine alte ausgetragene Tasche mit. So erkennt niemand den Wert, der sich darin befindet.

Eine kleine Tasche für eine Kompaktkamera von Tamrac.

Ein großzügiger Kamerarucksack für eine DSLR-Ausrüstung von Tamrac.

Stativbefestigung am Kamerarucksack von Tamrac.

Schutz und gehe einfach sorgfältiger mit der Kamera um.

Das Kameradisplay ist sehr empfindlich gegen Schläge und Kratzer. Sie können es aber leicht mit einer durchsichtigen Kunststoffabdeckung schützen, die bei den meisten Kameras mitgeliefert wird. Ich lasse diese Abdeckung bei meinen Kameras immer auf dem Display.

9.4 Schutz vor Staub und Feuchtigkeit

Der größte Nachteil der DSLR-Kameras ist ihre Empfindlichkeit gegen Staub. Feine Staubkörner lagern sich auf den Sensoren ab und verursachen Flecken in den Bildern. Die Kompakt- und Bridge-Kameras haben keine Wechselobjektive. Deshalb kann bei ihnen auch kein Staub in die Kamera eindringen. Bei den DSLR-Kameras hingegen kann bei jedem Objektivwechsel Staub ins Gehäuse gelangen.

Natürlich können Sie diese Fehler in der Bildbearbeitung mit verschiedenen Werkzeugen (Reparatur-Pinsel, Kopierstempel- oder Ausbessern-Werkzeug) korrigieren, aber das ist sehr viel Arbeit. Besser ist es immer, mit möglichst sauberen, staubfreien Sensoren zu arbeiten.

Typische Flecken durch Staub auf dem Sensor, die vor allem im Bereich von homogenen Farbflächen (z. B. dem Himmel) sichtbar werden.

Viele Hersteller versuchen, mit Staubschutzsystemen wie antistatischer Beschichtung und Vibrationen diesem Problem Herr zu werden. So können kleine Staubpartikel beim Einschalten der Kamera vom Sensor entfernt werden.

Größere Partikel bleiben aber oft auf dem Sensor kleben. Die ultimative Lösung wurde noch nicht gefunden. Am besten ist es noch immer, den Staubeintritt ins Kameragehäuse so klein wie möglich zu halten. Dafür gibt es ein paar Regeln zu beachten:

- Wechseln Sie die Objektive nicht zu häufig. Mit einem guten Zoomobjektiv können Sie einen großen Teil Ihrer Aufnahmen machen.
- Wechseln Sie die Objektive an einem möglichst staubfreien und windstillen Ort.
- Arbeiten Sie schnell und lassen Sie das Gehäuse nur kurze Zeit offen.
- Halten Sie beim Wechseln der Objektive die Kameraöffnung nach unten.
- Schalten Sie die Kamera vor dem Objektivwechsel aus, damit sich der Sensor statisch entladen kann.

Neben den automatischen Staubschutzsystemen in der Kamera und der mechanischen Reinigung des Sensors gibt es auch Softwarelösungen. Dazu wird eine neutrale weiße Fläche mit der Kamera aufgenommen. Dieses Referenzbild dient dann als Basis für die Staubentfernungsfunktion in geeigneten Programmen wie Capture NX für die Nikon-DSLR-Kameras. Die Software entfernt dann automatisch alle Staubflecken auf den Aufnahmen gemäß dem Referenzbild. Allerdings ist dieser Prozess sehr rechenintensiv und langsam, sodass es einfacher ist, mit weitgehend staubfreien Sensoren zu arbeiten.

Oben das Standard-Digital-Survival-Kit mit dem Sensor Swab und Reinigungsflüssigkeit, unten der Sensor Brush von Photografic Solutions (http://www.photosol.com) im Einsatz.

Neben Staub sind auch Feuchtigkeit und Wasser gefährlich für die Kamera. Die meisten Kameras sind recht dicht und ertragen auch einige Regentropfen problemlos. Fallen sie hingegen ins Wasser (auch nur ein paar Sekunden), bleibt Ihnen nichts anderes übrig, als sie in die Werkstatt des Lieferanten zu schicken. Sie dürfen damit aber nicht zu lange warten, denn sonst beginnen die metallischen Kamerateile zu rosten.

Für Unterwasseraufnahmen gibt es von einigen Kameraherstellern Schutzgehäuse. Sie können die Kamera aber auch mit improvisierten Kunststoffhüllen vor Regen schützen. Nur der vordere Teil des Objektivs sollte frei bleiben, sonst wird die Qualität der Aufnahme zu stark beeinflusst. Wollen Sie trotz der Risiken den Sensor selbst reinigen, gibt es dazu folgende Möglichkeiten:

TIPP **Sensorreinigung**

Staub auf Sensoren kann mit speziellen Reinigungssets entfernt werden. Sensoren sind sehr teuer und empfindlich. Sie brauchen deshalb eine ruhige Hand und gute Nerven. Und Sie müssen die Bedienungsanleitung genau einhalten. Wollen Sie nichts riskieren, lassen Sie die Reinigung durch das Fachgeschäft oder den Kamerahersteller durchführen. Lassen Sie gleichzeitig auch noch die Software der Kamera auf den neusten Stand bringen.

Wie Sie sehen, ist die Sensorreinigung alles andere als einfach. Am besten geht es noch mit dem Sensor Brush. Die anderen Methoden sind meiner Meinung nach zu riskant.

Vorbereitung	Schließen Sie die Kamera an ein passendes Kameranetzteil an oder verwenden Sie voll geladene Batterien. Wählen Sie die Reinigungsfunktion im Menü. Das führt zum Hochklappen des Spiegels und zur Deaktivierung des Sensors. Sie können auch die Kamera (mit vollen Batterien!) auf M und die Belichtungszeit auf Bulb stellen. Mit dem feststellbaren Fernauslöser liegt jetzt der Sensor ebenfalls frei, ist dabei jedoch aktiv, lädt sich statisch auf und kann Staub anziehen. Nach dem Entfernen des Objektivs ist der Sensor nun zugänglich.
Sensor abblasen	Die meisten Hersteller empfehlen in der Anleitung zu ihren DSLR, bei Bedarf den Sensor mit einem Blasebalg abzublasen. Bewährt hat sich dazu eine Klistierspritze Größe 5 aus der Apotheke (talkumfrei). Der Sensor wird kräftig mit dem Blasebalg abgepustet. Mit dem Blasebalg dürfen Sie nicht zu tief in die Kamera eindringen und auf gar keinen Fall Sensor oder Verschluss berühren! Nach etwa einer Minute Blasen ist lockerer Schmutz entfernt. Diese Methode ist vor allem wirksam, wenn man die Kamera regelmäßig reinigt. Lässt man den Staub über Monate auf dem Sensor, haftet er stärker und lässt sich durch Ausblasen nicht mehr vollständig entfernen. Verwenden Sie keine Druckluft, denn diese kann den Sensor verschmieren oder zerstören.
Sensor absaugen	Teilweise wird alternativ das Aussaugen mit gedrosseltem Staubsauger und kleinen Vorsatzdüsen empfohlen. Da Haushaltsstaubsauger eine sehr starke Sogwirkung haben, sind hierbei schon vereinzelt Schäden am Verschluss aufgetreten. Diese Methode ist deshalb nur mit schwacher Saugleistung zu empfehlen.
Trockenreinigung	Von der Firma Visible Dust (*www.visibledust.com*) gibt es einen speziellen Pinsel, den Sensor Brush, der zunächst mit Druckluft gesäubert und gleichzeitig statisch aufgeladen wird und dann leicht über den Sensor bewegt wird. Durch die statische Aufladung nimmt er sehr gründlich Staub auf, die Reinigung funktioniert besser als das reine Abblasen mit der Klistierspritze.
Nassreinigung	Hierbei wird der Sensor mit einem mit Reinigungsflüssigkeit getränkten weichen Tuch gereinigt, das üblicherweise um einen passenden Kunststoffspachtel gewickelt ist. Fertig sind diese Spachtel mit Tuch als Sensor Swabs zu beziehen. Als Reinigungsflüssigkeit wird Eclipse oder hochreiner Methylalkohol verwendet, die rückstandsfrei verdunsten. Methylalkohol ist schon bei Hautkontakt und natürlich ebenso beim Einatmen oder Verschlucken stark giftig und sehr leicht entflammbar.

Einzelne Kamerahersteller bieten innerhalb einer Garantiefrist eine kostenlose Reinigung an. Kunden von Nikon können ihre DSLR kostenlos am jeweiligen Hauptsitz der Firma reinigen lassen.

9.5 Probleme bei Wärme, Kälte und großer Höhe

Große Temperaturunterschiede zwischen der Kameratasche und der Umgebung können zu Kondenswasserbildung bei den Objektiven und im Sucher führen. Das schadet der Kamera in der Regel nicht, trotzdem können Sie eine Weile lang nicht fotografieren. Bringen Sie deshalb rechtzeitig die Kamera an den Einsatzort und lassen Sie sie dort langsam die Umgebungstemperatur annehmen.

Digitale Kameras sind elektronische Wunderwerke. Die Elektronik reagiert aber auch viel empfindlicher auf Umgebungseinflüsse als die Mechanik der analogen Kameras. Große Hitze oder große Kälte können die Elektronik lahm legen.

Bei vielen analogen Kameras konnte man noch fotografieren, wenn die Batterie leer war oder die Elektronik ausfiel (mit einer mechanischen Auslösung). Bei digitalen Kameras ist das nicht mehr möglich. Meine Nikon D100 ist empfindlich gegen große Hitze. Steigen die Temperaturen klar über 30 Grad (was bei einem schwarzen Gehäuse lokal schnell möglich ist), streikt die Elektronik, und gar nichts geht mehr. Ich muss dann die Kamera abkühlen, und dann funktioniert plötzlich alles wieder.

Streikt die Elektronik, hilft oft das Ein- und Ausschalten der Kamera oder das Wechseln des Objektivs. Auch das Entfernen und Wiedereinsetzen der Batterien kann manchmal helfen.

Kälte auf der anderen Seite ist Gift für die Batterien. Sie verlieren einen beträchtlichen Teil ihrer Leistung, sodass schneller nicht mehr fotografiert werden kann als bei normalen Temperaturen. Abhilfe kann das Wärmen der Batterien am Körper bringen.

Das Aufwärmen der ganzen Kamera ist hingegen problematisch, weil sonst die Objektive und der Sucher sofort beschlagen, wenn die Kamera wieder an die Kälte kommt. Sie können aber auch eine Reservebatterie am Körper tragen und diese dann rechtzeitig einwechseln.

Von Fotografen, die in großer Höhe fotografiert haben (z. B. im Himalayagebiet auf über 4.000 m), habe ich erfahren, dass digitale Kameras dort oft große Probleme haben. Die anderen Druckverhältnisse und das raue Klima setzen der Elektronik zu. Zudem ist es sowieso schwierig, an solchen Orten den Akku zu laden oder Reservebatterien zu bekommen.

Fotografieren Sie unter so schwierigen Verhältnissen, nehmen Sie einfach eine alte, robuste analoge SLR mit. Dann sind Sie auch für Notfälle gut gerüstet.

9.6 Wohin mit den Bildern bei längeren Einsätzen?

Bei kürzeren Shootings reicht es, wenn Sie genügend Speicherkarten mitnehmen. Kalkulieren Sie dabei sehr großzügig, denn es ist äußerst ärgerlich, wenn Sie die besten Motive nicht aufnehmen können, weil Sie keinen Speicherplatz mehr haben.

Natürlich können Sie auch im JPEG-Format mit stärkerer Komprimierung arbeiten. Das möchte ich Ihnen aber aus Qualitätsgründen nicht empfehlen. Besser ist es, die Bilder mit der höchsten Qualität aufzunehmen. Damit der Speicherplatz ausreicht, können Sie externe Speichermedien mitnehmen. Für mich das klar beste externe Speichermedium ist ein

TIPP **Elektronik**

Die Kameraelektronik der DSLR ist empfindlich gegen Feuchtigkeit, große Hitze und Kälte und in großer Höhe.
Schützen Sie die Kamera vor starken Umwelteinflüssen und nehmen Sie bei extremen Verhältnissen zur Sicherheit eine mechanische analoge Kamera mit.

△ *Auf dem Jungfraujoch auf fast 3.500 m funktionierte meine Kamera noch, dafür spürte ich selbst die Höhe mit heftigem Kopfweh.*

leistungsfähiges Notebook. Haben Sie zwei Speicherkarten, kann die volle Karte auf das Notebook überspielt werden, während Sie mit der zweiten weiterarbeiten.

Zudem können Sie am Notebook auch gleich die Qualität der Bilder überprüfen und notwendige Korrekturen bei den Kameraeinstellungen vornehmen.

Schlechte Bilder können Sie auch gleich löschen und so Speicherplatz sparen. Nachteile der Notebooks sind der hohe Preis und das zusätzliche Gewicht, das Sie transportieren müssen. Bei längeren Fotoreisen und Workshops gibt es aber nichts Besseres.

Nach dem Fotografieren können Sie mit dem Notebook am Abend gleich mit der Bildbearbeitung beginnen und haben nach der Reise schon die ersten fertigen Bilder zur Verfügung.

Zur Übertragung der Daten auf das Notebook stehen Ihnen viele Möglichkeiten zur Verfügung:

- eingebaute Kartenleser im Notebook
- PC-Kartenadapter für CompactFlash-Speicherkarten
- Multikartenleser mit USB-Anschluss
- direkte Verbindung zwischen Kamera und Notebook mit einem USB- oder FireWire-Kabel

Eine weitere Möglichkeit eines externen Speichermediums sind mobile Festplatten, die direkt über ein USB- oder FireWire-Kabel mit der Kamera oder dem PC verbunden werden können.

Die Speicherkarten können aber auch direkt ins Gerät zur Datenübertragung geschoben werden. Einzelne dieser Festplatten verfügen über einen integrierten Bildschirm, sodass die Bilder auch angeschaut und gelöscht werden können. Eine Bildbearbeitung ist aber nicht möglich.

Die Plattengrößen gehen bis 250 GByte und sollten so für längere Fotoreisen ausreichen. Gute Geräte können alle gängigen Datenformate lesen und selbst nicht genormte Kameraformate wie RAW-Dateien verarbeiten. Teurere Geräte verfügen über einen integrierten Bildschirm.

So können Sie die Bilder durchsehen und misslungene Aufnahmen gleich löschen. Verbinden Sie zu Hause den Bildertank per USB-Kabel mit dem PC.

TIPP **Bildertanks**

Achten Sie darauf, dass der Bildertank Ihre verwendeten Speicherkarten ohne Adapter aufnehmen kann. Die Batteriekapazität sollte groß genug sein, um auch ohne Netzteil die größten Speicherkarten problemlos zu lesen.

Windows erkennt das Gerät selbstständig und behandelt es wie eine Festplatte.

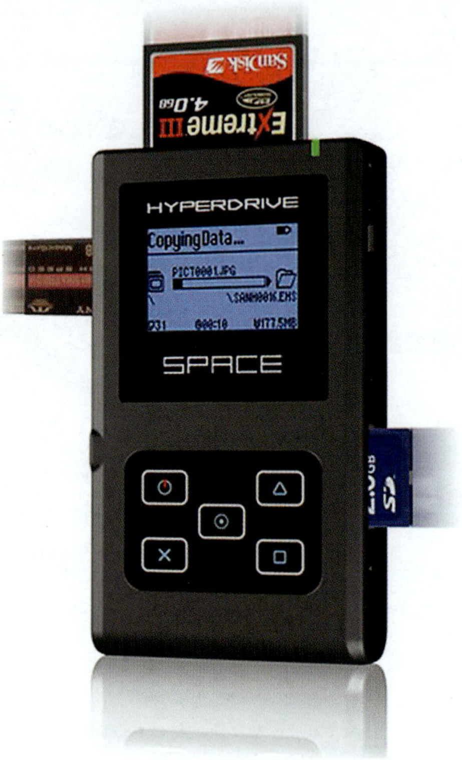

Der sehr schnelle Bildertank von Hyperdrive mit bis zu 250 GByte Festplatte ohne Bildanzeige.

Entscheidend für den Kauf ist neben dem Monitor und der Speicherkapazität auch die Geschwindigkeit der Datenübertragung. Vor allem Geräte ohne Monitor sind oft sehr schnell. So liest mein Hyperdrive Space die 2-GByte-CompactFlash SanDisk Extreme III in weniger als 2,5 Minuten ein. Mit einem Notebook oder einem langsameren Bildertank dauert es schnell mal 30 Minuten oder länger, um die gleiche Karte einzulesen.

Eine noch günstigere Methode ist die Verwendung des iPods als Bildertank. Dazu wird ein Camera Connector benötigt, der ca. 30 Euro kostet. Leider funktionieren nicht alle iPod-Geräte mit diesem Connector.

Der JOBO GIGA Vu extrem mit bis zu 160-GByte-Festplatte mit Bildanzeige.

10

Sinnvolles Kamerazubehör

Kleine Kompaktkameras brauchen kaum Zubehör. Bei größeren Kompakt- und Bridge-Kameras helfen Zubehörteile, die Nachteile zu den DSLR-Kameras zu reduzieren. Bei den DSLR-Kameras erweitern die verschiedenen Zubehörteile die Einsatzmöglichkeiten der Kamera. Keine Angst, Sie brauchen nicht alles, um gute Aufnahmen zu machen. Aber einiges davon ist unentbehrlich, wenn Sie auch schwierige Fotosituationen meistern wollen.

10.1 Zubehör bei Kompakt- und Bridge-Kameras

Kleine Kompaktkameras haben meistens außer einem Kameraetui und Ersatz-Akkus kein Zubehör. Größere Kompakt- und Bridge-Kameras versuchen mit verschiedenen Zubehörteilen ihre Nachteile gegenüber den DSLR-Kameras auszugleichen.

Die Nikon Coolpix 8800 als Beispiel für eine Bridge-Kamera mit viel Zubehör.

Der größte Nachteil dieser Kameramodelle liegt im Fehlen von Wechselobjektiven. Mit Vorsatzlinsen kann aber der Brennweitenbereich verändert und erweitert werden. Es gibt Vorsätze zum Verkleinern der Brennweite und somit zur Vergrößerung des Bildwinkels (Weitwinkelvorsätze).

Links Weitwinkelvorsatzlinse, rechts Fisheye-Vorsatz und Vorsatzadapter.

Andere Vorsätze verlängern die Brennweite und haben so eine zusätzliche Telewirkung.

Televorsatz mit Verlängerungsfaktor 1.7 mit Vorsatzadapter.

Alle Vorsätze reduzieren aber zusätzlich die Lichtmenge, die auf den Sensor trifft, und führen so zu längeren Belichtungszeiten oder höheren ISO-Werten (meist im Bereich von 1 bis 2 LW). Zudem verschlechtern sie auch die Bildqualität und sind anfällig für optische Fehler. Sie können so nicht die Qualität der Objektive der DSLR-Kameras erreichen.

Fisheye-Perspektive, Fotograf: Martin Zurmühle.

Dank Televorsatz konnte diese Aufnahme mit der Nikon Coolpix 5000 aus Distanz gemacht werden, Fotograf: Martin Zurmühle.

Wie bei den Objektiven der DSLR-Kameras können bei diesen Kameras Gegenlichtblenden und Vorsatzlinsen eingesetzt werden.

Links Gegenlichtblende, rechts von oben ND4-Filter, NC-Filter und Zirkular-Polfilter.

Der Einsatz der Gegenlichtblende ist immer zu empfehlen. Sie erhöht den Bildkontrast und verhindert Geisterbilder, indem sie seitlich einfallendes Streulicht abschirmt.

Der neutralgraue Filter ND4 reduziert die Helligkeit, ohne den Kontrast oder den Farbton anzugreifen. Die den Sensor erreichende Lichtmenge reduziert sich auf ein Viertel (–2 Blendenstufen). Er eignet sich zur Vermeidung von Überbelichtung bei extrem hellen Objekten oder zur Verlängerung der Belichtungszeit.

Der NC-Filter (**N**eutral **C**olor) hat keine Auswirkungen auf das Bild und eignet sich als Objektivschutz. Der Polfilter reduziert polarisiertes Licht von Glas, Wasser und reflektierenden nicht metallischen Oberflächen wie z. B. Kunststoff, Keramik, gewienertem Holz und Papier.

Von links: Batteriehandgriff, Netzadapter, Reserve-Akku, externe Festplatte und Akku-Ladegerät.

Der Batteriehandgriff ermöglicht eine längere Betriebszeit und hat einen Hochformatauslöser. Der Netzadapter wird im stationären Betrieb eingesetzt. Einen Reserve-Akku sollten Sie immer dabeihaben, auf längeren Fotoreisen auch eine externe Festplatte zum Speichern der Bilder. Und das Akku-Ladegerät muss natürlich auf Reisen auch immer mit. Vergessen Sie jedoch nicht, einen für das jeweilige Reiseland geeigneten Zwischenstecker einzupacken.

Von links: Kameratasche, Infrarotfernauslöser und externes Blitzgerät.

Eine lederne Kameratasche schützt die Kamera vor Witterungseinflüssen und Schlägen. Ein Infrarotfernauslöser hilft bei Stativaufnahmen. Das externe Blitzgerät ist viel stärker und flexibler als der eingebaute Kamerablitz. Mehr dazu erfahren Sie in Kapitel 23.

10.2 Stative und Fernauslöser

Auch im Zeitalter der digitalen Fotografie hat ein stabiles Stativ noch immer eine große Bedeutung, wenn Sie Wert auf beste Bildqualität legen. Ein Tischstativ hat einen festen Platz in meiner Fototasche und ist immer mit dabei. Ein großes und stabiles Stativ nehme ich mit, wenn ich mit schwierigen Lichtverhältnissen rechne.

Ein kleines und leichtes Tischstativ bietet viele Möglichkeiten, Bilder zu machen, die ohne Stativ nicht möglich sind. Sie können es auf einen vorhandenen Gegenstand stellen und problemlos Selbstaufnahmen mit dem Selbstauslöser machen.

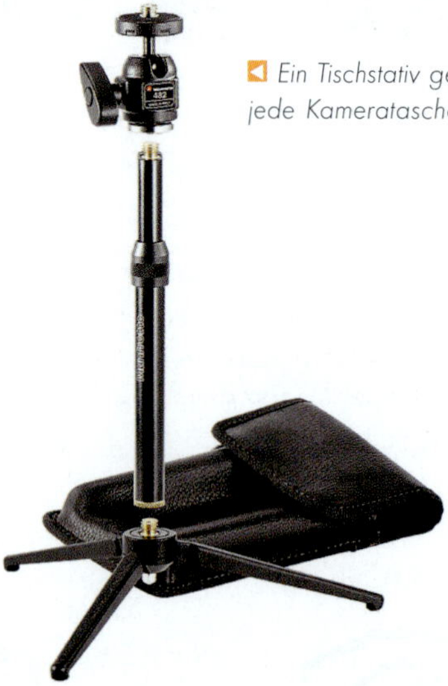

Ein Tischstativ gehört in jede Kameratasche.

Aufnahme einer Kirchendecke mit dem Tischstativ, Fotograf: Martin Zurmühle.

In Kirchen ermöglicht das Tischstativ Aufnahmen von der Kirchendecke bei langer Belichtungszeit. Auch Dämmerungs- und Nachtaufnahmen sind mit einem guten Tischstativ möglich.

Mehrfachaufnahmen ab Stativ mit Zusammenbau in Photoshop, Fotograf: Mathias Vogel.

Ein großes und stabiles Stativ ist notwendig, wenn Sie Mehrfachaufnahmen von einem festen Standort aus machen wollen.

Sind diese Bilder dann pixelgenau gleich, können sie in Photoshop kinderleicht zusammengebaut werden. Mehr dazu erfahren Sie in Kapitel 24. Wollen Sie die absolute Schärfe bei Natur- und Landschaftsaufnahmen, dann arbeiten Sie ebenfalls mit einem Stativ.

EXIF-Daten		
	Model	Wasserfall
Brennweite	35 mm	35 mm
Belichtungszeit	1/40 Sek.	1/4 Sek.
Blendenwert	8	24
Empfindlichkeit	ISO 100	ISO 100

So haben Sie die Gewähr verwacklungsfreier Aufnahmen. Zudem können Sie mit tiefen ISO-Werten und kleinen Blendenöffnungen arbeiten und so eine große Schärfentiefe im Bild erreichen. Die längere Belichtungszeit ist dann kein Problem mehr.

Die Hauptstärken kann ein Stativ aber bei Langzeitbelichtungen bei Dämmerungs- und Nachtaufnahmen ausspielen. Auch bei Aufnahmen von Wasserfällen können Sie auf ein gutes Stativ nicht verzichten, wenn Sie das Wasser schön sanft und weich wiedergeben wollen.

Bei der Aufnahme mit Model Anuschka und dem Wasserfall wurde eine Langzeitaufnahme des Wasserfalls mit einer kurzen Belichtung auf das Model in Photoshop kombiniert.

▲ *Eine Langzeitbelichtung ab Stativ auf den Wasserfall und eine kurze Belichtung auf das Model, in Photoshop kombiniert, Model Anuschka, Fotograf: Martin Zurmühle.*

Das Stativ gibt die Stabilität. Der Stativkopf ermöglicht die Bewegung und Fixierung der Kamera auf dem Stativ. Kugelköpfe sind einfach und schnell zu bedienen und eignen sich deshalb für Tier- und Sportaufnahmen. Die höchste Präzision bieten Dreiachsenmodelle, bei denen jede Achse mit Drehknöpfen präzise eingestellt werden können.

Sie eignen sich besonders für Architekturaufnahmen.

Schnellwechselplatten sind bequemer und flexibler als fixe Schraubenbefestigungen.

Ein kleines (Höhe von 53 bis 145 cm), stabiles (bis 5 kg Kameragewicht) und leichtes (1,7 kg) Stativ von Manfrotto (Typ 190DB).

Für Sport- und Tieraufnahmen ist das Dreibeinstativ oft zu unhandlich. Hier können Sie ein Einbeinstativ mit einem speziellen Stativkopf einsetzen. Mit einem zusätzlichen Dreibeinansatz kann das Einbeinstativ noch weiter stabilisiert werden.

Einbeinstative mit speziellem Stativkopf und Stabilisierungsbeinen.

Es gibt noch viele weitere Stative für spezielle Zwecke.

- Stative zum Fixieren der Kamera an die Autoscheibe
- Stative für starke Teleobjektive
- Stative für Panoramaaufnahmen
- Stative für Studioblitzgeräte

Links einziehbare Fußspitzen, rechts Wechselplatten.

Stativköpfe und Stative können in der Regel frei kombiniert werden. Allerdings sollten Sie keinen großen und schweren Stativkopf auf ein leichtes Stativ montieren. Das macht wenig Sinn.

Von links: Kugelkopf mit fixem Anschluss, Kugelkopf mit Wechselplatte, Dreiachsenkopf mit Drehknöpfen von Manfrotto.

TIPP **Stative**

Nehmen Sie immer ein leichtes, kleines und stabiles Tischstativ mit. Für Langzeit- und Mehrfachaufnahmen benötigen Sie ein stabiles Stativ mit gutem Stativkopf.

Kugelköpfe sind schnell und bequem zu bedienen, Dreiachsenstativköpfe bieten dagegen die höchste Einstellgenauigkeit.

Stativköpfe mit Schnellwechselplatten sind schneller und flexibler als fixe Befestigungen.

Zwei Details sollten Sie bei der Wahl der Stative noch beachten. Die Stativbeine sollten variable Fußspitzen haben. Im Freien halten die Füße mit den ausgefahrenen Dornen sehr gut. In Innenräumen würden die Spitzen aber den Boden zerkratzen, sodass diese eingefahren werden müssen.

Ein zweites wichtiges Detail sind Schnellwechselplatten. Sie können damit die Kamera mit einem Handgriff vom Stativ lösen. Vor allem wenn Sie mit mehreren Kameras arbeiten, ist das eine sehr praktische Sache. Achten Sie aber darauf, dass die Schnellwechselplatte wirklich fest mit dem Stativkopf verbunden ist, sonst riskieren Sie verwackelte Aufnahmen.

10.3 Welche Filter benötigen DSLR-Kameras?

In der analogen Fotografie benötigten Sie viele Filter zur Erzeugung von Spezialeffekten und zur Korrektur der Farbtemperaturen. In der digitalen Fotografie haben diese beiden Aspekte wegen der Möglichkeiten der Bildbearbeitung und des Weißabgleichs in der Kamera ihre Bedeutung verloren. Sie benötigen deshalb nur noch wenige Filter, die ich Ihnen hier kurz vorstelle.

Objektivschutzfilter

Objektive sind teuer und empfindlich. Vor allem die mehrfach vergütete Glasoberfläche sollte nicht mit den Fingern berührt werden. Das Fett der Hände kann die Beschichtung angreifen. Auch Kratzer können die optische Qualität verschlechtern. Ich verwende deshalb bei allen meinen Objektiven neutrale Filter als Schutz. Drei verschiedene Filter können dazu eingesetzt werden:

- Neutral Color-Filter (NC-Filter) haben keine sichtbare Auswirkung auf die Farben. Als Objektivschutz eignet er sich für den Alltagsgebrauch.
- Skylight-Filter haben eine schwache hellrosa Färbung. Sie beseitigen leichten Dunst im Hochgebirge und am Meer.
- UV-Filter sind farbneutral, beseitigen Dunst und bringen mehr Kontrast ins Bild.

Kaufen Sie aber nur Filter mit bester optischer Qualität und Mehrfachvergütung. Ein billiger Filter vor einem hochwertigen Objektiv verschlechtert die optische Qualität der Bilder und macht so überhaupt keinen Sinn. Bei Gegenlichtaufnahmen können solche Schutzfilter aber zu Bildfehlern führen (Geisterbilder). Nehmen Sie dann den Filter für die Aufnahme ab.

Neutralgrauer Filter

Ich nehme zusätzlich immer einen neutralgrauen Filter der Stärke 4 (ND4-Filter) mit. Dieser reduziert die Helligkeit, ohne den Kontrast oder den Farbton zu verändern. Die Lichtmenge reduziert sich auf ein Viertel oder um zwei Blendenstufen. Der Filter eignet sich bei sehr viel Licht zur Vermeidung von Überbelichtung von hellen Objekten (z. B. im Schnee) und ermöglicht lange Belichtungszeiten, um Bewegungen verwischen zu lassen (z. B. bei Wasseraufnahmen).

Polarisationsfilter

Besonders spannend ist der Polarisationsfilter. Digitale Kameras benötigen einen Polfilter mit spiralförmig drehendem Licht (zirkular). Dieser Filter besteht aus zwei Glasscheiben, die sich gegeneinander drehen lassen.

Er schaltet je nach der Drehstellung nicht metallische Reflexe (Wasseroberfläche, Plastik, Holz, Glas etc.) aus. Zudem verbessert er die Farbsättigung und wirkt kontraststeigernd.

Ein Polfilter kann man sich als Gitter vorstellen, das aus parallel angeordneten Stäben besteht. Betrachtet man eine einzige Welle des Lichts mit einer bestimmten Ausrichtung, kann diese Welle den Filter völlig ungestört passieren, wenn die Stäbe des Gitters so angeordnet sind, dass die Welle an ihnen entlang problemlos auf- und abschwingen kann.

Sind die Gitterstäbe quer angeordnet, können die Wellenberge und -täler der Lichtwelle das Gitter nicht passieren.

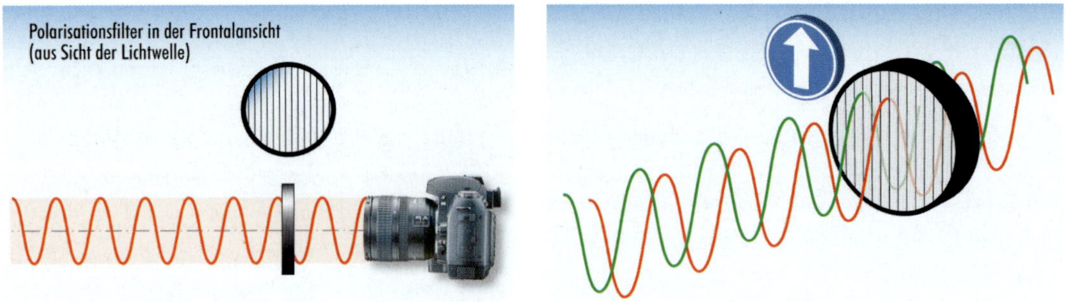

Das Licht dringt durch den Filter, weil es parallel zur Durchlassrichtung schwingt.

Polfilter lassen technisch gesehen nur Licht einer Schwingungsebene passieren und sperren Licht aller anderen Schwingungsebenen.

Das, was man gemeinhin Licht nennt, ist physikalisch gesehen ein wildes Durcheinander elektromagnetischer Wellen verschiedener Wellenlängen und verschiedener Schwingungsebenen.

Diese Filter eignen sich nicht nur zur Reduktion von Spiegelungen, sondern können auch ganz tolle Effekte bei Wolkenbildern erzeugen sowie Farben und Kontraste verstärken. Entscheidend ist dabei die Lage der Sonne zur Aufnahmerichtung. Bei tief stehender Sonne von der Seite ist die Wirkung des Filters am stärksten.

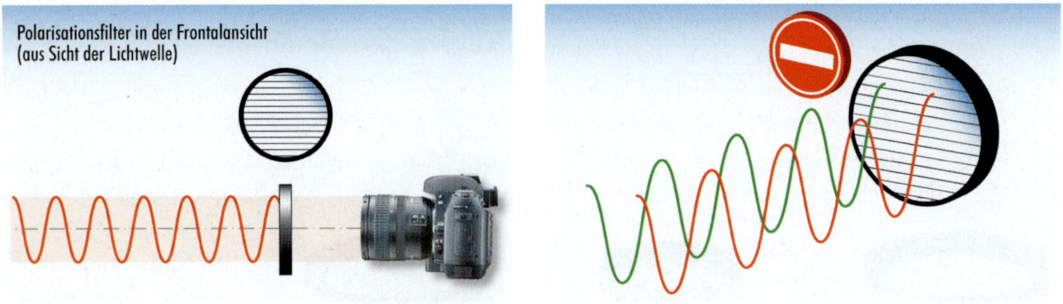

Das Licht wird gesperrt, weil es quer zur Durchlassrichtung schwingt.

Eine Aufnahme ohne Polfilter. Das Bild wurde am Nachmittag gemacht. Die Sonne scheint von ca. 60 Grad rechts ins Bild.

Aufnahme mit gedrehtem Polfilter. Die Farben wirken satter und wärmer, und die Wolken kommen stärker zur Geltung, Fotograf: Martin Zurmühle.

Dieses etwas blasse Bild kann mit dem Einsatz eines Polfilters verbessert werden. Es wurde nur die Stellung des Polfilters gedreht, sodass eine polarisierende Wirkung entstanden ist, die die Farben verstärkt, das Blau des Himmels abdunkelt und so die Wolken besser zur Geltung bringt. Mit Polfiltern können Sie auf einfache Weise ganz starke Effekte erzielen. Das untere Bild wurde eine Stunde vor Sonnenuntergang aufgenommen. Die Farben wirken blass.

EXIF-Daten

	Ohne Polfilter	Mit Polfilter
Brennweite	62 mm	62 mm
Belichtungszeit	1/180 Sekunde	1/90 Sekunde
Blendenwert	6.7	4.8
Empfindlichkeit	ISO 200	ISO 200

Aufnahme mit Polfilter auf der stärksten Stellung. Der Himmel wird abgedunkelt, das Weiß der Berge hervorgehoben und die Blätter in einem satten Gelb gezeigt, Fotograf: Martin Zurmühle.

Die Berge heben sich nur wenig vom Himmel ab. Mit einem Polfilter kann das Bild innerhalb weniger Sekunden völlig verändert werden. Kaum zu glauben, dass beide Bilder praktisch gleichzeitig aufgenommen wurden. Diese Wirkung muss allerdings mit einem starken Lichtverlust bis zu 2 Blendenstufen bezahlt werden.

10.4 Sonnenblenden, Vorsatzlinsen und Zwischenringe für Nahaufnahmen

Sonnenblenden

Zu jedem Objektiv gibt es eine passende Sonnenblende. Bei manchen Objektiven ist diese bereits direkt eingebaut und kann bei Bedarf ausgezogen werden. Sonnen- oder Gegenlichtblenden verhindern störendes, seitlich einfallendes Licht (Streulicht) und vermindern damit ungewollte Reflexionen, Schleierbildung und sogenannte Geisterbilder beim Fotografieren. Ich arbeite immer mit Sonnenblenden, weil Bildfehler durch Streulicht in der Bildbearbeitung kaum mehr korrigiert werden können.

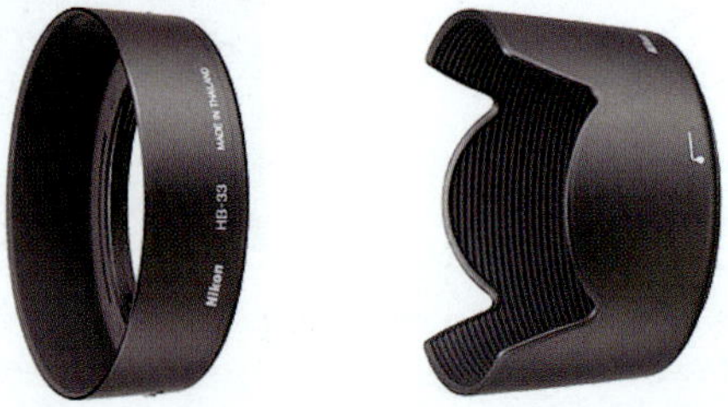

Vorsatzlinsen

Für Nahaufnahmen eignen sich am besten die speziellen Makroobjektive, die ich Ihnen in Kapitel 3.6 vorgestellt habe.

Wollen Sie diese Kosten aber sparen oder weniger Objektive in Ihrer Fototasche mittragen, können Sie ein paar leichte Vorsatzlinsen mit unterschiedlicher Stärke passend zu Ihren Objektiven mitnehmen.

Unkontrollierbare Lichtreflexe bei direktem Fotografieren in die Sonne, Fotograf: Sebastian Kobel.

Vorsatzlinsen reduzieren die Lichtmenge und verschlechtern die optische Qualität, sind aber trotzdem ein einfacher und schneller Weg zur Makrofotografie. Allerdings gibt es nicht zu allen Filtergewinden passende Vorsatzlinsen, und nicht alle Objektive eignen sich dazu.

Balgengeräte sowie Zwischen- und Umkehrringe

Suchen Sie noch stärkere Vergrößerungen, benötigen Sie spezielles Zubehör wie Zwischenringe und Balgengeräte. Mit Zwischenringen verlängern Sie den Auszug der Objektive. Zwischenringe können einzeln oder kombiniert eingesetzt werden.

TIPP **Nahaufnahmezubehör**

Viele digitale Kompaktkameras haben eine sehr kurze Aufnahmedistanz, und dank des Cropfaktors dringen auch die DSLR-Kameras schnell in den Nahbereich vor. Brauchen Sie keine extremen Vergrößerungen, benötigen Sie kaum spezielles Nahaufnahmezubehör.

Mit Vorsatzlinsen können normale Objektive in den Nahbereich vorstoßen, Fotograf: Fernando Dinis.

Nahaufnahmezubehör: oben von links Zwischenring, Balgengerät und Winkelsucher, unten verschiedene Zwischenringe.

Die langen Belichtungszeiten erfordern häufig den Einsatz eines Stativs. Dabei kann ein Winkelsucher die Arbeit erleichtern.

Noch flexibler sind Balgengeräte, die eine stufenlose Verlängerung des Auszugs ermöglichen und so verschiedene Maßstabsbereiche gewählt werden können.

Umkehrringe erlauben die Montage eines Objektivs in umgekehrter Stellung an die Kamera. Aufgrund der optischen Gesetze kehrt sich dann auch die Bildverkleinerung zu einer Bildvergrößerung um. Sie können diesen Effekt sehen, wenn Sie ein 50-mm-Normalobjektiv umdrehen. Es wirkt dann wie eine Vergrößerungslupe.

Das Makroobjektiv Nikkor 60mm/1:2.8 eignet sich auch für den Einsatz mit Balgengeräten, Zwischen- und Umkehrringen.

Für den Einsatz mit Zwischen- und Umkehrringen sowie mit dem Balgengerät eignen sich nur gewisse Festbrennweiten. Damit eine genügend große Schärfentiefe erreicht werden kann, müssen die Objektive stark abgeblendet werden.

10.5 Weiteres Zubehör für DSLR-Kameras

Einstellscheiben

Zum Auffangen und Scharfstellen des Bildes eines Objektivs einer DSLR dient die Einstellscheibe, die aus der Mattscheibe entstanden ist. Bei einigen Kameras ist die Einstellscheibe austauschbar, was für bestimmte Aufgabenbereiche sinnvoll ist.

Als Brillenträger verwende ich immer eine Einstellscheibe mit Gitterlinien. Das erleichtert die genaue Ausrichtung der Kamera bei Architektur- und Landschaftsaufnahmen.

Bei einzelnen Kameras wie der Nikon D80 oder der D300 muss nicht einmal die Einstellscheibe ausgewechselt werden. Die Gitterlinien lassen sich per Menüeinstellung in den Sucher fest einblenden. Bequemer geht es nicht.

Kameraauslösung

Bei Stativaufnahmen sollten Sie immer einen Fernauslöser verwenden. Nur so kann ein ruhiges, erschütterungsfreies Auslösen sichergestellt werden. Mit der Infrarotfernsteuerung wird die Kamera auf Distanz ausgelöst. Der Kabelfernauslöser kann auch blockiert werden, sodass der Spiegel für die Sensorreinigung länger geöffnet bleibt.

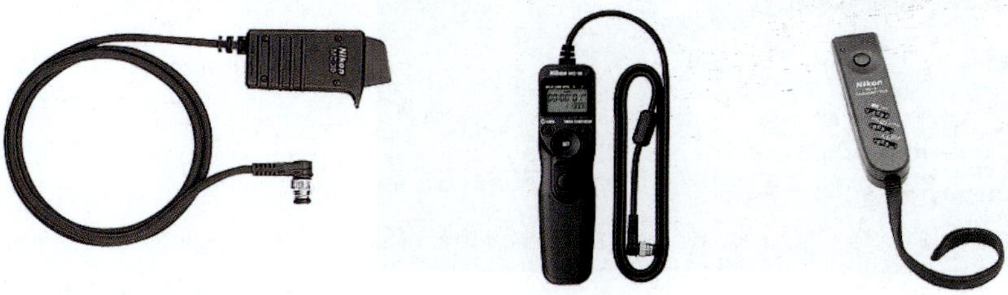

Links Kabelfernauslöser, Mitte Kabelfernauslöser mit Timer, rechts Infrarotfernsteuerung.

Energieversorgung

Digitale Kameras brauchen viel Strom. Nehmen Sie in der Fototasche auf jeden Fall immer einen zwei-

Links Netzadapter, Mitte Akku, rechts Akku-Ladegerät.

ten Akku und das Ladegerät auf längere Fotoreisen mit. Vergessen Sie aber den notwendigen Adapter für die anderen Steckdosen in anderen Ländern nicht, sonst haben Sie nach kurzer Zeit keine Energie mehr zum Fotografieren. Im stationären Betrieb können Sie die Kamera mit dem Netzadapter betreiben. Dadurch stellen Sie auch sicher, dass bei einer Sensorreinigung nicht der Spiegel wegen Strommangels herunterklappt.

Blitzgeräte

Die eingebauten Kamerablitzgeräte sind ziemlich leistungsschwach. Zudem leuchten sie die Motive wegen ihrer kurzen Distanz zum Objektiv direkt und ungünstig aus. Profikameras besitzen in der Regel keine eingebauten Blitzgeräte. Bei der Wahl des externen Blitzgeräts spielen für Sie vor allem zwei Faktoren eine Rolle: die Blitzleistung und die Verstellbarkeit. Die Blitzleistung wird als Leitzahl angegeben. Die Leitzahl bestimmt die maximale Blitzdistanz bei ISO 100 und voller Blitzleistung nach der Formel:

Blitzdistanz = Leitzahl / Blendenzahl (bei ISO 100)

Die Blitzdistanz kann durch die Zoomfunktion moderner Blitzgeräte vergrößert werden. Die maximale Blitzdistanz wird am Display des Blitzgeräts angezeigt. Eine große Leitzahl ist wichtig, wenn Sie große Räume ausleuchten wollen oder bei Teleaufnahmen auf große Entfernung blitzen möchten. Eine kleine Leitzahl ist wichtig bei Makroaufnahmen, weil dort die Blitze sehr nahe am Motiv platziert werden. Zu viel Blitzleistung wäre dort problematisch. Kleine, leistungsschwache und kostengünstige Blitze haben meistens keinen beweglichen Blitzkopf. Teurere Profimo-

Links Nikon SB-400, ein kleines, leistungsschwaches Blitzgerät, Mitte SB-600, ein mittelgroßes Blitzgerät, rechts SB-800, das Profiblitzgerät von Nikon.

Gut ausgeleuchteter Raum dank leistungsfähigem Blitzgerät und indirektem Blitzen über die Decke, Fotograf: Martin Zurmühle.

delle können den Blitzkopf in mehrere Richtungen drehen und kippen. Diese Blitzgeräte können so sehr universell eingesetzt werden. Vor allem das indirekte Blitzen über weiße Wände oder die Decke ist eine sehr gute Möglichkeit für gut ausgeleuchtete Aufnahmen.

Für anspruchsvolle Blitzfotografie benötigen Sie ein leistungsfähiges externes Blitzgerät. Mit einem TTL-Verbindungskabel können Sie das Blitzgerät auch in einiger Distanz zur Kamera halten und so eine schönere Ausleuchtung erreichen. Noch flexibler sind Sie beim Einsatz von Slave-Blitzgeräten. Mehr zum Blitzen erfahren Sie in Kapitel 23.

Links kabelloses Makroblitzset R1, rechts Ringblitzgerät SB-29s von Nikon.

Kleine, leistungsschwache Blitzgeräte	Vor allem für Makroaufnahmen im Nahbereich geeignet.
Mittelgroße Blitzgeräte ohne beweglichen Blitzkopf	Wenig geeignet, weil nicht oder nur eingeschränkt indirekt geblitzt werden kann.
Große und leistungsstarke Blitzgeräte mit beweglichem Blitzkopf	Universell einsetzbare und sehr leistungsfähige Blitzgeräte.
Ringblitze	Ringförmig um das Objektiv angebrachte Blitze. Kleine Ringblitze für Makroaufnahmen. Große Ringblitze für Beauty- und Porträtaufnahmen.

High-Tech-Zubehör

Die digitale Technik erlaubt noch weitere neuartige Verwendungszwecke. So können Sie zum Beispiel ein GPS mit einem Adapterkabel mit der Nikon D300 verbinden. Bei jeder Aufnahme werden dann die genauen Aufnahmekoordinaten in die EXIF-Datei übertragen.

Leider können diese neuen EXIF-Felder noch nicht von allen Programmen gelesen werden. Trotzdem ist das eine tolle Sache für alle, die ihre Bilder geografischen Orten zuordnen möchten.

Auch können heute Bilder ohne Kabel mit einem Wireless-Adapter in Netzwerke oder an einen WLAN-Access Point übertragen werden. Die Kameraentwicklung geht in schnellem Tempo weiter. Wir dürfen uns deshalb immer wieder an den neuen technischen Erfindungen der Kamerahersteller erfreuen. Aber keine Angst, Sie brauchen nicht alles Zubehör, um gute Aufnahmen zu machen. Das wichtigste Zubehör ist und bleibt das Auge des Fotografen.

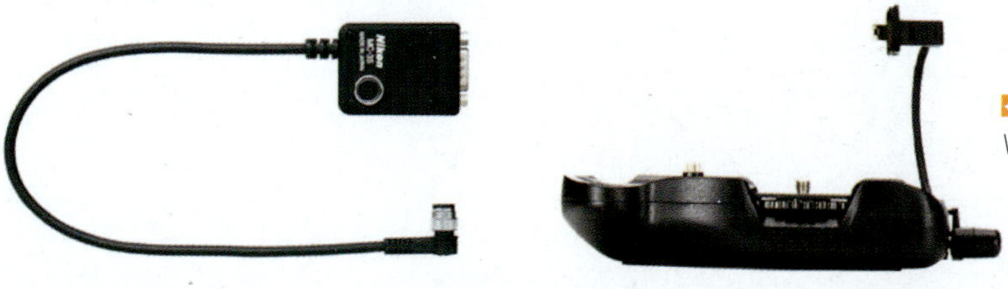

Links GPS-Anschlusskabel, rechts Wireless-Adapter zur Nikon D2X.

10.6 Ein Blick in die Kameratasche

Wer die Wahl hat, hat auch die Qual. Welche Kamera, welche Objektive und welches Zubehör brauche ich für gute Bilder? Nun, ich kann Sie beruhigen. Sie brauchen keinen randvollen Kamerarucksack. Bei geschickter Wahl reicht Ihnen eine mittelgroße Kameratasche. In den Themenkapiteln werde ich Ihnen jeweils mitteilen, mit welcher Ausrüstung der Fotograf oder die Fotografin gearbeitet hat. Bei meinen Bildern ist die Sache einfach. Ich habe über 90 % aller Aufnahmen im Buch mit der Ausrüstung, die Sie auf der Abbildung sehen, gemacht. Die Tasche ist immer noch handlich und nicht zu schwer auch für längere Fotoreisen. Zusätzlich zur abgebildeten Ausrüstung verwende ich auf Reisen noch die Objektive AF Nikkor 85mm/1:1.4 für Porträtaufnahmen, AF VR Micro-Nikkor 105mm/1:2.8 für Makroaufnahmen und AF Nikkor 70-300mm/1:4.5-5.6 für Teleaufnahmen. Bei längeren Fotoreisen nehme ich dazu ein Notebook und externe kleine Festplatten zur Datensicherung mit. Auf jeden Fall dabei ist dann auch ein stabiles Stativ.

Meine Kameratasche für Fotoreisen von links: Kabelfernauslöser, AF Nikkor 50mm/1:1.4, AF Nikkor 12-24mm/1:4, Reserve-Akku, Nikon D2X (heute D300) mit AF Nikkor 28-105mm/1:3.5-4.5, Kameratasche, Reserve-Speicherkarte 2 GByte, Tischstativ, Blitzgerät mit TTL-Verbindungskabel und Diffusorvorsatz.

11

Was ist das Geheimnis von guten Bildern?

Es gibt Bilder, die fesseln uns sofort. Sie haben eine starke Wirkung auf jeden Betrachter und sie sind erfolgreich bei Fotowettbewerben. Andere Bilder sind technisch perfekt gemacht, wirken aber nichts sagend und langweilig. Worin aber liegt das Geheimnis der guten, wirkungsvollen Bilder? Was macht den Unterschied zwischen einem Durchschnittsbild und einem Siegerbild? Es ist keine Hexerei und auch keine Geschmackssache. Den Unterschied macht die Bildgestaltung. Sie erzeugt die Wirkung in den Bildern.

11.1 Was macht ein gutes Bild aus?

In meinen Fotokursen erlebe ich immer wieder die gleiche Geschichte. Drei Teilnehmer fotografieren bei einem Einführungskurs in die Studiofotografie. Alle sind mit digitalen SLR ausgerüstet. Alle fotografieren mit dem gleichen Modell, dem gleichen Licht und den gleichen Requisiten. Und trotzdem sind die resultierenden Bilder völlig verschieden.

Der erste Teilnehmer arbeitet mit einer neuen DSLR. Er hat bisher nur mit der Automatik gearbeitet und alle Entscheidungen der Kamera überlassen. Er war so weit mit den Resultaten zufrieden und sah keinen Grund, daran etwas zu ändern. Leider funktionieren die meisten Automatikfunktionen nicht im Studio. In der Folge war er heillos überfordert mit der Technik. Er wusste nicht, wie er die Kamera manuell einstellen kann. Seine Bilder waren entweder über- oder

Eine Studioaufnahme ohne große Ausstrahlung mit zu wenig Licht.

unterbelichtet. Vor lauter Technikproblemen vergaß er das Model, sah keine geeigneten Motive und verpasste die guten Bildgelegenheiten. Zwischendurch erwischte er zufällig eine gute Pose, aber Ausnahmen bestätigen nur die Regel. Seine Bildausbeute blieb bescheiden.

Der zweite Teilnehmer brachte eine beeindruckende Ausrüstung mit. Die Kamera und die Objektive vom Feinsten (und Teuersten). Er kannte alle möglichen Kameraeinstellungen und wusste zu allen technischen Fragen gute Antworten. Er war total fasziniert von der Technik und den Möglichkeiten der digitalen Fotografie. Seine Bilder bezeugten seine technischen Fertigkeiten.

Sie waren alle perfekt belichtet und scharf. Alles stimmte, nur hatten die Bilder einfach keinen Ausdruck, keine Spannung, keine Feinheit. Er wusste nicht, wie er das Model richtig anleiten sollte. Er hatte keine spannenden Bildideen und wusste nicht, wie er die Bilder interessant und zum Motiv passend gestalten konnte. Seinen Bildern fehlte einfach das gewisse Etwas.

Jetzt stimmt die Technik, aber dem Bild fehlt das Besondere, der starke Ausdruck.

Der dritte Teilnehmer hatte eine durchschnittliche Kamera mit einem lichtstarken Normalobjektiv. Er beherrschte die Technik so weit, wie er es für die Umsetzung seiner Bildideen benötigte.

Er konzentrierte sich ganz aufs Model. Mit klaren und motivierenden Anweisungen dirigierte er es zu immer spannenderen und interessanteren Bildern.

Er wusste schon vor der Aufnahme, wie sein Bild aussehen sollte, und er verstand es ausgezeichnet, mit der geschickten Wahl des Ausschnitts und einer guten Gestaltung den Bildern einen besonderen Reiz, eine starke Wirkung zu geben.

Eine eigenständige Bildidee, technisch gut umgesetzt, Model Daniela, Fotograf: Martin Zurmühle.

Der erste Teilnehmer muss zuerst seine Kamera beherrschen lernen, Technik ist wichtig, sie ist die Voraussetzung für gute Bilder.

Wenn Sie den ersten Teil dieses Buches gelernt, geübt, verstanden und die Bedienungsanleitung Ihrer Kamera eingehend studiert haben, fehlt Ihnen nichts mehr zu technisch guten Bildern. Wie beim Autofahren macht auch beim Fotografieren nur die Übung den Meister.

Der zweite Teilnehmer konzentriert sich zu sehr auf die Technik. Leider glauben zu viele Fotografen, dass sie mit dem Kauf einer teuren Kameraausrüstung auch eine Garantie für gute Bilder erhalten. Das ist leider nicht so. Haben Sie eine gute Ausrüstung und beherrschen die Technik, müssen Sie sich intensiv mit der Bildgestaltung beschäftigen.

Der dritte Teilnehmer weiß, dass die Technik eine Voraussetzung für gute Bilder ist. Aber er braucht

Der richtige Moment mit dem spannenden Blick, Model Daniela, Fotograf: Martin Zurmühle.

dazu nicht die teuerste Ausrüstung, und es genügt, wenn er die wesentlichen technischen Dinge kennt und beherrscht. Er investiert deshalb seine Energie in Fragen der Bildgestaltung. Die Resultate seiner Arbeit geben ihm Recht. Seine Bilder wirken auf die Betrachter und sind bei Wettbewerben erfolgreich.

Gute Bilder brauchen klare Bildideen, Model Daniela, Fotograf: Martin Zurmühle.

Die Bildgestaltung ist weder Hexerei noch reine Geschmackssache. Es gibt da einige gute Regeln und Vorgehensweisen, die zum Erfolg führen. Aber alles der Reihe nach. Zuerst wollen wir uns mit der Frage beschäftigen, wie wir die Qualität von Bildern beurteilen können.

11.2 Drei Dinge machen ein gutes Bild aus

Es gibt verschiedene Methoden zur Bewertung von Bildern. Die Juroren von Fotowettbewerben beschäftigen sich intensiv mit solchen Fragen. Beim größten Fotowettbewerb der Welt, dem Trierenberg Super Circuit, werden fast 30.000 Bilder eingereicht. Alle Bilder werden von vier unabhängigen Jurys (Salons) zu je drei Juroren bewertet. Die Juroren kommen aus der ganzen Welt, von China über Europa bis nach Amerika. Nur jedes fünfte Bild wird angenommen. Über 90 % der Bilder werden dabei von mindestens drei Jurys gleichzeitig angenommen. Dass nur eine Jury ein Bild annimmt, kommt praktisch nie vor. Das beweist, dass es objektive Kriterien gibt, um die Qualität von Bildern zu bewerten. Nur mit klaren Kriterien wird eine so große Einheitlichkeit bei der Bildwertung überhaupt möglich.

Ob Ihnen persönlich ein Bild gefällt oder nicht, ist Geschmackssache. Ob ein Bild aber eine gute oder schlechte Qualität hat, können wir ziemlich objektiv bewerten. Ich halte mich an ein sehr einfaches, aber effektives Bewertungsschema. Drei Faktoren werden dabei angeschaut: Technik, Gestaltung, Wirkung.

Technik – die Voraussetzung

Zuerst wird die technische Qualität beurteilt. Beherrscht der Fotograf seine Kamera? Stimmen Belichtung, Schärfe und die Farbwerte?

Ein technisch perfektes Bild ohne spezielle Wirkung, Fotograf: Martin Zurmühle.

Versteht der Fotograf sein Handwerk, und versteht er auch die Bildbearbeitung gekonnt einzusetzen?

Wenn diese Fragen bejaht werden können, gehen wir zum nächsten Kriterium.

Eine wunderbare Bildwirkung dank perfekter Technik und Gestaltung, Fotograf: Fernando Dinis.

Gestaltung – das Mittel

Altmeister Andreas Feininger sagte: „Jedes gute Foto ist das Resultat einer gelungenen Synthese von Technik und Kunst." Kunst ist ein großes Wort. Es streiten sich die Gelehrten darüber, ob Fotografie überhaupt Kunst sein kann. Verwenden wir doch einfacher den Begriff Gestaltung. Mit gestalterischen Mitteln erzeugen wir in den Bildern die angestrebte Stimmung, den optischen Reiz, die gesuchte Harmonie oder den angestrebten Widerspruch. Sind solche gestalterischen Überlegungen im Bild erkennbar, oder – anders gesagt – ist der gestalterische Wille des Fotografen im Bild spürbar? Wenn wir das erkennen können, sind wir bald am Ziel.

Gute Technik und eine klare, einfache Gestaltung, Fotograf: Fernando Dinis.

Wirkung – das Ziel

Die Technik ist die Voraussetzung, damit wir mit gestalterischen Mitteln unser Ziel, mit unseren Bildern beim Betrachter eine starke Wirkung zu erzielen, auch erreichen. Dann haben wir ein gelungenes Werk geschaffen, auf das wir stolz sein können und das im Gedächtnis haften bleibt. Wenn diese drei Faktoren zusammenspielen, entstehen spezielle und erfolgreiche Bilder. Wir dürfen diese drei Faktoren aber nicht isoliert ansehen. Entscheidend ist immer die Gesamtwirkung. Wollen wir eine sentimentale, weiche Stimmung erzeugen, wäre ein extrem scharfes, technisch perfektes Bild falsch. Es passt nicht zur angestrebten Wirkung. Wollen wir eine überwältigende Landschaftsaufnahme machen, benötigen wir eine perfekte Schärfe über den gesamten Bildaufbau.

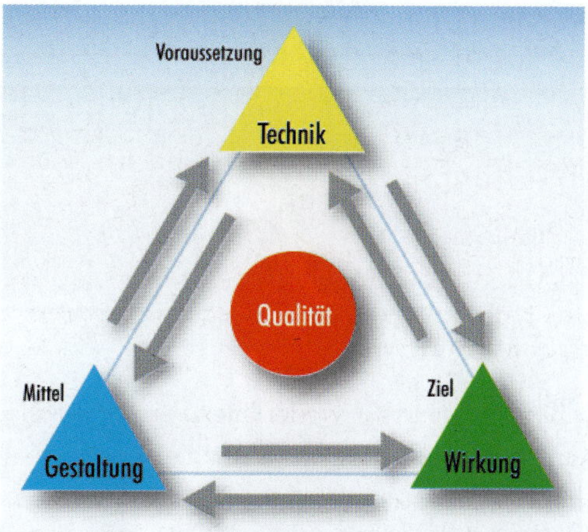

Schema zu den drei Faktoren der Bildbewertung.

Die drei Faktoren spielen so zusammen, und als Team sind sie erfolgreich. Entscheidend ist immer die angestrebte Wirkung. Die anderen beiden Faktoren dienen dazu, diese Wirkung zu erreichen. Hier gilt wie bei jeder guten Teamarbeit: Das Resultat ist besser als die Summe der Einzelteile!

11.3 Wieso braucht man überhaupt die Bildgestaltung?

Die Behauptung, Fotografien bildeten die Wirklichkeit ab, ist falsch. Unsere Welt ist dreidimensional, sie tönt, riecht und schmeckt. Ich spüre den Wind und empfinde die Stimmung von Ort und Zeit. All das kann ein zweidimensionales Bild nicht.

Wenn Sie z. B. die Tiefe des Raums mit einem zweidimensionalen Bild zeigen wollen, benötigen Sie die Mittel der Bildgestaltung. Sie können mit der Schärfentiefe arbeiten oder den Raum in Vordergrund, Mittelgrund und Hintergrund aufteilen.

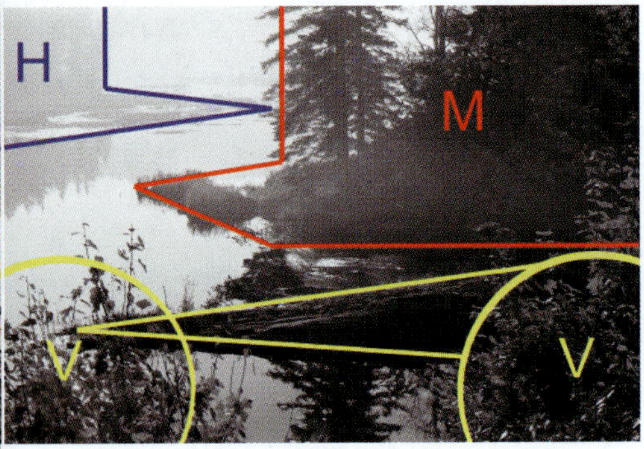

Eine klare Bildaufteilung in Vordergrund, Mittelgrund und Hintergrund, Fotograf: Gerhard Busch.

Eine weitere Möglichkeit ist die Verwendung eines in die Tiefe des Raums führenden Elements, beispielsweise eines Weges, um mit der Perspektive dem Bild mehr Tiefe zu geben.

Der Steg führt im Bogen nach hinten und gibt dem Bild eine Tiefenwirkung, Fotograf: Martin Zurmühle.

Bewegung kann durch Verwischung des Hintergrunds gezeigt werden, Fotograf: Jörg Rhode.

Wollen Sie ein Rennauto oder ein Motorrad in voller Fahrt zeigen, benötigen Sie ebenfalls Gestaltungsmittel dazu. Sie können mit der Kamera bei der Vorbeifahrt mitziehen. Dadurch bleibt das Fahrzeug scharf, der Hintergrund wird verwischt. So verdeutlichen Sie die Geschwindigkeit. Erleben Sie einen herrlichen Morgen im Wald, hören die Vögel und riechen das Harz der Bäume, dann müssen Sie versuchen, mit Gestaltungsmitteln eine vergleichbare Stimmung im Bild zu erzeugen – vielleicht durch eine Aufnahme des feinen Dunsts zwischen den Bäumen gegen das Licht oder durch eine Detailaufnahme eines Baumstamms im grünen Mooskleid.

Bei diesem Bild eines feuchten Waldes kann man die Stechmücken schwirren hören, Fotograf: Martin Zurmühle.

Fazit: Die Bildgestaltung ist unser Hilfsmittel, um unseren Bildern die gewünschte Aussage zu geben. Ein gut gestaltetes Bild ist wirkungsvoller und hinterlässt einen stärkeren Eindruck als ein schlecht gestaltetes. Das Ziel der Gestaltung liegt darin, die Wirkung des Bildes zu steigern.

Eine Morgenstimmung im Wald, Fotograf: Gerhard Busch.

Ein gut gestaltetes Bild, das eine starke Wirkung entfaltet, Fotograf: Fernando Dinis.

11.4 Das Wesen der Gestaltung

Andreas Feininger sagte: „Das Wesen der Komposition ist Ordnung, ihr Sinn besteht darin, das Aufnahmemotiv zu betonen und es in der grafisch wirkungsvollsten Art darzustellen."

Komposition oder Gestaltung betont also mit grafischen Mitteln das Motiv und somit auch die Bildaussage.

Der Fotograf abstrahiert die Wirklichkeit und versucht sie fotografisch zu sehen und zu verstehen. Nicht die Wiedergabe der Realität steht also im Zentrum, sondern die Erzeugung der Wirkung beim Betrachter.

Je mehr Sie sich mit der Bildgestaltung auseinander setzen, desto fotografischer sehen Sie die Umwelt. Mit der Zeit bekommen Sie einen Riecher für gute Aufnahmesituationen und -motive. Die Fähigkeit, ein Bild zu gestalten, ehe man es aufnimmt, unterscheidet den erfahrenen Fotografen vom Anfänger.

Früher verwendeten die Fotografen Motivrahmen im Aufnahmeformat (z. B 18 x 24 cm) als Hilfsmittel zur Bildgestaltung vor der Aufnahme. Dieser wurde dann mit ausgestreckten Armen vor das Gesicht gehalten, um das Motiv so einzurahmen. Bei den digitalen Kameras können Sie jedoch das Motiv gleich auf dem Kameradisplay überprüfen.

Bei den Kompaktkameras beurteilen Sie den Bildausschnitt schon vor der Aufnahme auf dem Display. Größere Displays sind von Vorteil. Sie müssen dabei nicht alle Details sehen. Allein schon die Verteilung der Flächen und Formen zeigt Ihnen, ob das Bild ausgewogen und gut gestaltet ist.

Beim Blick durch den Sucher haben Sie nicht die gleiche Kontrolle wie beim Betrachten des Displays. Im Sucher fokussieren Sie immer nur einen Teil des Ausschnitts und können nicht das ganze Bild auf einmal beurteilen. Ich war schon oft enttäuscht, wenn ich anschließend die Aufnahmen auf dem Display oder am PC sah. Und umgekehrt erlebte ich

Eine spannende Perspektive, Fotograf: Sebastian Kobel.

schon manche Überraschung bei Bildern, die im Sucher gar nicht so speziell gut aussahen. Erst am PC mit dem großen Monitor können Sie ein genaues Urteil über die Qualität der Aufnahme fällen. Nun stellt sich die Frage, wie Sie bei der Bildgestaltung vorgehen um gute Resultate zu erzielen. Auch da hilft ein schrittweises Vorgehen: von der Untersuchung des Motivs über die Isolation zur Organisation.

11.5 Das lohnende Motiv untersuchen

Andreas Feininger beschreibt den Unterschied zwischen guten und schlechten Fotografen wie folgt: „Gute Fotografen wissen, dass es niemals nur eine wirkungsvolle Ansicht gibt und dass selten der erste Eindruck des beste ist. Fast ausnahmslos führt eine genaue Betrachtung zu Sichten, die besser sind, die ungewöhnlicher wirken, die klarer darstellen, die stärker erregen. Erfahrene Fotografen wissen, dass, wenn ein Motiv es überhaupt wert ist, fotografiert zu werden, es auch wert ist, gut fotografiert zu werden."

Wenn Sie also von einem Motiv überzeugt sind, dann nutzen Sie die Möglichkeiten Ihrer digitalen Kamera und erkunden es so lange, bis Sie die beste Einstellung gefunden haben. Untersuchen Sie das Motiv in seiner Gesamtheit, von vorne, hinten, links, rechts, oben und unten. Beobachten Sie den Lichteinfall, die Schatten, die Wirkung der verschiedenen Perspektiven.

Untersuchen Sie auch den Bezug des Motivs zu seiner Umgebung. Seine Beziehung zum Vorder- und Hintergrund. Sparen Sie dabei nicht mit Aufnahmen. Erst am PC können Sie die beste Aufnahme mit Sicherheit erkennen. Und es wäre schade, wenn Sie gerade den besten Aufnahmepunkt verpasst hätten.

Zu analogen Zeiten war es das Privileg der Berufsfotografen, viele Aufnahmen bei einem Motiv einzusetzen. Für sie war der Film das Billigste bei einem Auftrag. Mit den Digitalkameras sind Sie nun in der gleichen Position und können so viele Bilder einsetzen, wie Sie wollen, bis Sie die genau richtige Aufnahme gemacht haben.

Ein lohnendes Motiv. Aber leider ist der Hintergrund zu unruhig und überstrahlt. Das Bild wirkt von der Seite zu statisch.

Der Detailausschnitt bringt auch keine Verbesserung. Die Bildwirkung ist langweilig.

Das dritte diagonale Bild wirkt viel interessanter. Die diagonale Anordnung bringt Leben ins Bild. Nur der Hintergrund schneidet den Kopf noch ungünstig.

Das nächste Bild zeigt eine spannende neue Perspektive. Leider werden die Füße zu sehr betont.

Beim letzten Bild stimmt für mich die Aufnahme. Die Bildschärfe liegt auf dem Gesicht des Vaters. Das Kind und der Hintergrund sind leicht unscharf.

Die Bilddiagonale erzeugt eine schöne Spannung, und das Licht passt zur Bildaussage.

11.6 Störende Einflüsse beseitigen

Haben Sie sich nun mit dem Motiv in seiner Gesamtheit auseinander gesetzt, geht es darum, es so zu isolieren, dass störende bildhafte Einflüsse beseitigt oder reduziert werden. Isolieren ist so eine Voraussetzung für die wirkungsvolle grafische Darstellung des Motivs.

Beim Isolieren trennen Sie Wichtiges von Überflüssigem. Das Motiv wird aus seiner verwirrenden Umgebung herausgehoben und von unerwünschten Einflüssen befreit. Einige einfache Methoden zur Isolierung des Motivs sind:

- Entfernen störender Einflüsse aus dem Bild (am besten vor der Aufnahme oder dann später in der Bildbearbeitung).
- Personen so umplatzieren, dass ein ruhiger Hintergrund nicht vom Motiv ablenkt.
- Bildteile, die keinen Beitrag zur Bildaussage beisteuern, nicht aufnehmen oder später beim Zuschneiden entfernen.
- Bei Tieren oder bewegenden Objekten einen geeigneten Kamerastandpunkt wählen, der einen neutralen Hintergrund bietet.
- Mit einer offenen Blende eine kleine Schärfentiefe wählen und dadurch den Hintergrund verwischen.
- Durch eine enge Ausschnittwahl (z. B. durch längere Brennweiten) den Einfluss des Hintergrunds reduzieren.
- Durch Licht und Schatten das Motiv isolieren (z. B. hell beleuchtetes Motiv vor dunklem Hintergrund).

11.7 Die Bildelemente ordnen

Das Wesen der Bildgestaltung ist Organisation. Dabei haben alle bildbestimmenden Elemente ihren besonderen Platz, der Ort, an dem sie am besten wirken. Eine gute Gestaltung ist meistens auch ein harmonischer, ein optischer Akkord. Wie in der Musik ein schöner Akkord das Ohr erfreut, so bereitet ein optischer Akkord unseren Augen einen Genuss. Nun können Sie einwenden, dass es ja manchmal bei der Fotografie darum geht, nicht nur Schönes und Harmonisches zu zeigen. Das ist richtig, aber wenn wir auch solche Themen ohne gute Bildgestaltung aufnehmen, erzielen diese Bilder zu wenig Wirkung.

Bei dieser Aufnahme habe ich gewartet, bis der Fisch vor neutralem Hintergrund schwamm, der durch Unschärfe noch ruhiger wirkt.

Durch eine engere Ausschnittwahl wird der Hintergrund noch weiter neutralisiert und die Konzentration auf das Motiv gelenkt.

Links ein Bild mit zu vielen Details ohne Bildgestaltung, rechts ein toller Ausschnitt mit viel Wirkung von Fotograf Sebastian Kobel.

Ein Foto kann auf viele Arten organisiert sein. Das hängt von der Natur des Motivs und den Ansichten und Vorlieben des Fotografen ab. Die Organisation kann auf der Anordnung von Linien und Formen, von Farben, von Licht und Schatten beruhen. Sie kann auf der wechselseitigen Beziehung von Vordergrund, Mittelgrund und Hintergrund oder von Himmel und Erde basieren.

Beim Bild eines Heißluftballons konzentrierte sich Thomas J. Kiefer auf den unteren Teil des Ballons. Durch die Reduktion auf eine Hauptfarbe und kleine Flächen mit Kontrastfarbe und klaren Linien und Flächen erhält das Bild eine starke Wirkung. Die Platzierung des Korbs und des Ballons im Gol-

Ordnung und Wirkung durch Linien, Farben und Formen, Fotograf: Thomas J. Kiefer.

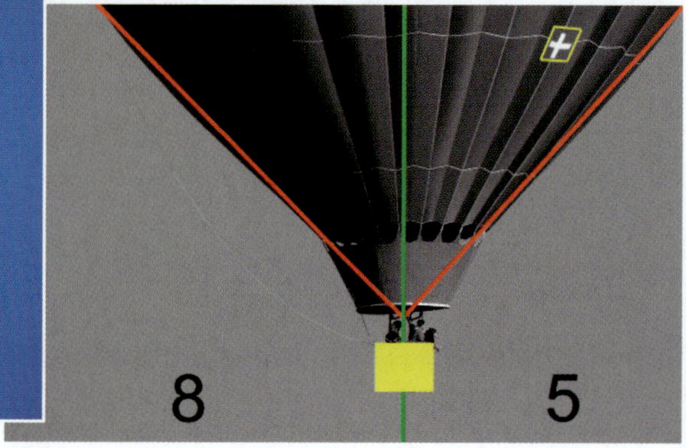

Reduktion auf wenige Farben und Elemente sowie eine gekonnte Bildgestaltung, Fotograf: Thomas J. Kiefer.

Ein einfaches Motiv, das durch seine Ordnung und Kraft überzeugt, Fotograf: Sebastian Kobel.

denen Schnitt (Verhältnis 5:8) erzeugt eine harmonische Spannung. Mehr zum Goldenen Schnitt erfahren Sie in Kapitel 12.2.

Das Bild kann so organisiert sein, dass es einen statischen Eindruck von Ordnung, Ruhe, Beständigkeit und Friede erweckt.

Oder es kann einen dynamischen Eindruck von Bewegung, Tätigkeit, Hast und Leben vermitteln. Entscheidend ist einfach Ihre ganz persönliche Absicht.

In Kapitel 12 zeige ich Ihnen eine Vielzahl von Gestaltungsmitteln, die Sie bei Ihren Aufnahmen einsetzen können.

Wenn Sie auch nur einen Teil dieser Ratschläge befolgen, wird sich die Qualität Ihrer Bilder markant verbessern.

11.8 Wie lerne ich die Bilder gestalten?

Sie haben in den ersten Kapiteln dieses Buches viele Ratschläge zu technischen Fragen erhalten. Technische Probleme sind einfach zu lösen.

Mit Geduld und Einsatz kann jeder die Grundlagenkenntnisse erwerben. Mit regelmäßigem Üben steigt die Sicherheit im Umgang mit der Kamera.

Schwieriger ist es, den Bildern eine gute Gestaltung zu geben. Schnell ist man verleitet zu sagen, dass sei einfach eine Begabungsfrage. Entweder habe man die Fähigkeiten oder eben nicht.

Meine Erfahrungen in meiner Fotoschule beweisen mir aber, dass jeder die Grundzüge der Bildgestal-

Gestaltung durch eine kraftvolle Diagonale, Fotograf: Thomas J. Kiefer.

tung lernen kann. Im nächsten Kapitel erhalten Sie verschiedene Ratschläge und Tipps zur guten Bildgestaltung.

In meinem Architekturstudium habe ich mich jahrelang mit Gestaltungsfragen auseinander gesetzt. Zuerst bewunderte ich die tollen Bauten lediglich, kam aber nicht hinter deren Geheimnis. Mit der Zeit verstand ich das Spezielle an diesen Bauten und die Gestaltungsregeln. Dadurch war ich dann auch in der Lage, meine eigenen Projekte zielgerichtet zu entwerfen.

Extreme Reduktion macht die Wirkung dieser abstrakten Komposition aus, Fotograf: Thomas J. Kiefer.

In der Fotografie geht es ähnlich. Wichtig ist es, dass Sie sich intensiv mit Bildern auseinander setzen. Zeigen Sie Ihre Bilder auch im Internet. Lassen Sie sie von anderen Fotografen bewerten. Versuchen Sie selbst andere Bilder zu bewerten. Diskutieren Sie mit Fotografen über die Qualität von Bildern.

In Kapitel 25 erhalten Sie Internetadressen virtueller Fotoklubs, in denen Sie Ihre Bilder präsentieren und bewerten lassen können. Auch Besuche von Museen und Fotoausstellungen können Ihnen Hinweise und Anregungen geben.

Gestaltungsfragen sind in der darstellenden Kunst immer schon zentral gewesen, und Sie können von modernen und alten Kunstwerken viel lernen.

Fotografen, die ein Gefühl für die Bildgestaltung entwickeln wollen, sollten gute abstrakte Gemälde studieren. Künstler wie Piet Mondrian, Paul Klee, Juan Miro oder auch Pablo Picasso waren Meister in der Gestaltung ihrer Bilder. Und zu guter Letzt: Seien Sie kritisch mit sich selbst. Akzeptieren Sie Kritik an Ihren Bildern als Chance zu Verbesserungen. Freuen Sie sich an jeder kritischen Rückmeldung, denn sie bietet Ihnen eine Möglichkeit, sich weiterzuentwickeln.

Kritik ist so grundsätzlich positiv, auch wenn es zu Beginn schmerzt, weil wir ja Freude an unseren Bildern haben und stolz darauf sind.

Mit der Zeit werden Sie selbst ein präzises Urteil über die Qualität Ihrer Bilder fällen können. Dann haben Sie Ihr Ziel erreicht. Die folgenden Ausführungen zur Bildgestaltung sollen Ihnen dabei helfen.

Gute Motive gibt es viele, wenn wir mit wachem Auge unsere Umwelt betrachten, Fotograf: Fernando Dinis.

12

Gestaltungstipps für wirkungsvolle Bilder

Eine gute und wirkungsvolle Gestaltung ist keine Hexerei. Mit einigen einfachen Tricks wirken Ihre Bilder kunstvoller und viel spannender. Probieren Sie einfach mal alle Regeln durch. Sie werden über die Resultate erstaunt sein. Und wenn Sie alle beherrschen, dann nehmen Sie sich die Freiheit, bewusst davon abzuweichen. Denn keine Regel ist ohne Ausnahme, und gerade das Abweichen von den Regeln kann überraschende und interessante Bilder erzeugen.

12.1 Meiden Sie die Mitte

Die Platzierung von Model Anuschka in der Mitte wirkt statisch und langweilig, Fotograf: Martin Zurmühle.

Bei 90 % aller Bilder befindet sich das Motiv in der Bildmitte. Das ist ja auch logisch, denn es ist uns wichtig, und wir wollen es im Bild auch so zeigen. Zudem liegt die Messung der Schärfe und der Belichtung meistens auch in der Mitte des Sucherfelds. Also halten wir mit der Kamera voll drauf und drücken ab. Natürlich dürfen Sie mittig fotografieren. Nur wirken die Bilder so meistens langweilig. Auch ein Horizont in der Mitte ist erlaubt, wenn Sie Ruhe und Monotonie ausdrücken wollen. Ein hoher Horizont suggeriert Erdverbundenheit und betont den Vordergrund. Ein niedriger Horizont suggeriert erhabene Eigenschaften des Motivs und betont den Himmel, die Wolken und die Ferne. Legen Sie deshalb den Horizont so, wie er am besten zur angestrebten Bildwirkung passt. Machen Sie einfach einen Test. Nehmen Sie ein Motiv in der Mitte, links und rechts auf. Vergleichen Sie nun die Wirkung der Bilder. Sie werden feststellen, dass die beiden seitlichen Anordnungen des Motivs viel spannungsvoller wirken. Nehmen Sie zwischendurch auch mal klar Abstand von der Mit-

Die Lage links wirkt tiefer und spannender auch im Dialog mit dem Wasserfall rechts.

Die Platzierung rechts im Goldenen Schnitt wirkt harmonisch und stimmt bezüglich der Blickrichtung des Models in den freien Raum.

Ein schönes Aktbild mit starken Kontrasten, Model Anuschka, Fotograf: Martin Zurmühle.

te. Gerade extreme Randstellungen geben den Bildern einen besonderen Ausdruck und Reiz. Mittig angeordnet, wirkt das oben stehende Aktbild sehr ruhig. Es fehlt aber die Spannung im Bild. Es lohnt sich deshalb, etwas zu experimentieren und den schwarzen Bereich in der Bildbearbeitung zu vergrößern:

1 Vorder- und Hintergrundfarben

Stellen Sie die Hintergrundfarbe auf Schwarz. Durch Drücken der Taste [D] stellen Sie die Vordergrundfarbe auf Weiß und die Hintergrundfarbe auf Schwarz. Durch Drücken der Taste [X] können Sie die Vordergrund- und Hintergrundfarbe tauschen.

2 Arbeitsfläche erweitern

Mit dem Befehl *Bild/Arbeitsfläche* können Sie die Arbeitsfläche erweitern. Aktivieren Sie die Option *Relativ* und geben Sie genügend große Werte für *Breite* und *Höhe* ein (Option *Farbe für erw. Hintergrund* auf *Hintergrund* einstellen).

3 Zuschneiden

Schneiden Sie nun das Bild neu in einem spannenderen Verhältnis. Eventuell müssen Sie vorher noch die Übergänge zwischen dem Originalbild und der Verbreiterung kontrollieren und wo nötig abdunkeln.

So wirkt das Bild wesentlich interessanter. Vor allem bei Lowkey-Schwarz-Weiß-Bildern können Sie so sehr einfach und schnell ganz verschiedene Bildgestaltungen ausprobieren. Noch weiter geht das folgende Bild, bei dem schon bei der Aufnahme eine klare Randstellung eingeplant war. Die einseitige Lichtführung und die Ausrichtung des Models rufen geradezu nach viel Raum auf der linken Seite.

Eine extreme Randstellung, die schon bei der Aufnahme einkalkuliert war, Model Anuschka, Fotograf: Martin Zurmühle.

12.2 Harmonie mit dem Goldenen Schnitt

Der Goldene Schnitt ist eine mehrere tausend Jahre alte Regel zum harmonischen Teilen von Strecken und Flächen. Die alten Griechen gliederten die Tempelanlagen mit Proportionen im Goldenen Schnitt. Deshalb wirken sie so ausgewogen und harmonisch auf uns und beeinflussen die Architektur bis heute.

Mathematisch ausgedrückt, teilt der Goldene Schnitt eine Strecke in zwei ungleiche Hälften so, dass das Verhältnis zwischen der kleineren und der größeren Teilstrecke gleich dem Verhältnis der größeren Teilstrecke zum Ganzen ist. Oder als Formel ausgedrückt:

$A : B = B : (A + B)$

$A : B = 0{,}618$ und $B : A = 1{,}618$

A	B	A : B	Differenz
2	3	0,666	7,8 %
3	5	0,600	2,9 %
5	8	0,625	1,1 %
8	13	0,615	0,4 %
13	21	0,619	0,2 %

Sie können sich dieses Verhältnis als Zahlenreihe merken, die sich diesem Wert annähert. Beginnen wir mit den Werten A = 1 und B = 2. In der nächsten Reihe nehmen wir den B-Wert und die Summe von A + B etc. Die Zahlenreihe pendelt um den genauen Wert des Goldenen Schnitts herum und nähert sich diesem immer mehr an. Die Annäherung von 2 : 3 ist noch zu grob (7,8 % Differenz). Mit 5 : 8 kommen wir aber bis auf 1 % an den genauen Wert heran. Das ist für unsere Zwecke genügend genau. Jedes Bild hat so vier Punkte, die im Schnittpunkt der Bildaufteilung nach dem Goldenen Schnitt liegen. Diese Stellen eignen sich für die Platzierung des zentralen Motivs des Bildes.

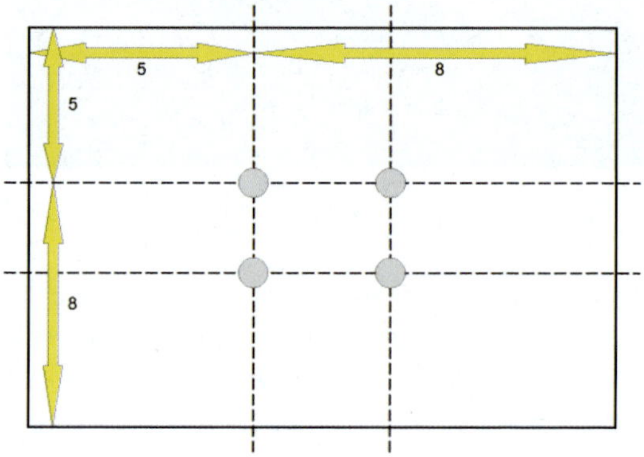

Die meisten Bildkompositionen gewinnen durch die bewusste Verwendung des Goldenen Schnitts. Durch häufige Wiederholungen wirken die Bilder aber auch oft etwas konventionell und stereotyp. Experimentieren Sie deshalb auch noch mit anderen Teilungsverhältnissen.

Ein ruhiges, harmonisch wirkendes Bild, Fotograf: Fernando Dinis.

Beim Bild von Fernando Dinis liegt der Motivschwerpunkt im Goldenen Schnitt, und die Bootsspitze bewegt sich diagonal zum zweiten Schnittpunkt. Die Lage der Bildelemente wirkt ruhig und harmonisch.

TIPP **Goldener Schnitt**

Der Goldene Schnitt kann aus folgenden Gründen eingesetzt werden:

- Um ein harmonisches Formatverhältnis herzustellen (z. B. 10 cm x 16 cm).
- Um die Lage des Horizonts im Bild festzulegen.
- Um das Bild in einem guten Verhältnis aufzuteilen.
- Um die Lage des Mittelpunkts des Interesses festzulegen.

Durch die diagonale Anordnung entsteht aber auch eine dynamisch Wirkung.

Der Goldene Schnitt ist nicht nur eine mathematische Angelegenheit, sondern wir haben ihn auch im Gefühl. Das zeigt das Bild meiner Tochter Sarah, das sie mit neun Jahren gemalt hat. Von den Regeln des Goldenen Schnitts hatte sie natürlich keine Ahnung, aber dafür ein besonderes Gefühl für Proportionen und Harmonien.

Zwei Wale springen ins Wasser. Das Bild wirkt spannungsvoll und doch auch ausgewogen. Und wenn wir nachmessen, entdecken wir verschiedene Verhältnisse im Goldenen Schnitt. Das Schwergewicht der Wasserlinie und der Wale liegen im Goldenen Schnitt. Auch der Mittelpunkt zwischen Auge und großem weißen Fleck liegt dort. Ohne den weißen Fleck würde die Szene nach links kippen, er balanciert so das Bild aus.

12.3 Sehen Sie die Bilder grafisch

Jedes Foto kann ohne Rücksicht auf den Bildgegenstand als ein zweidimensionales Muster aufgefasst werden, das aus Linien und Formen, Grautönen, Farben und Flächen besteht.

Ein rein grafisches Bild mit starker Wirkung, Model Nika, Fotograf: Martin Zurmühle.

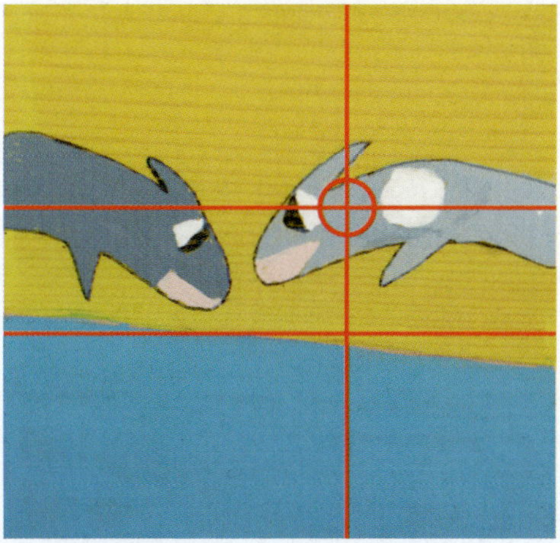

Eine schöne Sonnenblume mit spannendem Zentrum, Fotografin: Eliane Zwimpfer.

Konzentration auf die Form durch Umwandlung in Schwarz-Weiß und mehr Spannung durch Platzierung des Zentrums im Goldenen Schnitt.

Das sind die grafischen Bestandteile des Bildes. Um wirkungsvolle Bilder zu erzeugen, sollten Sie die gegenseitige Beziehung dieser Elemente kontrollieren.

Die Reduktion des Bildes auf seine grafischen Elemente ist eine gute Übung, um der Bildwirkung auf die Spur zu kommen. Reduzieren Sie den Bildinhalt auf klare Linien und Formen, erkennen Sie die Wirkung einfacher Körper auf die Bildgestaltung und lernen Sie die dreidimensionale Welt auf eine Fläche zu reduzieren.

Kamerastandpunkt und Blickwinkel

Wie Sie bereits in Kapitel 4 erfahren haben, wirken sich Kamerastandpunkt und Blickwinkel stark auf die Bildgestaltung aus. Die richtige Wahl des Standorts für eine Aufnahme ist somit entscheidend für den Erfolg. Es lohnt sich deshalb, das Motiv von allen Seiten und von oben und unten zu betrachten.

Legen Sie sich mal auf den Boden und betrachten Sie die Welt von unten oder steigen Sie auf eine Leiter und schauen Sie das Motiv von oben an. Sie werden zwei ganz verschiedene Bilder sehen. Jede Perspektive zeigt andere Linien und Formen. Eine horizontale Lage der Kamera wirkt ruhig und statisch. Eine stark geneigte Kamera lässt die Linien stürzen und wirkt spannungsvoll und dynamisch. Sie haben die Wahl. Am besten machen Sie mehrere Aufnahmen aus verschiedenen Perspektiven und entscheiden später, welche dem Motiv am besten entspricht.

Eine ungewöhnliche Perspektive für spannende Bilder, Fotograf: Martin Zurmühle.

Reduktion führt zum Erfolg

Meistens wollen wir mit unseren Bildern viel zu viel zeigen. Wir haben ja so vieles erlebt, und das möchten wir auch dem Betrachter der Bilder mitteilen. Leider verwirren aber die vielen Elemente auf dem Bild mehr, als sie nützen.

Ein schönes Motiv von allen Seiten und Perspektiven zu fotografieren lohnt sich immer und schult das Auge für kleine Unterschiede, die die Qualität des Bildes ausmachen. Wollen Sie die Wirkung eines Bildes noch verstärken, reduzieren Sie die Zahl der

Ein stimmungsvolles Bild mit noch zu vielen störenden Elementen (z. B. die hellen Sitzmatten).

Eine Konzentration auf die Blumentöpfe. Aufgrund der symmetrischen Anordnung wirkt das Bild aber zu statisch, Fotograf: Martin Zurmühle.

Die diagonale Anordnung gibt mehr Spannung ins Bild, betont aber auch den roten runden Topf zu stark.

Von der anderen Seite wird die Blume bedeutender gezeigt, aber der zweite Topf stark abgedeckt.

Ein tieferer Kamerastandpunkt bringt nur eine kleine Verbesserung.

Ein noch engerer Bildausschnitt bringt die schöne Blume in den Goldenen Schnitt, und der zweite Topf wird nur noch unscharf gezeigt.

Elemente. Hier gilt die Regel: Weniger ist mehr. Wenige gut platzierte und formschöne Objekte erzeugen zusammen eine tolle Bildwirkung. Entfernen Sie jedes Bildelement, das keinen Beitrag zur Komposition leistet. Sie werden erstaunt sein, wie stark Ihre Bilder dann auf den Betrachter wirken.

12.4 Komponieren mit Linien und Mustern

Linien

Jedes Bild besteht eigentlich nur aus Tönen (Farben oder Grauwerte) und Linien. Linien bilden dabei die Grenzen zwischen den Tönen. Linien sind sehr starke Gestaltungsmittel. Wir können dabei wirkliche und imaginäre Linien unterscheiden.

Wirkliche Linien sind gerade oder gebogene Linien, die das Bild unterteilen und gliedern. Starke Linien geben dem Bild eine klare Ausrichtung. Alle länglichen und schmalen Formen können wie Linien wirken. Gerade horizontale Linien bedeuten Gleichgewicht und Ruhe. Gerade senkrechte Linien bedeuten Höhe und Stabilität. Diagonale Linien wirken dynamisch. Stürzende senkrechte Linien verdeutlichen große Höhe und können bedrohlich wirken. Diagonale Linien laufen in etwa von einer Bildecke zur diagonal gegenüberliegenden anderen Bildecke. Sie sind die dynamischsten aller Linienformen, ein grafisches Symbol für Bewegung, Tätigkeit und Leben.

Ein sehr einfaches Motiv eines diagonalen Treppenlaufs: trotzdem (oder gerade deswegen) ein interessantes Bild, Fotografin: Eliane Zwimpfer.

Ein Bild, das nur aus Schattenlinien besteht, Fotograf: Thomas J. Kiefer.

Eine ruhige Bildstimmung mit einer tiefen Horizontlinie, Fotograf: Fernando Dinis.

◄ Eine ins Bild führende S-Linie, ▲ Fotograf: Gerhard Busch.

Geschwungene Linien haben einen geschmeidigen und sanften, fließenden Ausdruck, der ruhige Bewegung verdeutlicht. Geschwungene, s-förmig ins Bild laufende Weglinien sind klassische Hilfsmittel der Landschaftsmalerei. Sie geben dem Bild Tiefe und führen den Betrachter ins Bild hinein.

Geschwungene und gerade Linien können auch kombiniert werden. Sie geben so schöne, spannungsvolle Kontraste ab.

▲ Silhouette einer Großstadt mit gezackten Hochhäusern, Fotograf: Gerhard Busch.

▲ Ein gebogener Faden und eine diagonale Nadel, fertig ist ein Meisterwerk, Fotograf: Fernando Dinis.

Imaginäre Linien werden von unserem Auge gebildet. Sie sind nicht vollständig im Bild vorhanden. Durch unsere Vorstellung setzen wir sie zusammen. Sie können uns so im Bild leiten.

▲ Eine Reihe von gleichartigen Elementen, aber noch zu wenig spannend angeordnet, Fotografin: Eliane Zwimpfer.

Gezackte Linien wie die Silhouette einer Großstadt, die Baumspitzen von Fichten oder ein Bergpanorama sind das Gegenteil zu geschwungenen Linien und wirken spitz und scharf.

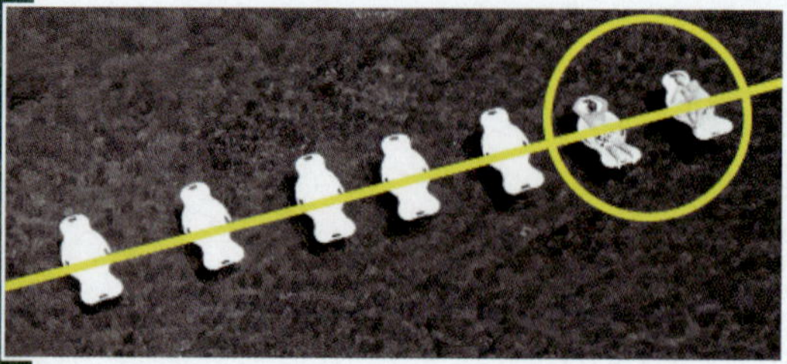

Durch die diagonale Anordnung entsteht eine imaginäre Linie, die zum Motiv, den beiden Männern, führt, Fotografin: Eliane Zwimpfer.

Muster

Muster erzeugen schöne grafische Wirkungen. Deshalb sind sie bei vielen Fotografen als Sujet beliebt. Aber eigentlich haben Musteraufnahmen mehr mit Grafik als mit Fotografie zu tun. Die Betonung liegt zu sehr auf dem Muster und zu wenig auf dem Objekt. Musteraufnahmen sind dann aber interessant, wenn sie eine abstrakte Komposition ergeben oder eine wichtige Eigenschaft eines Motivs darstellen (z. B. Schatten von Stühlen, Landschaftsmuster bei Flugaufnahmen).

Landschaftsmuster aus der Luft, Fotograf: Sebastian Kobel.

12.5 Gestalten mit Farben und Farbkontrasten

Farben sind wichtige Gestaltungsmittel. Sie entsprechen den Tonwerten von Schwarz-Weiß-Bildern. Als einfache Grundregel kann gelten, dass sich kontrastreiche Bilder mit vielen feinen Tonwerten für die Darstellung in Schwarz-Weiß eignen und Bilder mit starken Farben (und oft wenigen Tonwerten und Kontrasten) besser in Farbe gezeigt werden. Bilder können schon allein durch die Anordnung von starken Farben wirken. Ein Meister dieser Kunst war Piet Mondrian mit seinen abstrakten Bildern, die nur mit perfekt ausbalancierten Flächen der drei Grundfarben Gelb, Blau und Rot spielen.

Ein Gemälde von Piet Mondrian, eines Malers der abstrakten Kunst.

Wir unterscheiden zwischen warmen Farben wie Rot, Orange, Gelb, Braun und kalten Farben wie Blau, Blaugrün, Blaupurpur. Es gibt natürlich sehr viele feine Zwischentöne. Im RGB-8-Bit-Modus können wir jede der Grundfarben Rot, Grün und Blau in 256 verschiedenen Nuancen darstellen. Dadurch sind 256 x 256 x 256 Farbkombinationen möglich (mehr als 16 Millionen Farbtöne). Das sind mehr Farben, als wir überhaupt sehen können, und sollte eigentlich für unsere Bedürfnisse reichen. Der 16-Bit-Modus bringt bezüglich der Zahl der Farben kei-

Ein spannendes Spiel mit klaren Grundfarben Rot und Blau, Fotograf: Fernando Dinis.

nen großen Vorteil mehr. Wir können die Unterschiede nicht mehr feststellen.

Verändern wir aber in der Bildbearbeitung die Tonwerte und Kontraste (mit der Gradationskurve), entstehen bei 8-Bit-Bildern oft Farb- und Tonwertsprünge, die beim ausgedruckten Bild erkennbar sind. 16-Bit-Bilder sind aufgrund der feineren Abstufungen viel toleranter.

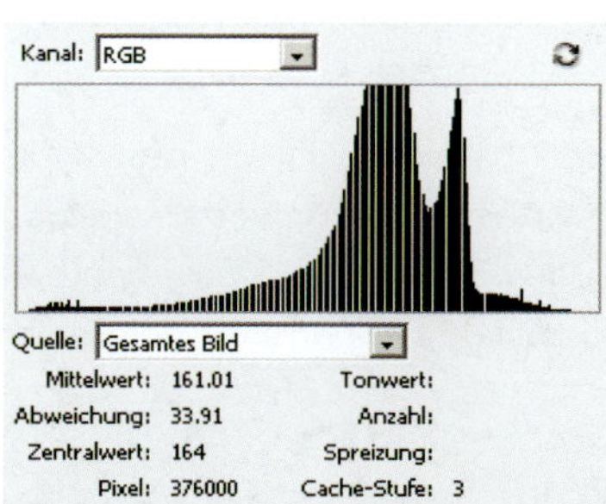

Nach starken Bildanpassungen mit der Tonwert- oder Gradationskurve entstehen im 8-Bit-Modus Sprünge im Histogramm.

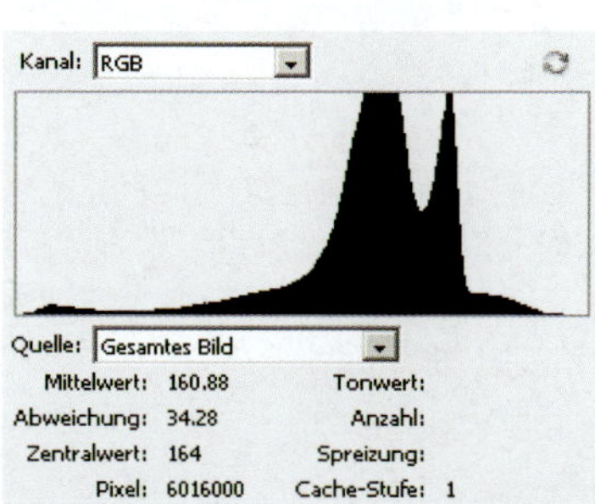

Im 16-Bit-Modus können Bildanpassungen ohne Tonwertsprünge durchgeführt werden.

Farben vermitteln eine Bildstimmung. Zarte Pastelltöne wirken verträumt und ruhig. Sie passen sehr gut zu leicht dunstigen Landschaftsbildern.

Einzelne starke Farbakzente wirken bei sonst zurückhaltenden dunklen Bildern als Blickfang. Sie geben so dem Bild einen besonderen Reiz. Auch hier gilt die Regel, weniger ist oft mehr. Ein kleiner

Ein Bild, das durch die monochromen, zurückhaltenden Farben wirkt, Fotograf: Thomas J. Kiefer.

Wirkung durch Form und Farbe. Das Rot der Blume kontrastiert sehr schön zum sanftgrünen Hintergrund, Fotografin: Eliane Zwimpfer.

kräftiger Akzent ist besser als viele bunte und verwirrende Farben.

Im Farbkreis sind die Farben aufgeführt. Gegenüberliegende Farben sind Komplementärfarben. Monochrome Bilder verwenden nur Farbtöne aus einem engen Spektrum des Farbkreises.

Starke Farbkontraste entstehen durch die Verwendung von Komplementärfarben oder den Einsatz der Grundfarben Rot, Gelb und Blau.

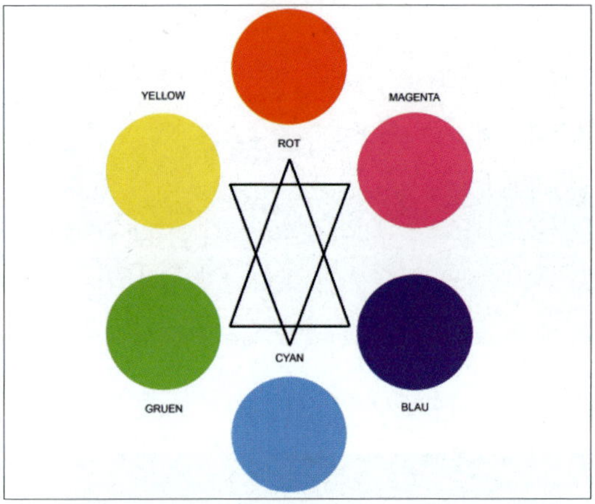

Die Farben des additiven (Rot, Grün, Blau) und des subtraktiven Farbmodells (Cyan, Magenta und Yellow).

Das RGB-Modell ist ein additives Farbmodell, in dem die drei Primärfarben **R**ot, **G**rün und **B**lau in verschieden starken Intensitäten bewusst kombiniert werden. Mischt man zwei Primärfarben (z. B. Rot und Blau), erhält man eine Komplementärfarbe (Magenta). Als additives Farbmodell wird das RGB-Modell bezeichnet, da beim Mischen aller drei Primärfarben Weiß entsteht. Benutzt wird es bei allen elektronischen Geräten (Bildschirm, Scanner, Kamera), die Licht mischen, um Farben zu erhalten.

Das CMYK-Modell ist ein subtraktives Farbmodell. Farbe entsteht, wenn Lichtstrahlen von einer Oberfläche reflektiert werden. Die reflektierten Lichtstrahlen bestimmen die bei der Betrachtung eines Bildes wahrgenommenen Farben.

Eine weiße Oberfläche reflektiert (strahlt zurück), eine schwarze Oberfläche absorbiert (verschluckt)

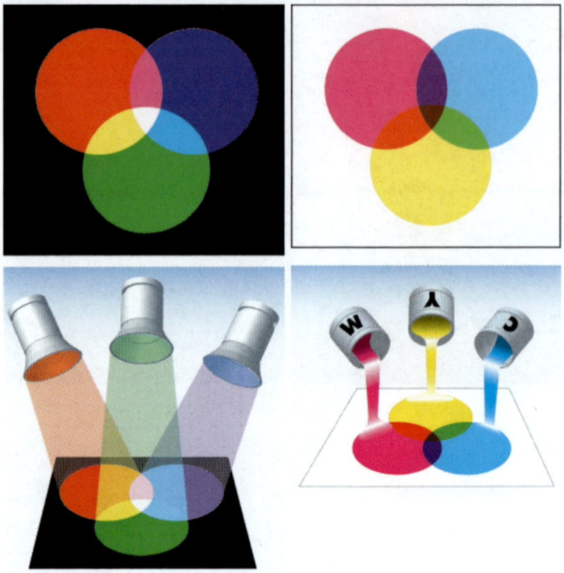

Links der additive RGB-Modus, rechts der subtraktive CMYK-Modus.

alle Wellenlängen des Lichts. Da die Grundfarben **C**yan (C), **M**agenta (M) und **Y**ellow (Y) allerdings nicht genügend rein hergestellt werden können und zusammen nur ein Dunkelbraun ergeben, benötigt dieser Modus noch zusätzlich Schwarz (K).

Ein Bild kann schon allein durch die geschickte Wahl der Farben wirken. Sebastian Kobel zeigt das mit einigen Farbstiften. Durch eine Weiterbearbeitung in Photoshop kann diese Wirkung noch verfeinert werden.

TIPP **Farbmodelle**

Im additiven RGB-Modus (Bildschirme) der Bildbearbeitung kennen wir folgende Grundfarben: **R**ot (R), **G**rün (G) und **B**lau (B). Dieser Modus wird bei Bildschirmen verwendet.
Der subtraktive CMYK-Modus (Drucker) verwendet die Grundfarben **C**yan (C, Hellblau), **M**agenta (M, Hellrot), **Y**ellow (Y, Gelb) und Schwarz (K). Er wird für den Druck verwendet.
Komplementärfarben sind dabei:

- Rot und Cyan (Hellblau)
- Grün und Magenta (Hellrot)
- Blau und Gelb

Das Bild überzeugt durch starke Farben und eine schöne diagonale Anordnung, Fotograf: Sebastian Kobel.

Farben können auch als Hauptgestaltungsmittel eingesetzt werden. Das Bild von Walo Thönen wirkt durch die kräftige gelbe Farbe, die dem Bild eine eigene und geheimnisvolle Stimmung verleiht.

Ein geheimnisvolles Bild mit einem herrlichen gelben Farbton, Fotograf: Walo Thönen.

12.6 Kontraste erhöhen die Spannung

Bezüglich der Bildgestaltung macht es einen großen Unterschied, ob der Motivkontrast im Bild hoch, normal oder gering ist. Hohe Kontraste führen oft zu einer Vereinfachung und Klärung der Bildgestaltung. Für Bilder, die später in Schwarz-Weiß umgewandelt werden, sind höhere Kontraste angezeigt.

Unsere Augen können problemlos mit hohen Kontrasten umgehen. Die Bildsensoren werden davon aber schnell überfordert. Bei Aufnahmen am Mittag mit Sonnenlicht laufen die Schatten schwarz zu und fressen die Lichter weiß aus. Abend- und Morgenlicht ist viel weicher mit weniger Kontrasten.

Ein sehr weiches Licht im Schatten, aber die einzelnen Lichter der Sonne werden weiß ausgefressen, und die Schatten laufen schwarz zu, Model Andrea, Fotograf: Martin Zurmühle.

TIPP **Kontrastverstärkung**

Erhöhen Sie die Kontraste immer nur mit der Gradationskurve. Verwenden Sie nicht den Befehl *Bild/Anpassungen/Helligkeit/Kontrast*. Dieser führt sowohl bei der Helligkeit wie beim Kontrast zu einer Verschiebung der gesamten Tonwertkurve, was zu Datenverlusten in den dunklen oder hellen Bereichen des Bildes führen kann.

Beim Bild von Andrea in der Höhle zeigt sich, dass eine Mischung von Schatten und Sonne zu kontrastreich ist. Einzelne Lichtflecken stören noch nicht, wird aber der Anteil der von der Sonne beschienenen Bereiche zu groß, kann die Aufnahme nicht mehr gemacht werden. Die besten Verhältnisse bietet ein leicht überzogener Himmel.

Bedeckter Himmel und flaues Licht ergeben flache Kontraste.

Die Wolken wirken dort wie eine riesige Softbox. Als Alternative dazu bieten sich Aufnahmen im Schatten an. Für unsere Augen erscheint das Motiv sehr kontrastarm. Die Bildsensoren nehmen aber weit mehr Kontraste wahr und zeichnen sie auf. In der Bildbearbeitung können Sie leicht die Kontraste im Bild erhöhen. Verwenden Sie dazu den Befehl *Bild/Anpassungen/Gradationskurven*.

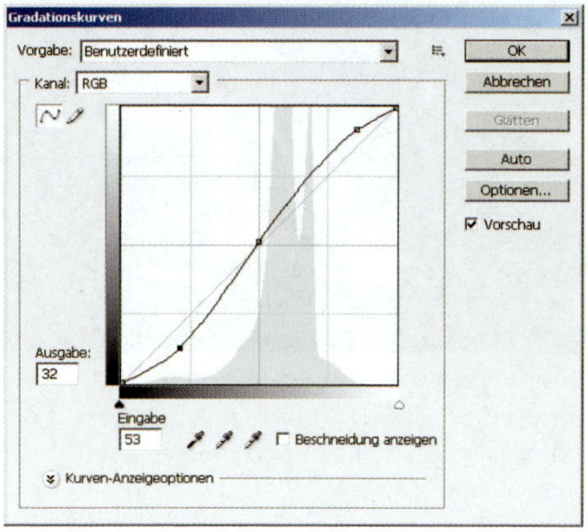

Mit einer leichten S-Kurve werden die Kontraste im Bild sichtbar stärker und die Farben gleichzeitig satter, ohne dass die dunklen und hellen Bereiche stark verändert werden.

Stärkere Kontraste mit der Gradationskurve, Fotograf: Martin Zurmühle.

Farbkontraste

Starke Farbkontraste vorzugsweise von Komplementärfarben können als Gestaltungsmittel eingesetzt werden.

Ein starkes Blau im Kontrast zur gelben Flamme des Brenners, Fotograf: Sebastian Kobel.

In der Bildbearbeitung können Sie dann mit verschiedenen Werkzeugen wie *Farbbalance, Farbton/Sättigung* oder auch der Tonwert- und der Gradationskurve die Farbkontraste noch weiter beeinflussen.

Licht und Schatten

Das Spiel von Licht und Schatten ist vor allem in der klassischen Aktfotografie populär: mit dem Licht zeichnen, mit dem Schatten verhüllen.

Dadurch entstehen grafisch starke Wirkungen, die den Reiz der Aktfotografie ausmachen. Solche Bilder werden vor allem in Schwarz-Weiß gezeigt.

Die Farbe würde zu sehr vom grafischen Motiv ablenken. Aber auch andere Motive wie Bäume, die sich in einer schönen Landschaft klar vom Himmel abheben, können grafisch als reine Schwarz-Weiß-Zeichnungen aufgenommen werden.

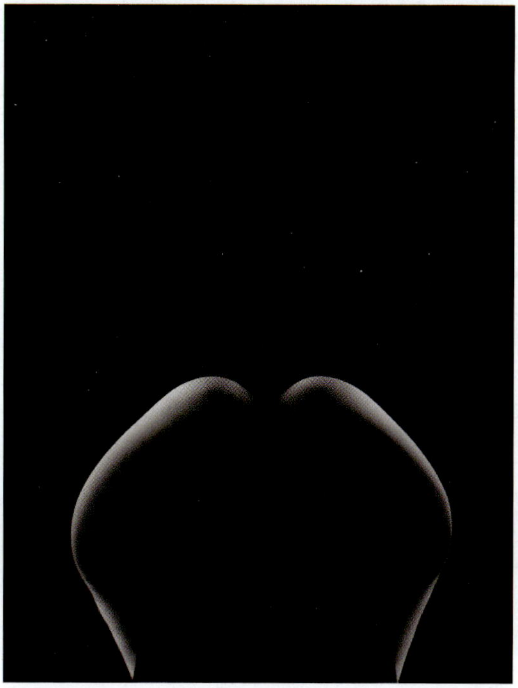

Ein kontrastreiches, sehr grafisches Aktbild, Model Patrizia, Fotograf: Martin Zurmühle.

Eine ausgesprochen ruhige und harmonische Komposition, Fotograf: Fernando Dinis.

Eine grafische Landschaft mit harten Schwarz-Weiß-Tönen, Fotograf: Thomas J. Kiefer.

12.7 Statische Kompositionen

Eine Gestaltung wirkt statisch, wenn ihre grafischen Elemente im Gleichgewicht zu sein scheinen. Die Hauptlinien sind dann meistens waagerecht oder senkrecht.

Durch eine zentrale Anordnung werden stürzende Linien vermieden. Mit statischen Kompositionen können Gefühle wie Ruhe, Beständigkeit, Sicherheit, Harmonie dargestellt werden.

Ein zentralsymmetrisch gebautes Schloss in Schweden, Fotograf: Martin Zurmühle.

Symmetrie, aber richtig

Symmetrie ist eine sehr starke Form der Bildgestaltung. In der Architektur wurden die Schlösser und Paläste oft symmetrisch gebaut. Sie wirken dadurch sehr erhaben und wichtig. Symmetrische Bilder verlangen nach einer perfekt symmetrischen Aufnahme. Schon kleine Abweichungen von der Symmetrieachse werden als störend empfunden. Suchen Sie genau die Mitte des Gebäudes und schneiden

Zentralsymmetrische Bilder haben genau in der Mitte die Symmetrieachse, und die Weglinien laufen in diese Achse zusammen.

Sie das Bild in der Bildbearbeitung ganz präzise aus, sodass links und rechts gleich viel Platz bleibt.

Einrahmen des Motivs

Ein fast immer wirkungsvolles Mittel, um eine Komposition zu verdichten, ist das Einrahmen des Motivs. Das Einrahmen beeinflusst das Bild in dreifacher Weise. Es verstärkt die Tiefenwirkung durch den Gegensatz von nah und fern.

Dieser Effekt wird noch verstärkt durch den Unterschied des dunklen Rahmens zum hellen Motiv. Zudem grenzt der Rahmen das Motiv vor äußeren Einflüssen ab.

Wenn Sie das Torbogenbild mit Irene (siehe Bild auf der nächsten Seite) analysieren, entdecken Sie wieder einige Gestaltungsregeln, die hier zu diesem tollen Bild kombiniert wurden.

Bezüglich der Maueröffnung befindet sich Irene genau im Goldenen Schnitt. Der Schatten und der Blick verlaufen parallel in den freien Raum nach rechts Richtung Bildmitte.

Das blaue Tuch bildet einen starken Kontrast zur sonst monochromen braunen Farbe der Haut und der Mauer.

Die Maueröffnung selbst ist sehr weit außen platziert und bildet so einen spannenden Gegensatz zur Mauerfläche.

Eine weitere Regel besagt, dass der Blick des Models Richtung Licht und Sonne gehen sollte. Würde Irene den Kopf auf die andere Seite Richtung Sonne drehen, wäre die Balance des Bildes zerstört. Sie können also Regeln nicht blind befolgen, sondern müssen jeweils die konkrete Situation berücksichtigen.

Objekte, die sich als Rahmen eignen, sind fast überall zu finden: Gitter, Baumäste, Portale, Türen, Fensteröffnungen, Löcher jeder Art.

Durchblicke konzentrieren den Blick des Betrachters auf das Motiv. Zudem entsteht eine Spannung durch den Schlüssellocheffekt (das heimliche unbemerkte Betrachten des Geschehens).

Der Gewölbebogen rahmt das Model ein und betont es so, Model Irene, Fotograf: Martin Zurmühle.

Der Mauerdurchbruch als Torbogen führt den Blick zum Model, das genau im Goldenen Schnitt des Bogens platziert ist.

Bei Einrahmungen stellt sich oft die Frage, ob nun das zentrale Motiv oder der Rahmen scharf gezeichnet werden soll.

Sie müssen selbst entscheiden, welche Variante Ihnen besser gefällt. Am besten machen Sie jeweils gleich zwei Aufnahmen mit unterschiedlicher Fokussierung. Und falls Ihnen keine der beiden Varianten gefällt und Sie die Schärfe von vorne bis hinten haben möchten, können Sie beide Bilder in Photoshop zusammenbauen.

In Kapitel 24 wird das Vorgehen beschrieben. Als Alternative dazu können Sie auch den Fokuspunkt manuell etwa in die Mitte zwischen Hintergrund und Vordergrund legen und stark abblenden.

▲ *Scharfes Motiv im Zentrum und unscharfer Rahmen, Fotograf: Martin Zurmühle.*

▼ *Scharfer Rahmen und unscharfes Zentrum, Fotograf: Martin Zurmühle.*

Eine statische, schwere Komposition mit einem herrlichen Licht, Fotograf: Gerhard Busch.

Ausbalancieren der Elemente

Bei statischen Kompositionen ist es wichtig, dass die verschiedenen Elemente gut gegeneinander ausbalanciert sind.

Das gesamte Bild sollte im Gleichgewicht sein. Ohne das runde linke Fenster wäre die Aufnahme der Fenster von Fernando Dinis nicht im Gleichgewicht. Durch diese Gegenüberstellung zweier unterschiedlicher Formen entsteht trotz der statischen Anordnung eine spannungsvolle Aufnahme. Auch bei Landschaftsaufnahmen sind solche Bezüge hilfreich. Die sehr statische Komposition von Gerhard Busch mit schweren Felsen wird durch eine fantastische und leichte Lichtwirkung des Abendlichts kontrastiert.

Gleichgewicht durch das runde Fenster auf der linken Seite, Fotograf: Fernando Dinis.

12.8 Dynamische Kompositionen

Eine Komposition ist dann dynamisch, wenn ihre grafischen Elemente den Eindruck von Bewegung machen. Meistens bestehen solche Bilder aus schrägen oder diagonalen Linien. Eine dynamische Komposition vermittelt Gefühle wie Tätigkeit, Geschwindigkeit und Leben. Eine dynamische Komposition braucht im Gegensatz zur statischen keine ausgewogene Verteilung der Bildelemente. Unausgeglichenheit ist ja ein Zustand, der Spannung erzeugt. Entscheidend ist einfach, ob die Komposition zur angestrebten Bildaussage passt.

Sie können immer selbst entscheiden, ob Sie ein statisches oder ein dynamisches Bild machen wollen.

Ein Bild voller Kraft und Dynamik, passend zum Motiv, Fotograf: Jörg Rhode.

Die Bewegungsrichtung ist steil nach unten, und der Blick findet im Himmel keinen Halt.

Für dynamische Bilder brauchen Sie nur die Kamera zu kippen, und schon ist jedes statische Bild plötzlich ganz dynamisch. Sie können diesen Effekt schon bei der Aufnahme oder auch später bei der Bildbearbeitung ausprobieren.

Nicht nur durch die Bildgestaltung, sondern auch durch den Einsatz der Bewegungsunschärfe kann eine dynamische Bildwirkung erzielt werden.

Auch hier gilt die Regel, viele Aufnahmen aus unterschiedlichen Blickwinkeln und Perspektiven zu machen, um die genau richtige Bildwirkung zu erzielen.

Durch Kippen der Kamera entsteht eine dynamische Wirkung, Fotograf: Sebastian Kobel.

12.9 Der letzte Schliff beim Zuschneiden

Mit dem Zuschnitt des Bildes geben Sie den letzten Schliff. Allein mit einem geschickten und wirkungsvollen Schnitt können Sie aus einem normalen Bild ein erfolgreiches Wettbewerbsbild machen.

Das Schöne an der digitalen Fotografie ist, dass Sie in der Bildbearbeitung das Foto, sooft Sie wollen, zuschneiden können. So lange, bis Sie vom Resultat restlos überzeugt sind.

Nehmen Sie sich dazu genügend Zeit und experimentieren Sie mit den verschiedensten Varianten. Der Erfolg oder Misserfolg wird sofort sichtbar.

Quadrat

Das Quadrat ist auf die Bildmitte ausgerichtet und wirkt deshalb spannungslos. Es vermittelt Stabilität, Kraft, Stetigkeit und Ruhe. Wenn Sie also solche Aussagen mit Ihrem Bild vermitteln wollen, eignet sich ein Quadrat gut dazu.

Da die heutigen Digicams alle Sensoren im Rechteckformat haben, müssen Sie das Bild für quadratische Aufnahmen in der Bildbearbeitung beschneiden (und so einen Verlust an Auflösung in Kauf nehmen).

Rechtecke

Rechteckige Formen haben immer eine Richtung. Ein Bildformat in den Proportionen des Goldenen Schnitts wirkt ausgewogen und harmonisch. Längliche Formate (z. B. 30 cm x 15 cm) wirken dynamisch. Entscheidend ist, dass das Bildformat klar zur Bildaussage passt, diese unterstützt.

Das quadratische Format betont die Mitte und lenkt auf das Motiv hin, Fotograf: Sebastian Kobel.

Die Form des Kreuzes ruft geradezu nach einem länglichen Bildformat, Fotograf: Thomas J. Kiefer.

Randstellungen des Motivs

Experimentieren Sie zwischendurch mit extremen Randstellungen des Motivs. Die Komposition erhält dadurch eine sehr spezielle Wirkung. Das nachfolgende Beispiel mit der Blume von Eliane Zwimpfer zeigt, wie mit einem geschickten Zuschneiden und einer klaren Randstellung die Bildaussage verstärkt werden kann.

Ausschnitte

In manchem durchschnittlichen Bild stecken fantastische Ausschnitte, die Sie mit einem geschickten Zuschneiden hervorholen können (siehe Bild auf der gegenüberliegenden Seite).

Hier liegt der größte Vorteil von Kameras mit einer hohen Auflösung. Auch nach dem Zuschneiden haben die Bilder noch eine genügende Auflösung für den Druck.

Achten Sie beim Zuschneiden darauf, dass Sie konsequent vorgehen: entweder das Motiv ganz zeigen oder stark zuschneiden. Angeschnittene Finger oder Zehen, ein leicht angeschnittener Kopf zerstört das Bild. Ein auf allen Seiten stark zugeschnittenes Bild verstärkt aber oft die Bildaussage und lenkt den Blick auf das Hauptmotiv.

Ein schönes Motiv, aber noch zu wenig spannend präsentiert, Fotograf: Eliane Zwimpfer.

In diesem Blumenbild steckt ein noch viel spannenderer Ausschnitt.

Schauen Sie bei Gelegenheit Ihre alten Bilder mal durch und suchen Sie verborgene Ausschnitte, die sich lohnen.

Sie werden manche Perle entdecken.

Beschneidungsregeln

Zum Schluss noch ein paar Beschneidungsregeln:

- Kleine weiße Flächen, die in den Bildrand laufen, vermitteln den Eindruck, als sei der Bildrand angeknabbert. Das wirkt unangenehm und lenkt vom Motiv ab.
- Runde Formen oder Kurven, die nahe am Bildrand liegen, sollten nicht die Ränder des Bildes berühren. Entweder müssen sie durch genügend Abstand vom Bildrand getrennt oder kühn angeschnitten sein.
- Linien, die mehr oder weniger diagonal gegen die Bildecken verlaufen, sollten nie genau in die Ecke laufen, sondern einen genügenden Abstand davon haben.

INFO **Downloadhinweis**

Einige Bilder können Sie unter folgender Internetadresse als Übungsbeispiele herunterladen: *www.databecker.de*.
Dort geben Sie unter *Downloads/Buch-Extras* den Titel dieses Buches ein.

Das Bild nach dem Zuschneiden mit einer klaren Randstellung wirkt viel spannender, Fotografin: Eliane Zwimpfer.

13

Bildbearbeitung mit Photoshop

Die digitale Fotografie und die Bildbearbeitung gehören zusammen. Erst mit einer gekonnten Bildbearbeitung holen Sie das Maximum aus Ihren Bildern heraus. Und wenn Sie mit dem RAW-Format arbeiten, stehen Ihnen alle Türen offen. Ich zeige Ihnen an ein paar Beispielen, wie ich mit Photoshop arbeite, und gebe Ihnen Tipps, wie Sie Ihre Bilder auf schnelle und einfache Weise verbessern können.

13.1 Den richtigen Weg finden

Die digitale Fotografie und die Bildbearbeitung gehören zusammen. Natürlich können Sie mit den Kameras auch nur knipsen und die Bilder ohne weitere Bearbeitung ausdrucken. Aber Sie schöpfen damit das Potenzial, das in Ihren Bildern steckt, bei Weitem nicht aus. Erst die gekonnte Bildbearbeitung holt alles aus Ihren Bildern heraus. Sie werden staunen, was dann möglich wird.

Es gehört zu den paradoxen Situationen in der digitalen Fotografie, dass günstige Kameras oft auf den ersten Blick schärfere und kontrastreichere Bilder machen als teure Profimodelle. Der Grund liegt in der intensiven Bildbearbeitung, die bereits in der Kamera durchgeführt wird. Profis wollen nicht, dass die Kamera unkontrollierte Bildveränderungen vornimmt. Sie behalten gern die Kontrolle über die Bildbearbeitung.

Deshalb sind Profimodelle wesentlich zurückhaltender mit Bildveränderungen in der Kamera. Wollen Sie die Möglichkeiten der Bildbearbeitung ausnutzen, sollten Sie mit dem RAW-Format arbeiten. Im Gegensatz zu JPEG-Bildern, die definitiv durch Kameraeinstellungen verändert werden, besitzen die RAW-Bilder die volle Originalinformation des Sensors und haben einen wesentlich größeren Kontrastumfang als JPEG-Bilder.

Das Bildbearbeitungsprogramm Adobe Photoshop CS3 ist ein mächtiges Programm. Eine umfassende Anleitung würde den Rahmen dieses Buches sprengen. Auf dem Markt sind sehr gute Bücher zu diesem Thema erhältlich, z. B. „Das große Buch Photoshop CS3 & Lightroom" (ISBN 978-3-8158-2588-4, 39,95 Euro). Empfehlenswert ist auch das Buch „Digitalfotos professionell bearbeiten mit Photoshop" von Pavel Kaplun aus dem DATA BECKER-Verlag (ISBN 978-3-8158-2621-8, 39,95 Euro).

Nach Auskunft von Adobe gibt es im Durchschnitt vier verschiedene Wege, wie Sie Aufgaben in Photoshop lösen können. Wie Sie in diesem Dschungel von Befehlen und Möglichkeiten einen guten Weg finden, möchte ich Ihnen an ein paar Bildbeispielen zeigen. Entscheidend beim Arbeiten mit Photoshop ist ein systematisches Vorgehen. Ich arbeite nach folgendem Muster:

- Im RAW-Konverter passe ich den Weißabgleich und die Bildhelligkeit an.
- Zuerst reinige ich das Bild von Unreinheiten (z. B. Staubflecken) und entferne störende Dinge.
- Dann mache ich alle notwendigen Korrekturen am Gesamtbild.
- Anschließend korrigiere ich Teilbereiche.
- Zum Schluss schärfe ich das Bild und schneide es zu.

TIPP **Mit Photoshop arbeiten**

- Arbeiten Sie zerstörungsfrei mit Ebenen und Masken. So können Sie alle Schritte später wieder korrigieren und anpassen.
- Speichern Sie die Datei nach längeren Bearbeitungen und vor endgültigen Änderungen (z. B. Zuschneiden) separat ab.
- Arbeiten Sie so lange wie möglich im 16-Bit-Modus und im gewählten Farbraum. Änderungen führen zu Informationsverlusten.

13.2 Grundbearbeitung von RAW-Bildern

Ich arbeite außer bei Familien- und Ferienbildern immer im RAW-Format. Alle RAW-Bilder müssen allerdings nachbearbeitet werden. Bevor ich mich deshalb auf diese Arbeit stürze, wähle ich meine Bilder kritisch aus. Nach mehreren Rundgängen bleiben in der Regel nur noch 5 bis 10 % der Bilder übrig, die ich dann weiter bearbeite. Die übrigen Bilder werden im RAW-Format auf DVD gespeichert und archiviert. So bleibt der Zeitaufwand für die Nachbearbeitung im Rahmen. Die folgenden Bilder (wie auch viele Beispiele aus anderen Kapiteln) können Sie unter folgender Internetadresse als Übungsbeispiele herunterladen: *www.databecker.*

de. Dort geben Sie unter *Downloads/Buch-Extras* den Titel dieses Buches ein.

Die Konvertierung im RAW-Konverter von Photoshop (Adobe Camera Raw) habe ich Ihnen in den Kapiteln 7 und 8 gezeigt. Bei allen Bildern führe ich nach der Konvertierung folgende Arbeitsschritte durch:

Originalbild einer schönen Landschaft auf den Lofoten, Fotograf: Martin Zurmühle.

1 Kontrolle des Tonwertumfangs

Mit dem Befehl *Ebene/Neue Einstellungsebene/Tonwertkorrektur* wird eine separate Einstellungsebene angelegt und die Tonwertkurve angezeigt. Das Bild ist noch etwas zu dunkel.

Durch Schieben des rechten Reglers nach links wird das Bild aufgehellt. Einige kleinere Flächen haben allerdings schon eine reinweiße Zeichnung, was im Bild aber nicht stört.

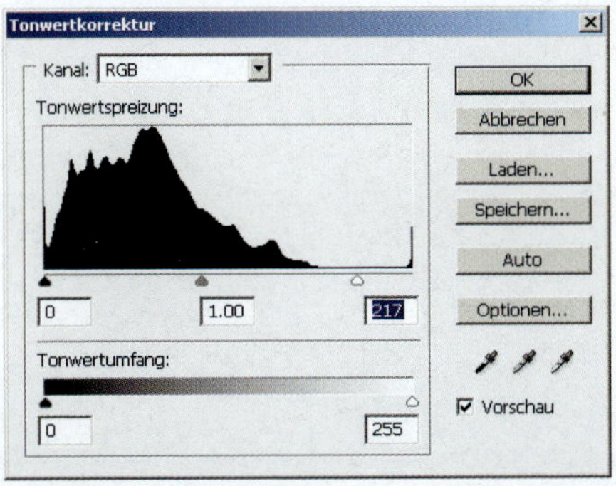

Nach der Verbesserung der Tonwertkurve wirkt das Bild etwas heller

2 Gradationskurve anpassen

Das Bild wurde mit der Nikon D100 gemacht. Der CCD-Sensor der D100 zeichnet schon sehr kontrastreich. Die Gradationskurve muss deshalb meistens nicht oder nur wenig angepasst werden. Bilder der Nikon D300 sind wesentlich kontrastärmer, und ich muss fast immer die Gradationskurve anpassen. Mit dem Befehl *Ebene/Neue Einstellungsebene/Gradationskurve* wird eine separate Einstellungsebene angelegt und die Gradationskurve angezeigt. Gradationskurven sind nicht ganz einfach zu verstehen. Aber sie sind mächtige Werkzeuge zur Farb- und Kontrastveränderung. Bei der Tonwertkurve werden die Tonwerte gleichmäßig über den geänderten Bereich verteilt. Mit der Gradationskurve können Sie nun diese Verteilung beliebig anpassen.

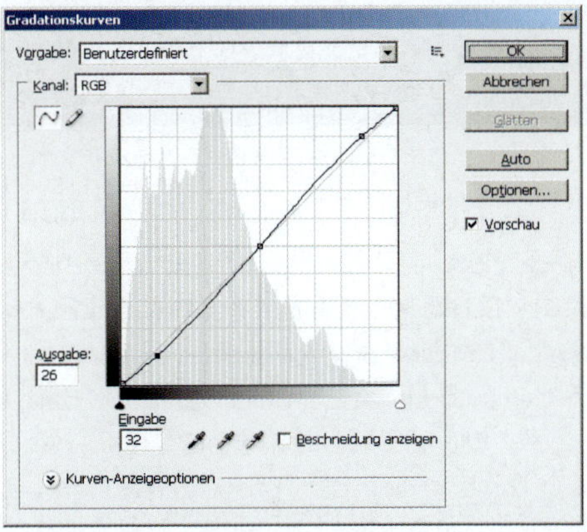

Klicken Sie mit gedrückter Alt-Taste in die Kurvenanzeigen, dann sehen Sie ein viel feineres Raster. Dieses eignet sich besser für die folgenden Anpassungen. Für die meisten etwas flauen Bilder eignet sich eine leichte S-Kurve. Diese führt dazu, dass die dunklen Bildbereiche leicht abgedunkelt und die hellen Bildbereich leicht aufgehellt werden. Das erhöht die Kontraste im Bild.

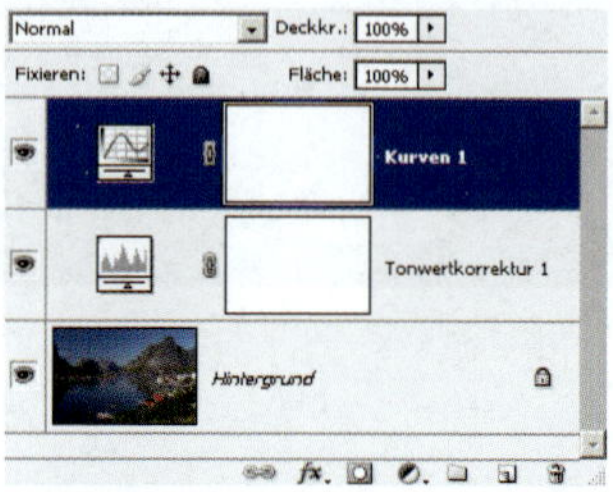

Klicken Sie einfach im Fenster *Ebenen* auf das Auge neben der Einstellungsebene und schalten Sie so die Wirkung des Befehls ein und aus. Dann sehen Sie sofort die Wirkung der S-Kurve. Der leichte Schleier im Bild verschwindet, und die Farben wirken viel frischer und kräftiger.

Durch die leichte S-Kurve im Menü Gradationskurven wird das Bild kontrastreicher.

Noch ein Tipp: Wollen Sie, dass sich die Änderungen der Gradationskurve nur auf die Bildhelligkeit und nicht auf die Farben auswirken, stellen Sie einfach den Modus der Einstellungsebene auf *Luminanz*. Vor allem bei starken Anpassungen der Gradationskurve wirken die Farbveränderungen sonst manchmal störend. Sie können die Tonwertkorrektur auch direkt im Menü der Gradationskurve mit dem schwarzen und weißen Schieberegler durchführen. Entsprechend wird die Gradationskurve angepasst.

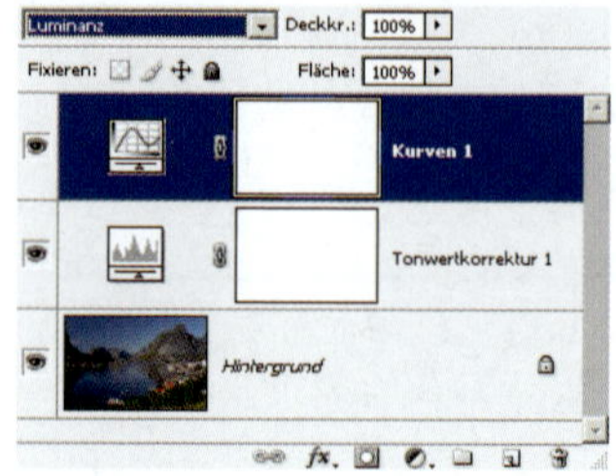

3 Farbton/Sättigung anpassen

Als letzte Einstellungsebene lade ich mit dem Befehl *Ebene/Neue Einstellungsebene/Farbton/Sättigung* das Dialogfeld für die Anpassung des Farbtons und der Sättigung.

Den Farbton muss ich nur ganz selten anpassen. Bei vielen Bildern bringt aber eine leichte Erhöhung der Sättigung (um 5 bis 10 %) eine Verbesserung der Farben.

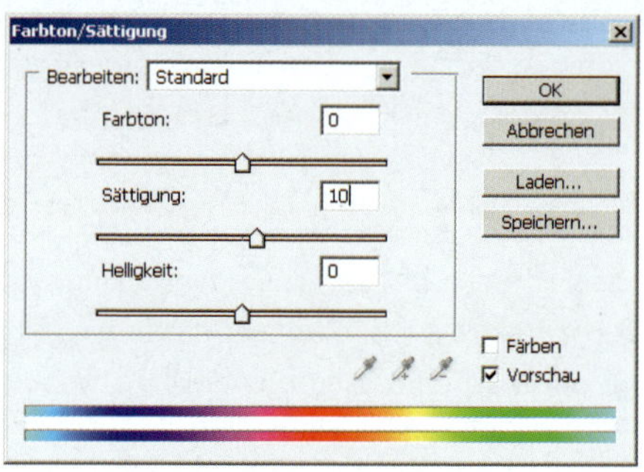

Bei unserem Bild führt die Erhöhung der Sättigung um 10 % zu stärker leuchtenden Farben bei den roten Häusern und beim Gras der Berghänge.

4 Schärfen mit USM

Das Schärfen mit USM (*Unscharf maskieren*) verändert die Pixelstruktur und kann nach dem Abspeichern nicht mehr rückgängig gemacht werden. Wollen Sie das Originalbild nicht verändern, machen Sie davon eine Kopie. Aktivieren Sie dazu die Ebene *Hintergrund*.

Mit dem Befehl *Ebene/Ebene duplizieren* erstellen Sie die Ebene *Hintergrund Kopie*.

Zusätzlich können Sie diese Ebene mit dem Befehl *Ebene/Smart Objekte/In Smart Objekt konvertieren* in eine Smart-Ebene umwandeln. Alle Filterbefehle, die Sie dann auf diese Ebene anwenden, werden wie bei den Einstellungsebenen nur in eine Befehlsdatei geschrieben und können so jederzeit korrigiert und angepasst werden. Das Arbeiten mit Smart Objekten ist zerstörungsfrei, braucht aber auch mehr Computerleistung. Hier arbeiten wir ohne Smart Objekte.

Schärfen Sie nun diese Ebene mit dem Befehl *Filter/Scharfzeichnungsfilter/Unscharf maskieren*.

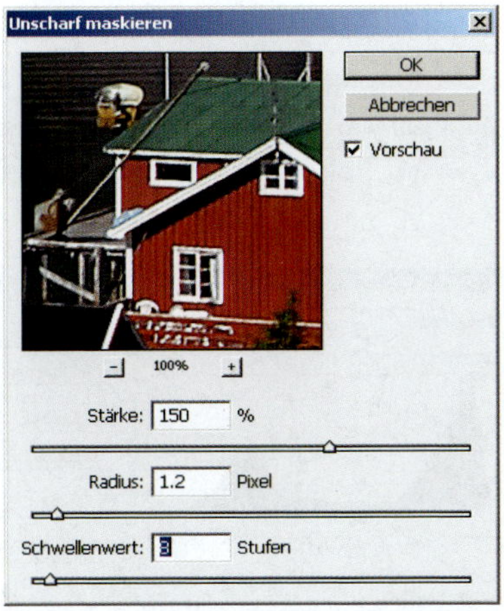

Ziehen Sie den *Stärke*-Regler an die gewünschte Position oder geben Sie einen Wert ein, um den der Pixelkontrast erhöht werden soll. Für gedruckte Bilder mit hoher Auflösung ist eine Stärke zwischen 150 % und 200 % empfehlenswert.

Ziehen Sie den *Radius*-Regler an die gewünschte Position oder geben Sie einen Wert ein, um die Anzahl der Pixel festzulegen, die die Kantenpixel umgeben und sich auf das Scharfzeichnen auswirken sollen. Ein größerer Wert für den Radius bewirkt einen breiteren Kantenbereich, auf den sich der Effekt auswirkt.

Und je breiter dieser Kantenbereich ist, desto deutlicher wird die Wirkung des Scharfzeichnungsfilters. Für Bilder mit hoher Auflösung empfehle ich einen Radius zwischen 1 und 2.

Ziehen Sie den *Schwellenwert*-Regler an die gewünschte Position oder geben Sie einen Wert ein, um festzulegen, wie stark sich die scharfgezeichneten Pixel vom umliegenden Bereich unterscheiden müssen, bevor sie als Kantenpixel betrachtet und scharfgezeichnet werden.

Beim Schwellenwert 0 werden alle Pixel im Bild scharfgezeichnet. Damit keine Störungen oder Farbsprünge auftreten, sollten Sie den Schwellenwert erhöhen (zwischen 2 und 20).

5 Zuschneiden

Zum Schluss wird das Bild endgültig zugeschnitten. Verwenden Sie dabei ein sinnvolles Format (z. B. 30 cm x 20 cm). Wenn Sie diese Werte oben ins Optionsfeld eintragen, wird beim Zuschneiden das richtige Seitenverhältnis gewählt und gleich noch die Druckgröße entsprechend angepasst.

Das Feld *Auflösung* sollten Sie aber unbedingt leer lassen, sonst wird das Bild auf eine neue Größe umgerechnet und die Pixelstruktur verändert.

Das fertige Bild nach dem Scharfzeichnen und Zuschneiden, Fotograf: Martin Zurmühle.

13.3 Bearbeitung von Teilbereichen

Die im ersten Beispiel gewählten Arbeitsschritte können Sie auch als Aktion speichern und bei jedem Bild automatisch ablaufen lassen. Sie müssen dann nur noch die Schieber der Einstellungsebenen verändern.

Stimmungsvolle Küstenlandschaft in Norwegen, Fotograf: Martin Zurmühle.

Das zweite Beispiel zeigt eine Landschaft in Norwegen. Obwohl das Bild mit dem orangefarbenen Haus recht dunkel wirkt, zeigt die Tonwertkurve, dass nur wenig Spielraum im hellen Bereich rechts bleibt.

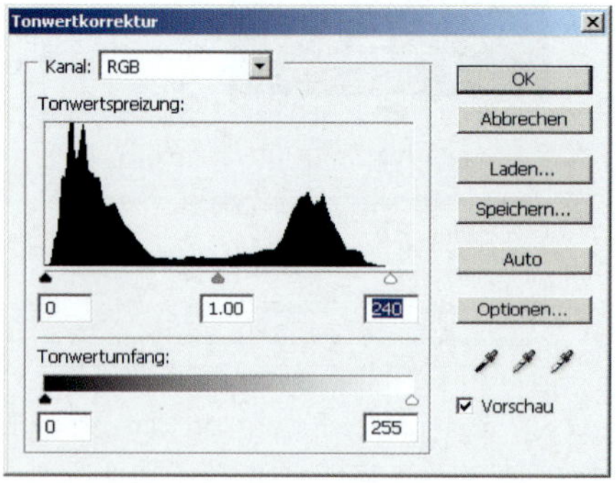

Der Grund liegt in den hellen Wolken im Hintergrund, die in starkem Kontrast zu den dunklen Felsen im Vordergrund stehen. Bei solchen Bildern müssen Sie anders vorgehen.

1 Reinigen des Ausgangsbildes

Falls Sie der Telefondraht auf der rechten Seite stört, können Sie ihn mit folgenden Werkzeugen entfernen:

- Das Kopierstempel-Werkzeug kopiert Pixel von einem anderen Bereich. Achten Sie darauf, dass der Quellbereich die gleichen Farb- und Strukturwerte hat wie der Zielbereich.
- Das Reparatur-Pinsel-Werkzeug eignet sich zum Flicken von linienförmigen Fehlern. Es nimmt die Strukturen vom Quellbereich und passt diese an den Zielbereich an. Die Farben werden nur wenig verändert.
- Das Ausbessern-Werkzeug ersetzt die Strukturen des Zielbereichs durch Strukturen des Quellbereichs. Die Farben werden nur wenig verändert.

In unserem Beispiel eignet sich das Reparatur-Pinsel-Werkzeug am besten für das Entfernen der Drähte. Im Bereich des Hauses müssen Sie aber mit dem Kopierstempel-Werkzeug arbeiten, weil dort die starken Kontraste an den Übergängen sonst zu ungewollten Farbveränderungen führen.

2 Anpassen des Gesamtbildes

Wie im ersten Beispiel gezeigt, passen wir nun die Tonwerte, die Gradationskurve und die Sättigung des Gesamtbildes an. Eine leichte Anpassung der Tonwerte im weißen Bereich auf der rechten Seite von 255 auf 240 hellt das Bild auf.

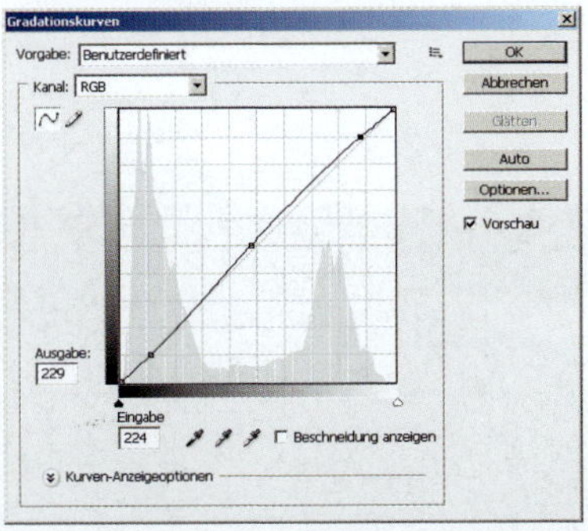

Die leichte S-Kurve führt zu einer geringen Aufhellung des mittleren Bereichs und zu mehr Kontrast.

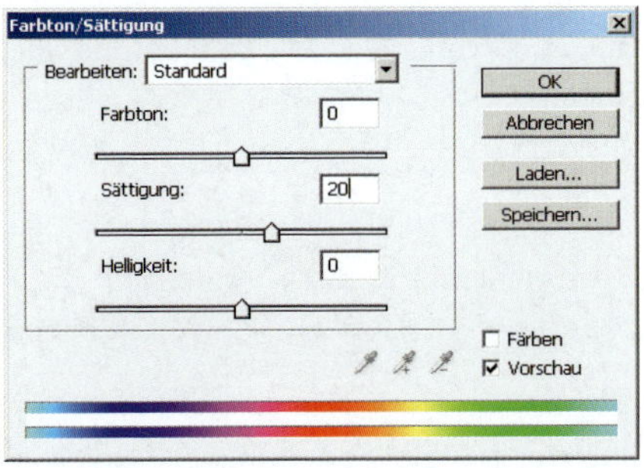

Eine starke Erhöhung der Sättigung betont die Farben der Hütten und des Grases.

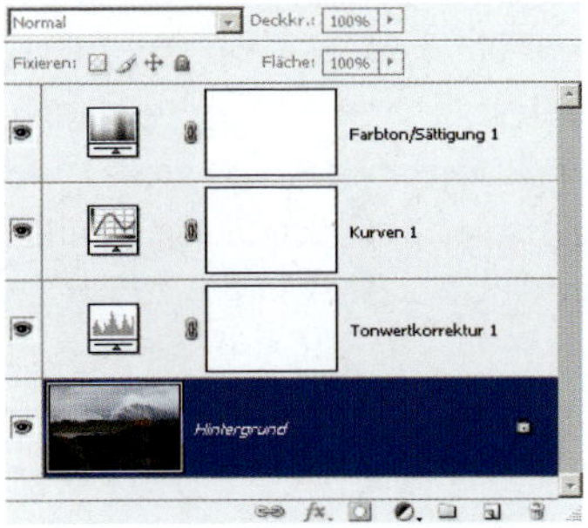

Da wir nur mit Einstellungsebenen gearbeitet haben, können Sie diese Befehle jederzeit wieder verändern und anpassen. Die Pixel des Originalbildes werden nicht verändert.

Das Bild nach der Reinigung und den Veränderungen am Gesamtbild.

3 Anpassen der Bildhälften

Dieses Bild besitzt eine helle obere und eine dunkle untere Hälfte. Mit den verschiedenen Auswahlwerkzeugen wählen wir nun den hellen oberen Bereich aus. Dazu eignen sich folgende Werkzeuge:

> **TIPP** **Auswahl**
>
> Drücken Sie zwischendurch die [Leertaste], dann können Sie mit der Hand den Bildausschnitt verschieben, ohne das Auswählen zu unterbrechen.
>
> Mit Drücken der [Alt]-Taste wechseln Sie von *Der Auswahl hinzufügen* zu *Von Auswahl subtrahieren*. Sie sehen das am Plus- oder Minuszeichen beim Auswahlwerkzeug.

- Das Lasso-Werkzeug eignet sich für freie Konturen.
- Mit dem Polygon-Lasso-Werkzeug können Sie gerade Konturen auswählen.
- Das Magnetische Lasso erleichtert die Arbeit bei starken Kontrasten an den Auswahlkanten.

Erstellen Sie jeweils Kreise und addieren Sie die Kreisflächen, bis Sie den ganzen Bereich ausgewählt haben. Als Alternative dazu können Sie auch mit dem Zauberstab den Himmel auswählen und mit den oben stehenden Werkzeugen die fehlenden Bereiche ergänzen. Dazu müssen Sie in der Optionsleiste bei jedem Werkzeug den Schalter *Der Auswahl hinzufügen* aktivieren. Auswählen ist ein Geduldsspiel. Nehmen Sie sich genügend Zeit. Unsaubere Auswahlen können später kaum mehr korrigiert werden. Genaues Arbeiten spart so Ärger und Zeit. Für unser Beispiel eignet sich das Magnetische Lasso sehr gut. Im Bereich der Hütte kann auch mit dem Polygon-Lasso-Werkzeug gearbeitet werden. Zum abschließenden Feinjustieren eignet sich das Lasso-Werkzeug am besten.

Haben Sie die Auswahl erstellt, speichern Sie diese mit dem *Befehl Auswahl/Auswahl speichern* ab. Sie können sie dann später wieder laden mit *Auswahl/Auswahl laden*. Die gespeicherte Auswahl sehen Sie als Alphakanal im Fenster *Kanäle*. Alphakanäle sind Graustufenbilder. Darauf können Sie auch frei malen.

Mit dieser Auswahl können Sie nun die beiden Bildhälften unterschiedlich weiterbearbeiten. Laden Sie nun die Auswahl und erstellen Sie mit dem Befehl *Ebene/Neue Einstellungsebene/Gradationskurven* eine neue Einstellungsebene. Gleichzeitig wird die Auswahl als Maske angelegt. Die Anpassungen der Gradationskurve wirken sich so nur auf die weißen Bereiche der Maske aus.

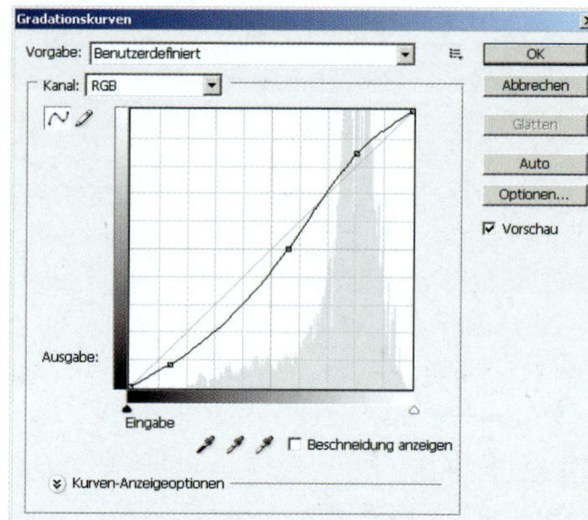

Durch die starke S-Kurve und die Abdunklung des Mittelbereichs wird der Himmel wesentlich dramatischer wiedergegeben.

Der Himmel wurde separat abgedunkelt und kontrastreicher gemacht.

Laden Sie nun die Auswahl erneut. Kehren Sie diese um mit *Auswahl/Auswahl umkehren*. Erstellen Sie eine neue Einstellungsebene zuoberst mit dem Befehl *Ebene/Neue Einstellungsebene/Tonwertkorrektur*. Wie vorher wird die Maske mit der Auswahl automatisch erstellt.

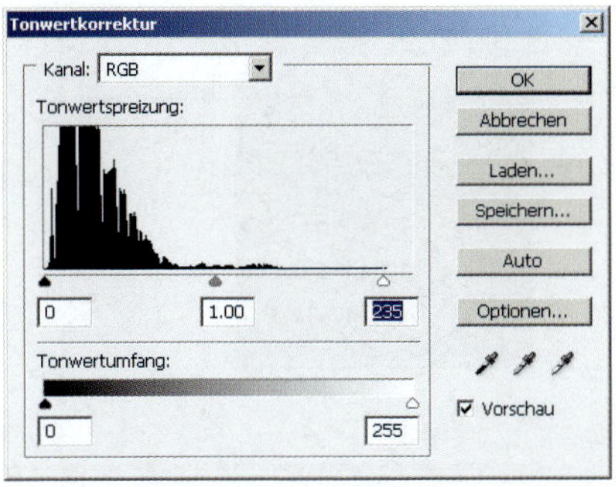

Der rechte Schieber wird auf den Wert 229 gezogen, der mittlere auf 1.10. Dadurch wird der untere Teil des Bildes leicht aufgehellt. Ihr Ebenenmenü sieht nun wie folgt aus:

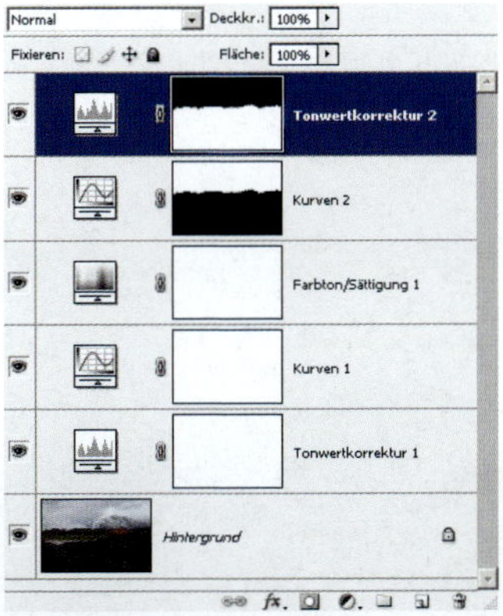

Durch Ein- und Ausschalten der Ebenen mithilfe der Augen links können Sie die Wirkungen der Befehle verfolgen. Ich bin immer wieder fasziniert, wie stark sich der Eindruck der Bilder durch solche Befehle verändern lässt.

4 Weichzeichnen der Übergänge

Auch bei der sorgfältigsten Auswahl können Sie nicht verhindern, dass die Übergänge von den hellen zu den dunklen Bereichen durch die Bildanpassungen unschön aussehen.

Im letzten Schritt müssen Sie deshalb die Masken noch weichzeichnen. Dadurch entstehen sanfte, unmerkliche Übergänge zwischen den beiden Bereichen.

Aktivieren Sie die oberste Ebene mit der Tonwertkorrektur und wählen Sie dann den Befehl *Filter/Weichzeichnungsfilter/Gaußscher Weichzeichner*. Verschieben Sie das Auswahlfenster so, dass Sie eine schwarz-weiße Kante sehen.

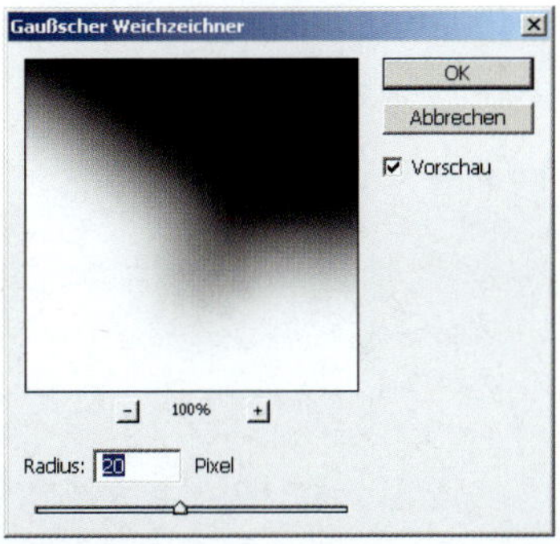

Mit einem Radius von 20 Pixeln erreichen Sie einen schönen, weichen Übergang zwischen dem schwarzen und dem weißen Bereich der Maske.

Die Befehle der Einstellungsebene werden bei einer weißen Maske zu 100 %, bei einer schwarzen Maske zu 0 % durchgeführt. Bei grauen Masken wirken die Befehle entsprechend ihrem Grauwert, bei unserer Weichzeichnung also von 1 bis 99 %.

Sie müssen diesen Befehl auf beide Einstellungsebenen anwenden. Erst dann wird der Übergang unsichtbar. Aktivieren Sie deshalb die zweitoberste Ebene mit der Gradationskurve und wiederholen

Sie den Befehl. Im Menü *Filter* wird oben immer der letzte Befehl angezeigt, und Sie können diesen mit den gleichen Einstellungswerten nochmals abrufen.

Wie durch Zauberei sind nun die Übergänge unsichtbar geworden. Wir werden diese Technik noch bei weiteren Beispielen einsetzen.

5 Scharfzeichnen und Zuschneiden

Wie beim ersten Beispiel schärfen wir nun das ganze Bild mit USM und schneiden es auf die endgültige Form zu.

Achten Sie beim Schärfen darauf, dass Sie das Bild und nicht eine Einstellungsebene aktiviert haben.

Das Scharfzeichnen einer Einstellungsebene hat keine Wirkung auf das Bild. Wenn Photoshop nicht das macht, was Sie erwarten, liegt es oft daran, dass Sie die falsche Ebene aktiviert haben.

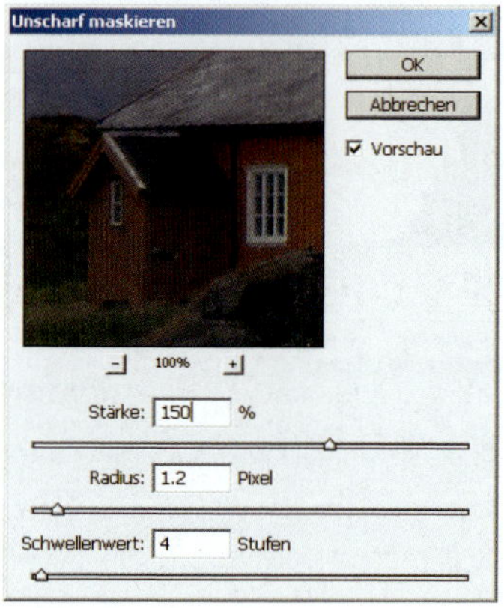

Das fertig zugeschnittene und geschärfte Bild, Fotograf: Martin Zurmühle.

6 Umwandeln in Schwarz-Weiß

Ein solch schönes und kontrastreiches Bild könnte auch sehr gut in Schwarz-Weiß aussehen. Das geht ganz schnell und einfach. Aktivieren Sie die oberste Einstellungsebene. Wandeln Sie das Bild in ein Schwarz-Weiß-Bild um mit dem Befehl *Ebene/Neue Einstellungsebene/Kanalmixer.*

Sobald Sie das Auswahlfeld *Monochrom* aktivieren, wird aus den drei Kanälen ein Schwarz-Weiß-Bild generiert. Die Gesamtsumme der Prozentzahlen der Kanäle sollte ca. 100 ergeben.

Für die Gewichtung der verschiedenen Kanäle können Sie zuvor im Fenster *Kanäle* die Schwarz-Weiß-Bilder des Rot-, Grün- und Blaukanals ansehen. Mir gefällt der Rotkanal am besten, deshalb habe ich ihn im Kanalmixer stärker gewichtet.

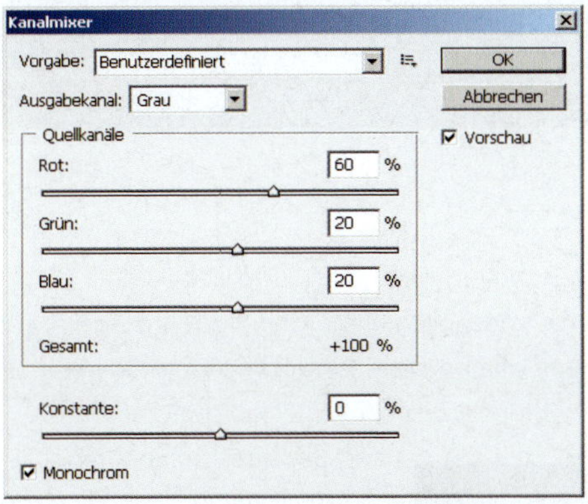

Das Bild nach der Umwandlung in Schwarz-Weiß.

Und wenn Sie nun noch immer nicht zufrieden sind, können Sie zuoberst eine weitere Gradationskurve legen und dem ganzen Bild noch mehr Spannung und Dynamik verleihen.

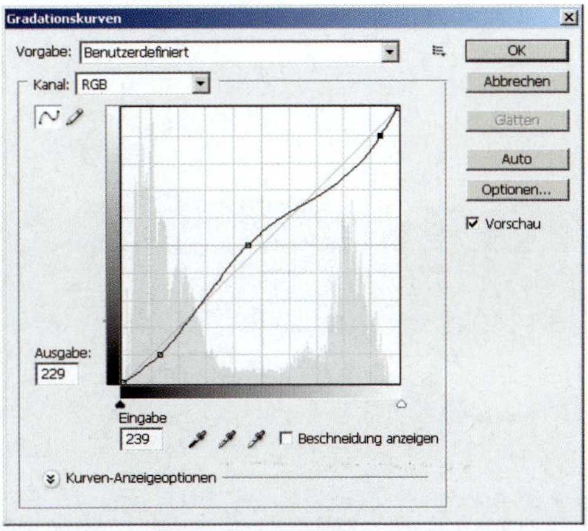

Die Tiefen werden leicht abgesenkt, die Mitteltöne aufgehellt und die Lichter wieder leicht abgesenkt.

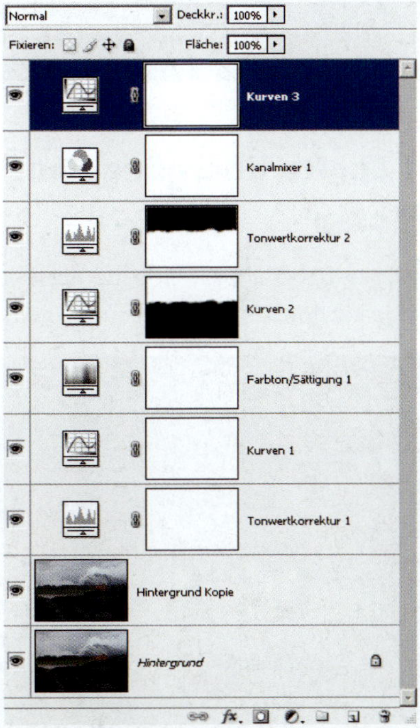

Auf den ersten Blick sieht diese Anordnung ziemlich kompliziert aus. Aber durch die Einstellungsebenen erhalten Sie die größtmögliche Flexibilität, und Sie können nun auch mit anderen Einstellungswerten experimentieren. So lange, bis Sie Ihr Wunschbild erreicht haben.

Ein kontrastreiches Schwarz-Weiß-Bild, Fotograf: Martin Zurmühle.

13.4 Sanfte Übergänge mit Verläufen

Das nächste Beispielbild wurde bei Einbruch der Nacht gemacht. Die Straßenlaternen sind schon eingeschaltet, aber das Tageslicht erhellt noch die Szene. Die Belichtungsdaten liegen an der Grenze für Aufnahmen von Hand. Die Aufnahme wurde mit einer Blende unterbelichtet aufgenommen. Bei dieser Bildbearbeitung möchte ich die Lichtstimmung im Hintergrund erhalten, das Model aber besser zur Geltung bringen.

EXIF-Daten	
Brennweite	50 mm
Belichtungszeit	1/60 Sek.
Blendenwert	2.2
Empfindlichkeit	ISO 400

Eine Gassenszene in Wien, Model Irene, Fotograf: Martin Zurmühle.

1 Ganzes Bild aufhellen

Auf der linken Bildseite ist die Bildstimmung perfekt. Sie sollte auf jeden Fall so belassen werden. Mit dem Befehl *Ebene/Neue Einstellungsebene/Tonwertkorrektur* wird eine separate Einstellungsebene angelegt und die Tonwertkurve angezeigt.

Schauen Sie nur auf die rechte Seite des Bildes und korrigieren Sie die Tonwerte so, dass die Bildwirkung Ihren Erwartungen entspricht.

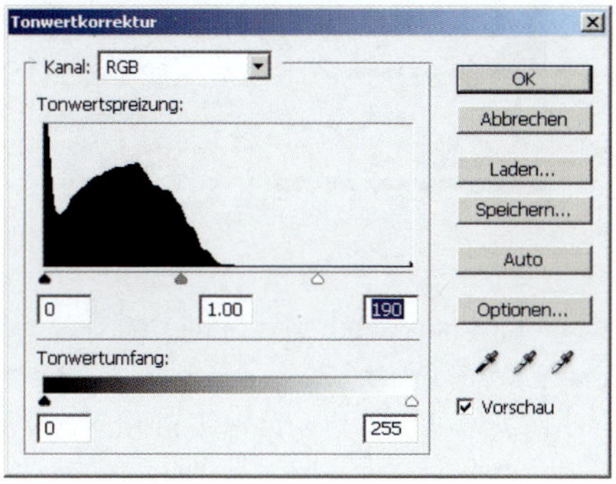

Leider wird nun auch die linke Seite des Bildes aufgehellt. Das wollen wir aber verhindern.

2 Wirkung auf rechte Seite beschränken

Damit die Tonwertkorrektur nur rechts wirkt, müssen Sie eine Maske erstellen. Mit den bekannten Auswahlwerkzeugen geht das allerdings schlecht, weil keine klaren Übergänge im Bild vorhanden sind. Der Boden verläuft nahtlos von rechts nach links.

Mit der geschickten Platzierung eines Schwarz-Weiß-Verlaufs können wir dieses Problem aber elegant lösen. Der Pfeiler in der Bildmitte bietet sich als Übergangsbereich von Weiß nach Schwarz an.

Mit der Taste [D] setzen Sie die Vorder- und Hintergrundfarben auf die Standardwerte Weiß und Schwarz.

Aktivieren Sie nun das Verlaufswerkzeug und wählen Sie in der Optionsleiste einen linearen Verlauf von der Vordergrund- zur Hintergrundfarbe (Feld ganz links).

Der Verlauf beginnt beim Fenster rechts von der Mitte (feine Linie) und geht bis zur Außenkante des Pfeilers.

Aktivieren Sie die Ebene der Tonwertkorrektur und ziehen Sie mit der Maus eine horizontale Linie von der rechten Kante des mittleren Fensters bis zum Pfeilerende. Dadurch entsteht ein sanfter Verlauf von Weiß (rechte Seite) nach Schwarz (linke Seite).

Die Tonwertkorrektur wirkt sich nur noch auf die rechte Seite aus, und der Übergang wird im Bereich des Pfeilers versteckt.

Nun wirkt sich die Aufhellung nur noch auf die rechte Seite aus.

3 Rauschen reduzieren

Bei der Vergrößerung des Kopfes sehen Sie, dass das Bild aufgrund des schlechten Lichts und des hohen ISO-Werts rauscht.

Mit dem Befehl *Filter/Störungsfilter/Störungen entfernen* können Sie das Rauschen reduzieren. Das Bild wird dadurch aber auch etwas unschärfer und muss am Schluss stärker scharfgezeichnet werden. Noch besser kann Rauschen im Bild mit Spezialprogrammen wie Noise Ninja oder Neat Image reduziert werden.

4 Kopf aufhellen

Um den Blick zum Model zu lenken, sollten Sie nun den Kopf noch etwas aufhellen. Erstellen Sie dazu mit dem Lasso-Werkzeug eine grobe Auswahl um den Kopf. Da Sie die Maske später weichzeichnen, muss die Auswahl nicht präzise sein. Mit *Ebene/Neue Einstellungsebene/Tonwertkorrektur* erstellen Sie wieder eine separate Einstellungsebene, und die Auswahl des Kopfes wird gleichzeitig als Maske angelegt.

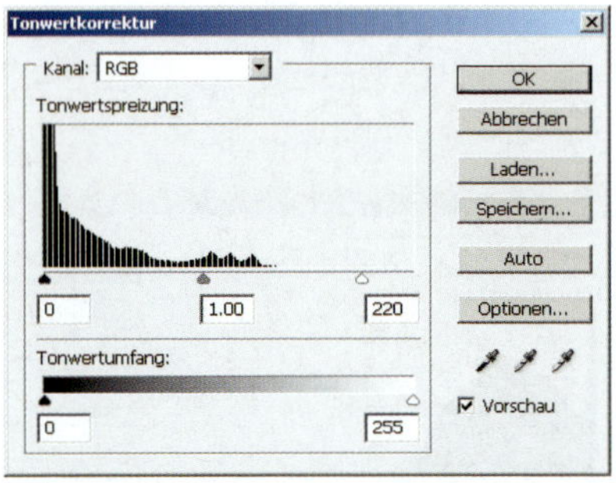

Der Kopf wird nun durch das Schieben des rechten Reglers auf den Wert 220 aufgehellt, und die Maske wird anschließend mit dem Gaußschen Weichzeichner mit einem Radius von 40 Pixeln weichgezeichnet.

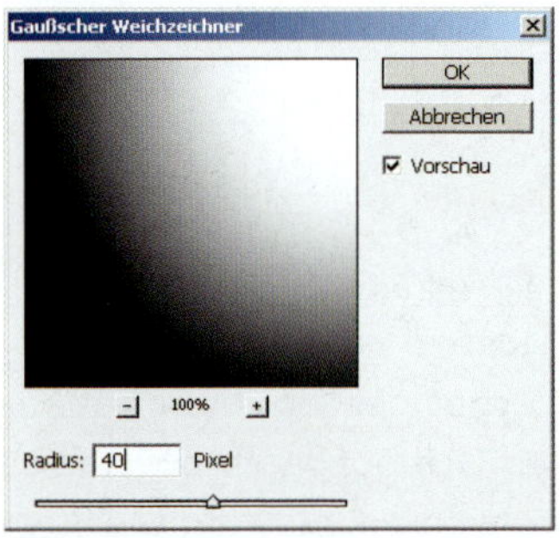

Nun wirkt das Bild ausgewogen und stimmungsvoll.

Die Bildstimmung stimmt, und der Kopf des Models wirkt heller.

5 Scharfzeichnen und Zuschneiden

Wie bei den anderen Beispielen schärfen wir nun das ganze Bild mit USM und schneiden es auf die endgültige Form zu. Aufgrund der Weichzeichnung durch den Befehl *Störungen entfernen* nehmen Sie einen leicht höheren Wert für die Stärke.

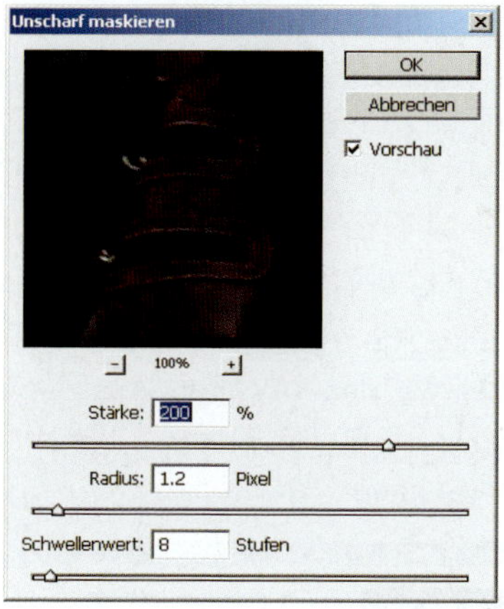

Unser Ebenenstapel sieht nun wie folgt aus:

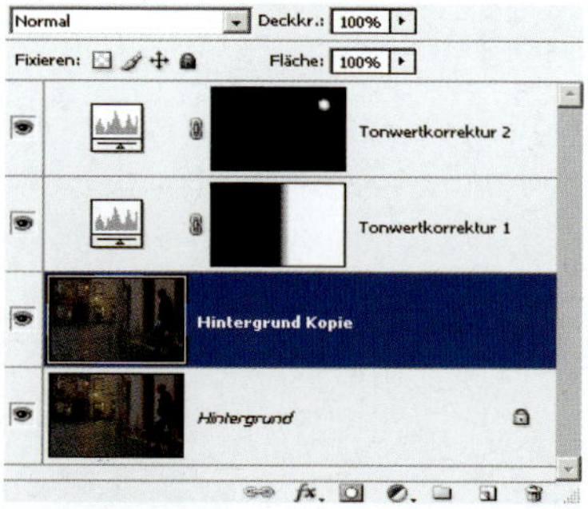

Auch diese Technik mit Verläufen und lokalen Aufhellungen mit Weichzeichnung auf Masken können Sie vielfältig einsetzen.

Das fertig zugeschnittene und scharfgezeichnete Bild, Model Irene, Fotograf: Martin Zurmühle.

13.5 Hohe Kontraste bewältigen

Unser Auge ist in der Lage, einen sehr hohen Kontrastumfang zu bewältigen. Filme und Sensoren sind in dieser Beziehung wesentlich weniger leistungsfähig. In Blendenstufen ausgedrückt, können die verschiedenen Medien folgende Kontraste aufzeichnen:

Medium	Blendenstufen
Druck auf Zeitungspapier	3 Blendenstufen
Druck auf Papier	4 Blendenstufen
Druck auf Kunstdruckpapier	5 Blendenstufen
Diafilm	6-7 Blendenstufen
Digitalsensor JPEG	6-7 Blendenstufen
Digitalsensor RAW	8-10 Blendenstufen
Farbnegativfilm	bis 10 Blendenstufen
Schwarz-Weiß-Negativfilm	11-13 Blendenstufen

Möchten Sie nun eine Situation fotografieren, in der der Kontrastumfang größer ist, als der Sensor aufzeichnen kann, stehen Ihnen drei Möglichkeiten zur Verfügung:

- Sie belichten auf die helleren Bereiche und nehmen dunkle, zeichnungslose Stellen in Kauf.
- Sie belichten auf die dunklen Bereiche und nehmen überstrahlte Stellen ohne Zeichnung in Kauf.
- Sie machen zwei Bilder, eines belichtet auf die hellen Bereiche und eines auf die dunklen, und bauen diese in der Bildbearbeitung zusammen.

Mit dem Zusammenbau von zwei unterschiedlich belichteten Bildern erweitern Sie den Kontrastumfang der Aufnahme. Dazu stehen Ihnen auch wieder zwei Möglichkeiten zur Verfügung:

- Sie machen zwei Aufnahmen ab Stativ mit unterschiedlichen Belichtungseinstellungen.
- Sie entwickeln aus einer Aufnahme im RAW-Format zwei Bilder mit unterschiedlichen Einstellungen.

Das Verfahren mit den zwei Aufnahmen ab Stativ bietet mehr Möglichkeiten. Ich möchte Ihnen im Folgenden aber die Variante mit dem RAW-Format zeigen, weil Sie dafür nur eine Aufnahme benötigen. Sie können deshalb dieses Verfahren mit jedem geeigneten Bild durchführen.

1 Zwei Bilder verschieden entwickeln

Das erste Bild laden Sie mit dem RAW-Konverter, und zwar so, wie es aufgenommen wurde. Im Beispiel sehen Sie den RAW-Konverter der Software Nikon View. Sie können aber auch jeden anderen RAW-Konverter verwenden.

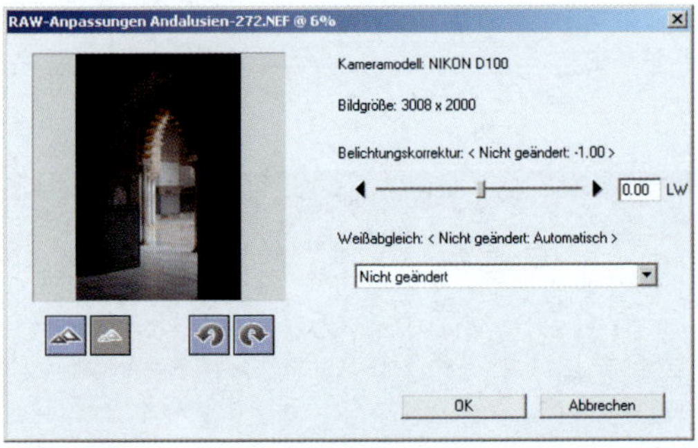

Bei der Aufnahme wurde die Belichtung auf den hellen Hintergrund ausgerichtet, sodass die schönen Verzierungen am Torbogen zu dunkel gezeigt werden. Speichern Sie dann dieses Bild in Photoshop ab. Laden Sie nun das zweite Bild und erhöhen Sie die Belichtung um 2 Blendenstufen (Lichtwerte).

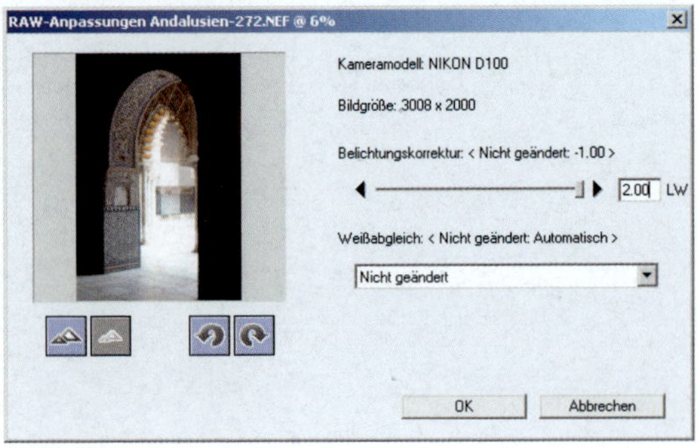

Das Originalbild ohne Belichtungskorrektur.

Mit 2 Blendenstufen höherer Belichtung fressen die Lichter im Hof aus, der Torbogen wirkt aber sehr schön.

Der helle Innenhof wird dadurch zu hell, dafür sind die Verzierungen am Torbogen gut belichtet.

2 Bilder zusammenfügen

Nun müssen diese beiden Bilder zusammengefügt werden. Das geht sehr einfach und schnell.

Öffnen Sie das hellere Bild mit der Belichtungskorrektur. Aktivieren Sie nun das dunklere Bild ohne Belichtungskorrektur und das Verschieben-Werkzeug.

Drücken und halten Sie die Umschalt-Taste und ziehen Sie das dunklere Bild in das hellere hinein. Das dunklere Bild wird dadurch als neue Ebene pixelgenau über das hellere Bild gelegt.

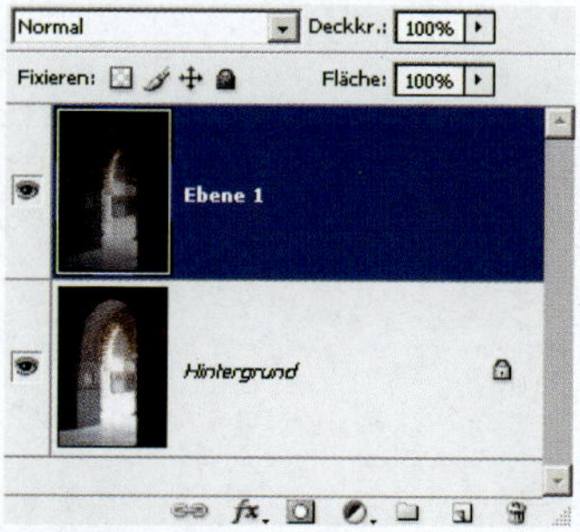

3 Ebenen zusammenfügen

Nun könnten Sie bei diesem Bild mit einer geschickten Auswahl und einer Maske die beiden Ebenen zusammenfügen. Es wäre aber sehr schwierig, eine geeignete Auswahl zu finden, da die Bereiche stark miteinander verbunden sind und die Helligkeitswerte langsam ineinander übergehen. Viel einfacher geht es mit einer Luminanzmaske. Diese Maske ist ein Graustufenbild. Sie führt dazu, dass die hellen Bereiche der Ebene gezeigt, die dunkleren aber abgedeckt werden. Schauen Sie im Fenster *Kanäle* zuerst die verschiedenen Graustufenbilder der Kanäle an. Der Blaukanal hat für unseren Zweck die besten Grauwerte.

Klicken Sie nun mit gedrückter Strg-Taste auf das Miniaturbild des Blaukanals, und Sie erhalten eine Luminanzauswahl des Blaukanals. Wechseln Sie zum Fenster *Ebenen*. Aktivieren Sie *Ebene 1*. Mit dem Befehl *Ebenen/Ebenenmaske hinzufügen/Auswahl einblenden* wird eine Maske mit dem Graustufenbild des Blaukanals angelegt. Die Maske hat nun die Wirkung, dass die Pixel der oberen Ebene entsprechend dem Helligkeitswert der Maske (von 0 % = Schwarz bis 100 % = Weiß) gezeigt werden. Da der Innenhof wesentlich heller als der Torbogen ist, werden die meisten Pixel des Innenhofs übernommen. Von der unteren Ebene bleiben vor allem die Pixel des dunkleren Torbogens. Sind Sie mit dem Effekt der Maske noch nicht zufrieden, können Sie diese weiter mit verschiedenen Befehlen wie zum Beispiel der Gradationskurve bearbeiten.

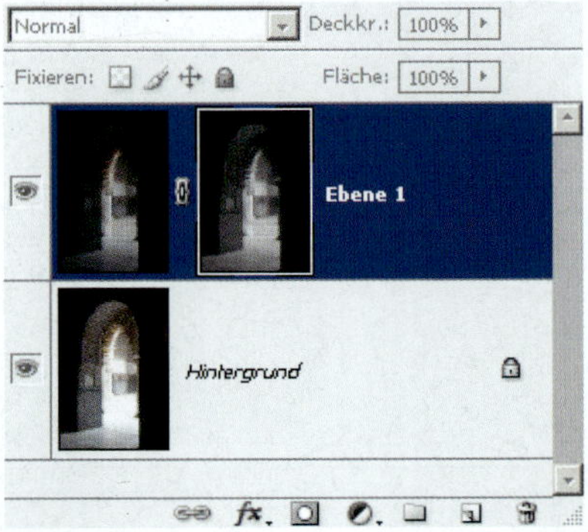

Das Graustufenbild des Blaukanals als Maske für das dunklere Bild.

Das Bild ist nun wesentlich ausgewogener. Die Überstrahlung des Innenhofs wurde korrigiert, ohne den Torbogen zu stark abzudunkeln.

4 Allgemeine Bildkorrekturen

Noch fehlt dem Bild aber die Brillanz. Korrigieren Sie deshalb wie gewohnt die Tonwerte, die Gradationskurve und die Sättigung.

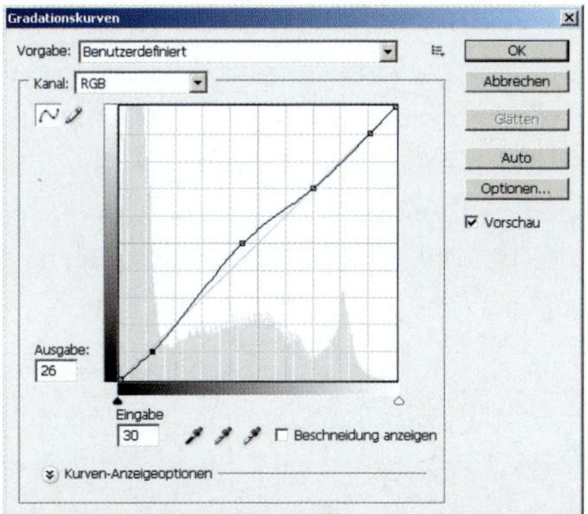

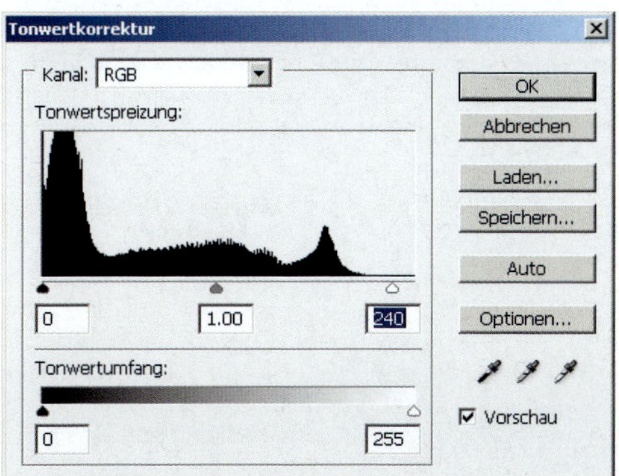

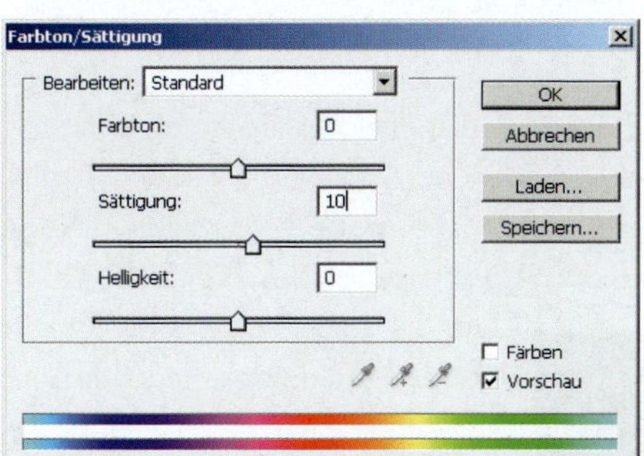

5 Scharfzeichnen und Zuschneiden

Wie gewohnt, schärfen wir nun das ganze Bild mit USM und schneiden es auf die endgültige Form zu.

Da das endgültige Bild aus zwei Ebenen zusammengesetzt wird, müssen wir auch beide Bildebenen scharfzeichnen. Weil durch das Scharfzeichnen die Pixelstrukturen geändert werden, ist es empfehlenswert, die Datei unter einem anderen Namen vorher abzuspeichern.

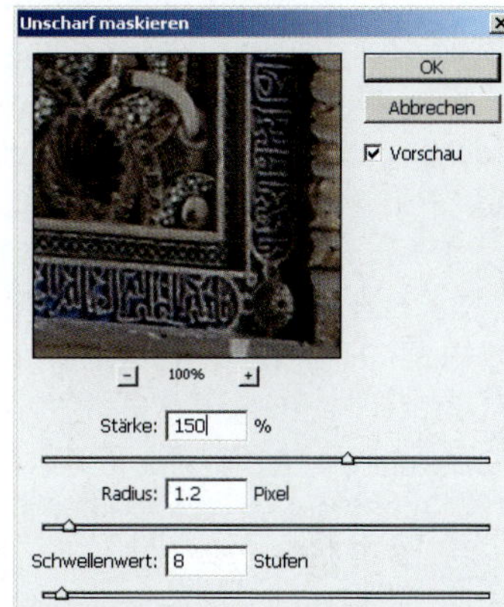

Der Ebenenstapel sieht nun wie folgt aus:

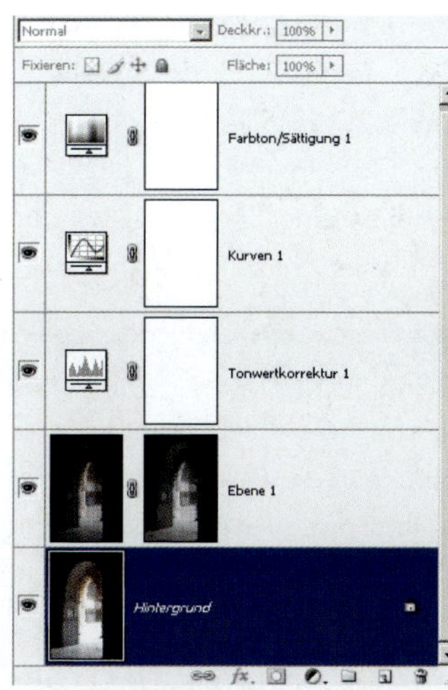

Mit Luminanzmasken können Sie auf schnelle und sehr einfache Art festlegen, welche Bildbereiche verstärkt angezeigt werden sollen. Mit Einstellungsebenen kombiniert, können Sie die Wirkung von Befehlen nach den Helligkeitswerten der Masken reduzieren. Sie können diese Verfahren auch mit mehr als zwei Bildern durchführen. Auf diese Weise können Sie auch die großen Kontraste bei Nacht elegant meistern. Das geht sogar automatisch mit HDRI.

13.6 HDRI einsetzen

Beim letzten Beispiel wurde in mühsamer Kleinarbeit durch die Kombination zweier Aufnahmen mit zwei Blendenstufen Differenz der Kontrastumfang vergrößert und anschließend wieder durch den Zusammenbau mit Luminanzmasken reduziert. Dadurch wurde es möglich, überstrahlte Lichter und abgesoffene Tiefen im Bild zu korrigieren. Diesen Prozess nennt man auch **D**ynamic **R**ange **I**ncrease (DRI). Einfacher und schneller geht es allerdings mit der HDRI-Technik (**H**igh **D**ynamic **R**ange **I**maging). Photoshop ermöglicht ab der Version CS2 das automatische Erstellen von HDRI-Bildern von Langzeit- und Mehrfachbelichtungen. Geeignete Motive für HDRI-Aufnahmen sind kontrastreiche Situationen, deren Umfang die Möglichkeiten des Sensors klar übersteigt.

Sie können dank dieser Technik in Situationen fotografieren, die früher nicht fotografierbar waren. Leider eignet sich diese Technik nur für unbewegte Motive. Das Grundprinzip von HDRI ist sehr einfach. Sie machen eine Serie von Aufnahmen mit je einer Blende Unterschied ab Stativ.

Sie beginnen mit der Einstellung der Belichtung, bei der alle Lichter im Bild noch Zeichnung haben. Natürlich sind dann die Tiefen weitgehend schwarz. Sie verlängern nun die Belichtungszeit so lange, bis die letzte Aufnahme auch in den Tiefen noch genügend Zeichnung hat. Nun sind allerdings die Lichter völlig ausgefressen. In Photoshop bauen Sie dann diese Bilder mit dem Befehl *Datei/Automatisieren/Zu HDR zusammenfügen* zusammen. Nun wird aus allen Bildern ein 32-Bit-Bild erstellt.

Diese Formatvergrößerung von 16 auf 32 Bit ist notwendig, weil die Datenfülle so natürlich extrem ansteigt. Zum Schluss wandeln Sie mit dem Befehl *Bild/Modus/16-Bit-Kanal* das Bild wieder (mit den notwendigen Anpassungen beim Tonwertumfang und der Gradation) in ein Bild mit normalem Kontrastumfang um.

Das Ganze funktioniert also ähnlich wie ein Trichter, bei dem z. B. aus 8 Bildern mit 15 Blendenstufen Kontrastumfang ein Bild mit 7 Blendenstufen komprimiert wird.

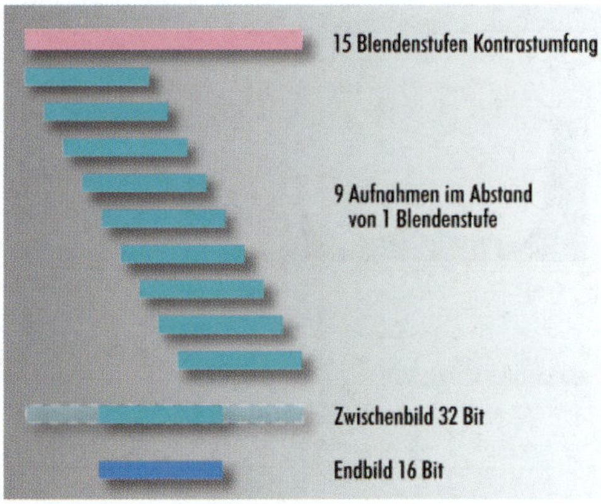

▲ *Das Grundprinzip von HDRI.*

HDRI ist ein weites Feld und erlaubt Aufnahmen in bisher unmöglichen Lichtverhältnissen. In meinem zweiten Buch, „Die große Fotoschule – Bildgestaltung für Fortgeschrittene" beschreibe ich im Detail, wie Sie selbst in der Nacht mit HDRI perfekte Aufnahmen machen können.

Ich hoffe, ich konnte Ihnen mit diesen Beispielen einen kleinen Einblick in die großen Möglichkeiten der Bildbearbeitung mit Photoshop geben. Photoshop ist nicht einfach zu lernen. Aber: „Ohne Fleiß kein Preis" und „Nur Übung macht den Meister" – beides gilt.

▼ *Eine Nachtaufnahme, die aus 10 Aufnahmen von 30 Sekunden bis 1 Sekunde zusammengesetzt wurde, Fotograf: Poli Moutevelidis.*

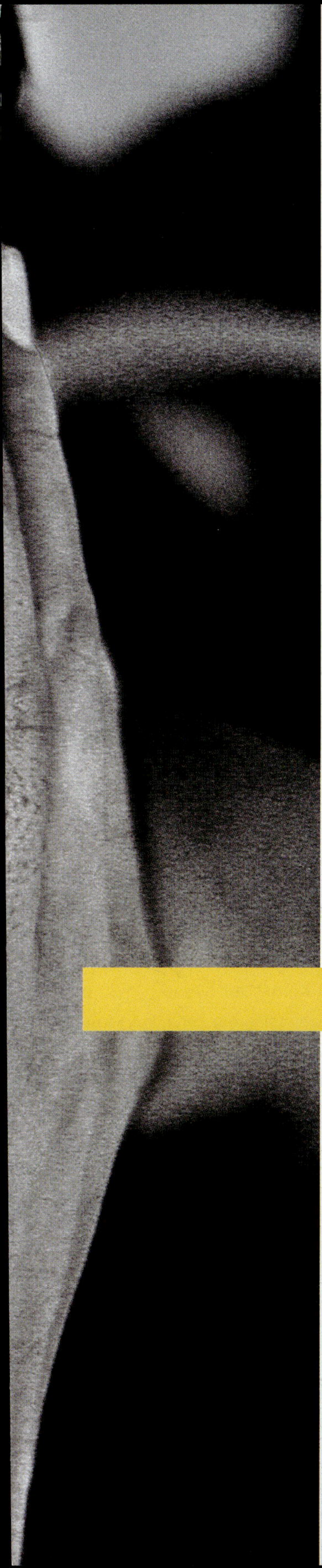

14

Menschen wirkungsvoll fotografieren

Das Abbild des Menschen ist das zentrale Thema in der Fotografie. Der Fotograf versucht mit seinen Bildern den speziellen Ausdruck, die Schönheit, das Gefühl, die Kraft oder einfach den Charakter des Models einzufangen. Menschenfotografie ist immer eine spannende Teamarbeit zwischen Fotograf und Model. Nur wenn beide sich gut verstehen, entstehen spezielle Bilder, die viel über das Model und den Fotografen verraten. Entdecken Sie die vielfältigen Facetten der People-Fotografie.

Eine fantastische Porträtaufnahme mit einem fesselnden Blick, Fotograf: Mathias Vogel.

14.1 Der Mensch und sein Abbild

Das Spiegel-Porträtbild von Mathias Vogel zeigt die ganze Faszination von Menschenbildern. Der Betrachter sieht oben eine hübsche, nachdenkliche Frau. Im Gegensatz dazu zeigt das untere Spiegelbild eine ihn direkt anschauende, selbstbewusste Frau. Zwei Charaktere im selben Bild und so auch eine Analogie zur Malerei der Moderne.

Die Darstellung des Menschen ist vielleicht das wichtigste Thema in der Kunst. Der Mensch gehört zu unserem unmittelbaren Umfeld und begleitet uns mit seiner ganzen Faszination und Ausstrahlung. Künstler halten das seit Jahrhunderten fest, und es ist deshalb nur verständlich, dass sich die Fotografie ganz speziell auch diesem Thema widmet.

Der Blick des Betrachters wandert zwischen den beiden Gesichtern hin und her und wird durch den direkten Blick des Models ins Bild gezogen.

Ein klassisches Studioporträt mit Visagistin und perfekter Nachbearbeitung im Stil der Malerei, Model Daniela, Fotograf: Martin Zurmühle.

In der Malerei wurde der Mensch lange Zeit idealisiert oder überhöht dargestellt. Nicht die Realität interessierte, sondern der Status und die Wichtigkeit der Person. In der Fotografie hat sich diese Betrachtungsweise schnell geändert. Nun interessierte auch ein realistisches Bild des Menschen in seiner Umgebung. Nicht Status oder Schönheit, sondern Aussage und Bildstimmung sind zentrale Themen geworden.

Eine spannende Situation im Schwimmbad, Fotograf: Martin Zurmühle.

Wollen Sie mehr als nur Erinnerungsfotos machen, müssen Sie sich mit dem Menschen intensiv auseinander setzen. Entwickeln Sie ein Auge für spannende Situationen und Momente.

Obwohl die Situation für den Erfolg der Aufnahme sehr wichtig ist, vergessen Sie nicht, Ihr Bild auch zu gestalten. Eine gute Gestaltung verleiht ihm mehr Kraft und Aussage.

Den richtigen Moment erwischt und das Foto dynamisch gestaltet, Fotograf: Martin Zurmühle.

Die Fotografie von Menschen bewegt sich im ganzen Spektrum von Kunstaufnahmen im Studio, aufwendigen Inszenierungen bis zu spontanen Schnappschüssen im Freien oder in Räumen.

Ältere Menschen mit starken Gesichtszügen sind besonders attraktiv, weil ihre Gesichter Geschichten erzählen.

Vor allem exotische Menschen haben es uns auf Reisen angetan. Bei aller Freude am Bild: Respektieren Sie immer den anderen Menschen und fragen Sie zuerst, ob Sie ein Bild machen dürfen.

Die digitale Fotografie hat bei Menschenaufnahmen große Vorteile gegenüber der analogen. Sie können viele Aufnahmen machen und so den entscheidenden Augenblick einfangen.

Die Kompaktkameras sind sehr handlich und klein und fallen nicht auf. Sie können gelungene Aufnahmen auf dem Display sofort zeigen und so die Situation entspannen.

Kein perfektes Bild, aber eine tolle Stimmung mit glücklichen Kindern und Katzen, Models Daniel, Sarah und Sarah, Fotograf; Martin Zurmühle.

Die meisten Menschen sind immer wieder fasziniert, sich selbst zu sehen, und so entsteht ein gutes Klima zwischen Fotograf und Model.

Für Porträtaufnahmen werden meistens Normal- bis leichte Teleobjektive eingesetzt. Weitwinkelobjektive verzerren die Gesichter unförmig, geben den Bildern aber eine große Nähe und Unmittelbarkeit. Sie werden deshalb bei Reportageaufnahmen verwendet.

Eine besondere Schwierigkeit bietet das Blitzen. Direkte Kamerablitze wirken auf den Gesichtern viel zu hart und erzeugen rote Augen.

Indirektes Blitzen über die Decke oder der Einsatz von mehreren Blitzgeräten ist besser. Am besten ist der Einsatz einer professionellen Studioblitzanlage. Mehr dazu erfahren Sie in Kapitel 23.

Der Mensch ist ein unerschöpfliches Thema. Wir entdecken immer wieder neue und spannende Facetten. Lassen Sie sich überraschen.

Eine lustige Situation – Models Daniel, Sarah und Urs, Fotograf: Martin Zurmühle.

14.2 Die Magie des richtigen Augenblicks bei Kinderaufnahmen

Kinder sind unbestechliche Models. Sie halten nicht still, sie sind immer in Bewegung. Entsprechend schwierig ist es, sie gut zu fotografieren.

Bei der Aufnahme von Jörg Rhode stimmt nicht nur der Ausdruck des Kindes. Auch die Bildgestaltung ist sehr gekonnt. Der Kopf befindet sich im Goldenen Schnitt, und der Blick geht in den freien Raum. Der Hintergrund wird durch die Unschärfe neutralisiert, und die Darstellung in Schwarz-Weiß bringt eine Konzentration auf das Gesicht.

Entscheidend ist es, den richtigen Augenblick zu erwischen. Bei den eigenen Kindern geht das natür-

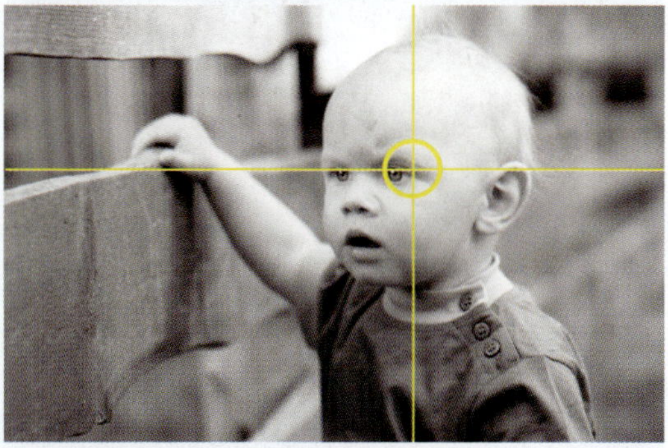

▲ *Hier hat sich der Fotograf auf die Höhe seines Kindes begeben und wurde mit einer ausdrucksstarken Aufnahme belohnt, Fotograf: Jörg Rhode.*

lich am besten, weil Sie die Stimmung der Kinder spüren und so rechtzeitig mit der Kamera bereit sind. Jörg Rhode als stolzer junger Vater hatte die Kamera dabei, als sich gute Gelegenheiten zu speziellen Bildern boten.

Solche Augenblicke kommen nicht häufig vor, und er hat die sich ihm bietenden Chancen ergriffen.

Manchmal sagt ein Detail mehr aus als das ganze Bild. Gerade bei Kindern drücken die Hände sehr viel aus. Jörg Rhode hat das bei der nächsten Aufnahme sehr gut erkannt und festgehalten.

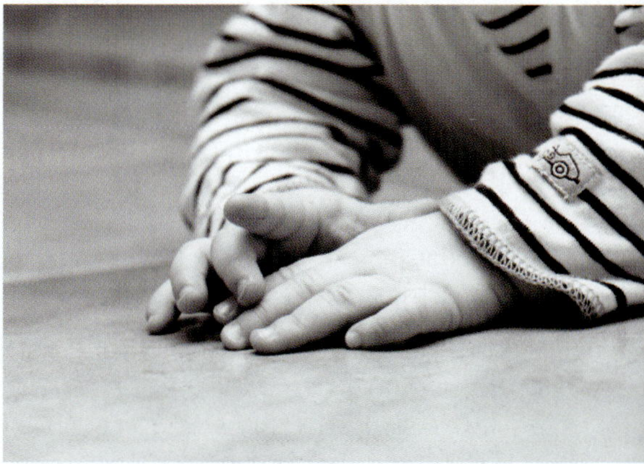

▲ *Hier sprechen die Hände eine eigene Sprache, Fotograf: Jörg Rhode.*

Beim Spiel sind Kinder meistens völlig unbeschwert und so wunderbare Fotomodelle. Nicht die Perfektion der Bildgestaltung, sondern der herrliche Ausdruck des Kindes und das schöne Licht wirken hier besonders stark.

Unbeschwertes Spiel von Mutter und Kind, Fotograf: Jörg Rhode.

Auch der Spielplatz im Freien bietet viele lohnende Fotomotive mit Kindern. Jörg Rhode hat bei diesem Bild durch das Mitziehen der Kamera den Hintergrund verwischen lassen und so eine schöne Bewegungswirkung erzielt. Seine Erfahrung als Fotograf von Motocross-Rennen hat sich hier ausgezahlt. Durch die Kombination verschiedener Gestaltungsmittel (Goldener Schnitt, verwischter Hintergrund, bunte Farben) und eines spontanen und fröhlichen Kindes entstand eine ganz tolle Aufnahme.

Ideal sind Aufnahmen, die das Kind in seiner Umgebung zeigen und so mehr erzählen. Bei der folgenden Aufnahme habe ich meine Tochter Sarah in ihrer Schule anlässlich einer Ausstellung von selbst gemachten Pinguin-Figuren fotografiert. Der Raum vermittelt einen Eindruck des Schulalltags, und die stolze Künstlerin präsentiert ihre Figur.

Die stolze Künstlerin und ihr Werk, Model Sarah, Fotograf: Martin Zurmühle.

EXIF-Daten	
Brennweite	33 mm
Belichtungszeit	1/20 Sek.
Blendenwert	8
Empfindlichkeit	ISO 100

Verwischter Hintergrund durch geschicktes Mitziehen, Fotograf: Jörg Rhode.

TIPP Kinderaufnahmen

- Nehmen Sie sich genügend Zeit. Kinder gewöhnen sich schnell an einen Fotografen und vergessen die Kamera. Dann ist der Weg frei für spontane Bilder.
- Gehen Sie auf die Höhe der Kinder. Von oben herab wirken die Kinder noch kleiner. Die gleiche Höhe schafft Nähe und wirkt stärker.
- Spielsachen und Tiere lenken die Kinder ab und ermöglichen Ihnen gute Bildmöglichkeiten.
- Erzwingen Sie keine Aufnahmen. Wenn die Kinder keine Lust mehr haben, müssen Sie das akzeptieren. Es gibt sicher bald wieder neue Chancen.

Und wenn es uns gelingt, die richtige Stimmung zu erwischen, posieren ältere Kinder auch gern mal im Stile perfekter Models für uns. Lassen Sie sich solche Gelegenheiten nicht entgehen und machen Sie viele Aufnahmen.

Zeigen Sie zwischendurch den Kindern die ersten Resultate auf dem Kameradisplay. Sie werden dann noch eifriger mitmachen, und beide Seiten haben ihren Spaß dabei.

◀ *Ein junges Model in Fotostimmung, Model Sarah, Fotograf: Martin Zurmühle.*

Ein sehr ausdrucksstarkes Gesicht mit herrlichen Augen, Model Nadja, Fotograf: Poli Moutevelidis.

14.3 Bilder von Frauen

Bei Frauen wollen wir meistens ihre Schönheit und Eleganz, ihren Ausdruck und ihre besondere Ausstrahlung festhalten. Männer und Frauen fotografieren unterschiedlich. So ist es besonders interessant zu sehen, wie sich zwei Fotografen und Models gegenseitig sehen und fotografieren.

Schauen wir zuerst, wie der Fotograf Poli Moutevelidis seine Freundin Nadja Kornrade fotografiert. Poli ist fasziniert von Nadjas ausdrucksstarkem Gesicht. Insbesondere ihre blauen Augen wirken bei der Winteraufnahme wunderbar im Kontrast zur weißen Kleidung und dem hellblauen Hintergrund. Ihr Blick in die Ferne lässt auch unsere Gedanken mitfliegen. Die knappe Schärfentiefe betont die Augen und verwischt den Hintergrund. Der Blick hat genügend Raum im Bild. Poli sieht aber auch die verträumte, romantische Seite von Nadja und hält sie in seinen Bildern fest.

EXIF-Daten	
Brennweite	50 mm
Belichtungszeit	1/250 Sek.
Blendenwert	2.5
Empfindlichkeit	ISO 200

Eine verträumte Stimmung im schönen Gegenlicht, Model Nadja, Fotograf: Poli Moutevelidis.

Perfekte Lage der Schärfe und ein fesselnder Blick, Model Nadja, Fotograf: Poli Moutevelidis.

Die geheimnisvolle und starke Frau, Model Nadja, Fotograf: Poli Moutevelidis.

Die verschiedenen Facetten eines Menschen zu entdecken macht die Faszination der Menschenfotografie aus. Je nach Blickwinkel und Geste entstehen andere Stimmungen. Das Geheimnis der Frau kommt in der nächsten Aufnahme von Nadja sehr schön zum Ausdruck.

In meinen Kursen habe ich festgestellt, dass Frauen Frauen ganz anders fotografieren als Männer. Fotografinnen versuchen meistens die Persönlichkeit und den Charakter der Frau auf ihren Bildern festzuhalten. Fotografen suchen schnell die spezielle Ausstrahlung und die Erotik.

Poli macht da keine Ausnahme, und seine Bilder sind voller Spannung mit einer geheimnisvollen Ausstrahlung, die auch seine Gefühle gegenüber Nadja verraten. So entdeckt er immer wieder neue Gesichter und Ausdrücke von Nadja.

Menschen fotografieren ist Teamarbeit. Model und Fotograf tragen beide ihren Teil zum Gelingen der Aufnahme bei. Nur wenn beide Seiten gut harmonieren, entstehen spezielle und ausdrucksstarke Bilder, die viel über Model und Fotograf verraten.

Ein Männerporträt voller Kraft und Ausdruck, Model Poli, Fotografin: Nadja Kornrade.

14.4 Bilder von Männern

Steht bei Frauen meistens die Schönheit im Zentrum, so dominieren bei Männeraufnahmen die Muskulatur und die Kraft. Gesucht wird ein starker männlicher Ausdruck. Aber auch Sensibilität und Feinfühligkeit darf gezeigt werden.

Aber lassen wir doch Nadja Kornrade selbst erzählen, wie sie ihren Freund Poli Moutevelidis sieht und ihn fotografieren möchte:

„Bei meiner Fotografie mit Poli gibt es immer zwei Phasen. Die eine ist die, in der ich ihn vollkommen als Model ansehe, so wie jeden anderen, der gerade vor meiner Kamera stehen würde. Ich gebe ihm klare An-

Geschicktes Posing mit fragendem Blick, Model Poli, Fotografin: Nadja Kornrade.

Ein verliebter Blick, Model Poli, Fotografin: Nadja Kornrade.

weisungen, wo ich ihn stehen sehen möchte, wie er zu schauen und wie sein Posing auszusehen hat.

Und dann gibt es die Momente, wo ich fotografiere, ihn zuerst durch den Sucher begucke, innerlich schmunzle und das unglaublich liebe, was ich da gerade sehe.

Das sind auch die Momente, in denen ich Poli gern etwas softer gucken lasse. Ich sage ihm immer, schau mich bitte verliebt an, und diesen Blick beherrscht er wirklich gut.

Dies sind auch die Bilder, die für mich unglaubliche Emotionen ausdrücken, denn dieser Moment ist nur für uns beide bestimmt.

Raum und Zeit verschwinden, die Gefühle für uns sind vorhanden, und wenn ich den Auslöser drücke, so weiß ich, dass das genau das Bild ist, das ich haben wollte, genau das Bild, wie ich ihn sehe, das, was er fühlt für mich, drücken seine Augen aus. Darauf lenke ich alle meine Bilder.

Ich flirte auch oft mit ihm, wenn ich ihn fotografiere, oder ärgere ihn, um das herauszukitzeln, was ich gerade haben möchte.

Es sind von meiner Seite oft kleine Neckereien dabei, und bei diesen Spielen finden sich die Perspektiven und die Emotionen. Diese Bilder sind die Anfänge unserer Beziehung, unseres Hobbys und unserer Leidenschaft."

Bei den Bildern von Nadja spürt der Betrachter die intensive Auseinandersetzung zwischen Fotografin und Model. So entstehen tolle, ausdrucksstarke und sehr persönliche Bilder.

Dieses Bild zeigt die Wandlungsfähigkeit von Poli, Fotografin: Nadja Kornrade.

Ein Bild voller Kraft, Model Poli, Fotografin: Nadja Kornrade.

14.5 Aufnahmen von Gruppen

Eine gut gelaunte Gruppe beim Erinnerungsfoto.

TIPP **Gruppenaufnahmen**

- Machen Sie mehrere Aufnahmen pro Einstellung, damit Sie die beste Aufnahme auswählen können.
- Achten Sie darauf, dass alle die Augen offen haben und in die Kamera schauen.
- Fotografieren Sie nicht in der prallen Mittagssonne, weil sonst harte Schatten auf die Gesichter fallen und die Leute geblendet werden.
- Integrieren Sie interessante Gegenstände des Orts ins Bild.
- Nutzen Sie gute Stimmungen für Gruppenaufnahmen aus.

Gruppenaufnahmen sind schwierig, weil immer einer auf dem Bild die Augen geschlossen hat oder einen unpassenden Gesichtsausdruck zeigt. Machen Sie deshalb immer mehrere Aufnahmen. Für Gruppenaufnahmen müssen Sie den günstigen Augenblick erwischen, wenn die Stimmung gut und locker ist.

Nehmen Sie Gruppen nicht allein auf, sondern integrieren Sie die Gruppe in die Umgebung. So haben wir die Gruppenaufnahme in Italien mit einem Kunstwerk gemacht.

Das lockert das Bild auf und gibt einen Bezug zum Ort der Aufnahme. Zudem erleichtert es auch den Personen, auf dem Bild locker zu stehen.

Bei größeren Gruppen brauchen Sie einen geeigneten Ort. Die Sonne sollte nicht zu direkt in die Gesichter scheinen, sodass die Augen offen bleiben und keine starken Schlagschatten auf die Gesichter fallen. Auch Hüte sind bei Sonne schlecht, weil der Schatten die Gesichter verdeckt. Achten Sie darauf, dass alle in die Kamera schauen. Schaut jemand nicht in die Kamera, erhält der Betrachter den Eindruck, dieser distanziere sich von der Gruppe.

Am einfachsten geht es natürlich in einem Fotostudio. Das nutzte der Fotoklub nudeART.ch bei einem Vereinsanlass aus, um die gute Stimmung in der Gruppe mit einem Bild festzuhalten.

Gruppenaufnahme von nudeART.ch.

14.6 Weiche Haut und ausdrucksstarke Augen

Vor allem bei Porträtaufnahmen von Frauen stellt sich oft die Frage, wie die Haut weicher gezeichnet werden kann. Die Digicams zeichnen unerbittlich jede Pore und Falte auf. Bei analogen Kameras gab es spezielle Porträtlinsen und -vorsätze, die die Bilder weichgezeichnet haben. Leider wurde dabei das ganze Bild inklusive der Augen leicht unscharf wiedergegeben.

In der Bildbearbeitung können Sie viel selektiver vorgehen und nur die gewünschten Bildbereiche weichzeichnen. Ich zeige Ihnen eine sehr einfache, aber auch sehr flexible Lösung:

▲ *Ein schönes, aber noch etwas zu hartes Porträtbild, Model Daniela, Fotograf: Martin Zurmühle.*

1 Ebene duplizieren

Öffnen Sie das Porträtbild. Erstellen Sie eine Ebenenkopie mit dem Befehl *Ebene/Ebene duplizieren* (Ebene *Hintergrund Kopie*).

2 Weichzeichnen

Zeichnen Sie die obere Ebene weich mit *Filter/Weichzeichnungsfilter/Gaußscher Weichzeichner*. Wählen Sie einen Radius von 20 Pixeln. Damit Sie beide Ebenen sehen, reduzieren Sie die Deckkraft der oberen Ebene auf 70 %.

▲ *Die mit dem Radius von 20 Pixeln weichgezeichnete obere Ebene.*

3 Bereiche ausschließen

Erstellen Sie zur oberen Ebene mit dem Befehl *Ebene/Ebenenmaske hinzufügen/Alles einblenden* eine weiße Ebenenmaske. Aktivieren Sie nun einen weichen Pinsel. Drücken Sie die rechte Maustaste und wählen Sie die Größe 100 Pixel und eine Kantenschärfe von 0 %. Mit schwarzer Farbe (Taste [D] und anschließend [X] drücken) malen Sie nun auf dem Bild (mit aktivierter Ebenenmaske) die Augen und die Lippen aus. Sie sehen die Wirkung sofort im Bild. Wegen des weichen Pinsels werden die Übergänge ganz fein und unsichtbar. Sie müssen deshalb auch nicht besonders genau arbeiten. Anschließend können Sie mit der Deckkraft die Wirkung der Weichzeichnung genau steuern (gute Werte liegen zwischen 30 und 50 %).

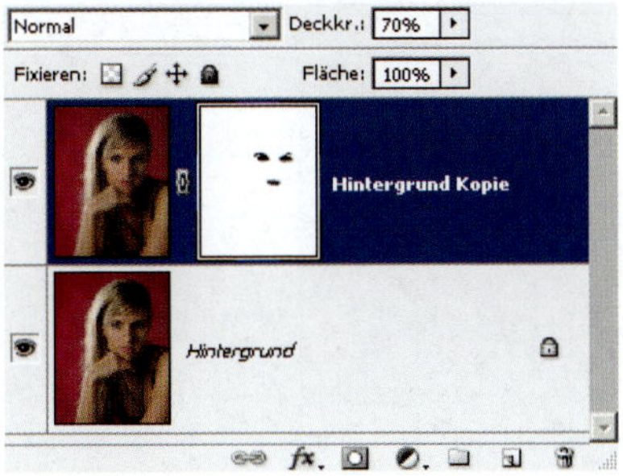

4 Bild korrigieren

Anschließend korrigieren Sie, wie in Kapitel 13 gezeigt, Tonwerte, Gradationskurve und Sättigung mit Einstellungsebenen nach Ihren Wünschen.

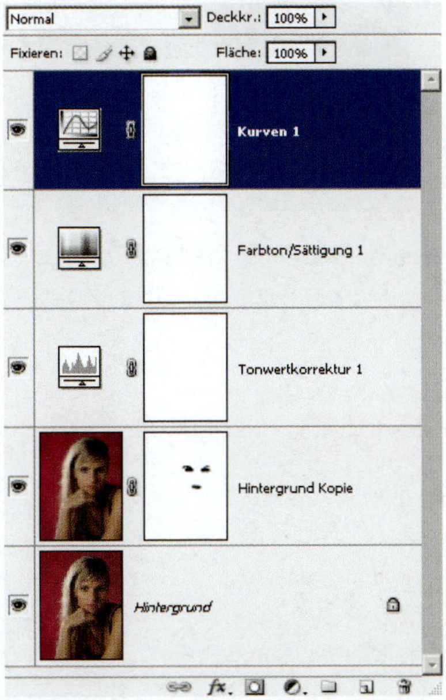

Das fertige Porträt mit weicher Haut und weichen Haaren sowie scharfgezeichneten Augen, Model Daniela, Fotograf: Martin Zurmühle.

Im Beispiel habe ich eine leichte S-Kurve im Menü *Gradationskurve* gemacht, den rechten Tonwertschieber auf 235 geschoben und die Sättigung um +10 erhöht. Zusätzlich habe ich die Ebene *Hintergrund* mit USM scharfgezeichnet (Werte 200 %, 0,9 Pixel und 8 Stufen). Fertig ist das schöne Porträt. Da ich mit Einstellungsebenen gearbeitet habe, können Sie die Werte nach Belieben variieren. Die Weichzeichnung mit dieser Methode ist sehr fein regulierbar, und die Haut wirkt frisch und jünger. Zusätzlich werden die Haare auch schön weich und leicht glänzend wiedergegeben. Die Verstärkung der Augen funktioniert ganz ähnlich.

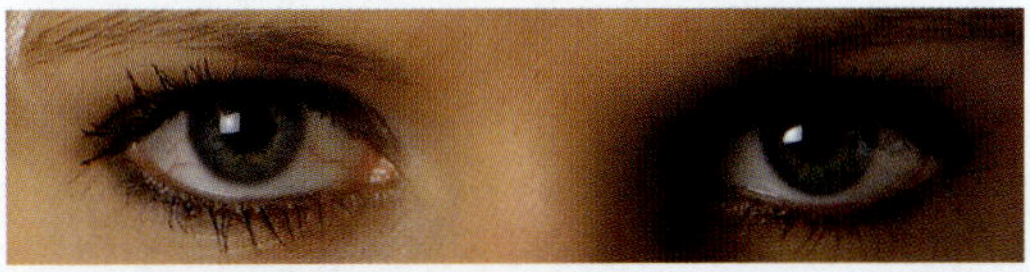

Die Augen vor der Bearbeitung.

1 Auswahl erstellen

Erstellen Sie eine Auswahl um beide Pupillen (entweder mit dem Lasso- oder dem Auswahlellipse-Werkzeug). Achten Sie darauf, dass in der Optionsleiste die Funktion *Der Auswahl hinzufügen* aktiviert ist.

2 Augen verstärken

Mit dem Befehl *Ebene/Neue Einstellungsebene/Gradationskurven* wird das Menü der Gradationskurve aufgerufen und gleichzeitig eine Ebenenmaske mit der Auswahl der Augen erstellt. Mit einer starken S-Kurve und der Aufhellung der Mitteltöne können Sie die Kontraste im Auge verstärken.

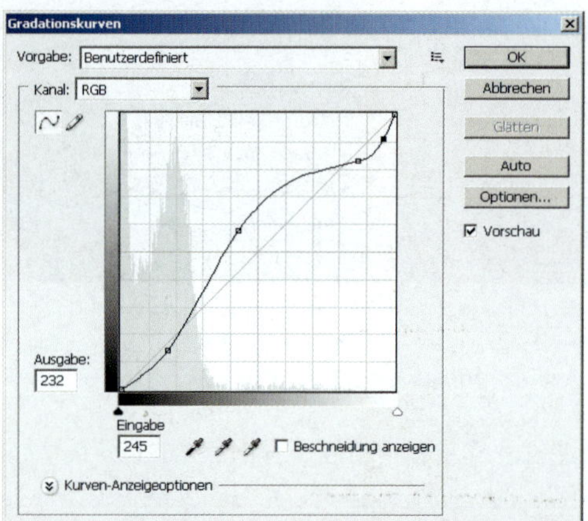

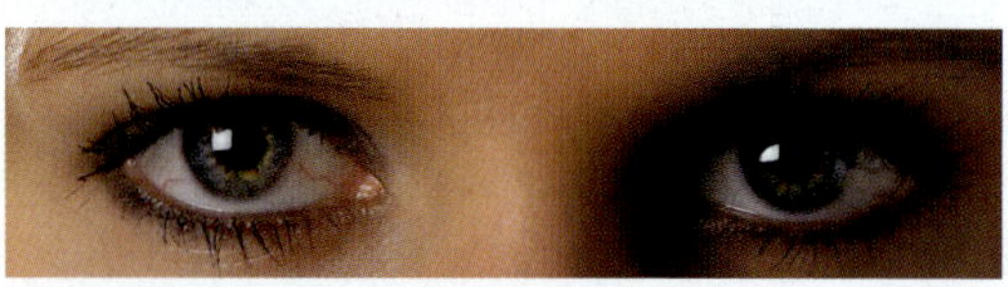

Die Augen nach der Bearbeitung.

3 Übergänge soften

Damit die Übergänge zwischen den bearbeiteten Pupillen und den Augen unsichtbar werden, müssen Sie die Maske noch mit dem Befehl *Filter/Weichzeichnungsfilter/Gaußscher Weichzeichner* bearbeiten. Wählen Sie aufgrund der kleinen Pupillen einen Radius von 5 Pixeln.

Der Übergang von Schwarz nach Weiß wird nun auf der Maske weich, und so sehen Sie auch im Bild die Ränder der Bearbeitung nicht mehr. Zum Schluss korrigieren Sie mit dem Ausbessern-Werkzeug noch die Adern im Auge, und fertig ist das Porträtbild.

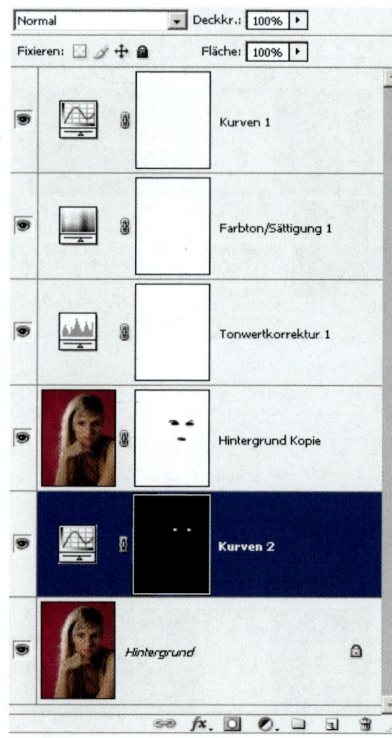

Mit diesen beiden Tricks können Sie Ihren Porträtbildern mehr Wirkung verleihen. Ihre Models werden es lieben.

INFO Downloadhinweis

Einige Bilder können Sie unter folgender Internetadresse als Übungsbeispiele herunterladen: *www.databecker.de*.
Dort geben Sie unter *Downloads/Buch-Extras* den Titel dieses Buches ein.

15

Aktfotografie, die Kunst des nackten Körpers

Für mich ist die Aktfotografie die Königsdisziplin in der Fotografie. Der Aktfotograf muss sein fotografisches Handwerk verstehen, die Grundsätze der Menschen-, Landschafts- und Architekturfotografie beherrschen, viel Fantasie und ein gutes Vorstellungsvermögen besitzen. Zudem benötigt er großes Einfühlungsvermögen und Freude, zusammen mit dem Model spannende Bildideen umzusetzen. Die Aktfotografie ist immer geplante und gestaltete Fotografie. Wenig wird dem Zufall überlassen. Aber es ist auch eine Gratwanderung zwischen Kunst und Kitsch, Anspruch und Peinlichkeit. Ich zeige Ihnen, auf was Sie achten müssen, um ästhetische Aktbilder zu machen, die unsere Gefühle ansprechen.

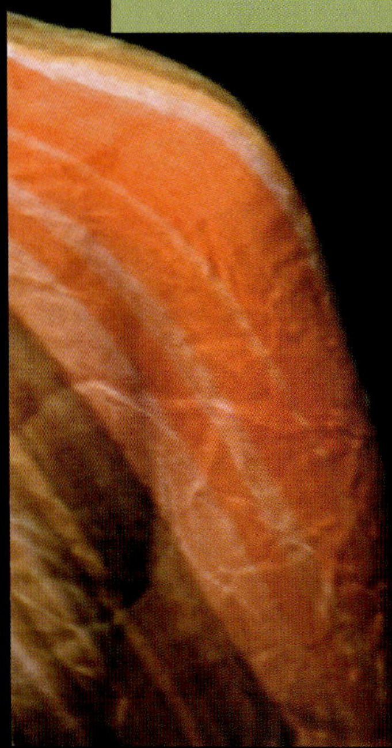

Eine fantastische Aktaufnahme mit mehreren Dialogen, Model Andrea, Fotograf: Martin Zurmühle.

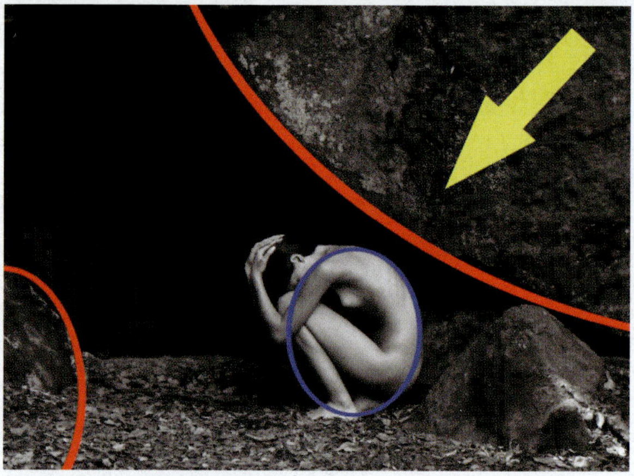

15.1 Der Akt, ein klassisches Thema der Kunst

Aktbilder sind ein Spiel mit Formen und Proportionen, mit Gegensätzen und Harmonien, mit Emotionen und Gefühlen, mit Schönheit und Fantasie. Gute Aktfotos sollen uns ansprechen, sehr ästhetisch wirken und sich klar von einfachen Sexbildern unterscheiden. Wo liegt aber das Geheimnis von guten Aktbildern? Das Bild von Model Andrea mit dem großen Fels zeigt verschiedene Aspekte guter Aktbilder. Es ist eine Gegenüberstellung des schweren, bedrohlichen Felsens und des zarten, zerbrechlichen Körpers. Ein Dialog zwischen dem kalten graugrünen Stein und der warmen Haut. Aber auch ein Spiel mit Formen und Analogien. Die Formen des Felsens spiegeln sich in der Pose des Models wider. Die dunkle Höhle im Hintergrund vermittelt eine geheimnisvolle Stimmung. Der enge Schnitt verstärkt die Wirkung. Solche gut gestalteten, vielschichtigen und spannenden Bilder sind auch bei Fotowettbewerben erfolgreich. Dieses Bild gewann beim

Das Bild des Aufnahmeorts zeigt, dass der Fotograf bei der Bildgestaltung ein gutes Vorstellungsvermögen braucht.

Eine streng geometrisch gestaltete Aufnahme, Fotograf: Martin Zurmühle.

internationalen Color Awards 2006 (*www.thecolorawards.com*) den ersten Preis in der Kategorie Fine Art. Grundsätzlich können Sie bei Aktfotografien auf zwei verschiedene Arten vorgehen. Sie können sich von der Situation und dem Model inspirieren und treiben lassen. Gemeinsam erarbeiten Sie Bildideen und lassen der Spontaneität viel Raum. Wichtig ist es dabei, die guten Bildmöglichkeiten sicher zu erkennen und zu nutzen.

Oder Sie entwerfen Ihre Bilder im Voraus. Dazu können Sie vor allem als Anfänger Bildvorlagen von guten Fotografen verwenden und versuchen, diese nachzufotografieren. Später sind Sie dann in der Lage, Bildideen zu entwickeln und die Resultate schon vor der Aufnahme zu sehen. Viele Aufnahmen haben Aspekte von beiden Vorgehensweisen. So ist das Bild mit dem mehrfarbigen Tuch von Walo Thönen sehr klar vorbereitet und gestaltet. Der Gesichtsausdruck des Models wurde aber mit verschiedenen Aufnahmen erarbeitet, so lange, bis er zur Bildstimmung perfekt passte. Solche Bilder lassen sich nicht erzwingen und benötigen viel Spontaneität und Einfühlungsvermögen des Models.

Eine gestaltete Aufnahme mit einem sehr starken Ausdruck des Models, Fotograf: Walo Thönen.

15.2 Das Spiel von Licht und Schatten im Studio

Das Fotostudio bietet beste Voraussetzungen für faszinierende Akt- und Erotikaufnahmen. Durch die genaue Steuerung des Lichts und die Reduktion der störenden Einflüsse können ausdrucksstarke Bilder gestaltet werden.

Das Thema der Akt- und Erotikfotografie ist zu groß, um hier in diesem Buch umfassend dargestellt zu werden.

Ich möchte deshalb auf das Buch von Kay Michael Kuhnlein „Digitale Porträt- & Aktfotografie" aus dem DATA BECKER-Verlag hinweisen (ISBN 978-3-8158-2608-X, 39,95 Euro), das dieses Thema umfassend behandelt. Ich gebe Ihnen hier ein paar Tipps für aussagekräftige und schöne Aktaufnahmen.

Wenig Licht führt zum Erfolg

Meistens wird im Studio mit zu viel Licht gearbeitet. Während bei Porträtaufnahmen drei Blitzleuchten gut eingesetzt werden können, gewinnen die meisten Schwarz-Weiß-Aktaufnahmen durch den sparsamen Einsatz von einer oder zwei Lichtquellen.

Entscheidend beim Arbeiten mit nur einer Lichtquelle ist es, dem Bild eine spezielle Form und eine gute Gestaltung zu geben.

Durch die Reduktion aller anderen Faktoren wirken solche Bilder bei einem klaren Gestaltungskonzept sehr stark auf den Betrachter.

Bei Lowkey-Aktaufnahmen zeichnen Sie mit dem Licht und verhüllen mit dem Schatten. Schon kleine Bewegungen des Models oder der Lichtquellen führen zu ganz unterschiedlichen Bildern.

Eine klassische Aktaufnahme mit sehr harten Kontrasten und klaren Formen mit nur einer seitlichen Lichtquelle, Fotograf: Martin Zurmühle.

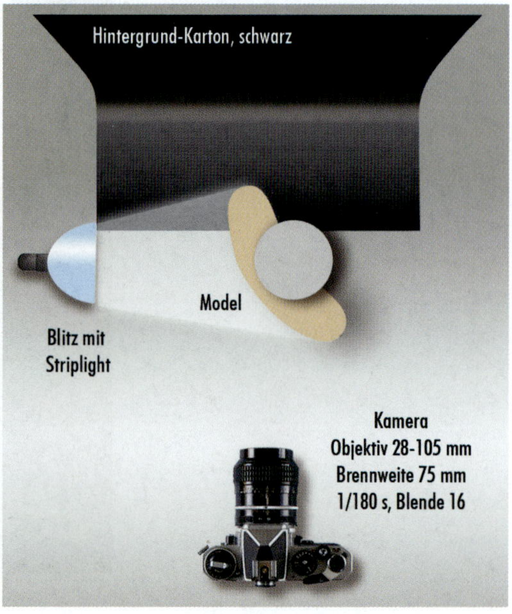

Bei zwei Lichtquellen zeichnen Sie die Konturen des Körpers. Das Hauptlicht formt den Körper, das Zweitlicht hebt die Konturen hervor. Beobachten Sie während des Shootings den Verlauf des Lichts und der Schatten auf dem Körper und dirigieren Sie das Model in die perfekte Position.

Das Licht und die Schatten modellieren den Körper des Models, Model Anuschka, Fotograf: Martin Zurmühle.

Auch hier lohnt es sich, mehrere Aufnahmen mit leicht abweichenden Körperpositionen zu machen.

Erst am PC können Sie dann definitiv entscheiden, welche Pose die beste Wirkung erzeugt.

Verwenden Sie schmale Striplights für solche Aufnahmen. Diese geben die schönsten Übergänge von Weiß nach Schwarz.

Links quadratische Softbox 75 x 75 cm, Mitte rechteckige Softbox 65 x 100 cm, rechts Striplight 20 x 90 cm.

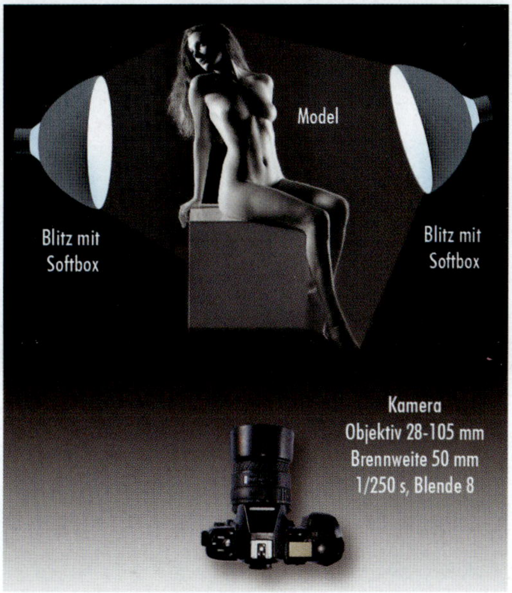

Schwarz-Weiß oder Farbe

Bei der digitalen Fotografie haben Sie immer die Qual der Wahl, ob das Bild in Schwarz-Weiß oder Farbe gezeigt werden soll. Bei Aktaufnahmen halte ich mich da an folgende Regel:

Ein formal klar aufgebautes Bild, bei dem die Farbe nur vom Bildaufbau ablenken würde, Model Anuschka, Fotograf: Martin Zurmühle.

- Wirkt das Bild grafisch und formal und würde die Farbe vom Motiv ablenken, zeige ich es in Schwarz-Weiß.
- Bringt die Farbe eine zusätzliche Information ins Bild, zeige ich es in Farbe.

Bei Aktaufnahmen gibt die Farbe der Haut oft eine spezielle Stimmung. Dann ist es auch sinnvoll, dieses Bild in Farbe zu zeigen. Der Entscheid dazu ist allerdings auch die persönliche Meinung des Fotografen dazu, welche Stimmung ihm besser gefällt.

Beim Bild von Anuschka mit dem blauen Seidentuch war die Entscheidung einfach und eindeutig.

Ein schöner Kontrast zwischen dem blauen Seidentuch und der braunen Haut, Model Anuschka, Fotograf: Martin Zurmühle.

Das Bild lebt vom Kontrast zwischen der kühlen Farbe des Tuchs und der warmen Farbe der Haut. In Schwarz-Weiß könnte sich diese Wirkung nicht entfalten.

Für die Umwandlung der Bilder in Schwarz-Weiß gibt es in Photoshop viele Methoden. Nicht alle eignen sich allerdings für anspruchsvolle Fotografen. Hier eine kurze Gegenüberstellung der gebräuchlichsten Methoden (siehe Tabelle auf der gegenüberliegenden Seite).

Methode	Befehle	Bewertung
Sättigung verringern	*Bild/Anpassungen/Sättigung verringern*	schlecht
Graustufen	*Bild/Modus/Graustufen*	genügend
L-Kanal im Lab-Modus	*Bild/Modus/Lab-Farbe,* dann nur den Kanal *Lab-Helligkeit* auswählen (a- und b-Kanal löschen) und Bild wieder in RGB umwandeln	gut
Kanalmixer	*Bild/Anpassungen/Kanalmixer,* Option *Monochrom* aktivieren und die Kanäle Rot, Grün und Blau so einstellen, dass die Summe ca. 100 % ergibt	sehr gut
Schwarzweiß	*Bild/Anpassungen/Schwarzweiß,* Option *In Graustufen konvertieren* auswählen und die verschiedenen Farbtöne anpassen	sehr gut

Ich verwende meistens den Kanalmixer, weil er die größte Flexibilität bietet. Als Einstellungsebene kann ich die Wirkung der Einstellungen auch jederzeit später wieder korrigieren. Bei Aktbildern kann der Blaukanal meistens vernachlässigt werden. Der Befehl *Sättigung verringern* wirkt wie der Kanalmixer mit den Werten 33,3 % für alle drei Kanäle.

Das ist eine starre und unflexible Einstellung und führt zu meist unbefriedigenden Ergebnissen. Der Modus *Graustufen* wandelt das Farbbild in einen Graustufenkanal um. Dabei wird viel vom Grünkanal (59 %), wenig vom Rotkanal (30 %) und sehr wenig vom Blaukanal (11 %) genommen.

Es ist eine Annäherung an unser Empfinden, wie ein gutes Schwarz-Weiß-Bild sein sollte. Die Bildwirkung kann aber auch nicht weiter beeinflusst werden.

Die Umwandlung in den Lab-Modus erbringt im Helligkeitskanal eine in aller Regel ausbalancierte Graustufenversion.

Sanfte Bildstimmung und eine schöne ▶ S-Form, Model Andrea, Fotograf: Martin Zurmühle.

Eine romantische Bildstimmung mit sehr weichem Licht und anschließender Weichzeichnung, Model Andrea, Fotograf: Martin Zurmühle.

Viel Licht für weiche Bildstimmungen

Während wenig Licht zu harten Kontrasten führt, können Sie mit viel Licht sehr weiche und anmutige Aktbilder gestalten. Auch diese Bilder haben noch Kontrast, nur sind die Übergänge viel feiner.

Für solche weichen Bildstimmungen setzen Sie am besten sehr große Softboxen ein oder blitzen indirekt gegen eine Wand oder einen Reflektor.

In der Bildbearbeitung kann dann die zarte Bildstimmung durch Weichzeichnung noch verstärkt werden. Das schöne und zarte Bild von Model Andrea wurde genauso bearbeitet wie das Weichzeichnen von Porträts, das ich Ihnen bereits in Kapitel 14.6 vorgestellt habe. Die obere, mit dem Gaußschen Weichzeichner (Radius von 20 Pixeln) weichgezeichnete Ebene hat eine Deckkraft von 50 %. Mit einer Maske und einem weichen schwarzen Pinsel wurde dann bei den Augen, Lippen, Augenbrauen und der Brust die Wirkung der Weichzeichnung verhindert.

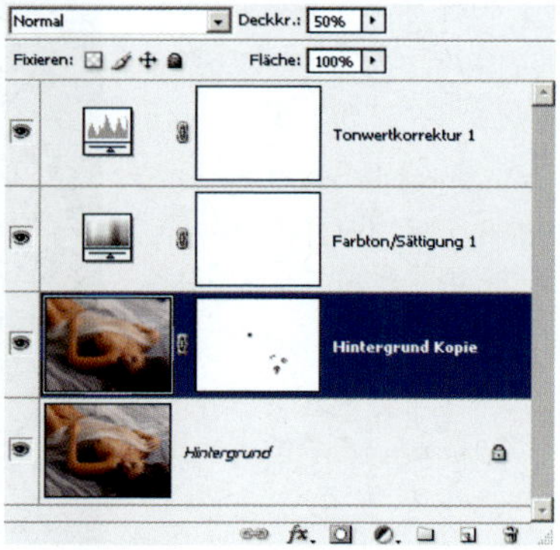

Eine Szene, die viel Raum für unsere Fantasie lässt, Fotograf: Walo Thönen.

15.3 Die Stimmung von Räumen nutzen

Im Fotostudio können Sie das Licht sehr gut steuern. Schwieriger wird die Sache in Räumen. Dann müssen Sie mit dem vorhandenen Licht arbeiten und eine Verbindung zwischen dem Model und dem Raum herstellen.

Im Studio ist es leicht, den Hintergrund zu neutralisieren, in Räumen müssen Sie ihn in die Bildgestaltung einbeziehen.

Das Bild von Walo Thönen in einem alten Zimmer vermittelt eine sehr schöne Bildstimmung. Die Posen der Models sind sehr zurückhaltend und lassen so viel Raum für die Fantasie des Betrachters.

Ein Beweis dafür, dass es bei Aktbildern oft besser ist, nur wenig zu zeigen und vieles im Verborgenen

Ein Bild, das eine Geschichte erzählt und die Fantasie anregt, Model Irene, Fotograf: Martin Zurmühle.

Bildwirkung. Aber Sie können auch freche Szenen zeigen, die Humor haben und eine Geschichte erzählen. Hier zählen die Fantasie und die Qualität der Ausführung. Dazu brauchen Sie keine mondänen Villen. Schon einfache Wohn- oder Schlafräume bieten viele gute Möglichkeiten. Neben Wohnräumen eignen sich auch zerfallene Ruinen sehr gut für Aktaufnahmen. Der Kontrast zwischen den alten Mauern und der Schönheit hat uns schon immer fasziniert.

▲ *Eine Ruine mit einem interessanten Lichtspiel, Model Andrea, Fotograf: Martin Zurmühle.*

TIPP **Aufnahme in Räumen**

- Stellen Sie einen Bezug zwischen dem Raum und dem Model her.
- Erzählen Sie Geschichten und lassen Sie viel Raum für die Fantasie des Betrachters.
- Arbeiten Sie mit der Stimmung des Raums.
- Spielen Sie mit Kontrasten und Gegenüberstellungen.
- Gestalten Sie die Aufnahmen sorgfältig.

zu halten. Die leichte Überstrahlung des Vorhangs, die grobe Körnung der Aufnahme und die Darstellung in Schwarz-Weiß unterstützt die angestrebte

15.4 Aktfotografie in der Natur

Aktaufnahmen in der Natur sind mehr als nur die Darstellungen nackter Menschen im Freien.

Gute Aktaufnahmen benötigen drei Faktoren:

- Eine sehr schöne, ausdrucksstarke Landschaft bei bestem Fotolicht.
- Ein Model, das eine zur Aufnahme passende Pose einnimmt.
- Einen Bezug zwischen dem Model und der Landschaft.

Wenn diese drei Faktoren optimal zusammenspielen, entstehen tolle Aktaufnahmen wie das Strandbild mit Model Irene (siehe Bild nächste Seite oben). Bei diesem Bild war es für mich ganz entscheidend, dass die Füße vom Wasser umspült werden. Dadurch wird eine Verbindung zwischen dem Model und dem Meer hergestellt. Irene musste so am Morgen bei Sonnenaufgang recht lange warten, bis die richtige Welle kam und die Aufnahme gemacht werden konnte. Verstärkt wird die Bildwirkung durch die verschiedenen klaren Linien im Bild. Wie wichtig diese Details für die Bildwirkung sind, erkennen Sie sofort beim Vergleich mit der folgenden Aufnahme. Bei dieser fehlt der Bezug zwischen dem Model und dem Meer, und die Szene entwi-

Ein Traumstrand auf Lanzarote am frühen Morgen, Model Irene, Fotograf: Martin Zurmühle.

ckelt so keine Wirkung. Es fehlt das entscheidende verbindende Element.

Hier fehlt die Beziehung zwischen Model und Meer, Model Irene, Fotograf: Martin Zurmühle.

Natürlich dürfen Sie bei Aktaufnahmen die Schönheit des Menschen darstellen. Wenn Sie aber mehr als eine Nacktaufnahme machen wollen, müssen Sie das Model in einer natürlichen und glaubwürdigen Pose aufnehmen.

Eine schöne Frau in einem schönen Ambiente, Model Anuschka, Fotograf: Martin Zurmühle.

Ein klassisches Schwarz-Weiß-Bild mit herrlichen Tonwerten, Model Irene, Fotograf: Martin Zurmühle.

Darin liegt der Unterschied zwischen einer Sexaufnahme und einer guten Aktaufnahme. Eine weitere Möglichkeit zur Abgrenzung von Nacktaufnahmen besteht in der Umwandlung des Bildes in Schwarz-Weiß.

Durch die Entfernung der Farbe wird das Bild abstrakter und weniger realitätsnah. Es ist deshalb einfacher, gute Aktbilder in Schwarz-Weiß zu machen als in Farbe.

Wichtig für gute Aktbilder in der Natur ist die geeignete Location. Halten Sie Ihre Augen offen und notieren Sie sich Orte, die Sie bei geeigneten Wetterverhältnissen für Aktbilder verwenden möchten.

Eine fantastische Gesteinsformation mit Gucklöchern, Model Irene, Fotograf: Martin Zurmühle.

△ *Ein spannender Ort mit starken Kontrasten und guter Bildgestaltung, Model Jenny, Fotograf: Martin Zurmühle.*

Manchmal benötigen Sie etwas Fantasie, um die Bildmöglichkeiten in der Landschaft zu entdecken. Mit einer guten Bildgestaltung erzeugen Sie wirkungsvolle Bilder. Bei der Aufnahme mit Model Jenny auf dem zugefrorenen See wurde eine Vielzahl von Gestaltungsmitteln eingesetzt:

- Die obere Seekante liegt im Goldenen Schnitt, und die hohe Lage betont die weite Eisfläche.
- Der dunkle große Baum liegt ebenfalls im Goldenen Schnitt und wirkt als Gegenpol und Blickfang zum Model.
- Das Schloss rechts im Hintergrund gibt dem Bild eine Tiefenwirkung und balanciert das Bild aus, weil es spiegelbildlich dem Model gegenüberliegt.
- Das Model wird von den letzten warmen Sonnenstrahlen beschienen. Es entsteht so ein starker Kontrast zwischen der warmen weichen Haut und der kalten harten Eisfläche.
- Die kleine Figur des Models kontrastiert zur großen und weiten Eisfläche.

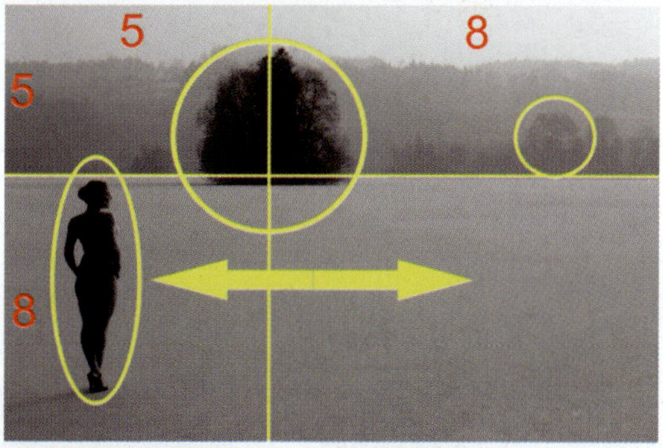

△ *Viele Gestaltungsmittel wurden bei diesem Bild eingesetzt mit dem Ziel, eine entrückte und faszinierende Bildwirkung zu erzielen.*

TIPP Aktfotografie in der Natur

- Suchen Sie geeignete und aussagekräftige Landschaften bei gutem Licht.
- Komponieren Sie Ihre Bilder nach den Regeln der Landschaftsfotografie.
- Schaffen Sie eine glaubhafte Beziehung zwischen Model und Landschaft.
- Lassen Sie der Fantasie des Betrachters genügend Raum.

Eine verträumte Stimmung im Stil von David Hamilton, Models Andrea und Anuschka, Fotograf Martin Zurmühle.

Arbeiten Sie mit zwei Models, ist die Interaktion der beiden für die Bildaussage ganz entscheidend. Auch hier ist eine passende und glaubwürdige Pose wichtig.

Am wichtigsten bleibt das Auge des Fotografen beim Erkennen geeigneter Orte für fantastische Bilder.

Die Loreley auf dem Felsen betört die vorbeifahrenden Schiffer, Model Andrea, Fotograf: Martin Zurmühle.

15.5 Das Recht am Bild

Zur Veröffentlichung von Aktaufnahmen benötigen Sie auf jeden Fall die Bildrechte vom Model. Art. 22 des deutschen Kulturhebergesetzes besagt dazu:

> *„Bildnisse dürfen nur mit Einwilligung des Abgebildeten verbreitet oder öffentlich zur Schau gestellt werden. Die Einwilligung gilt im Zweifel als erteilt, wenn der Abgebildete dafür, dass er sich abbilden ließ, eine Entlohnung erhielt. Nach dem Tode des Abgebildeten bedarf es bis zum Ablaufe von 10 Jahren der Einwilligung der Angehörigen des Abgebildeten."*

Wollen Sie die Bilder von Menschen veröffentlichen, benötigen Sie also eine schriftliche Bewilligung der abgebildeten Person.

In Art. 23 werden einige Ausnahmen dieser Regel formuliert:

1. Bildnisse aus dem Bereiche der Zeitgeschichte;
2. Bilder, auf denen die Personen nur als Beiwerk neben einer Landschaft oder sonstigen Örtlichkeit erscheinen;
3. Bilder von Versammlungen, Aufzügen und ähnlichen Vorgängen, an denen die dargestellten Personen teilgenommen haben;
4. Bildnisse, die nicht auf Bestellung angefertigt sind, sofern die Verbreitung oder Schaustellung einem höheren Interesse der Kunst dient.

Nach § 23 gilt bei „Personen der Zeitgeschichte" keine Zustimmungserfordernis. Foto- und Filmaufnahmen solcher Personen dürfen ohne deren Einverständnis im Rahmen des allgemeinen Persönlichkeitsrechts verbreitet werden. Der Bereich der Zeitgeschichte ist grundsätzlich weit zu verstehen; er umfasst alles, was in der Öffentlichkeit Aufmerksamkeit findet. Auf die Ausnahmeklausel der Kunst können Sie sich nicht berufen. Hingegen dürfen Sie bei öffentlichen Anlässen frei fotografieren und die Bilder veröffentlichen, mit Ausnahme des Falls, dass auf dem Bild eine Person wie bei einer Porträtaufnahme besonders hervorgehoben wird.

Es ist somit am sichersten, wenn Sie zu allen Menschenaufnahmen, die Sie veröffentlichen möchten, einen entsprechenden Vertrag mit dem Model abschließen.

Hier ein Vorschlag für einen einfachen Modelvertrag:

Modelvertrag

Zwischen (Model)

und (Fotograf)

wurde folgender Vertrag geschlossen:

Die am (Datum) angefertigten Fotoaufnahmen dürfen vom Fotografen uneingeschränkt und unwiderruflich für (Zweck) veröffentlicht werden. Ansprüche gegen Dritte sind dabei ausgeschlossen. Die Bilder dürfen digital verbessert und verändert werden.

Als einmaliges Honorar wurden (Honorar) vereinbart. Das Model bestätigt mit der Unterschrift unter diesen Vertrag gleichzeitig den Erhalt des vereinbarten Honorars in bar.

Das erhaltene Honorar wird vom Model selbst versteuert. Weitere Sondervereinbarungen und Absprachen wurden nicht getroffen.

(Ort, Datum, Unterschrift der beiden Parteien)

Ein Modelvertrag kann natürlich noch weitere Regeln enthalten. So sollte der Fotograf seinem Model auch das Recht geben, die Bilder für seine Zwecke (eigene SetCards, eigenes Portfolio oder Publikation im Internet) zu verwenden.

Es können auch Erfolgsbeteiligungen vereinbart werden. Für minderjährige Models ist zudem die Einwilligung der Erziehungsberechtigten notwendig.

16

Tiere spannend fotografieren

Die Tiere haben uns Menschen immer sehr fasziniert. Sie sind Nahrungsquelle und Freunde für uns. Die ersten Malereien der Menschen zeigen Tiere und Menschen auf der Jagd. Tiere sind sehr lohnende und schöne Motive, die aber für gute Aufnahmen vom Fotografen viel Geduld und Einfühlungsvermögen verlangen. Dabei gelten die gleichen Gestaltungsregeln wie bei den Aufnahmen von Menschen. Leider lassen sich Tiere wie Kinder nicht bestechen, aber mit einem guten Auge und Geduld können Sie fantastische Aufnahmen machen. Ich zeige Ihnen, wie.

Die packende Aufnahme einer Schlange, perfekt gestaltet und präsentiert, Fotograf: Thomas J. Kiefer.

16.1 Auch Tiere haben einen Charakter

Die ersten Malereien der Menschen waren Tierbilder. Der Mensch war von den Tieren als Nahrungsgrundlage abhängig und hatte deshalb schon immer eine spezielle Beziehung zu ihnen. Später wurden einzelne domestiziert und sind nun unsere Freunde. Zoo- und Haustiere sind beliebte Fotomotive. Wollen Sie spezielle Tierbilder machen, versuchen Sie, den individuellen Charakter des Tieres im Bild festzuhalten. Thomas J. Kiefer ist das bei seiner Schlangenaufnahme sehr gut geglückt. Durch einen engen Beschnitt des Bildes und das Löschen des unruhigen Hintergrunds wird der Blick auf die wunderbare Form und den starken Gesichtsausdruck der Schlange gelenkt.

Verstärkt wird die Bildwirkung durch die Platzierung des Zentrums der Schlange im Goldenen Schnitt. Es entsteht ein Bild mit starker visueller Kraft und Aussage. Bei der Gestaltung von Tierbildern können Sie die gleichen Regeln anwenden wie bei Menschenbildern. Meistens sagen Ausschnitte und Details auch bei Tieren mehr aus als Übersichtsaufnahmen. Versuchen Sie einen Ausschnitt aufzunehmen, der am meisten über das Tier aussagt. Wie bei den Porträtbildern der Menschen sind die Augen der Tiere für die Bildwirkung entscheidend. Die kalten wachsamen Schlitzaugen des Krokodils geben dem Bild einen ganz speziellen Ausdruck und ziehen den Blick des Betrachters magisch an.

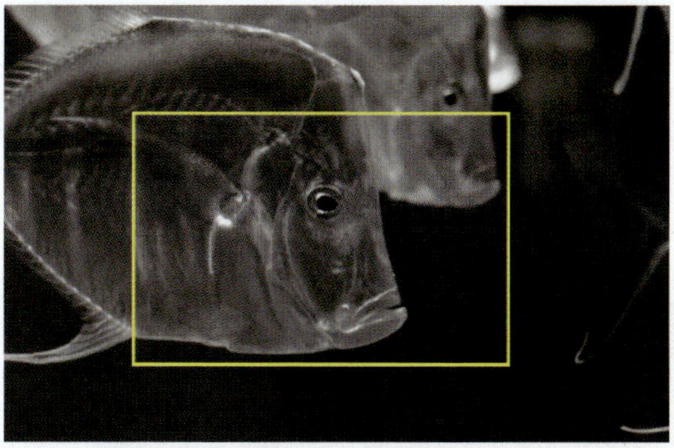

Die Übersichtsaufnahme hat noch zu wenig Kraft und Wirkung, Fotograf: Martin Zurmühle.

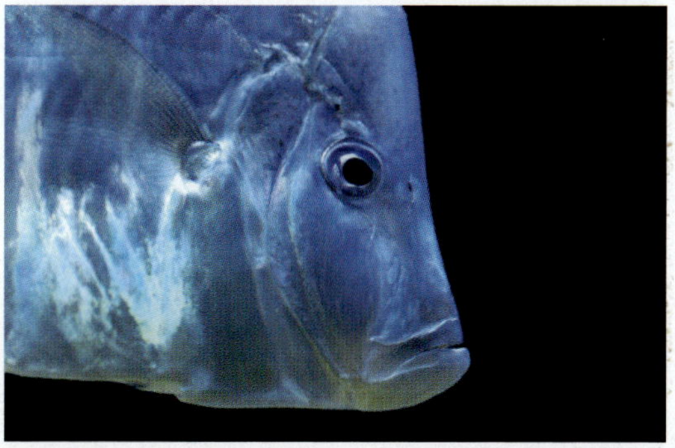

Das ausdrucksstarke Gesicht des Fischs vor neutralem Hintergrund, Fotograf: Martin Zurmühle.

Manchmal genügt es, nur ein charakteristisches kleines Detail aufzunehmen, und jeder Betrachter sieht sofort das ganze Tier. Beim Bild mit den scharfen Zähnen erkennen Sie schnell, dass es sich hier um die Zähne eines Krokodils handeln muss. Die runzlige Haut und die eckigen Zähne wirken zudem auch sehr schön grafisch

Die Augen der Tiere sprechen wie die Augen der Menschen, Fotograf: Martin Zurmühle.

Tiere sind wie Kinder. Sie lassen sich nicht zu guten Aufnahmen überreden. Sie brauchen also viel Geduld und Einfühlungsvermögen. Dafür werden Sie dann auch mit guten Bildern belohnt.

Detailaufnahme eines Krokodils, Fotograf: Martin Zurmühle.

Zwei Pferde bei der gegenseitigen Liebkosung, Fotograf: Thomas J. Kiefer.

16.2 Haustiere sind lohnende Motive

Unsere Haustiere sind sicher die zum Fotografieren einfachsten Tiere. Sie sind leicht verfügbar und müssen nicht erst angeschlichen und entdeckt werden.

Ein schönes Pferdeporträt, aber ohne große Spannung und Wirkung, Fotograf: Thomas J. Kiefer.

Trotzdem ist es nicht einfach, solch spannende und ausdrucksstarke Aufnahme zu machen wie das Pferdebild von Thomas J. Kiefer.

Das linke Pferd schaut uns ganz verschmitzt an und liebkost seinen Kollegen, der selbst die ganze Sache richtig zu genießen scheint. Solche Szenen, bei denen die Tiere ihr Verhalten zeigen, sind viel interessanter für uns als einfach nur ein schönes Tierbild.

Eine dynamische Szene, die die Lebensfreude der Pferde zeigt, Fotograf: Thomas J. Kiefer.

Wenn es Ihnen gelingt, die Tiere in voller Aktion zu fotografieren, bekommen Sie dynamische Bilder, die etwas über das Leben der Tiere aussagen. Auch kleinere Haustiere wie Katzen sind lohnende Motive. Vermeiden Sie aber die stereotypen Katzenbilder, die nur die Niedlichkeit des Tieres betonen.

Davon gibt es schon genug. Versuchen Sie auch hier, das Besondere und Spezielle des Tieres herauszufiltern.

Ein enger Ausschnitt und eine Aufnahme einer typischen Beschäftigung sagen mehr über das Tier aus.

Katze beim täglichen Lecken ihres Fells, Fotograf: Thomas J. Kiefer.

Ein Fischschwarm im Aquarium, Fotograf: Martin Zurmühle.

16.3 Tiere in Käfigen und Aquarien aufnehmen

Bei Aufnahmen von Tieren in Käfigen und Aquarien stehen Sie vor der Frage, wie Sie die Gitterstäbe oder Scheiben verschwinden lassen können. Bei Tierbildern wollen Sie ja nicht die Käfige, sondern die Tiere aufnehmen. Hier helfen Ihnen die bekannten optischen Gesetze.

Bei Aufnahmen in Aquarien müssen Sie Spiegelungen der Glasscheiben vermeiden. Setzen Sie einen Sonnenfilter auf das Objektiv und gehen Sie ganz nahe an die Scheibe (oder drücken Sie das Objektiv ganz auf die Scheibe).

Dadurch werden alle Spiegelungen eliminiert. Achten Sie aber darauf, dass die Scheibe an der Stelle des Objektivs sauber ist.

EXIF-Daten	
Brennweite	50 mm
Belichtungszeit	1/160 Sek.
Blendenwert	3.5
Empfindlichkeit	ISO 400

Mit einer großen Blendenöffnung und einer hohen Empfindlichkeit können Sie dann meistens noch aus der Hand fotografieren.

Bei Käfigen mit Gitterstäben oder Maschendraht müssen Sie ebenfalls sehr nah herangehen. Mit einer großen Blendenöffnung verschwinden dann die Gitterstäbe im Vordergrund in der großen Unschärfe der Optik.

Nun müssen Sie nur noch einen Ausschnitt suchen, bei dem im Hintergrund des Tieres keine Gitter zu sehen sind, um die Illusion einer Aufnahme in freier

Wildbahn zu erzeugen. Leider war das in den alten Käfigen im Zoo von Frejus nicht möglich, aber die Stäbe im Hintergrund werden durch die Unschärfe der Optik verwischt.

Natürlich dürfen Sie bei gefährlichen Tieren auf keinen Fall die vorhandenen Begrenzungen übersteigen. Wilde Tiere haben keinen Respekt vor Fotografen, und Affen lieben es, mit Kameras zu spielen.

EXIF-Daten	
Brennweite	90 mm
Belichtungszeit	1/100 Sek.
Blendenwert	11
Empfindlichkeit	ISO 200

Aufnahme mit Abstand zu den Gittern und kleiner Blendenöffnung, Fotograf: Martin Zurmühle.

EXIF-Daten	
Brennweite	130 mm
Belichtungszeit	1/400 Sek.
Blendenwert	5.6
Empfindlichkeit	ISO 200

Aufnahme ganz nah an den Gittern, Fotograf: Martin Zurmühle.

Eine Tieraufnahme voller Dynamik und Action, Fotograf: Thomas J. Kiefer.

EXIF-Daten	
Brennweite	50 mm (Kleinbild 200 mm)
Belichtungszeit	1/125 Sek.
Blendenwert	3.5
Empfindlichkeit	ISO 100

16.4 Tieraufnahmen im Zoo

Tierparks bieten unzählige schöne Motive für Tieraufnahmen. Vor allem die modernen Zoos bauen heute großzügige Käfige ohne sichtbare Gitter. So werden Aufnahmen wie in der freien Wildbahn möglich. Im Gegenzug benötigen Sie mehr Geduld, denn die Tiere können sich auch besser verbergen. Besondere Tieraufnahmen benötigen eine ausgezeichnete Bildgestaltung und eine interessante Handlung. Die Schlangenaufnahme von Thomas J. Kiefer zeigt beides. Die diagonale Bildgestaltung deutet Dynamik und Bewegung an. Der angriffslustige Gesichtsausdruck mit dem offenen Maul wirkt bedrohlich. Das helle Licht hinter dem Kopf der Schlange und die knappe Schärfentiefe betonen den Kopf, und die gelben Augen geben das i-Tüpfelchen ins Bild. Eine Spitzenaufnahme aus einer Reptilienshow.

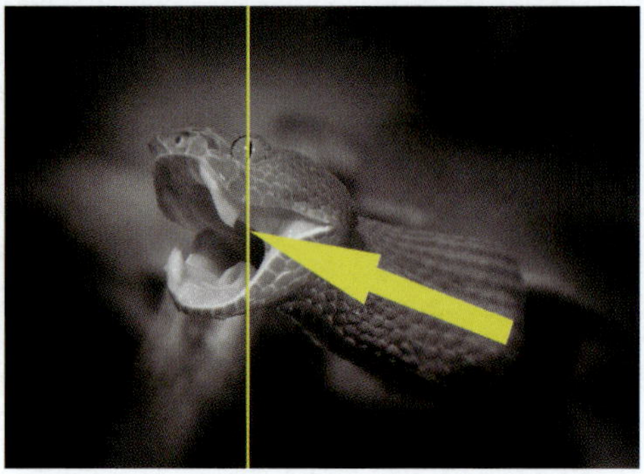

Das Auge liegt genau im Goldenen Schnitt und die Diagonale betont die Bewegung.

Bei Zooaufnahmen können Sie mit guten Teleobjektiven die Tiere nahe ins Bild rücken. Auch hier sollten Sie das Charakteristische des Tieres herausfinden und im Bild zeigen. Eine schöne Detailaufnahme wirkt meistens stärker als Übersichtsbilder.

Eine Aufnahme des Vogels ohne besondere Wirkung und mit abgeschnittenen Beinen, Fotograf: Martin Zurmühle.

Ein stolzer Vogel mit Federschmuck, Fotograf: Fernando Dinis.

Das Interessante an diesem Vogel ist sein wunderschöner Kopfschmuck. Fernando Dinis hat das in seinem Bild sehr gut herausgearbeitet. Auch bei Zoobildern gilt die Regel, dass die Augen entscheidend zur Bildwirkung beitragen. Beim Alligatorenbild von Thomas J. Kiefer wird das noch durch eine schöne s-förmige Bildgestaltung unterstützt.

Ein junger Alligator ganz toll fotografiert, Fotograf: Thomas J. Kiefer.

TIPP **Zooaufnahmen**

- Nehmen Sie ein lichtstarkes Zoom- oder Teleobjektiv mit.
- Am Morgen sind die meisten Tiere wach und lebhafter als am Mittag oder Nachmittag.
- Achten Sie bei allen Aufnahmen auf einen neutralen Hintergrund.
- Versuchen Sie typische Verhaltensmuster der Tiere aufzunehmen.
- Haben Sie Geduld und warten Sie auf den entscheidenden Moment.

Wollen Sie Tiere in ihrer natürlichen Umgebung aufnehmen, benötigen Sie gute Kenntnisse des Lebensraums und des Verhaltens der Tiere. Neben lichtstarken Teleobjektiven brauchen Sie eine zurückhaltende Kleidung und sehr viel Geduld und Glück. So konnte ich auch die Aufnahme des wandernden Karibus in Alaska machen.

Wenn Sie noch mehr über digitale Natur- und Tierfotografie wissen möchten, sei Ihnen das Buch von Ingo Seehafer mit dem Titel „Das Geheimnis beeindruckender Natur- und Tierfotos" empfohlen, das ebenfalls im DATA BECKER-Verlag erschienen ist (ISBN 978-3-8158-2615-7, 19,95 Euro).

16.5 Tiere in freier Wildbahn

Die Aufnahme von Tieren in der freien Wildbahn ist die Königsdisziplin der Tierfotografie. Aber Sie müssen nicht auf eine teure Fotosafari in Afrika gehen, denn die freie Wildbahn beginnt schon gleich außerhalb der Stadt.

Die Aufnahme der beiden Störche (siehe Abbildung auf der gegenüberliegenden Seite) von Thomas J. Kiefer wirkt durch die Synchronizität der Bewegungen der Vögel und den ruhigen, natürlichen Hintergrund.

Thomas J. Kiefer hat alle Tierfotos mit der Bridge-Kamera Minolta DiMAGE A1 gemacht und beweist damit, dass keine spezielle Ausrüstung für hervorragende Tieraufnahmen nötig ist.

Manchmal entdecken Sie auch Wildtiere direkt vor der Haustür. Lassen Sie sich solche Gelegenheiten nicht entgehen.

TIPP **Tieraufnahmen**

- Nehmen Sie verschiedene Zoomobjektive und lichtstarke Teleobjektive mit.
- Mit Telekonvertern können Sie die Brennweite verlängern.
- Verwenden Sie bei langen Belichtungszeiten ein stabiles Dreibeinstativ mit einem Stativkopf mit Kugelkopf.
- Tragen Sie unauffällige Kleidung und tarnen Sie sich, falls nötig.
- Stehen Sie sehr früh auf, denn die meisten Tiere sind früh am Morgen aktiv.
- Studieren Sie das Verhalten der Tiere, sodass Sie rechtzeitig am richtigen Ort bereit sind.
- Fassen Sie sich in Geduld und respektieren Sie immer die Natur.

Ein Storchenpaar auf der Flucht, Fotograf: Thomas J. Kiefer.

EXIF-Daten	
Brennweite	50 mm (Kleinbild 200 mm)
Belichtungszeit	1/640 Sek.
Blendenwert	5.6
Empfindlichkeit	ISO 100

Ein Karibu im Denali-Nationalpark in Alaska, Fotograf: Martin Zurmühle.

Ein Krebs vor der Haustür, Fotograf: Thomas J. Kiefer.

Aufnahmen von größeren Wildtieren in freier Wildbahn zu machen ist eine anspruchsvolle fotografische Aufgabe. Sie benötigen die richtige Ausrüstung und ein geschicktes und geduldiges Vorgehen.

104
BRAKING
KOLLMER

17

Fotografieren von Bewegungen

Vor allem bei Sport- und Wasseraufnahmen können mit der Wahl einer geeigneten Belichtungszeit der Eindruck und die Wirkung der Aufnahme stark beeinflusst werden. Ob Sie nun Bewegungen einfrieren oder mit Wischeffekten die Schnelligkeit betonen wollen, Sie haben die freie Wahl. Mit langen Belichtungszeiten schaffen Sie traumhafte Stimmungen am Wasser, und bei sehr langen Belichtungszeiten können Sie sich bewegende Objekte ganz verschwinden lassen. Und das ohne Zauberei!

Dieses Bild zeigt die ganze Dynamik des Motocross-Rennsports, Fotograf: Jörg Rhode.

EXIF-Daten	
Brennweite	130 mm
Belichtungszeit	1/750 Sek.
Blendenwert	8
Empfindlichkeit	ISO 400

17.1 Bewegungen in Bildern darstellen

Jörg Rhode hat mit seiner Canon EOS 10D Motocross-Rennen fotografiert. Er wendete dabei verschiedene Techniken an, um die Dynamik und Faszination dieses Sports zu zeigen.

Bewegung kann in der statischen und zweidimensionalen Fotografie, im Gegensatz zum Film, nur mit Tricks vermittelt werden. Bei oben stehender Aufnahme wird die Bewegung durch den aufgewirbelten Staub und die Bewegungsunschärfe vermittelt.

Durch die diagonale Bildgestaltung wird der dynamische Bildeindruck weiter verstärkt. Das Resultat ist ein spannendes Bild, das einen sehr guten Eindruck dieses schnellen und faszinierenden Sports zeigt.

17.2 Bewegungen einfrieren

Bewegungen können durch kurze Belichtungszeiten eingefroren werden. Entscheidend für die notwendige Belichtungszeit sind die Bewegungsrichtung, das Tempo und der Abstand zum Motiv.

In Kapitel 5.3 haben Sie Richtwerte je nach Bewegungsrichtung und Tempo erhalten. Bei folgendem Bild von Jörg Rhode wurde die Bewegung in Richtung der Kamera mit einer Belichtungszeit von 1/2000 total eingefroren.

Ein Motocross-Fahrer, Fotograf: Jörg Rhode.

Nur beim Rad ist eine leichte Bewegungsunschärfe erkennbar.

Das Bild ist so technisch perfekt aufgenommen, wirkt aber nicht dynamisch, und die Geschwindigkeit kommt nicht zum Ausdruck.

Kurze Belichtungszeiten erreichen Sie mit großen Blendenöffnungen. Dadurch wird auch die Schärfentiefe kleiner, und Sie müssen mit dem Autofokus die Distanz sehr schnell und genau ermitteln. Sonst erhalten Sie eingefrorene, aber trotzdem unscharfe Bilder.

EXIF-Daten	
Brennweite	130 mm
Belichtungszeit	1/2000 Sek.
Blendenwert	2.8
Empfindlichkeit	ISO 200

TIPP Bewegungen einfrieren

- Wählen Sie eine genügend kurze Belichtungszeit je nach Bewegungsrichtung.
- Stellen Sie die Aufnahmebetriebsart auf Serienaufnahme und den Autofokus auf kontinuierlichen Autofokus. Aktivieren Sie die dynamische Mehrfeldmessung. Dann sollte es eigentlich klappen.
- Und wenn alles nicht hilft, stellen Sie die Kamera auf manuelle Fokussierung. Stellen Sie dann auf einen vorgegebenen Punkt scharf und lösen Sie im Einzelbildmodus im richtigen Moment aus, wenn das Motiv am scharf gestellten Ort vorbeifährt.
- Machen Sie immer mehrere Aufnahmen mit unterschiedlichen Einstellungen.

Die Geschwindigkeit wird durch den Wischeffekt des Hintergrunds deutlich gemacht, Fotograf: Jörg Rhode.

EXIF-Daten	
Brennweite	70 mm
Belichtungszeit	1/90 Sek.
Blendenwert	6.7
Empfindlichkeit	ISO 100

17.3 Eindruck von Schnelligkeit durch Verwischungen

In Kapitel 5.3 haben Sie die Technik des Mitziehens kennen gelernt. Diese kann bei Motocross-Rennen sehr gut eingesetzt werden. Am besten geht es, wenn das Motiv sich im rechten Winkel zur Kamerarichtung bewegt. Drehen Sie den Oberkörper mit angewinkelten Armen im gleichen Tempo, wie der Fahrer an Ihnen vorbeifährt. Drücken Sie dann in der Mitte der Bewegung ruhig auf den Auslöser. Drehen Sie den Oberkörper auch nach dem Auslösen noch etwas weiter. Wichtig ist eine möglichst gleichmäßige und fließende Bewegung (siehe Bild oben).

Die von Jörg Rhode gewählte Belichtungszeit von 1/90 ist recht lang für solche Aufnahmen, und es braucht einige Übung, bis ein scharfes Bild gelingt. Bei Motocross-Rennen etwa kommen die Fahrer alle paar Minuten vorbei, sodass Sie viel Gelegenheit zum Üben haben. Neben dem Wischeffekt ist auch ein ruhiger Hintergrund für die Bildwirkung wichtig. Durch einen engen Ausschnitt entfernen Sie störende Elemente aus dem Bild.

Eine spannende Szene, Fotograf: Jörg Rhode.

Noch mehr können Sie die Bildwirkung verstärken, wenn Sie eine gute Pose des Fahrers abwarten.

Beobachten Sie dazu das Rennen und merken Sie sich Stellen, an denen die Fahrer interessante Bewegungen machen.

Solche Bilder wirken noch spannungsvoller und geben dem Betrachter einen direkten Eindruck des Geschehens. Jörg Rhode ist das mit dieser Aufnahme sehr gut gelungen. Und als letzten Trick zur Verstärkung der dynamischen Wirkung setzen Sie die Diagonale gekonnt ein.

Eine diagonale Gestaltung wirkt schon von sich aus dynamischer als eine horizontale oder vertikale Anordnung. Zusammen mit der Bewegungsunschärfe und dem aufgewirbelten Staub entsteht die gesuchte Bildwirkung.

Der aufgewirbelte Staub, die Bewegungsunschärfe des Rads und die diagonale Gestaltung machen ein sehr dynamisches Bild, Fotograf: Jörg Rhode.

TIPP **Wischeffekte**

Üben Sie das Mitziehen und kontrollieren Sie auf dem Display den Wischeffekt und die Schärfe des Motivs.
Variieren Sie die Aufnahmeeinstellungen von Blende und Belichtungszeit so lange, bis Sie die optimalen Werte gefunden haben.

Eine fantastische Stimmung bei Sturm am Meer, Fotograf: Fernando Dinis.

EXIF-Daten	
Brennweite	120 mm
Belichtungszeit	1/8 Sek.
Blendenwert	38
Empfindlichkeit	ISO 100

17.4 Wasser wirkungsvoll fotografieren

Wir wissen aus unserer Erfahrung, dass Wasser weich und beweglich ist. Frieren wir mit einer kurzen Belichtungszeit die Bewegung des Wassers ein, wirkt es auf uns unnatürlich.

Die große Kunst hervorragender Aufnahmen von bewegtem Wasser liegt bei der Wahl der richtigen Belichtungszeit. Fernando Dinis ist das bei seiner Sturmaufnahme am Meer ausgezeichnet gelungen.

Die sehr kleine Blendenöffnung 1:38 und der tiefe ISO-Wert ermöglichen eine lange Belichtungszeit von 1/8 Sekunde. Die Wellen und das Spritzwasser verwischen so und erzeugen den Eindruck des wild tobenden Meeres.

Verstärkt wird die Wirkung durch einen hohen Horizont, der das Wasser betont, und die Möwe im Vordergrund, die einen Größenbezug schafft.

Natürlich können Sie Aufnahmen mit so langen Belichtungszeiten nicht mehr von Hand machen. Ein stabiles Stativ ist bei solchen Verhältnissen notwendig.

Ein schnell fließender Bach bei langer Belichtungszeit, Fotograf: Fernando Dinis.

EXIF-Daten	
Brennweite	66 mm
Belichtungszeit	1 Sek.
Blendenwert	11
Empfindlichkeit	ISO 100

Bei schnell fließenden Flüssen wird bei einer langen Belichtungszeit das Wasser in weißen Strähnen wiedergegeben.

Je nach Geschwindigkeit des Wassers müssen Sie also eine andere Belichtungszeit wählen, um einen genügenden Wischeffekt zu erhalten. Nicht immer sind Sie bei der Wahl allerdings frei.

Bei der Wasserfallaufnahme auf der nächsten Seite musste ich berücksichtigen, dass das Model nicht sehr lange ruhig stehen konnte. Trotzdem wollte ich das Wasser verwischt wiedergeben.

Der Kompromiss war eine Belichtungszeit von 1/15 Sekunde ab Stativ, die genügend kurz für das Model und genügend lang für den Wasserfall war.

Als Variante dazu können Sie, wie in Kapitel 5.3. gezeigt, zwei Aufnahmen mit unterschiedlichen Belichtungszeiten kombinieren. Weil sich das Model vor dem Wasserfall befindet, wird der Zusammenbau der Bilder allerdings erschwert.

Hier ein paar Erfahrungswerte für weichgezeichnete Wasserfälle:

Wirkung	**Belichtungszeit**
Wassertropfen sichtbar	< 1/125 Sekunde
Weiche Strähnen	> 1/15 Sekunde
Weiche Schleier	> 1/2 Sekunde
Traumstimmung	> 2 Sekunden

Ein Kompromiss zwischen dem Einfrieren der Bewegung des Models und dem Weichzeichnen des Wasserfalls, Fotograf: Martin Zurmühle.

17.5 Bewegungen löschen durch Langzeitaufnahmen

Haben Sie sich schon gefragt, wieso auf den alten Bildern aus der Mitte des 19. Jahrhunderts keine Menschen und Fahrzeuge zu sehen sind? Weil die Filmempfindlichkeit sehr tief und die Lichtstärke der Objektive sehr klein war, mussten die Bilder während Minuten belichtet werden.

Bei so langer Belichtungszeit sind keine sich bewegenden Objekte auf dem Bild sichtbar. Sie können diesen Effekt nutzen, um Bewegungen ganz verschwinden zu lassen. Die Aufnahme von der Kirmes wurde mit einer sehr langen Belichtungszeit von 4,5 Sekunden gemacht. Alle Menschen, die in Bewegung waren, wurden nicht aufgenommen.

Sie sehen, die Belichtungszeit bietet sehr viele Gestaltungsmöglichkeiten. Experimentieren Sie mit Ihrer Kamera und machen Sie immer mehrere Aufnahmen mit unterschiedlichen Einstellungen.

EXIF-Daten	
Brennweite	28 mm
Belichtungszeit	4,5 Sek.
Blendenwert	16
Empfindlichkeit	ISO 100

Eine sehr lange Belichtungszeit lässt Bewegungen verschwinden, Fotograf: Martin Zurmühle.

18

Fotografieren an und in Gebäuden

Das erste Bild, das mit einer Kamera geschossen wurde, war eine Architekturaufnahme. Gebäude sind beliebte Themen der Fotografie. Fotografen sehen Bauten anders als Architekten. Versuchen Sie mit Ihren Bildern den Charakter des Gebäudes zu zeigen. Bei Innenaufnahmen kämpfen Sie mit dem wenigen Licht und der Lichttemperatur. Ich zeige Ihnen Tricks, wie Sie den Kampf gewinnen und ausdrucksstarke Aufnahmen in Räumen und bei Konzerten machen können.

Eine strenge Symmetrie bei der Kirche auf dem Monte Tamaro von Mario Botta, Fotograf: Martin Zurmühle.

18.1 Die Kunst der Architekturfotografie

Das erste fotografisch festgehaltene Bild war eine Architekturaufnahme. Nicéphore Niépce fotografierte im Jahr 1826 aus seinem Fenster die Gebäude im Innenhof. Aufgrund der langen Belichtungszeiten der ersten Aufnahmesysteme bildeten Architekturaufnahmen lange Zeit ein bevorzugtes Thema in der Fotografie.

Zu Beginn ging es um die technisch perfekte Wiedergabe der Baudenkmäler. Die Fotografie dokumentierte das Kunstwerk.

Erst viel später entwickelte sich die Architekturfotografie als eigenständige Richtung mit einer eigenen Sichtweise. Der symmetrische Bau der Kirche von Mario Botta auf dem Monte Tamaro verlangte geradezu nach einer perfekt symmetrischen Aufnahme. Am Mittag lag für einen kurzen Moment die Sonne genau senkrecht über der Kirchenachse, sodass der Schatten die symmetrische Form unterstützte. Ein Glücksfall, den ich natürlich sehr gern ausgenutzt habe.

Bei solchen Bildern ist Präzision sehr wichtig. Abweichungen von der Symmetrie werden vom Betrachter als störend empfunden. Unsere Augen sind in dieser Beziehung sehr genau, und wir stellen schon kleine Abweichungen fest. Gehen Sie für die Aufnahme in die Symmetrieachse und richten Sie das Bild später in Photoshop genau aus. Bauten bestehen aus Linien, Formen und Flächen. Durch eine har-

Ein Spiel mit Linien und Formen, Fotograf: Martin Zurmühle.

monische und wohlproportionierte Anordnung dieser Elemente entstehen für uns angenehme Räume und schöne Baukörper.

Für uns Fotografen bieten Bauten vielfältige Fotomotive. Dabei geht es nicht in erster Linie um die Dokumentation des Bauwerks, sondern um die Gestaltung eines wirkungsvollen Bildes, das etwas über den Charakter des Bauwerks aussagt.

Lassen Sie sich von den historischen und modernen Bauten inspirieren und suchen Sie spannende Perspektiven und Ausschnitte, Linien und Formen. Suchen Sie dabei auch immer nach besonderen Aufnahmeorten.

Die Türme der EXPO 2002 in Biel zeigen spannende Formen, Fotograf: Martin Zurmühle.

Auch alte Industrieanlagen bieten gute Motive für eindrucksvolle Architekturaufnahmen, Fotograf: Gerhard Busch.

18.2 Gebäude wirkungsvoll aufnehmen

Architekturfotografie ist eine intensive Auseinandersetzung mit dem Bauwerk. Fotografie und Architektur haben viele Ähnlichkeiten. Bei beiden geht es um Form, Proportion und Rhythmus. Der Architekt arbeitet allerdings dreidimensional, der Fotograf reduziert die Bauten auf ein zweidimensionales Bild. Als ausgebildeter Architekt und Fotograf kenne ich beide Welten. Es ist spannend zu beobachten, dass Fotografen Gebäude anders erleben und sehen als Architekten. Während der Architekt das ganze Gebäude erfasst und Gesamtzusammenhänge und technische Details sieht, sucht der Fotograf visuell interessante Bereiche. Sie können ein Bauwerk immer auf verschiedene Arten aufnehmen. Bauten verändern und bewegen sich nicht und lassen uns viel Zeit, die besten Standorte zu finden. Einzig das Licht ändert sich mit dem Wetter und dem Tagesablauf und muss natürlich bei der Planung der Aufnahmen einkalkuliert werden. Wie Sie bereits in Kapitel 4 erfahren haben, wird die Perspektive einer Aufnahme nur durch den Aufnahmestandort bestimmt. Suchen Sie deshalb mit wachen Augen und Geduld gute Aufnahmeorte. Ein steiler Blick in die Höhe kann beim gleichen Gebäude zu überraschenden Einstellungen führen.

Eine klassische Übersichtsaufnahme, die Eleganz und Ruhe vermittelt, Fotograf: Martin Zurmühle.

Das beste Werkzeug für Architekturaufnahmen ist die Fachkamera. Die universelle Verstellbarkeit, die sehr große Auflösung und die hervorragende, verzeichnungsfreie Optik sind perfekt für diese Aufgabe geeignet. Leider sind Fachkameras und die digitalen Rückenteile extrem teuer.

Dank der Tilt- und Shiftobjektive, die Sie in Kapitel

Der Blick steil nach oben zeigt ein ganz anderes Bild, Fotograf: Martin Zurmühle.

Die Türme der EXPO 2002 in Biel von stark unten aufgenommen, Fotograf: Sreto Motika.

3.6 kennen gelernt haben, können auch DSLR-Kameras stürzende Linien korrigieren und die Schärfeebene beeinflussen. Aber auch ohne diese Spezialobjektive können Sie mit Digicams sehr gute Architekturaufnahmen machen. Und die optischen Fehler korrigieren Sie später in der Bildbearbeitung. Für Architekturaufnahmen benötigen Sie ein gutes Weitwinkelobjektiv oder ein universelles Weitwinkelzoom. Wegen des Cropfaktors der meisten DSLR-Kameras sind starke Weitwinkelobjektive gefragt. Für Detailausschnitte ist ein verzeichnungsarmes Normalobjektiv sehr hilfreich. Teleobjektive werden hingegen nur selten eingesetzt.

Der engagierte Schweizer Fotograf Sreto Motika untersucht die Bauten vor der Aufnahme mit großer Geduld. Er sucht das Spezielle, das Detail, das den Bau charakterisiert. Er hat einen ganz anderen Blickwinkel für die Türme der EXPO 2002 in Biel gewählt als ich. Die scharfen Zackenlinien dieser Perspektive geben seinem Bild eine spezielle Dynamik. Die klein abgebildeten Menschen zeigen einen guten Größenbezug und betonen die Höhe der Gebäude.

Seine Bilder vom Opernhaus in Sydney zeigen die Textur des dominierenden Dachs und die schön geschwungenen Dachformen.

Dachform des Opernhauses von Sydney, Fotograf: Sreto Motika.

Jeder Architekt erkennt schon allein durch dieses Detail, um welchen Bau es sich handeln muss. Das Detail spricht so für den gesamten Bau.

Noch weiter geht Sreto bei seiner tollen Serie zum berühmten Kunst- und Konzerthaus Luzern (KKL) von Jean Nouvel. Es gelingt ihm, diesen Bau anhand nur einer kleinen Dachecke zu symbolisieren.

Das große ausladende Dach zusammen mit dem Springbrunnen, Fotograf: Sreto Motika.

Das nebenstehende Bild zeigt noch viel Dach, wirkt aber durch den harten Kontrast sehr grafisch. Das Wasser des Springbrunnens gibt eine fast impressionistische Note ins Bild.

Das mitlere Bild schafft einen spannenden Formenbezug zwischen den harten Linien des Dachs und den runden Formen des Riesenrads. Der Zeppelin im Hintergrund betont die Leichtigkeit des Dachs und der Aufnahme. Mein persönlicher Favorit ist aber das Bild auf der gegenüberliegenden Seite oben. Hier treibt Sreto den Minimalismus auf die Spitze. Das Dach ist nur noch eine rein grafische Fläche vor einem zeichnungslosen weißen Hintergrund.

Spiel mit den Formen des Dachs und des Riesenrads der Kirmes, Fotograf: Sreto Motika.

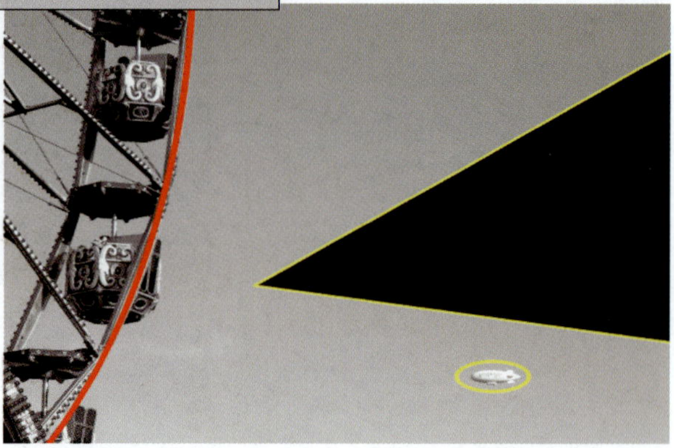

Nur der fliegende Vogel gibt einen Größen- und Lagebezug und erklärt so das Bild. Ein fantastisches optisches Spiel, das die Augen des Beobachters reizt und die Fantasie anregt. Solche abstrakten Bildkompositionen sollten Sie immer in Schwarz-Weiß zeigen. Die Farbe würde zu stark von der Grafik ablenken. Bauten bieten eine Fülle von fantastischen Bildmotiven.

Manchmal entdecken wir dabei erst auf den zweiten Blick, dass es sich um ein Detail eines Gebäudes und nicht um ein Gemälde handelt. Die Dachansicht von Sebastian Kobel wirkt auf den ersten Blick wie ein Gemälde von Piet Mondrian. Wieder

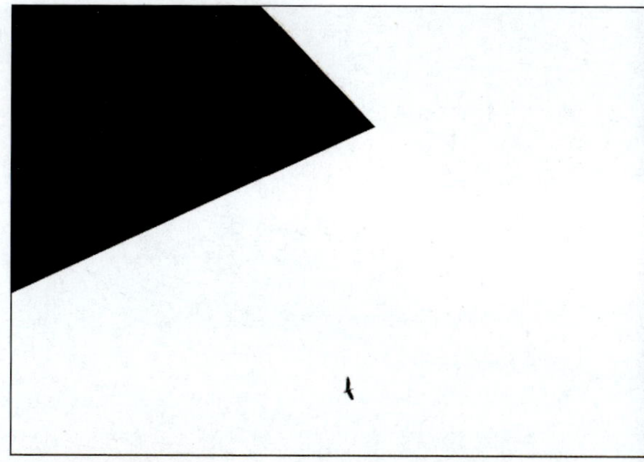

Extreme Reduktion auf die Grafik der Dachform mit einem Vogel als Größenbezug, Fotograf: Sreto Motika.

ein Beweis mehr, dass das Auge des Fotografen entscheidend ist für die Qualität der Bilder. Natürlich muss dieses Bild in Farbe gezeigt werden, weil sonst der Bezug zu Mondrian verloren geht. Die Kunst der Architekturfotografie ist es, die Kraft der Bilder zu erkennen, die in den Bauten steckt.

TIPP **Architekturaufnahmen**

- Suchen Sie mit Geduld den richtigen Aufnahmestandort und die richtige Beleuchtung.
- Spannende Perspektiven und Detailausschnitte wirken meistens besser als Gesamtübersichten.
- Betonen Sie die grafischen Elemente des Gebäudes. Spielen Sie mit Linien, Formen und Proportionen.

INFO **Downloadhinweis**

Einige Bilder können Sie unter folgender Internetadresse als Übungsbeispiele herunterladen: *www.databecker.de*.
Dort geben Sie unter *Downloads/Buch-Extras* den Titel dieses Buches ein.

18.3 Fotografieren in Räumen

Beim Fotografieren in Räumen müssen Sie mit zwei Herausforderungen kämpfen, mit dem mangelnden Licht und der Lichttemperatur der künstlichen Be-

Eine Dachansicht von unten, Fotograf: Sebastian Kobel.

▲ *Ein herrliches Spiel mit Licht und Spiegelungen auf der EXPO 2002 in der Schweiz, Fotograf: Martin Zurmühle.*

EXIF-Daten	
Brennweite	7,7 mm (Kleinbild 30 mm)
Belichtungszeit	1/30 Sek.
Blendenwert	2.8
Empfindlichkeit	ISO 800

leuchtung. Gegen das mangelnde Licht helfen eine längere Belichtungszeit (mit Stativeinsatz) und höhere ISO-Werte. Das Problem der Lichttemperatur der Mischlichtsituationen bekommen Sie heute leicht mit dem Weißabgleich in den Griff.

Bei der Aufnahme des Innenraums auf der EXPO 2002 wechselte die Neonbeleuchtung alle paar Sekunden. Ich hatte meine Nikon Coolpix 5000 dabei, und der automatische Weißabgleich hat sehr gute Arbeit geleistet. Die Farben werden sehr natürlich wiedergegeben.

Aufgrund der langen Belichtungszeit (trotz ISO 800) musste ich die Kamera auf ein Geländer stellen. Das leichte Rauschen im Bild stört nicht, da die Farben dominieren. Ein häufiges Problem von Innenaufnahmen ist der hohe Kontrastunterschied zwischen außen und innen, wenn Sie Fenster aufnehmen. Die Kamera ist im Gegensatz zu unseren Augen nicht in der Lage, solche hohen Kontraste zu bewältigen. Hier ein Vergleich der Lichtmengen, die auf ein Motiv treffen:

Quelle	Lichtmenge	Blende
Heller Sonnentag	100.000 Lux	ca.128
Bedeckter Sommertag	20.000 Lux	ca. 32
Schatten im Sommer	10.000 Lux	ca. 16
Starke Beleuchtung in Innenräumen	1.000 Lux	ca. 4
Bürobeleuchtung	500 Lux	ca. 2.8
Flurbeleuchtung	100 Lux	1.4
Mondlicht	0,25 Lux	zu wenig Licht, Langzeitbelichtung nötig

Große Helligkeitsunterschiede von innen und außen, die bei dieser Aufnahme aber nicht stören, Fotograf: Martin Zurmühle.

auf den Außenraum ausrichten, bei der zweiten auf den Innenraum.

- Sie können eine RAW-Aufnahme zweimal entwickeln mit unterschiedlichen Einstellungen zur Belichtungskorrektur.
- Die beiden Bilder werden anschließend in der Bildbearbeitung mit Masken so zusammengeführt, dass eine ausgeglichene Belichtung im ganzen Bild entsteht.
- Eine Serie von Aufnahmen mit je einer Blende Unterschied aufnehmen und mit der HDRI-Technik zusammenbauen.

Natürlich könnten Sie auch ein Blitzgerät einsetzen, um die Helligkeitsunterschiede auszugleichen. Meistens zerstören Sie dadurch aber auch die Bildstimmung, weil das Blitzlicht zu hart wirkt. Mehr dazu erfahren Sie in Kapitel 23.

Eine Verdopplung der Lichtmenge entspricht auch einer Verkleinerung der Blendenöffnung um 1 Blendenstufe. Bei Mondlicht können wir noch den Weg erkennen, aber an Fotografieren ist nicht zu denken. Den Spagat vom Flurlicht zum hellen Sonnentag von total 10 Blendenstufen schafft der Sensor nicht. In Kapitel 13 haben Sie einige Tricks erfahren, wie Sie diese Situation meistern können.

- Sie können eine Doppelaufnahme ab Stativ machen und die Belichtung bei einer Aufnahme

Für die Gestaltung von Innenaufnahmen gelten die gleichen Regeln wie bei den Außenaufnahmen. Lassen Sie die Räume auf sich wirken und suchen Sie spannende und aussagekräftige Perspektiven und Ausschnitte.

Gerhard Busch mit dem sicheren Auge eines erfahrenen Fotografen zeigt uns an zwei Beispielen, was für Bildmöglichkeiten in modernen Innenräumen aus Stahl und Glas stecken.

Dreiecke, Linien und Bogen symmetrisch und präzise komponiert, Fotograf: Gerhard Busch.

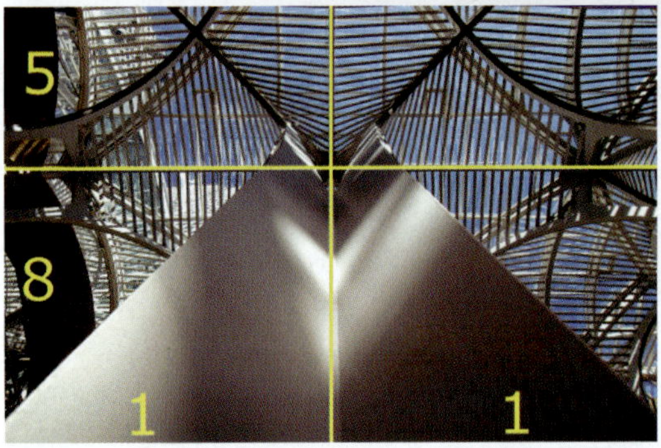

Das Bild ist genau zentral ausgerichtet, und die obere Querachse liegt im Goldenen Schnitt.

18.4 In Museen und Ausstellungen fotografieren

Das Fotografieren in Museen und Ausstellungen ist meistens eingeschränkt. Entweder ist es gänzlich verboten, oder aber es darf nur ohne Stativ fotografiert werden. Trotz dieser Einschränkungen sind ganz tolle Aufnahmen möglich.

Die Museumsstücke sind meistens sehr schön präsentiert und wirkungsvoll ausgeleuchtet. Mit einem Weißabgleich auf die vorhandene Lichtsituation

Schön beleuchtete Plastik, Fotograf: Martin Zurmühle.

▲ *Ein Spiel mit Formen, Farben, Licht und Schatten, Fotograf: Gerhard Busch.*

und einer hohen Empfindlichkeit sind so Aufnahmen von Hand möglich.

Wenn das Ausstellungsstück in einer Glasvitrine ist, müssen Sie Spiegelungen vermeiden. Halten Sie das Objektiv möglichst direkt an die Scheibe. So verhindern Sie Spiegelungen und können lange Belichtungszeiten ruhig halten. Dann werden auch ganz spezielle Bilder möglich.

EXIF-Daten	
Brennweite	13,6 mm (Kleinbild 54 mm)
Belichtungszeit	1/10 Sek.
Blendenwert	3.6
Empfindlichkeit	ISO 400

Ein Museumsbild wie aus der freien Natur, nur der Fachmann erkennt den Unterschied, Fotograf: Martin Zurmühle. ▶

▲ *Eine fantastische Lichtsituation, ein gekonnter Bildaufbau und ein ausdrucksstarker Musiker machen das Bild aus, Fotograf: Dragan Tasic.*

18.5 Konzert- und Veranstaltungsfotografie

Eine besondere Herausforderung für jeden Fotografen sind Aufnahmen bei Konzerten und Veranstaltungen. Einerseits müssen Sie mit den vorhandenen Lichtsituationen umgehen können. Andererseits braucht es sehr viel Können und Erfahrung, um die entscheidenden Augenblicke und die Stimmung im Bild festzuhalten. Der bekannte Schweizer Konzertfotograf Dragan Tasic gibt uns einen Einblick in sein Schaffen. Schauen wir uns zuerst einmal seine Ausrüstung an (siehe nebenstehende Tabelle).

Kamera	Canon EOS 10D und 20D mit Battery Grip
Objektive	Canon EF 70-200mm/1:2.8 Canon EF 24-70mm/1:2.8 Tamron SP AF 28-75mm/1:2.8 Sigma 20mm/1:1.8 Kenko 2x Konverter
Zubehör	CompactFlash Card Ultra II (2 x 1 GByte und 2 x 512 MByte DATA-Tank mit 20-GByte-Festplatte

Dragan Tasic arbeitet mit lichtstarken Zoomobjektiven. Zusammen mit einer hohen Empfindlichkeit von ISO 800 oder mehr sind Aufnahmen von Hand bei der vorhandenen Konzertbeleuchtung möglich. Das gute Rauschverhalten der Canon-Kameras kommt ihm da sehr entgegen. Auf den Einsatz eines Blitzlichts verzichtet Dragan. Meistens ist das Verwenden von Blitzgeräten bei Konzerten verboten. Zudem zerstört das harte Licht die Bildstimmung. Er setzt nur selten ein Stativ ein, weil er so zu wenig auf das Geschehen auf der Bühne eingehen kann.

Um gute Aufnahmen zu machen, braucht es neben der Ausrüstung auch einen guten Standort. Leider sind die Möglichkeiten oft durch die Veranstalter eingeschränkt. Fotografen werden nur kleine Bereiche zugewiesen. Frühzeitig vor Ort zu sein hilft oft, den besten Platz zu ergattern. Auch gute Kontakte zu Organisatoren sind hilfreich. Ganz entscheidend ist die Vorbereitung. Als ehemaliger Jazzmusiker

Ein perfekter Standort für eine stimmungsvolle Aufnahme, Fotograf: Dragan Tasic.

Den richtigen, ausdrucksstarken Moment erwischt, Fotograf: Dragan Tasic.

kennt Dragan die meisten Musiker und den Ablauf eines Konzerts. Er weiß genau, wann die entscheidenden Momente kommen. Er kann so die tiefen

Die brodelnde Stimmung im Saal ist spürbar, Fotograf: Dragan Tasic.

Volle Konzentration des Musikers, Fotograf: Dragan Tasic.

Eine geschickte Wahl des Ausschnitts verstärkt die Bildwirkung.

Gefühle und Gesten in seinen Bildern festhalten. Das Resultat ist eine Verdichtung der kreativen Höhepunkte der Künstler. Bei Übersichtsaufnahmen geht es Dragan Tasic in erster Linie um die Vermittlung der Stimmung auf der Bühne. Die Bilder müssen nicht perfekt gestaltet sein, sondern das Gefühl des Konzerts zeigen. Die Lichtstimmung im Saal unterstützt dabei den Bildeindruck. Durch einen richtigen Weißabgleich werden die Farben korrekt wiedergegeben.

Bei Detailaufnahmen zeigt Dragan Tasic die Gefühle und Emotionen der Musiker während des Konzerts. Er kennt aus seiner eigenen Erfahrung als Musiker die Gefühle auf der Bühne und spürt so rechtzeitig die entscheidenden Momente.

Ein ruhiges Format und ein enger Bildausschnitt reduzieren die störenden Elemente des Hintergrunds. Eine knappe Schärfentiefe führt zur starken Betonung des Gesichtsausdrucks. Die Persönlichkeit des Musikers kommt stark zum Ausdruck. Wenn alle Faktoren gut zusammenspielen und das Bild noch sehr gut gestaltet wird, entstehen Aufnahmen mit einer großen Kraft, die den Betrachter das Konzert miterleben lassen.

Hier stimmt alles: Technik, Bildgestaltung und Bildausdruck, Fotograf: Dragan Tasic.

TIPP **Stürzende Linien**

- Suchen Sie einen Aufnahmestandort, an dem Sie die Kamera möglichst waagerecht und senkrecht zum Motiv halten können.
- Arbeiten Sie mit Festbrennweiten, die weniger optische Bildfehler haben.
- Richten Sie die Bilder in Photoshop gerade aus und korrigieren Sie die Bildfehler.

18.6 Die Korrektur von optischen Fehlern in der Bildbearbeitung

Wenn es uns bei Architekturaufnahmen nicht möglich ist, die Kamera genau waagerecht und im rechten Winkel zum Motiv zu halten, entstehen stürzende Linien. Bei stark geneigter Kamera können diese als Gestaltungselement eingesetzt werden, dann müssen Sie sie auch nicht korrigieren.

Leicht stürzende Linien können aber in der Bildbearbeitung sehr einfach korrigiert werden. Mit Photoshop CS gehen Sie wie folgt vor:

1 Auswählen

Wählen Sie das ganze Bild mit *Auswahl/Alles auswählen* als Auswahl aus und aktivieren Sie anschließend den Befehl *Bearbeiten/Frei transformieren*.

2 Transformieren

Halten Sie nun die [Strg]-Taste gedrückt und ziehen Sie die Eckmarkierungen so auseinander, bis die waagerechten und/oder senkrechten Linien genau ausgerichtet sind. Dank der [Strg]-Taste wird jeweils nur eine Ecke verändert. Mit Hilfslinien können Sie sich die Arbeit erleichtern. Haben Sie alle notwendigen Korrekturen vorgenommen, schließen Sie mit einem Klick auf OK die Bearbeitung ab.

Das Bild aus Kapitel 4.3. - gerade gerichtet in Photoshop mit dem Befehl Frei transformieren.

Noch komfortabler geht es für Besitzer des Programms Photoshop CS3. Dort ist neu der Blendenkorrekturfilter eingebaut. Dieser erlaubt es, stürzende Linien, tonnen- und kissenförmige Verzeichnungen, Vignettierungen und chromatische Aberrationen zu beheben. Auch das Programm Nikon Capture NX erlaubt die schnelle Korrektur optischer Fehler bei RAW-Bildern. So können Sie Architekturaufnahmen fast so perfekt wie mit der Fachkamera machen.

Stürzende Linien als Gestaltungselement, Fotograf: Sebastian Kobel.

19

Natur und Landschaften, das klassische Thema

Natur- und Landschaftsaufnahmen haben uns Fotografen von Beginn an fasziniert. Landschaftsaufnahmen von überwältigenden Naturschönheiten ermöglichten uns das gedankliche Reisen in ferne Länder und führten zur Gründung von Nationalparks. Naturaufnahmen vermitteln uns eine Stimmung, ein Gefühl für die unberührte Natur. Auf welche Faktoren müssen Sie aber achten, wenn Sie mehr als nur Postkartensujets aufnehmen wollen? Wo liegt das Geheimnis eindrucksvoller und starker Natur- und Landschaftsaufnahmen?

Eine beeindruckende und sehr gut gestaltete Landschaftsaufnahme, Fotograf: Thomas J. Kiefer.

EXIF-Daten	
Brennweite	7 mm (Kleinbild 28 mm)
Belichtungszeit	1/1250 Sek.
Blendenwert	11
Empfindlichkeit	ISO 100

19.1 Landschaften beeindruckend in Szene setzen

Das Landschaftsbild von Thomas J. Kiefer zeigt die ganze Kraft und Faszination, die in guten Landschaftsbildern steckt. Er betont durch den tiefen Horizont die Weite des Himmels. Der Baum wirkt als Blickfang, und der dunkle Schatten führt zum Baum, der noch durch die perfekt platzierte Sonne zusätzlich betont und hervorgehoben wird. Dieses Bild beweist, dass die bewusste Abweichung von den Regeln des Goldenen Schnitts auch spannende Kompositionen erzeugen kann. Naturlandschaften haben die Fotografen schon immer fasziniert. Seit der Anfangszeit der Fotografie waren sie bevorzugte Themen. In der Kunst fristete die Landschaftsmalerei lange ein Schattendasein neben der Personendarstellung. Erst im 17. Jahrhundert entwickelte sie sich zu einer eigenständigen Kunstform.

Jeder kennt die großen Landschaftsfotografen wie Ansel Adams. Seine Bilder wirkten so stark, dass sie die Politik der USA nachhaltig beeinflusst haben und zur Schaffung von Nationalparks führten. Und das, obwohl die Abgeordneten nur Bilder davon gesehen hatten. Gute Landschaftsaufnahmen haben eine starke Wirkung auf den Betrachter. Sie vermit-

teln Stimmungen und Emotionen. Heute fotografieren Millionen von Amateurfotografen die Landschaften der bekannten touristischen Orte. Meistens sind sie aber vom Ergebnis enttäuscht, weil es den Postkarten ähnlich sieht, ohne die Qualität dieser Bilder zu erreichen. Was aber ist der Schlüssel zu einer guten und wirkungsvollen Landschaftsaufnahme, und wie vermeide ich Postkartenklischees?

Schlechtes Wetter bietet gute Chancen für beeindruckende Bilder, Fotograf: Gerhard Busch.

Zuerst müssen Sie sich die Zeit nehmen und die Stimmung der Landschaft erfassen. Diese ist stark abhängig von Tageszeit und Wetter. Strahlender Sonnenschein ist dabei meistens nicht die beste Voraussetzung für beeindruckende Bilder. Sie wirken langweilig und zu nahe an den bekannten Postkartenansichten. Schlechtes Wetter und spannende Wolkenformationen dagegen bieten viel mehr.

Eine Flusslandschaft im Tessin, Fotograf: Martin Zurmühle.

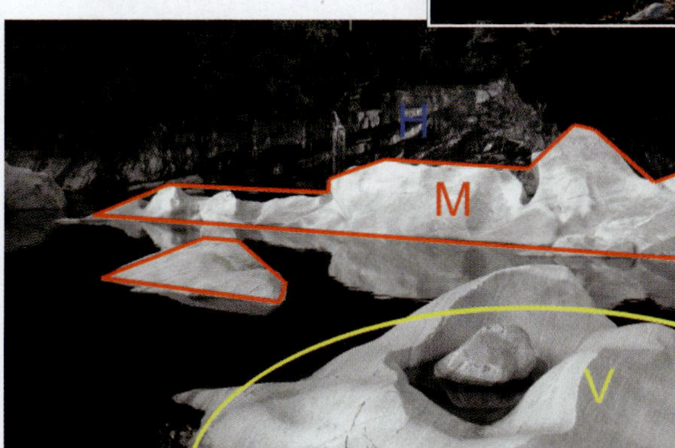

Klare Bildgestaltung mit Vordergrund, Mittelgrund und Hintergrund, Fotograf: Martin Zurmühle.

Achten Sie bei der Bildgestaltung auf die Lage des Horizonts. Ein hoher Horizont betont den Vordergrund, ein tiefer den Himmel. Wie Sie bereits in Kapitel 11.3 gesehen haben, besitzen klassische

Die s-förmige Linie des Weges gibt dem Bild Spannung und Tiefe, Fotograf: Martin Zurmühle.

Landschaftsaufnahmen eine klare Dreiteilung zwischen Vordergrund, Mittelgrund und Hintergrund. Suchen Sie in der Landschaft Linien und Formen, die Sie in die Bildgestaltung einbeziehen können. Sie geben so den Bildern mehr Tiefe und Wirkung.

Ein weiteres häufig gebrauchtes Gestaltungsmittel in der Landschaftsfotografie wie auch in der Landschaftsmalerei sind s-förmig ins Bild führende Linien.

Eine Landschaft wie aus den Träumen, Fotograf: Poli Moutevelidis.

Meistens sind es Wege oder Straßen. Die S-Form wirkt auf uns Betrachter immer sehr reizvoll.

Landschaftsaufnahmen sollen wirken und unsere Gefühle ansprechen. So vermittelt die Bergaufnahme von Poli Moutevelidis eine fast surreale Bildstimmung.

19.2 Die richtige Tageszeit entscheidet

Die Wahl der Tageszeit hat einen ganz entscheidenden Einfluss auf die Wirkung der Landschaftsaufnahme. Im Süden beginnt die attraktive Fotozeit eine Stunde vor bis ca. zwei Stunden nach Sonnenaufgang. Dann wird das Licht der Sonne zu stark und die Kontraste für den Sensor zu hoch. Zwei Stunden vor Sonnenuntergang ist das Licht wieder weich, die Kontraste sind flacher, und Sie können bis ca. eine Stunde nach Sonnenuntergang interessante Aufnahmen machen. Die unten stehende Aufnahme wurde bei Sonnenaufgang in Schweden gemacht.

EXIF-Daten	
Brennweite	11,4 mm (Kleinbild 45 mm)
Belichtungszeit	1/250 Sek.
Blendenwert	5.9
Empfindlichkeit	ISO 100

Eine sanfte und ruhige Morgenstimmung mit leichtem Nebel über dem See, Fotograf: Martin Zurmühle.

Die flachen Sonnenstrahlen reflektieren sich im feinen Morgennebel und geben dem Bild eine ganz weiche und verträumte Stimmung, die nur ein paar Minuten anhielt, bis die Sonne höher am Horizont stand und die Nebel auflöste. Neben der schönen Morgenstimmung wirkt das Bild auch durch die Bildgestaltung mit einem Dreieck, das eine Spannung in das sonst sehr ruhige Bild bringt.

In Norwegen kann auch am Mittag fotografiert werden, Fotograf: Martin Zurmühle.

Ein bedeckter Himmel wirkt wie eine große Softbox und macht das Licht weich. Dann können Sie auch am Mittag fotografieren. Im hohen Norden ist das Licht aufgrund des tiefen Sonnenstands praktisch den ganzen Tag lang interessant und genügend mild. Im Süden sind am Mittag bei klarem Himmel die Kontraste so hoch, sodass die Schatten völlig schwarz werden. Aufgrund der hohen Lichttemperatur wirken die Bilder dann auch bläulich kühl, und meistens verursacht die Hitze einen Dunstschleier.

TIPP **Landschaftsaufnahmen**

- Suchen Sie den wirkungsvollsten Aufnahmestandort.
- Wählen Sie eine geeignete Tageszeit mit dem richtigen Sonnenstand.
- Meiden Sie klare sonnige Tage und fotografieren Sie bei spannenden Wetterverhältnissen und Lichtsituationen.
- Beachten Sie die Bildgestaltung mit Vordergrund, Mittelgrund und Hintergrund.
- Suchen Sie grafische Elemente in der Landschaft und komponieren Sie damit Ihre Bilder.
- Fotografieren Sie nicht immer stehend, sondern mal von ganz tief (mit Betonung des Vordergrunds) oder von oben.

Vor Sonnenuntergang wird das Licht wieder sehr attraktiv. Wolken werden leicht rot gefärbt, und das Licht wird weich und mild. Die Schatten werden lang und scharf und können interessante Motive bilden. Diese Zeit vor Sonnenuntergang ist sicher die attraktivste Fotozeit, die Sie sich nicht entgehen lassen sollten.

Auch nach Sonnenuntergang haben Sie noch eine Stunde Zeit, das manchmal fantastische Licht zu genießen. Das Abendrot ist am Himmel noch vorhanden und färbt die Szene leicht rötlich ein, während die hohe Lichttemperatur eine kühle bläuliche Grundstimmung verursacht.

Schöne Abendstimmung mit tiefem Horizont und schönen Wolkenbildern auf den Lofoten kurz vor Sonnenuntergang, Fotograf: Martin Zurmühle.

Ein herrliches Licht nach Sonnenuntergang,
Fotograf: Martin Zurmühle.

Bei Natur- und Landschaftsaufnahmen können grafische Elemente und Menschen sehr gut integriert werden.

Gerade Menschen geben den Landschaften einen wichtigen Größenbezug. Und da nach Sonnenuntergang oft die Winde abflauen, können Sie noch ein paar sehr ruhige und sanfte Bilder im Dämmerlicht schießen.

Zur Beurteilung der richtigen Aufnahmezeit ist es wichtig zu wissen, wo zu welcher Tageszeit die Sonne steht. Haben Sie keinen Kompass zur Hand, gibt es einen einfachen Trick.

Die Sonne wandert bei uns im Tageslauf pro Stunde 15 Grad von Osten über Süden nach Westen. Schauen Sie zur Sonne hoch, dann wandert die Sonne immer nach rechts, entsprechend ändert sich auch die Schattenrichtung nach links.

Je flacher die Sonne am Horizont steht, desto länger werden die Schatten. Diese modellieren sehr schön die Landschaft und vermitteln einen starken, dreidimensionalen Eindruck.

Abendstimmung am See nach Sonnenuntergang, Fotograf: Martin Zurmühle.

TIPP **Südrichtung mit der Uhr**

Richten Sie den kleinen Zeiger der Uhr auf die Sonne. Für die nördliche Halbkugel gilt, dass die Mitte zwischen dem kleinen Zeiger und 12.00 Uhr (mit Sommerzeit 13.00 Uhr) nach Süden zeigt.

Die flach stehende Sonne modelliert die Felsen plastisch heraus, Fotograf: Martin Zurmühle.

Im Unterschied zum Studiolicht können Sie die Lage der Lichtquelle nicht verändern.

Mit Geduld und wachem Auge erkennen Sie aber frühzeitig, wann und wie das Licht am besten wirken wird.

TIPP **Aufnahmen zu verschiedenen Tageszeiten**

- Fotografieren Sie vor allem in den frühen Morgenstunden und am späten Nachmittag bis zum Einbruch der Nacht.
- Verwenden Sie die Mittagszeit zur Motivsuche.
- Gestalten Sie auch Landschaftsaufnahmen mit Licht und Schatten.
- Bedeckter Himmel und schlechtes Wetter bieten den ganzen Tag Möglichkeiten für tolle Aufnahmen.
- Beurteilen Sie immer den Sonnenstand zur gewünschten Tageszeit der Aufnahme.

19.3 Sonnenuntergänge effektvoll gestalten

Es ist gar nicht einfach, einen Sonnenuntergang effektvoll zu fotografieren. Das Thema ist sehr populär und mit Tausenden von Bildern schon ziemlich ausfotografiert. Trotzdem sind gute Aufnahmen immer schön und wirken auf uns sehr emotionell. Eine rote Sonne reicht noch nicht für eine wirkungsvolle Aufnahme. Sie benötigen dazu einen interessanten Vordergrund. Thomas J. Kiefer beweist, dass durch einen ungewöhnlichen Vordergrund auch überraschende Sonnenuntergangsbilder entstehen. Das Korn hebt sich der großen Kontraste wegen sehr schön vom Himmel ab (Bild auf der nächsten Seite oben).

Den gleichen Grundsatz verwendet auch Gerhard Busch bei seiner Aufnahme des Abendrots mit den Kamelen im Vordergrund. Besonders stark wirkt das

Ein Sonnenuntergang mal ganz anders fotografiert, Fotograf: Thomas J. Kiefer.

Bild, weil der Kopf eines Kamels direkt in der Sonnenscheibe steht. Dadurch verbinden sich die Sonne und der Vordergrund. Der tief liegende Horizont mit den silhouettenhaften Kamelen betont den roten Himmel. Falls Sie direkt in die Sonne fotografieren, besteht die Gefahr, dass die Sensoren aufgrund der extrem hohen Kontraste zwischen der Sonne und der Umgebung zu stark gereizt werden. Das kann zu kreisförmigen und abgestuften Überstrahlungskreisen rund um die Sonne führen, die im Bild unschön wirken. Achten Sie darauf, dass die Aufnahme nicht überbelichtet wird. Sonst müssen Sie mit

Eine Abendszene in der Wüste mit schöner Bildgestaltung, Fotograf: Gerhard Busch.

Die linke Aufnahme zeigt eine Überstrahlung, weil die Belichtung zu hoch war, rechts sind die Übergänge besser, weil die Belichtung richtig war.

starken Überstrahlungen rechnen. Eine leicht unterbelichtete Aufnahme kann in der Bildbearbeitung noch angepasst werden. Warten Sie, bis die Sonne ganz knapp über dem Horizont steht. Dann sind die Kontraste und die Gefahr der Überstrahlung am geringsten. Es ist aber nicht immer nötig, die Sonne zu zeigen. Mit einer geschickten Wahl des Aufnahmestandorts können Sie die Sonnenscheibe auch abdecken und trotzdem eine effektvolle Sonnenuntergangsaufnahme machen. Dann haben Sie auch kein Überstrahlungsrisiko. Die Ermittlung der korrekten Belichtung ist nicht einfach. Moderne Kameras sind heute aber in der Lage, den Einfluss der überhellen Sonne zu erkennen und eine korrekte Belichtung zu ermitteln. Sie können auch mit der Spoteinstellung den Himmel etwa 30 Grad seitlich der Sonne anmessen. Dieser Wert liefert schon eine gute Annäherung. Ich empfehle Ihnen, bei Sonnenuntergängen immer eine Belichtungsreihe mit mehreren Aufnahmen und unterschiedlichen Einstellungen zu machen. Die Sonne hat bei Sonnenuntergang eine Lichttemperatur von ca. 3.200 Kelvin. Trotzdem ist es meistens besser, mit der Einstellung Tageslicht (5.200 Kelvin) zu arbeiten. Dadurch wird die Rottönung noch verstärkt, und die Bilder wirken effektvoller als bei einer neutraleren Wiedergabe. In der analogen Zeit wurden die Sonnenuntergänge immer mit Tageslichtfilmen aufgenommen, und wir erwarten deshalb auch diese Farben im Bild.

TIPP **Sonnenuntergänge**

- Suchen Sie für die Aufnahme einen geeigneten Vordergrund. Nur die Sonne allein wirkt zu wenig interessant.
- Die automatische Mehrfeld-Belichtungsmessung liefert meistens ganz gute Werte. Sie können aber auch den Himmel seitlich der Sonne mit der Spotmessung anmessen und erhalten ebenfalls eine gute Näherung.
- Eine Belichtungsreihe mit Sprüngen von einer Blende nach oben und unten ist aber immer empfehlenswert.
- Lassen die den Weißabgleich auf Automatik oder Tageslicht, weil so das Rot besser wirkt.

Eine grafisch sehr schön gestaltete Aufnahme mit abgedeckter Sonne, Fotograf: Gerhard Busch.

Eine Detailaufnahme, die die Morgenstimmung nach einer kalten Nacht ausdrückt, Fotograf: Thomas J. Kiefer.

19.4 Das Auge für Details bei Naturaufnahmen

Landschafts- und Naturaufnahmen liegen natürlich nahe beisammen. Landschaftsaufnahmen zeigen meistens einen Überblick. Naturaufnahmen wollen hingegen die spezielle Stimmung der unberührten Natur vermitteln.

Die sehr schöne Aufnahme von Thomas J. Kiefer der noch taubedeckten Blumen wirkt durch die Emotionen und Erinnerungen, die es beim Betrachter auslöst. Die Stimmung des Moments wird greifbar. Die Bildwirkung wird verstärkt durch die Unschärfe im Hintergrund mit den farbigen Bokeh-Kreisen. Bei Naturaufnahmen genügt es, auch nur ein Detail zu zeigen, um so die gewünschte Wirkung zu erzielen. So weist die Blattaufnahme von Gerhard Busch mit den starken Gelb- und Rottönen auf den Indian Sum-

Ein Symbol für Kanada und eine Erinnerung an den Indian Summer, Fotograf: Gerhard Busch.

Morgennebel im Gegenlicht im Wald, Fotograf: Gerhard Busch.

mer in Kanada. Gleichzeitig ist es ein Symbol für Kanada, das auch im Wappen gezeigt wird.

Wie können Sie das Gefühl zeigen, das Sie an einem Herbstmorgen im Wald erleben? Sie spüren die kühle Luft, Sie sehen den feinen Nebel, Sie hören die Vögel singen.

Ein Bild kann nicht alle diese Eindrücke wiedergeben, aber mit einer geschickten Wahl des Ausschnitts und dem Einbezug des Lichts können diese Empfindungen in uns geweckt werden. Über unsere Erinnerung können Bilder so mehr Sinne ansprechen als nur unsere Augen. Die Aufnahmestandorte der folgenden beiden Bilder lagen nur 100 m voneinander entfernt. Die erste Aufnahme vermittelt den Eindruck ei-

Eine feuchte Küstenlandschaft auf den Lofoten, Fotograf: Martin Zurmühle.

ner feuchten Gegend mit vielen Farnen und Moosen. Die zweite Aufnahme zeigt einen Küstenfelsen. Die feindliche, harte Umwelt erlaubt nur das Wachstum von Flechten.

Die Aufnahme könnte so auch hoch in den Bergen gemacht worden sein.

Das Bild wirkt vor allem durch den Gegensatz zwischen dem warmen Orange der Flechten und dem kühlen Grau der Felsen.

Mit der Wahl des Ausschnitts entscheiden Sie über die Wirkung des Bildes auf den Betrachter.

Wenn Sie mehr über digitale Landschaftsfotografie wissen möchten, sei Ihnen das Buch von Jörg Hauke mit dem Titel „Das Geheimnis beeindruckender Landschafts-Fotos" von DATA BECKER (ISBN 978-3-8158-2614-0, 19,95 Euro) empfohlen.

Küstenfelsen mit farbigen Flechten, Fotograf: Martin Zurmühle.

20

Fotografieren auf Reisen

Ferienzeit heißt Reisezeit, und auf Reisen haben Sie die besten Gelegenheiten zum Fotografieren. Wenn Sie aber mehr als nur Ferienerinnerungen und Postkartenbilder als Souvenirs mitnehmen möchten, müssen Sie sich mit Land und Leuten auseinander setzen. Spannende Bezüge und ungewohnte Perspektiven machen Ihre Ferienbilder interessant. Und wenn Sie mit einem wachen Auge auch auf die kleinen Details achten, nehmen Sie ganz spezielle Bilder mit nach Hause.

Ein perfektes Einstiegsfoto für ein Reiseportfolio über Kanada, Fotograf: Gerhard Busch.

20.1 Ferien sind zum Fotografieren da

Die Ferienzeit ist ideal zum Fotografieren. Sie haben genügend Zeit und Muße. Sie können landschaftlich, architektonisch oder städtebaulich interessante Orte besuchen. Sie können an Festen teilnehmen und farbenfrohe Märkte besuchen und geduldig auf das richtige Licht warten. Aber was sollen Sie tun, wenn Sie nicht nur typische Ferienbilder mit nach Hause nehmen wollen? Und welche Ausrüstung brauchen Sie, um den verschiedenen Herausforderungen gewachsen zu sein und trotzdem nicht zu viel Gewicht tragen zu müssen? Schauen wir doch mal, wie der erfahrene (und mehrfach ausgezeichnete) deutsche Fotograf Gerhard Busch nach Kanada gereist ist und was die junge Schweizer Fotografin Eliane Zwimpfer in Schottland fotografiert hat.

20.2 Vorbereitung und Ausrüstung

In Kapitel 10.6 habe ich Ihnen meine Kameraausrüstung vorgestellt. Auf meinen Fotoreisen hat sich diese sehr gut bewährt. Nur selten konnte ich damit eine fotografische Aufgabe nicht lösen. Bezahlen muss ich diese Möglichkeiten mit dem doch relativ hohen Gewicht der Tasche. Eliane Zwimpfer trägt auf Reisen einen Kamerarucksack. Dieser enthält folgende Ausrüstung:

Kamera	Canon EOS D10
Objektive	Canon EF 28-135mm 3.5-5.6 IS USM Canon EF 50mm 1.8 II Sigma EX 15-30mm F 3,5-4,5 DG AF
Zubehör	CompactFlash-Speicherkarten 1 x 2 GByte und 2 x 512 MByte Leichtes Dreibeinstativ mit Fernauslöser Polfilter Notebook

Eliane hat den Kamerarucksack auf all ihren Reisen immer dabei. Ihr Freund kann das manchmal nicht verstehen, aber sie möchte sich keine gute Bildgelegenheit entgehen lassen. Erfahrungsgemäß sieht man immer die besten Motive, wenn man gerade die Kamera nicht zur Hand hat. Gerhard Busch reist ebenfalls sehr gern und besucht spannende Orte auf der ganzen Welt. Er nimmt eine leichte und kompakte Kameratasche mit folgender Ausrüstung mit:

Kamera	Nikon D100
Objektive	Tamron XR 28-70mm/1:2.8 Makro AF Nikkor 12-24mm/1:4
Zubehör	CompactFlash-Speicherkarten 1 x 512 MByte, 1 x 256 MByte und ein Microdrive 2 GByte Mobile Festplatte 20/40 GByte GIGA mini von JOBO

Natürlich dürfen jeweils auch das Ladegerät für den Kamera-Akku und ein Adapter für die Steckdosen im Ausland nicht fehlen.

Sie sehen, es braucht keine große und schwere Ausrüstung, um hervorragende Bilder zu machen. Entscheidend für die Qualität der Bilder sind und bleiben das Auge und das Können des Fotografen.

Neben der Ausrüstung hilft das Studium der Reiseführer, gute Fotomotive in die Reiseplanung zu integrieren. Die Bilder in schönen Reisebüchern können da gute Hinweise geben. Nicht überall ist das Fotografieren erlaubt, und nicht in allen Ländern sind die Menschen gleich offen gegenüber Fotografen. Gute Reiseführer geben dazu Auskunft.

20.3 Motive suchen und finden

Motive gibt es überall. Wir müssen sie nur sehen! Leider haben es die findigen Techniker der digitalen Wunderwerke noch nicht geschafft, eine Motiv-

EXIF-Daten	
Brennweite	20 mm
Belichtungszeit	1/200 Sek.
Blendenwert	10
Empfindlichkeit	ISO 100

▲ *Ein bekanntes Motiv erhält durch den Einbezug der Bank mit den Besuchern eine zum Ambiente passende ruhige Stimmung, Fotografin: Eliane Zwimpfer.*

klingel bei den Kameras einzubauen. Das wäre ein Kassenschlager! So bleibt Ihnen als Fotograf die Aufgabe, selbst mit offenen Augen durch die Welt zu gehen und geeignete Motive zu finden.

Ich zeige Ihnen ein paar Bilder der Schottlandreise von Eliane Zwimpfer. Mit ihrem fotografischen Auge fotografierte sie bekannte und weniger bekannte Motive. Beim Bild mit dem schottischen Schloss (siehe Bild auf der vorherigen Seite) gab sie durch den Einsatz eines starken Weitwinkelobjektivs und den Einbezug der Parkbank dem Bild eine große Tiefenwirkung. Die weite Fläche des Rasens kommt so sehr gut zur Geltung. Die gemütlich auf der Bank sitzenden Besucher geben dem Bild die zum Schloss passende ruhige Atmosphäre. Das 20-mm-Weitwinkelobjektiv bei Blende 10 hat eine genügende Schärfentiefe, um die ganze Szene von der Parkbank bis zum Schloss scharf abzubilden.

Das Motiv mit der modernen Brücke und dem alten Leuchtturm ist sehr ungewöhnlich, und die wenigsten Fotografen hätten die Möglichkeiten, die in dieser Kombination liegen, sofort erkannt. Ein spannendes Gegenüber von Modern und Alt. Geschickt rahmt Eliane den Leuchtturm mit der Brücke ein, die selbst eine schöne geschwungene Form hat. Ein auf den ersten Blick unscheinbares Motiv erhält durch den geschickten Bildaufbau viel Kraft und Spannung.

Im Gegensatz dazu ist die Möwe ein tausendfach fotografiertes Motiv. Und trotzdem gelingt Eliane Zwimpfer eine gute Aufnahme. Die diagonale Flügelhaltung steht im Gegensatz zur ruhigen Form der Straßenlampe. Der blaue Himmel direkt hinter der Möwe hebt das weiße Gefieder hervor. Das letzte Bild zeigt eine sehr schön gestaltete Strandszene. Der Horizont liegt sehr hoch und betont so die schönen Felsen im Vordergrund. Der diagonale große Fels teilt das Bild in zwei Hälften, die ähnliche Dreiecke bilden. Und wieder einmal zeigt sich auch hier, dass ein bedeckter Himmel die Farben sehr schön zum Leuchten bringen kann.

Möwen, ein beliebtes Motiv am Meer, Fotografin: Eliane Zwimpfer.

Eine moderne Straße als Kontrast zum alten Leuchtturm, Fotografin: Eliane Zwimpfer.

Eine Strandstimmung mit moosbewachsenen Felsen, Fotografin: Eliane Zwimpfer.

20.4 Mit Bildern Geschichten erzählen

Gerhard Busch erzählt mit seinen Bildern viel über seine Reiseorte. Durch den Einbezug eines spannenden Motivs im Vordergrund, der Kanadafahne als Ortsbezug im Mittelgrund und die im Goldenen Schnitt platzierte Kirche im Hintergrund erhält sein Bild viel räumliche Tiefe und lässt die Augen des Betrachters wandern. Diese Aufnahme ist viel interessanter als nur ein Bild der Kirche. Suchen Sie auf Reisen solche Vordergrundmotive und integrieren Sie diese in die Bildgestaltung.

Präzise Bildgestaltung mit dem Goldenen Schnitt.

Ein Spiel mit Vordergrund, Mittelgrund und Hintergrund sowie Symbolen zum Ort, Fotograf: Gerhard Busch.

Gerhard Busch sucht oft nach spannenden Gegenüberstellungen. Beim folgenden Bild treten die Statue des fischenden Bärs und die historische Gebäudefassade in einen Dialog miteinander. Der Betrachter erkennt sofort, dass es sich um ein Bild aus Kanada handeln muss.

Der Fischende Bär und das historische Gebäude im Dialog, Fotograf: Gerhard Busch.

Ein starkes Weitwinkel schafft Nähe zum Motiv, Fotograf: Gerhard Busch.

Mit Geduld und offenen Augen können Sie solche spannenden Dialoge überall finden.

Diese Bilder erzählen mehr über das Land und sind erfrischender zum Anschauen. Gehen Sie mit einem Weitwinkel nahe ans Geschehen heran.

Dadurch wird der Betrachter ins Bild gezogen, so wie beim Polizeibild von Gerhard Busch. Und vergessen Sie nicht, zwischendurch die Kamera auch mal ganz steil nach oben oder unten zu halten. Sie werden ganz neue Aspekte Ihrer Umgebung erkennen.

Ein Baum sieht steil nach oben fotografiert sehr eindrucksvoll aus, Fotograf: Gerhard Busch.

Und denken Sie bei all Ihren Aufnahmen immer daran, dass gut gestaltete Bilder eine viel stärkere Wirkung auf den Betrachter haben als ungestaltete Aufnahmen. Bei Gerhard Busch spürt man bei jedem Bild seinen Gestaltungswillen. So findet er auch im Museum einen spannenden Blickwinkel, der ein schönes Motiv sehr dynamisch und wirkungsvoll zeigt.

Ein Spiel mit Linien und Formen zu einem schönen Motiv, Fotograf: Gerhard Busch.

20.5 Suchen Sie interessante Ausschnitte

Einer der häufigsten Fehler bei Reiseaufnahmen ist es, dass wir alles zeigen wollen.

Aber die vielen Weitwinkel-Übersichtsaufnahmen langweilen schnell. Die Betrachter sind mit den vielen Details dieser Bilder überfordert.

Suchen Sie Details und Ausschnitte, die viel über den Ort aussagen, ohne alles zu zeigen. Lassen Sie dem Betrachter den Freiraum für eigene Gedanken. Vermitteln Sie mit solchen Details aber die Stimmung, die auf der Reise geherrscht hat.

Das Bild von Eliane Zwimpfer mit den Schuhen, den Socken und dem Rockansatz zeigt eigentlich nicht viel. Und trotzdem weiß jeder Betrachter sofort, dass der Träger ein Schotte ist. Sofort wird auch eine entsprechende Stimmung vermittelt, und wir hören den Dudelsack pfeifen und sehen die Nebel über die Moore ziehen.

Nebenbei bemerkt, ist auch dieses Bild gekonnt gestaltet. Die Beine sind nicht im Zentrum, sondern im Goldenen Schnitt. Die Unschärfe des Bodens im Hintergrund betont die Beine, und in Schrittrichtung gibt es genügend Platz. Ein weiterer Beleg dafür, dass eine gute Bildgestaltung die Wirkung auf den Betrachter verstärkt.

Nur ein Detailausschnitt, und doch verrät er viel über Land und Leute, Fotografin: Eliane Zwimpfer.

Ein Panorama gibt einen guten Eindruck der Weite der Landschaft, Fotografin: Eliane Zwimpfer.

20.6 Ein Panorama zeigt die Übersicht

Mit Panoramaaufnahmen können Sie ein Reiseportfolio abrunden. Dafür benötigen Sie keine Panoramakamera mehr. Sie können die Aufnahmen in der Bildbearbeitung zusammenbauen. Wie es geht, erfahren Sie in Kapitel 22.2. Je genauer Sie arbeiten, desto einfacher geht später auch der Zusammenbau in der Bildbearbeitung. Das Schottlandpanorama von Eliane Zwimpfer wurde aus vier sich überlappenden Aufnahmen zusammengebaut. Die Kamera sollte dabei möglichst horizontal ausgerichtet sein. Ein Stativ mit Wasserwaage ist dabei sehr hilfreich.

Anschließend hat Eliane die Bilder mit der Gratissoftware PhotoStitch von Canon am PC zusammengebaut. Am genauesten geht es natürlich mit speziellen Panoramastativen. Diese sind aber ziemlich schwer und unhandlich. So müssen Sie auf Reisen etwas improvisieren. Die Resultate überzeugen aber trotzdem.

TIPP **Panoramaaufnahmen**

- Schalten Sie die Kameraautomatik aus und fotografieren Sie mit manueller Belichtungssteuerung.
- Ermitteln Sie eine Belichtungskombination, die über die ganze Breite des Panoramas eine richtige Belichtung ergibt.
- Arbeiten Sie ab Stativ und halten Sie die Kamera genau waagerecht.
- Überlappen Sie die Aufnahmen genügend, damit die Bildbearbeitung beim Zusammenbau die Anschlusspunkte finden kann.
- In Photoshop CS3 können Sie die Bilder automatisch zusammenbauen lassen mit dem Befehl *Datei/Automatisieren/Photomerge*.
- Je genauer Sie arbeiten, desto einfacher und exakter findet Photomerge die Anschlüsse.

20.7 Fremde Menschen auf Reisen fotografieren

Vor allem in exotischen Ländern sind Menschen sehr beliebte Motive. Ihre einfachen, traditionellen Kleider und die ausdrucksstarken Gesichter sind sehr fotogen. Viele Wettbewerbspreise wurden schon an solche Bilder vergeben.

Trotzdem sollten Sie beim Fotografieren in fremden Ländern Rücksicht auf die Befindlichkeit der Menschen nehmen. Nicht alle möchten fotografiert werden. In gewissen Religionen ist es sogar verpönt, sich fotografieren zu lassen. Wenn Sie merken, dass Sie als Fotograf nicht willkommen sind, verzichten Sie auf die Aufnahme.

Fragen Sie die Menschen, die Sie fotografieren möchten, zuerst, ob sie damit einverstanden sind. Mit etwas Geduld und Einfühlungsvermögen werden Sie meistens die Bewilligung erhalten.

Es gibt auch geschäftstüchtige Leute, die sich für Geld fotografieren lassen. Sie tragen dann schon die Kleider, die die Touristen erwarten, und stellen sich gekonnt in Pose. Leider entstehen so keine guten Bilder, weil alles zu gestellt wirkt. Immer gute Motive bieten Kinder. Diese legen schnell ihre Scheu vor dem Fremden ab und agieren dann ganz unbekümmert.

TIPP Fotografieren von Menschen

- Fragen Sie immer um Erlaubnis, bevor Sie eine Porträtaufnahme von fremden Menschen machen.
- Akzeptieren Sie den Willen der Menschen.
- Nehmen Sie sich Zeit und zeigen Sie die ersten Bilder den Fotografierten am Display.
- Fotografieren Sie viel, denn nach einigen Bildern werden die Menschen lockerer und entspannter.

In China bin ich an Sonntagen an bekannte Ausflugsorte der Einheimischen gegangen. Weil sich dann auch die Chinesen gegenseitig fotografieren, darf der Tourist ebenfalls mitmachen, und die Chinesen sind stolz, wenn man sie und ihre Kinder in der Sonntagstracht fotografiert. Die Aufnahme mit der jungen balinesischen Tänzerin habe ich mit einem 300-mm-Teleobjektiv gemacht. Die Tänzerinnen übten jeden Abend in einer Tanzschule. Der Übungsort war öffentlich zugänglich, und so hatte ich sehr viel Zeit, eine schöne und ausdrucksstarke Pose einzufangen. Und da die Tanzaufführungen öffentlich sind, waren alle mit den Fotoaufnahmen einverstanden.

Eine ausdrucksstarke Tänzerin auf Bali, Fotograf: Martin Zurmühle.

20.8 Gute Vorbereitung ist die halbe Miete

Mit offenen Augen die fremden Länder zu betrachten und gute Motive zu entdecken ist eine gute Basis für tolle Aufnahmen. Sie können Ihre Chancen mit einer guten Reisevorbereitung noch verstärken.

Bei meiner letzten Andalusienreise wollte ich unbedingt Aufnahmen in der Alhambra von Granada machen. Besonders der Innenhof mit dem Löwenbrunnen reizte mich sehr, weil ich als Kind die Kopie davon im Spiegelsaal des Gletschergartens von Luzern bewundert habe.

Nur leider ist die Alhambra das am meisten besuchte Museum der Welt, und Tausende von Touristen besuchen täglich diese Räume.

Im Internet habe ich entdeckt, dass der schönste Teil mit dem Brunnen in den Nasridischen Palästen liegt. Dieser ist mit separaten Tickets zugänglich. Die Besucher werden dort nur gruppenweise eingelassen. Ich habe sofort per Internet Tickets für die erste Gruppe am Morgen reserviert. Ich spekulierte darauf, dass so früh noch keine Gruppenreisenden vor Ort sein würden.

EXIF-Daten	
Brennweite	25 mm
Belichtungszeit	1/100 Sek.
Blendenwert	5
Empfindlichkeit	ISO 200

Der Palast mit dem Löwenbrunnen im Morgenlicht, Fotograf: Martin Zurmühle.

Die Alhambra vor den Bergen der Sierra Nevada, Fotograf: Martin Zurmühle.

EXIF-Daten	
Brennweite	66 mm
Belichtungszeit	1/160 Sek.
Blendenwert	6.3
Empfindlichkeit	ISO 200

Meine Spekulation ist geglückt. Ich war mit meiner Frau bei der ersten noch kleinen Gruppe dabei und hatte 15 Minuten Zeit, bei herrlichem Morgenlicht meine Bilder zu machen. Dann kamen die nächsten Gruppen und füllten die Räume.

Im Führer von Granada las ich, dass es bei einer Kirche auf dem Hügel vis-a-vis einen sehr schönen Aussichtspunkt auf die Alhambra gibt.

Wir gingen zwei Stunden vor Sonnenuntergang dort hin und hatten genügend Zeit, auf das perfekte Licht zu warten.

Die Schneekuppen der höchsten Bergen von Spanien bildeten einen herrlichen Rahmen für den Hügelzug mit den arabischen Bauten der Alhambra, und unsere Vorbereitungen und unsere Geduld wurden mit schönen Aufnahmen belohnt.

Die Aufnahmen wurden ab Stativ gemacht. Durch den Einsatz des Polfilters wurde der Himmel leicht abgedunkelt, um den Schnee der hohen Berge zu betonen. Ich machte mehrere Aufnahmen im Abstand von einigen Minuten, um die optimale Lichtstimmung der sinkenden Sonne zu erwischen.

Nach Sonnenuntergang in den blauen Stunden gelang dann noch zum Abschluss des schönen Tages eine Silhouettenaufnahme mit der Festungsmauer der Alhambra.

Starke Kontraste nach Sonnenuntergang mit dem letzten Tageslicht, Fotograf: Martin Zurmühle.

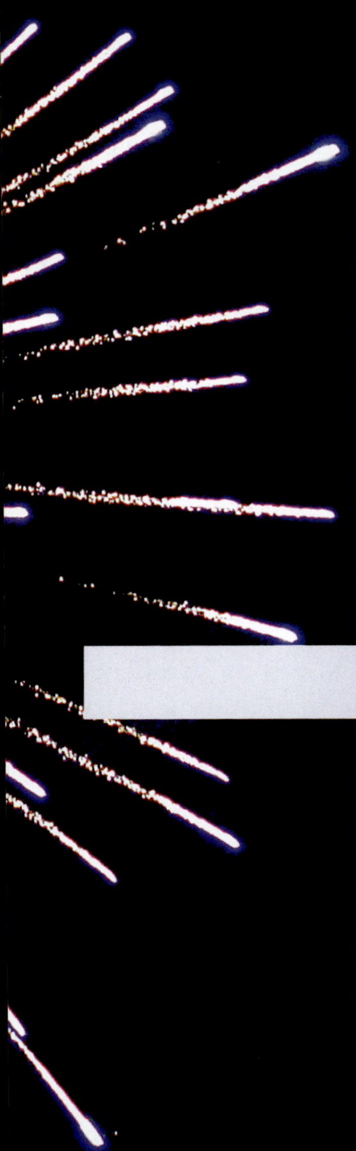

21

Aufnahmen in der Dämmerung und bei Nacht

Dämmerungs- und Nachtaufnahmen fristen leider ein Schattendasein bei vielen Fotografen. Aber gerade die blauen Stunden bieten viele spannende Lichtsituationen für Bilder weit weg von der Postkartenidylle. Und bei Nacht geben die Lichter der Gebäude und Straßenlampen eine geheimnisvolle Stimmung, die gut zu verschiedenen Motiven passt. Mit ein paar Tricks und dem Kameradisplay können Sie auch Feuerwerke und den Mond aufnehmen oder mit dem Licht von Fahrzeugen malen.

Eine beeindruckende Aufnahme bei Einbruch der Nacht an einem der meistfotografierten Orte der Welt, den Niagarafällen, Fotograf: Gerhard Busch.

EXIF-Daten	
Brennweite	28 mm
Belichtungszeit	4,5 Sek.
Blendenwert	2.8
Empfindlichkeit	ISO 200

21.1 Nutzen Sie das Licht der eindunkelnden Nacht

Die blauen Stunden nach Sonnenuntergang bis zum Eindunkeln der Nacht und vor Sonnenaufgang bieten ein fantastisches Licht für spezielle Aufnahmen. Das Bild von Gerhard Busch beweist, dass Sie mit einem geschickten Einsatz des Lichts auch an bekannten Orten wie den Niagarafällen außergewöhnliche Aufnahmen machen können. Die Zeit zwischen Sonnenuntergang und Nacht erlaubt es Ihnen, Motive in einem ganz anderen Licht zu zeigen. Die Resultate sind dann weit weg von der bekannten Postkartenidylle. Nutzen Sie diese Möglichkeit aus.

21.2 Mischlichtsituationen beim Übergang vom Tag zur Nacht

Die Dauer der Zeit zwischen Sonnenuntergang und Nacht ist abhängig von der Jahreszeit und der geografischen Lage. Im Süden dauert es nur wenige Minuten, im Norden oft Stunden bis zur vollständigen Dunkelheit. Bei der Aufnahme der Stadt am Fluss in Kanada (siehe Bild auf der nächsten Seite oben) hellt das Restlicht des Tages noch Himmel und Horizont auf, während bei den Häusern schon die Beleuchtung eingeschaltet wurde. So entsteht eine spannende Mischlichtsituation. Ganz oben leuchten schon die Sterne im kaltblauen Himmel, während im Vordergrund die Straßenlaternen alles in ein warmes gelbes Licht tauchen. Der Horizont liegt unten im Bereich des Goldenen Schnitts und betont so die Weite des Himmels.

Während der blauen Stunden ändert sich die Lichtsituation von Minute zu Minute. Je näher die Nacht kommt, desto länger wird die Belichtungszeit.

Eine Mischlichtsituation zwischen Tag und Nacht in Kanada, Fotograf: Gerhard Busch.

EXIF-Daten	
Brennweite	12 mm
Belichtungszeit	2 Sek.
Blendenwert	4
Empfindlichkeit	ISO 200

Mit großen Blendenöffnungen lichtstarker Objektive und hohen ISO-Werten können Sie recht lange noch von Hand fotografieren.

Die Stimmung zwischen Tag und Nacht passt sehr gut zur Inszenierung mit Model Irene (nebenstehendes Bild). Das warme Licht der Straßenlaterne beleuchtet ihr Gesicht, der unbekannte Mann im Hin-

EXIF-Daten	
Brennweite	50 mm
Belichtungszeit	1/80 Sek.
Blendenwert	2
Empfindlichkeit	ISO 800

Eine spannende Aufnahme zwischen Tag und Nacht, Model Irene, Fotograf: Martin Zurmühle.

tergrund wird im kalten Licht der eindunkelnden Nacht gezeigt. Die Unschärfe lässt der Fantasie genügend Raum. Um die Bildstimmung zu erhalten und noch aus der Hand fotografieren zu können, habe ich mit Zeitautomatik gearbeitet und eine feste Belichtungskorrektur von -1.5 Blenden eingestellt. Trotzdem musste ich die Empfindlichkeit auf ISO 800 stellen, um bei so wenig Licht bei Blende 2 eine kurze Belichtungszeit von 1/80 Sekunde zu erhalten.

21.3 Nachtaufnahmen professionell gestalten

Aufnahmen bei völliger Dunkelheit leben vom Licht des Mondes und der Sterne oder von künstlichen Lichtquellen. Die Aufnahme des Zuges von Sebastian Kobel beeindruckt durch das schöne Farbenspiel zwischen dem hellgrünen Zug und den grünen, roten und gelben Signalen. Aufgrund der Neonbeleuchtung ist die ganze Szene in einen Grünton getaucht. Die Eingangshalle des Bahnhofs ist sehr hell beleuchtet, was zu einer starken Überbelichtung führt, die hier aber sehr gut zur Bildstimmung passt. Solche Aufnahmen sind natürlich nur mit Stativ und Langzeitbelichtung möglich.

EXIF-Daten	
Brennweite	48,5 mm
Belichtungszeit	2,5 Sek.
Blendenwert	2.5
Empfindlichkeit	ISO 100

Eine Aufnahme bei völliger Dunkelheit lebt vom Kunstlicht und der Bildstimmung, Fotograf: Sebastian Kobel.

Das Rauschen im Bild bleibt aufgrund der tiefen Empfindlichkeit im Rahmen. Wegen der kleinen Schärfentiefe muss genau fokussiert werden. Mit einer Doppelaufnahme mit unterschiedlichen Belichtungszeiten (wie in Kapitel 13.4 beschrieben) hätte auch die Überstrahlung der Wartehalle in der Bildbearbeitung korrigiert werden können. Bei Aufnahmen mit künstlichen Lichtquellen bewirken die unterschiedlichen Temperaturen der verschiedenen Lichtquellen unterschiedliche Farben. Wenn Sie an der Kamera den Weißabgleich auf Tageslicht (5.200 Kelvin) stellen, wirken sich die Lichttemperaturen wie folgt aus:

Quelle	**Temperarur**	**Farbe**
Kerze	1.500 Kelvin	Rotgelb
Glühlampe 100 W	2.800 Kelvin	Gelb
Halogenlampe Leuchtstoffröhre (Warmweiß)	3.000 Kelvin	Gelbgrün
Fotolampe Halogenglühlampe	3.400 Kelvin	Gelbgrün
Leuchtstoffröhre (Kaltweiß)	4.000 Kelvin	Weißgrün
Elektronenblitzgerät	4.900–5.400 Kelvin	Weiß

Bei Nachtaufnahmen müssen Sie deshalb die unterschiedlichen Farbwirkungen berücksichtigen. Arbeiten Sie im RAW-Format, können Sie im RAW-Konverter die Wirkung bei verschiedenen Einstellungen des Weißabgleichs austesten. Weil nur das künstliche Licht und die reflektierten Bereiche wirken, ist es bei der Gestaltung der Bilder wichtig, die Lichtquellen wirkungsvoll zu integrieren.

Meistens sind die Bildkontraste zu hoch für den Sensor. Die Lichtquellen werden überstrahlt wiedergegeben, die nur angeschienenen Bereiche eher unterbelichtet. Die Belichtungsmessung ist schwierig. Auch ein Handbelichtungsmesser kann nur einen Richtwert geben. Hier, wie bei vielen schwierigen Verhältnissen, hilft Ihnen das Histogramm der Kamera.

Natürlich werden Sie dort Bereiche mit Überbelichtung haben, aber Sie können auch die Verteilung der Mittelwerte beurteilen.

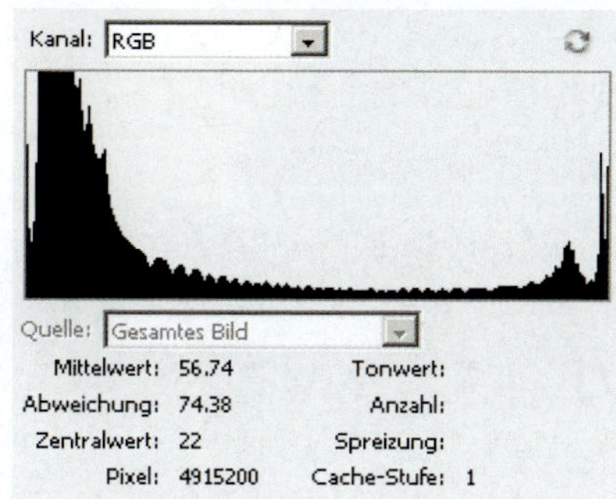

Histogramm der Aufnahme mit dem Zug.

Zusätzlich zum Histogramm sollten Sie auch hier eine Belichtungsreihe mit Abweichungen von ±1 Blende machen, um die richtige Belichtung zu treffen. Die Nacht bietet viele spannende Motive, die leider von viel zu wenigen Fotografen erkannt werden. Nehmen Sie also Kamera und Stativ mit und experimentieren Sie mit den besonderen Lichtverhältnissen bei Dunkelheit.

Eine spannende Aufnahme in der Nacht mit Kontrastreduktion durch Mehrfachbelichtungen, Fotograf: Poli Moutevelidis.

Malen mit Licht in der Nacht auf einer Kirmes, Fotograf: Martin Zurmühle.

EXIF-Daten	
Brennweite	28 mm
Belichtungszeit	1/3 Sek.
Blendenwert	5.6
Empfindlichkeit	ISO 100

21.4 Langzeitbelichtungen für spezielle Lichteffekte

Eine Besonderheit von Nachtaufnahmen liegt in den hohen Kontrasten zwischen den Lichtquellen und dem Umgebungslicht. Dadurch wird es möglich, mit Licht zu malen. Bewegende selbstleuchtende Objekte ziehen bei langer Belichtungszeit Linien. So wirken die Lichtkreise des Karussells auf der Kirmes bei Einbruch der Nacht sehr grafisch. Aufgrund der schnellen Drehung des Karussells reichte schon eine relativ kurze Belichtungszeit von 1/3 Sekunde, um die Bewegungen zu verwischen.

Bei Autos (siehe Bilder auf der gegenüberliegenden Seite) ziehen die Front- und Rücklichter Linien durch die Nacht. Je nach Belichtungszeit werden die Lichtlinien länger oder kürzer abgebildet. Bleibt es vor einer Ampel (Bild Mitte) stehen, werden die Lichter scharf abgebildet. Diesen Effekt können Sie auch mit einem Blitz am Ende der Belichtungszeit (auf den zweiten Vorhang) erzeugen. Dann wird durch den Blitz das Fahrzeug scharf abgebildet (Bild oben).

Blitzen Sie nicht auf den ersten Verschlussvorhang. Dann wird das Fahrzeug zu Beginn der Bewegung scharf abgebildet, und anschließend ziehen die Lichtspuren weiter (Bild unten). Das entspricht nicht unserer Erfahrung und wirkt unnatürlich. Die Belichtungsmessung der Kamera versagt bei diesen Auf-

Ein Blitz auf den zweiten Vorhang passt zur Bewegungsrichtung, Fotograf: Martin Zurmühle.

EXIF-Daten	
Brennweite	28 mm
Belichtungszeit	1/3 Sek.
Blendenwert	8
Empfindlichkeit	ISO 400

Stehende Autos vor der Ampel bei Nacht, Fotograf: Martin Zurmühle.

nahmesituationen. Auch ein Handbelichtungsmesser hilft nicht weiter, da das Umgebungslicht zu schwach ist. Aber am Kameradisplay können Sie die Resultate kontrollieren und die Einstellungen entsprechend korrigieren. Gerade bei so experimentellen Aufnahmen zeigt sich die Stärke der digitalen Fotografie.

Eine unnatürliche Wirkung beim Blitzen auf den ersten Vorhang, Fotograf: Martin Zurmühle.

▲ *Eine Feuerwerksaufnahme gegen den schwarzen Himmel, Fotograf: Martin Zurmühle.*

21.5 Feuerwerke und den Mond fotografieren

Die Aufnahme von Feuerwerken und des Mondes sind Spezialaufgaben. Hier können Sie nur mit Erfahrungswerten arbeiten. Experimentieren Sie mit verschiedenen Einstellungen und beurteilen Sie die Resultate am Kameradisplay.

Die Aufnahme des Feuerwerks wurde mit der Zeitautomatik gemacht. Die Blende wurde auf 4 eingestellt und die Belichtung fest um 3 Blendenstufen (-3 LW) reduziert. Dadurch entstand die richtige Balance zwischen der Überstrahlung der Lichtkörper und der dunklen Nacht. Ohne diese große Belichtungskorrektur wären der Himmel nicht richtig schwarz und die Leuchtkörper zu überstrahlt gewesen.

Bei Mondaufnahmen benötigen Sie dazu ein lichtstarkes, sehr starkes Teleobjektiv (z. B. 500 mm und 2-fach-Telekonverter), um den Mond noch genügend groß darzustellen. Die Schwierigkeit von Mondaufnahmen liegt in der Eigenbewegung des Mondes. Auch wenn diese Bewegung nur langsam ist, wirkt sie sich bei einer starken Teleeinstellung und einer langen Belichtungszeit doch merklich aus.

EXIF-Daten	
Brennweite	35 mm
Belichtungszeit	1/125 Sek.
Blendenwert	4
Empfindlichkeit	ISO 800

TIPP **Mondaufnahmen**

Mit einer großen Blendenöffnung und einem höheren ISO-Wert kann die Belichtung im Bereich zwischen 1/60 und 1/125 Sekunde gehalten werden, sodass scharfe Aufnahmen möglich werden.

Die besten Mondaufnahmen gelingen aber mit einem Teleskop. Andreas Krähenbühl macht seine Mond- und Planetenaufnahmen mit einem leistungsfähigen Teleskop mit einem Kameraaufsatz. Damit kann der Mond mit allen Details perfekt aufgenommen werden. Der Mond allein gibt uns keinen Bezug zu unserer Umwelt. Gelingt es aber, einen Menschen im Vordergrund mit aufzunehmen, entfaltet die Aufnahme eine ganz andere Kraft und Stärke, wie es das fantastische Bild von Andreas Krähenbühl auf der nächsten Seite beweist.

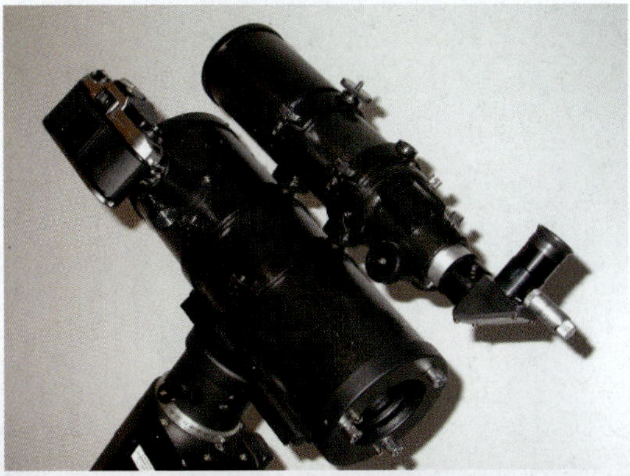

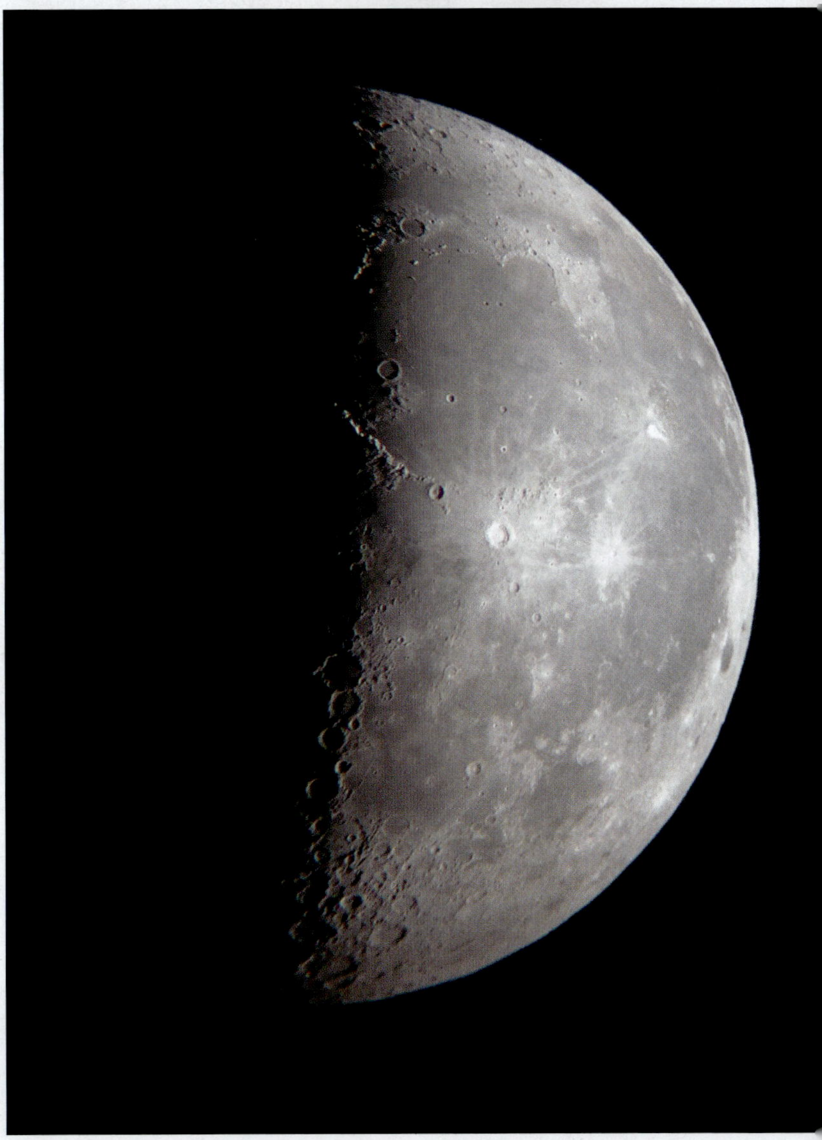

EXIF-Daten	
Brennweite	Durch das Teleskop aufgenommen
Belichtungszeit	1/75 Sek.
Blendenwert	2.4
Empfindlichkeit	ISO 100

Eine perfekte Mondaufnahme, Fotograf: Andreas Krähenbühl.

Aufgehender Mond mit Silhouette, Fotograf: Andreas Krähenbühl.

Andreas wusste genau, wo der Mond aufgehen wird, und dirigierte das kleine Mädchen an die richtige Stelle. Die lange Belichtungszeit von 1/15 Sekunde führte aber schon zu einer Bewegungsunschärfe beim Mond und dem kleinen Mädchen im Vordergrund.

Mondlicht ist weicher und röter als das Sonnenlicht. Mit einem guten Stativ können Sie auch im schwachen Mondlicht fotografieren.

Es entstehen spannende Lichtstimmungen (Bild unten links).

Und hier zum Vergleich die gleiche Aufnahme mit dem Licht der Sonne am Morgen (Bild unten rechts).

Wenn der Mond am frühen Morgen noch am Himmel steht, können Sie ihn in die Bildgestaltung integrieren.

Der Mount Denali in Alaska, vom Vollmond beschienen, Fotograf: Martin Zurmühle.

Der Mount Denali in Alaska, vom Sonnenlicht beschienen, Fotograf: Martin Zurmühle.

22

Besondere Aufnahmesituationen

Manchmal stoßen Sie an die Grenzen der Möglichkeiten Ihrer Kamera. Dann benötigen Sie spezielles Zubehör, um zum Beispiel in die Welt der Makrofotografie vorzustoßen oder unter Wasser zu fotografieren. Auch Panoramaaufnahmen können Sie mit speziellen Kameras machen, aber dank Photoshop und ein paar Tricks ist das auch mit Ihrer normalen Digicam möglich. Ich zeige Ihnen, wie es geht.

Zwei Panoramabilder mit speziellen Ansichten von bekannten Orten, Fotograf: Michael Maier.

22.1 Panoramaaufnahmen mit der Kamera

Auch wenn Sie Ihre Kamera beherrschen und die Grundregeln der Fotografie kennen, gibt es immer wieder Aufnahmesituationen, die besondere Kenntnisse oder geeignetes Zubehör verlangen. Dafür gelingen Bilder, die sonst nicht möglich gewesen wären.

Eine besondere Disziplin in der Fotografie sind Panoramabilder. Mit speziellen Kameras können Bilder mit einem Blickwinkel von 180 Grad oder mehr aufgenommen werden.

Diese Kameras sind meistens nicht gerade billig. Ich möchte Ihnen aber im Folgenden zeigen, wie Sie mit einfachen Digitalkameras auch gelungene Panoramabilder machen können.

Am einfachsten geht es natürlich mit einem starken Weitwinkelobjektiv.

Dann haben Sie auch einen großen Blickwinkel, und Sie schneiden anschließend in der Bildbearbeitung einen schmalen langen Ausschnitt aus dem Bild. Diese Methode hat aber ein paar Nachteile:

- Die Auflösung des Bildes wird durch das Beschneiden wesentlich verkleinert und reicht nicht mehr für qualitativ hochwertige Drucke.
- Die optische Qualität der starken Weitwinkel ist im Detail zu wenig gut für starke Vergrößerungen.
- Die Verzerrungen bei starken Weitwinkel- und Fischaugenobjektiven wirken unnatürlich.

22.2 Panoramaaufnahmen in der Bildbearbeitung

Dank der Bildbearbeitung können Sie heute hochwertige Panoramabilder (siehe Bild unten) aus mehreren Einzelaufnahmen zusammensetzen. Für gute Panoramaaufnahmen benötigen Sie spezielle Panoramastativköpfe (VR Drive = **V**irtual-**R**eality-Drehkopf). Bei diesen können die drei Achsen x, y und z genau eingestellt werden. Damit kann später der Nodal- oder Knotenpunkt der Drehung genau eingestellt werden. Es gibt Stativköpfe für manuelles Drehen, aber auch teure Modelle, die sich mit Motorantrieb selbstständig im richtigen Winkel drehen.

Ein genaues Arbeiten und spezielle Stativköpfe sind notwendig, damit die Bilder anschließend in der Bildbearbeitung gut zusammengesetzt werden können.

Dann erhalten Sie auch mit normalen Digitalkameras Bilder in einer großen Auflösung, die sehr stark vergrößert werden können.

Panoramabilder zusammengesetzt aus vielen Einzelaufnahmen, Fotograf: Michael Maier.

Der Panoramakopf VR Head von Roundshot (www.roundshot.ch).

Der erfahrene Panoramafotograf Michael Maier gibt uns ein paar Tipps, wie hochwertige Panoramen aus digitalen Bildern erstellt werden können:

„Ich arbeite bei meinen Panoramaaufnahmen mit einem Manfrotto 055Pro-Stativ und einem Manfrotto MA 303SPH Quick Time VR Kit-Stativkopf mit Manfrotto-Panoramadrehkopf 300N.

Als Software können verschiedene Stitchprogramme zum Zusammensetzen der einzelnen Aufnahmen eingesetzt werden. Ich benutze die Software hugin, die unter *http://hugin.sourceforge.net/* kostenlos heruntergeladen werden kann. Ein komplexes Programm, das einige Zeit an Einarbeitung voraussetzt.

Einfachere Stitchprogramme mit Automatikfunktion gibt es zahlreich auf dem Markt, z. B:

- Canon: PhotoStitch
- Ulead: COOL 360
- PhotoVista: Live Picture

Viele werden bereits mit einer Digitalkamera im Bundle mitgeliefert.

Für die letzte Überarbeitung der zusammengestitchten Bilder verwende ich Photoshop CS. Bei großen Ausdrucken (ab 1 m) kommen Sie um eine detaillierte Nachbearbeitung nicht herum, um die Überlappungspunkte der Bilder 100 % genau zu retuschieren. Dieser Arbeitsschritt nimmt unter Umständen den größten Zeitaufwand in Anspruch. Je nachdem,

Tolle Panoramabilder sind auch bei Nachteinbruch mit wenig Licht möglich, Fotograf: Michael Maier.

wie genau man zuvor fotografiert hat, je nach Lichtverhältnissen, Wind, Sonne etc.

Vor den Aufnahmen muss wegen Parallaxenfehlern einmalig der Nordal- oder Knotenpunkt für die Kamera, das zu benutzende Objektiv und der eingesetzte Panoramastativkopf ermittelt werden.

Der Nordal- oder Knotenpunkt ist der optimale Drehpunkt für die Kamera, d. h. der Schnittpunkt zwischen der optischen Achse und der Hauptebene des Objektivs. Trifft ein Lichtstrahl in einem bestimmten Winkel auf den bildseitigen Knotenpunkt, verlässt der Lichtstrahl den objektseitigen Knotenpunkt im gleichen Winkel. Eine gute Bezeichnung für diesen Punkt wäre also beispielsweise auch „Optisches Zentrum". Genaue Informationen zur Ermittlung des Nordalpunkts finden Sie unter dieser Adresse: *www.digitalkamera.de/Info/Workshop/Panorama/NodalPoint1-de.htm*. Mit Hochformataufnahmen erreichen Sie eine größere Pixelzahl in den Diagonalen. Somit wird die Qualität, aber auch die Datenmenge größer. Im Querformat benötigt man selbstverständlich weniger Einzelaufnahmen, allerdings leidet die Qualität darunter.

Das Fotografieren von links nach rechts erleichtert das spätere Stichen, da die Dateinamen anschlie-

TIPP **Das Vorgehen bei Panoramaaufnahmen**

- Die Wahl der Location bzw. des Motivs ist von entscheidender Bedeutung.
- 360-Grad-Panoramafotos lassen sich recht gut bei Windstille und zu einer Tageszeit verwirklichen, an der die Sonne an einem hohen Punkt steht. Somit reduzieren sich Gegenlicht und Schlagschatten.
- Panoramen bis ca. 180 Grad lassen sich ebenso gut morgens und in der abendlichen Lichtstimmung realisieren.
- Vor der Aufnahme muss die Bilderanzahl bzw. der Winkel am Panoramastativ eingestellt werden. Dabei ist eine Überlappung der Einzelfotografien um ca. 30 bis 50 % notwendig.
- Das Kamerastativ muss waagerecht mit der integrierten Libelle am Stativkopf ausgerichtet werden.
- Die Kamerabelichtung muss für alle Bilder gleich sein. Automatikfunktionen ausschalten. Gegebenenfalls mehrere Belichtungsreihen schießen.

ßend nicht mehr geändert werden müssen. Das Stitchprogramm fügt die Aufnahmen von links nach rechts zusammen, angefangen bei der kleinsten Dateinummer. Die Bilder werden nach der Aufnahme auf den Rechner überspielt und mithilfe einer Stitchsoftware zusammengefügt. Je nach verwendeter Software sind unterschiedliche Arbeitsschritte notwendig. Manche Programme liefern eine Automatikfunktion mit. Die Bilderausgabe ist in verschiedenen Dateiformaten möglich. Es lassen sich sogar QuickTime-VR-Movies für das Internet erzeugen.

Möchte man die Panoramafotografien großformatig drucken, empfiehlt es sich, die zusammengestitchten TIFF- oder JPEG-Dateien in einem Bildbearbeitungsprogramm auf Überlappungsfehler bei 100%iger Vergrößerung zu kontrollieren. Anschließend werden alle Fehler retuschiert, und das Bild wird gedruckt. Ich drucke mit einem großformatigen Epson-Drucker. Drucker der Firma Epson erlauben Panoramadrucke. Bei anderen Herstellern hält sich diese Funktion in Grenzen. Verschiedene Fotolabore bieten aber großformatige Panoramadrucke an. Meine Panoramabilddateien liegen in der Originalgröße um die 150 MByte und beinhalten je nach Gradzahl (zwischen 120 und 360 Grad) ca. 7 bis 25 Einzelaufnahmen im Hochformat. Ein Panoramafoto benötigt von der Fotografie bis zum Druck ca. 10 bis 20 Stunden.

22.3 Nah- und Makroaufnahmen

Mit Makroaufnahmen erschließen wir uns die Welt der kleinen Dinge. Als Makroaufnahmen bezeichnet man Bilder, bei denen die Abbildung auf dem

EXIF-Daten	
Brennweite	105 mm
Belichtungszeit	1/250 Sek.
Blendenwert	11
Empfindlichkeit	ISO 200

Die Stempel einer Majo-Pflanze ganz nahe, Fotograf: Fernando Dinis.

Sensor mindestens gleich groß ist wie das Abgebildete in der Realität (Maßstab 1:1). Mit den kleineren digitalen Sensoren der DSLR wird der Maßstab wegen des Cropfaktors entsprechend größer.

In Kapitel 10 habe ich Ihnen die verschiedenen Möglichkeiten gezeigt, wie Sie mit Kompakt- und DSLR-Kameras Makroaufnahmen machen können. Grundsätzlich geht es um die überlebensgroße Darstellung kleiner Dinge wie die Stempel einer schönen gelben Blüte im Bild von Fernando Dinis (siehe Bild auf der gegenüberliegenden Seite). Eine fast malerische Komposition von großer Wirkung.

Fernando hat die Aufnahme mit einem 105-mm-Makroobjektiv gemacht. Trotz Blende 11 ist die Schärfentiefe nur sehr knapp bemessen. Dank der kurzen Belichtungszeit werden allfällige Bewegungen der Pflanze eingefroren. Die Aufnahme wurde mit Zeitautomatik gemacht, weil die Blende bei Makroaufnahmen von sehr großer Bedeutung ist. Für Makroaufnahmen stehen Ihnen folgende Möglichkeiten zur Verfügung:

- Viele Kompakt- und Bridge-Kameras haben eine kleinste Aufnahmedistanz von 1 bis 2 cm und eignen sich so ohne Spezialausrüstung für Nahaufnahmen.
- Einige Zoom- und Festbrennweiten besitzen Makroeinstellungen, die Nahaufnahmen bis zum Maßstab 1:2 oder 1:3 ermöglichen.
- Mit Vorsatzlinsen können einige Zoom- oder Festbrennweiten in den Makrobereich vorstoßen.
- Die beste optische Qualität bieten spezielle Makroobjektive für DSLR-Kameras.
- Für starke Vergrößerungen benötigen Sie geeignete Festbrennweiten und Spezialzubehör wie Zwischen- und Umkehrringe sowie Balgengeräte.

Makroaufnahmen müssen stark abgeblendet werden, um eine genügende Schärfentiefe zu erreichen. Sie benötigen deshalb sehr viel Licht oder einen hohen ISO-Wert. Alternativ dazu können Sie mit Blitz arbeiten, idealerweise mit zwei kleinen Blitzgeräten mit wenig Leistung, die seitlich an der Kamera angebracht sind. Entsprechende Zubehörteile gibt es im Fachhandel.

Im Nahbereich erschließen sich für Sie ganz neue Bilder. Durch die starke Vergrößerung gewinnen Gegenstände an Bedeutung, wie die Luftblasen von Eliane Zwimpfer.

EXIF-Daten	
Brennweite	105 mm
Belichtungszeit	1/60 Sek.
Blendenwert	8
Empfindlichkeit	ISO 100

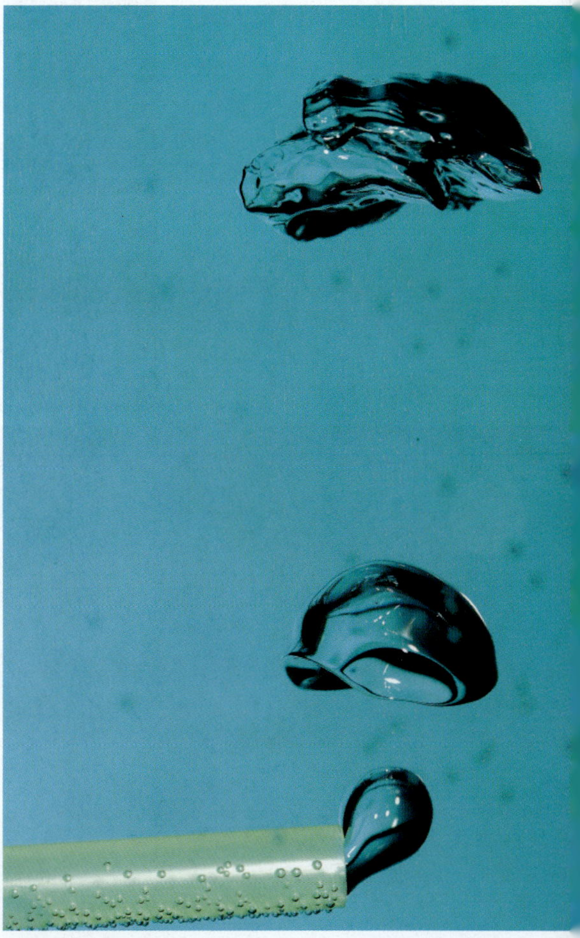

Röhrchen mit Luftblasen im Wasser, Fotografin: Eliane Zwimpfer.

Eine sehr schöne Aufnahme einer Libelle, Fotograf: Thomas J. Kiefer.

Auch hier zeigt sich, dass das Wichtigste in der Fotografie immer das Auge des Fotografen ist. Der gute Fotograf erkennt schnell das visuelle Potenzial, das in einem Gegenstand steckt, und nimmt es gekonnt auf.

Aber manchmal benötigt man auch eine ganze Portion Glück. So gelang Thomas J. Kiefer eine Nahaufnahme einer Fliege zusammen mit den beiden unscharf abgebildeten Pferden im Hintergrund. Das Bild erhält dadurch

Leider können Sie nicht beliebig tief abblenden. Bei starken Vergrößerungen und kleinen Blendenöffnungen wird die optische Qualität aufgrund der Beugungsfehler wieder schlechter. Beim Maßstab 1:1 liegt die förderliche Blende bei 19, aber schon bei Maßstab 5:1 nur noch bei 5.6.

Ein beliebtes Motiv für Nahaufnahmen sind Schmetterlinge und Libellen. Die herrlichen bunten Farben dieser Tiere ziehen Fotografen magisch an.

Aber auch unscheinbare Pflanzen bekommen bei einer gut gestalteten Nahaufnahme eine ganz anderen, starke Bedeutung.

Eine schöne Detailaufnahme eines Blatts mit Wassertropfen, Fotograf: Thomas J. Kiefer.

EXIF-Daten	
Brennweite	50 mm
Belichtungszeit	1/80 Sek.
Blendenwert	11
Empfindlichkeit	ISO 100

Fliege mit zwei Pferden im Hintergrund, Fotograf: Thomas J. Kiefer.

eine zusätzliche Symbolik durch die Beziehung zwischen der Fliege und den Pferden, die ja gern von Fliegen umschwärmt werden und deren Kot den Fliegen als Futterplätze für die Maden dient.

Nahaufnahme eine Wanze mit einer Kompaktkamera, Fotograf: Thomas J. Kiefer.

Gerade die vielfältige Welt der Insekten und Kleintiere bietet viele spannende Motive für Nahaufnahmen. Das Bild einer Wanze an der Autoscheibe von Thomas J. Kiefer wurde mit einer Kompaktkamera gemacht und zeigt, wie gut sich diese Kameras auch für Nahaufnahmen eignen. Es müssen aber nicht immer nur Käfer und Schmetterlinge sein. Auch einfache Gegenstände wie eine Küchenraspel können bei geschickter Lichtführung ganz tolle Motive sein, was die Aufnahme von Mathias Vogel beweist. Hier wird die Bildwirkung durch die Diagonale und den gezielten Einsatz der Schärfentiefe verstärkt.

Ein einfaches Motiv wirkungsvoll fotografiert, Fotograf: Mathias Vogel.

Mehr Informationen zur Makrofotografie erhalten Sie im Buch „Das Geheimnis beeindruckender Makrofotos" von Dr. Kyra und Dr. Christian Sänger, das in der Reihe Digital ProLine von DATA BECKER (ISBN 978-3-8158-2629-4, 39,95 Euro) erschienen ist.

22.4 Unterwasseraufnahmen

Am einfachsten sind Unterwasseraufnahmen in Zoos und großen Aquarien. Bei den großen Glasscheiben moderner Aquarien können Sie Fische von sehr nahe fotografieren.

Dank des Weißabgleichs der Kamera sind Farbstiche aufgrund der Kunstlichtbeleuchtungen leicht zu korrigieren. Der schöne gelbe Fisch wurde im Ozeanografischen Museum von Monaco aufgenommen.

EXIF-Daten	
Brennweite	50 mm
Belichtungszeit	1/125 Sek.
Blendenwert	3.8
Empfindlichkeit	ISO 400

Fische sind farbenfrohe Motive für Unterwasseraufnahmen, Fotograf: Martin Zurmühle.

Der automatische Weißabgleich hat sehr gut funktioniert, und es waren keine Korrekturen notwendig. Die Belichtungszeit war dank ISO 400 kurz genug, um die Bewegung einzufrieren, die Blende von 3.8 ergibt eine sehr schöne Unschärfe im Hintergrund, bildet den Fisch aber doch vollständig scharf ab. Auch bei natürlichem Licht führt das Wasser zu einer leichten Blauverschiebung der Farben. Bei analogen Unterwasseraufnahmen hat man das mit einem entsprechenden Korrekturfilter behoben. Heute können Sie das in Photoshop tun mit dem Befehl *Bild/Anpassungen/Fotofilter*. Dort wählen Sie dann einfach den gewünschten Korrekturfilter aus.

TIPP **Unterwasseraufnahmen**

- Neben einem wasserdichten Spezialgehäuse ist ein externes Unterwasserblitzgerät ein Muss für gute Bilder in größeren Tiefen.
- Ein gutes optisches 3-fach-Zoom (mit kürzester Brennweite 35 mm oder kleiner) mit einem großen Nahbereich (bis 20 cm) gibt die notwendige Flexibilität.
- Die Kamera muss einen externen Blitzanschluss besitzen, und der eingebaute Kamerablitz muss abgeschaltet werden können.
- Man sollte nah ans Motiv herangehen und möglichst vor neutralem Hintergrund von der Seite fotografieren.
- Die Sicherheit unter Wasser hat oberste Priorität!

Wollen Sie aber die Fische selbst unter Wasser fotografieren, benötigen Sie eine entsprechende Ausrüstung und Ausbildung. Zu verschiedenen Kompakt- und DSRL-Kameras gibt es spezielle Unterwassergehäuse.

Blauverschiebung der Aufnahme wegen des Wassers, Fotograf: Martin Zurmühle.

Einzelne Anbieter wie Olympus (*www.olympus.de*) haben Unterwassergehäuse für ihre DSLR-Kameras. Auch zu DSLR-Kameras von Nikon und Canon bietet die Firma Sealux (*www.sealux.de*) spezielle Unterwassergehäuse an.

Das Unterwassergehäuse für die DSLR Olympus E-330 ist wasserdicht bis zu 60 m Wassertiefe.

Die Brennweite der Optik wird aufgrund der anderen Brechung des Lichts unter Wasser um 1/3 verlängert und der Blickwinkel somit verkleinert. Ansonsten funktionieren alle Automatikfunktionen genau wie an Land.

Ein grundsätzliches Problem ist der Lichtmangel, sobald Sie tiefer tauchen. Dann benötigen Sie zusätzlich Unterwasserblitzgeräte. Beim Schnorcheln und Tauchen bis 10 m Tiefe kommen Sie aber gut mit dem vorhandenen Licht zurecht, zumal die meisten interessanten Gebiete im Süden liegen und eine starke Sonneneinstrahlung haben. Weitere Informationen erhalten Sie bei *www.unterwasserwelt.de* oder *www.mike-dive.de*.

22.5 Fernseh-/Monitorbilder ohne Balken ablichten

Die Fernsehtechnik macht sich die Tatsache zu Nutze, dass unser Auge rasch aufeinander folgende Standbilder nicht einzeln wahrnimmt, sondern zu Bewegungsabläufen kombiniert. Das Bild auf Fernsehschirmen wechselt 25-mal (bei 100-Hz-Bildschirmen 50-mal) pro Sekunde, und es wird zeilenweise geschrieben, erscheint also nicht schlagartig.

Wenn Sie einen Bildschirm mit 1/60 Sekunde oder kürzer aufnehmen, fehlt auf der Fotografie ein Teil davon. Am besten fotografieren Sie mit Belichtungszeiten von 1/15 oder 1/8 Sekunde (bei 100 Hz mit 1/30 oder 1/15 Sekunde), damit sich auf der Aufnahme mindestens eine vollständige Bildübertragung abzeichnet.

Je nach Bildschirm sind aber bei der Aufnahme Streifenmuster sichtbar. Sie müssen deshalb mit verschiedenen Belichtungszeiten experimentieren, bis Sie die beste Einstellung gefunden haben. Längere Belichtungszeiten zeigen meistens ein besseres Bild, aber die Aufnahme gelingt nur bei ruhigen Einstellungen im Fernseher.

Das Unterwassergehäuse der Nikon Coolpix S3 erlaubt Aufnahmen bis zu einer Wassertiefe von 40 m.

Bei einer Belichtungszeit von 1/125 Sekunde wird nur ein Teil des Bildschirms abgebildet.

Bei einer Belichtungszeit von 1/15 Sekunde ist das ganze Bild sichtbar.

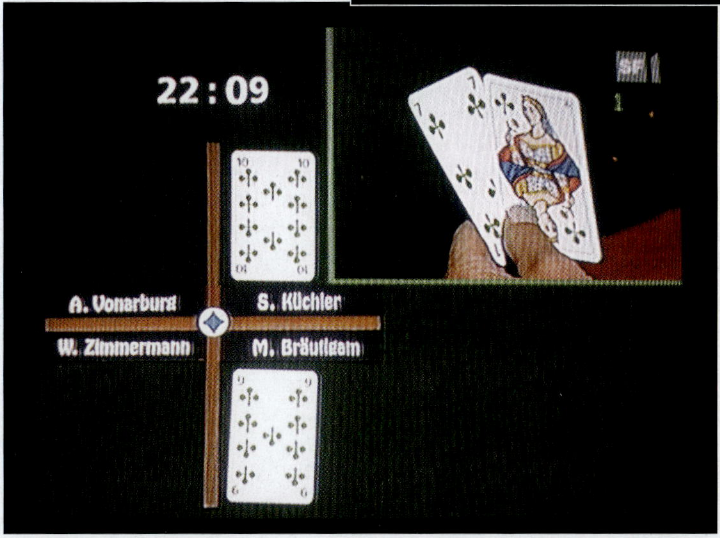

Eine bessere Bildqualität bei einer Belichtungszeit von 1/4 Sekunde.

23

Bessere Blitzfotos

Das Arbeiten mit Blitzlichtern ist nicht so einfach, wie es den Anschein hat. Die in die Kameras eingebauten Blitze sind leistungsschwach und haben ein zu hartes Licht, das rote Augen erzeugt und keine Schatten wirft.

Mit entfesseltem Blitzen können Sie aber die Lichtsituation frei gestalten und mit Licht und Schatten arbeiten. Die beste Kontrolle über das künstliche Licht haben Sie mit Studioblitzanlagen. Ich zeige Ihnen, wie Sie Porträtaufnahmen im Studio effektvoll gestalten können.

Geschickter Einsatz des eingebauten Kamerablitzes als Aufhellblitz, Fotograf: Gerhard Busch.

23.1 Blitzen mit den eingebauten Kamerablitzen

Kompaktkameras und die meisten DSLR-Kameras haben eingebaute Kamerablitzgeräte. In den meisten Fällen liefern diese kleinen und lichtschwachen Blitze schlechte Bildresultate.

Ich vermeide es deshalb wenn immer möglich, diese einzusetzen. Das harte Blitzlicht zerstört die Bildstimmung. Und weil der Blitz genau aus der gleichen Richtung kommt, wie das Bild aufgenommen wird, werden die interessanten Schatten in Gesichtern eliminiert.

Es gibt aber einige wenige Situationen, bei denen die eingebauten Kamerablitze sehr gute Resultate liefern. Gerhard Busch zeigt ein gelungenes Beispiel eines Aufhellblitzes.

Der schwache Blitz leuchtet den unmittelbaren Vordergrund leicht aus, die übrige Szene wird um ca. 1 Blende weniger belichtet.

Die modernen Kameras machen diese Einstellungen automatisch. Bedingung ist einzig, dass das Umgebungslicht noch genügend hell ist, weil die Belichtungszeit automatisch auf den Bereich zwischen 1/60 und 1/250 Sekunde gestellt wird.

Längere Belichtungszeiten sind mit der Langzeitsynchronisation möglich. Sie können diese Aufhellblitze auch sehr gut bei Porträtaufnahmen im Freien einsetzen. Der Blitz hellt das Model auf und erzeugt einen schönen Lichtreflex im Auge. Das Umgebungslicht wird leicht abgedunkelt.

Bei identischen Einstellungen wird das Model durch den Aufhellblitz besser ausgeleuchtet, und die Farben werden wärmer wiedergegeben. Die Schatten im Gesicht werden aber völlig überblitzt.

Aufnahme ohne Aufhellblitz, Model Daniela, Fotograf: Martin Zurmühle.

Aufnahme mit eingebautem Kamerablitz, Model Daniela, Fotograf: Martin Zurmühle.

Ein Hauptproblem der eingebauten Kamerablitze sind die roten Augen (siehe Bilder auf der folgenden Seite).

Als Rote-Augen-Effekt wird das Erscheinen von roten Pupillen in den Augen von mit Blitzlicht fotografierten Lebewesen bezeichnet.

Dieser Effekt tritt dann auf, wenn das Blitzgerät fast achsengleich mit dem Objektiv montiert ist, sich also in Nähe der optischen Achse befindet. Der Rote-Augen-Effekt wird durch die Reflexion des Blitzes durch die rote Netzhaut des Auges hervorgerufen.

EXIF-Daten	
Brennweite	50 mm
Belichtungszeit	1/60 Sek.
Blendenwert	5
Empfindlichkeit	ISO 200

Wenn die Person direkt in das Objektiv blickt, ist der Effekt besonders hervorstechend, tritt aber allgemein immer dann auf, wenn das an der Netzhaut reflektierte Blitzlicht in gerader Linie ins Objektiv zurückfällt.

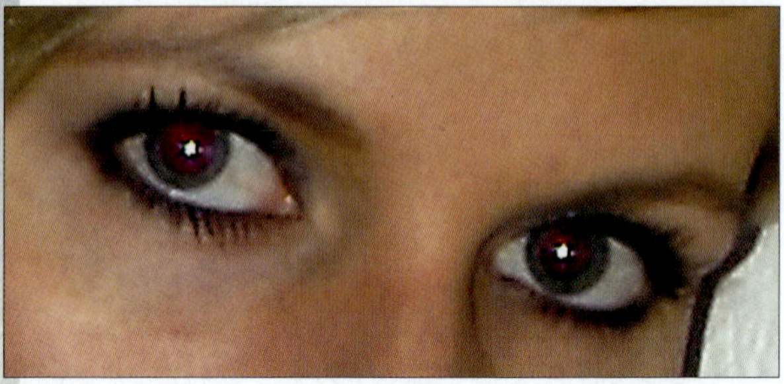

Rote Augen bei eingebauten Blitzgeräten.

Zur Vermeidung roter Augen gibt es folgende Tricks:

Vorblitze	Durch diesen Vorblitz wird die Pupillenöffnung des Auges verkleinert und die Reflexion des Blitzlichts auf der Netzhaut verringert.
Bildbearbeitung	Mithilfe der Bildbearbeitung können sowohl im Fotolabor als auch mit Photoshop rote Augen relativ unkompliziert umgefärbt werden.
Entferntes Blitzen	Rote Augen werden vermieden, wenn das Blitzgerät von der Kamera entfernt platziert wird.

Eine verkleinerte Pupille ist für ansprechend wirkende Porträts unerwünscht, da aus der Verhaltensbiologie und der Wahrnehmungspsychologie bekannt ist, dass Bilder von Menschen mit kleinen Pupillen als weniger sympathisch und freundlich wahrgenommen werden. Auch kann der Vorblitz rote Augen nur dann wirksam verhindern, wenn die Person nicht direkt in das Objektiv oder auf den Blitz blickt. Einzelne Kameras haben bereits eine Software zum Entfernen roter Augen eingebaut. Dann müssen Sie sich um diese Fragen nicht mehr kümmern. Die beste Lösung ist das Entfernen des Blitzgeräts von der optischen Achse. Es lohnt sich deshalb, ein gutes externes Blitzgerät zu kaufen und auf den Einsatz des eingebauten Blitzgeräts zu verzichten.

23.2 Blitzen mit modernen Elektronenblitzgeräten

Das moderne Blitzgerät Speedlite 430 EX von Canon.

Moderne Blitzgeräte bieten eine Vielzahl von Funktionen und Einstellungen. Ein Teil davon wird an der Kamera, andere direkt am Blitzgerät vorgenommen.

An der Kamera können Sie folgende Blitzfunktionen auswählen (am Beispiel der Nikon D300) (siehe Tabelle auf der gegenüberliegenden Seite oben).

Die Belichtungszeit wird auf den Bereich von 1/60 und 1/250 eingestellt.

Den Einsatz der Langzeitsynchronisation bei Nacht haben Sie bereits in Kapitel 21.4 kennen gelernt.

Synchronisation auf den ersten Verschlussvorhang	Standardeinstellung für die meisten Blitzsituationen. Die Belichtungszeit wird auf den Bereich von 1/60 und 1/250 eingestellt (1/60 bis 1/8000 bei FP-Kurzzeitsynchronisation mit geeignetem externen Blitzgerät).
Langzeitsynchronisation	Die Belichtungszeit wird bei Programm- und Zeitautomatik mit Verschlusszeiten bis 30 Sekunden kombiniert. Bei Nachtaufnahmen oder Außenaufnahmen bei schwacher Beleuchtung werden neben dem Hauptmotiv auch ausreichend Hintergrunddetails abgebildet.
Synchronisation auf den zweiten Verschlussvorhang	Bei Blendenautomatik und manueller Belichtungssteuerung löst das Blitzgerät aus, kurz bevor sich der Verschlussvorhang schließt.
Reduzieren des Rote-Augen-Effekts	Etwa eine Sekunde vor dem Hauptblitz leuchtet die Vorblitzlampe auf, sodass sich die Pupillen schließen. Dadurch werden Reflexionen des Blitzlichts auf der Netzhaut der fotografierten Person verringert.
Langzeitsynchronisation mit Reduzieren des Rote-Augen-Effekts	Diese Synchronisationsart kombiniert die Langzeitsynchronisation mit der Reduzierung des Rote-Augen-Effekts.

Zusätzlich kann die Blitzleistung an der Kamera bei TTL-Steuerung (= Through The Lens) mit der Blitzleistungskorrektur erhöht oder verringert werden. Achten Sie darauf, dass Sie die Korrekturen nach der Verwendung wieder zurückstellen. Die Steuerung der Leistung der Blitzgeräte durch die Kamera kann auf zwei Arten erfolgen:

Standard-TTL	Die Blitzleistung wird so dosiert, dass eine korrekte Ausleuchtung des Hauptmotivs im Vordergrund erreicht wird. Die Helligkeit des Hintergrunds wird nicht mit berücksichtigt.
TTL-Aufhellblitz	Das Blitzgerät sendet unmittelbar vor dem Hauptblitz eine Serie von Messblitzen aus. Diese messen das Motiv aus und ermitteln eine geeignete Lichtmenge für Vorder- und Hintergrund. Das Ergebnis ist eine optimale Ausleuchtung mit einem ausgewogenen Verhältnis zwischen dem natürlichen Licht und dem Blitzlicht.

TTL-Aufhellblitze sind eine geniale Sache, allerdings funktioniert diese Einstellung nicht bei allen Kameras und Blitzgeräten. Bei den Blitzgeräten können Sie folgende Funktionen einstellen:

TTL (Through The Lens)	Die Lichtmenge beim Blitzen wird durch die Belichtungsmessung der Kamera festgelegt. Ist genügend Licht auf dem Sensor, stellt die Kamera das Blitzgerät ab. Die Kamera berücksichtigt dabei alle Kamera- und Objektiveinstellungen.
A (Automatik)	Ein Sensor am Blitzgerät misst die Lichtmenge und stellt den Blitz ab, wenn genügend Licht ausgestrahlt wurde. Die Einstellungswerte der Kamera (Objektivdaten, ISO-Einstellung) werden mit berücksichtigt. Aufhellblitze sind aber nicht möglich.
M (Manuell)	Das Blitzgerät gibt die volle oder eine um einen Teiler verminderte Lichtmenge ab. Die Blitzdistanz kann am Display des Blitzes abgelesen werden.
Stroboskopblitze	Das Blitzgerät zündet mehrere Blitze während einer Belichtung, sodass stroboskopische Mehrfachbelichtungen entstehen. Diese eignen sich für Aufnahmen von sich schnell bewegenden Objekten.

In der Regel arbeiten Sie am besten mit der TTL-Einstellung. Die Kamera ermittelt dann die besten Einstellungswerte selbstständig. Die Einstellung Automatik benötigen Sie nur, wenn das Blitzgerät nicht von der Kamera gesteuert werden kann. Manuelles Blitzen wird nur selten in Spezialfällen verwendet. Bei modernen Blitzgeräten können Sie am Display des Blitzgeräts alle wesentlichen Kamera- und Blitzeinstellungen ablesen.

Das Display des Blitzes zeigt den gewählten Modus (hier TTL), den ISO-Wert (100), die Brennweite des Objektivs (35 mm), die gewählte Blende (5.6) und die Blitzdistanz (von 0,6–6,7 m). Sie können so abschätzen, ob das Blitzgerät genügend Leistung zur Ausleuchtung des Motivs hat. Das Licht der Elektronenblitzgeräte wirkt sehr hart. Es gibt aber zwei einfache Methoden, es weicher zu machen.

Eine Lösung sind aufsteckbare Kappen oder aufblasbare kleine Softboxen vor den Blitzgeräten. Diese streuen das Licht und machen es so weicher.

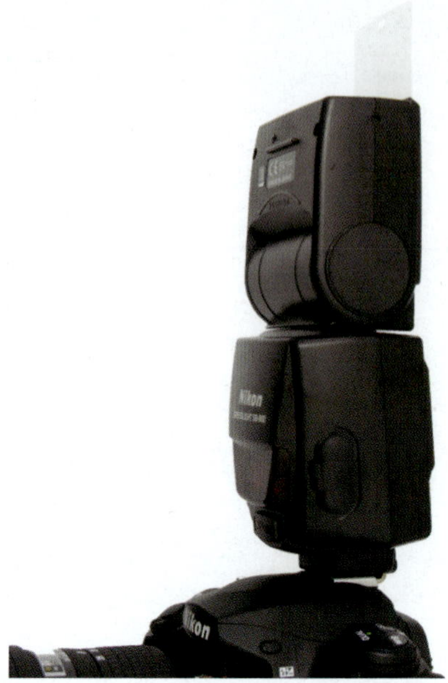

Eine zweite Möglichkeit sind Streuscheiben und eine integrierte weiße Reflexionskarte. Der Blitz wird dann senkrecht gestellt, und die Streuscheibe wirft das Licht an die Reflexionskarte. So entsteht ein stark abgeschwächtes und weicheres Licht, das einen schönen Reflex in den Augen erzeugt. Mit dieser Methode blendet der Blitz auch wesentlich weniger. Für größere Motive wird die Lichtstärke aber zu stark reduziert.

23.3 Entfesseltes Blitzen

Solange sich der Blitz im Bereich der optischen Achse (in der Nähe des Kameraobjektivs) befindet, ist

Distanzverlängerung zwischen Blitz und Kamera mit dem TTL-Verbindungskabel.

Seitliche Blitzanordnung	Mit speziellem Zubehör kann der Blitz statt über der Kamera auch seitlich neben der Kamera platziert werden. Da der Abstand zur optischen Achse aber noch gering ist, eignet sich diese Methode nur für Bilder mit kurzem Aufnahmeabstand.
TTL-Verbindungskabel	Mit einem TTL-Verbindungskabel kann der Blitz bis zu 2 m von der Kamera entfernt aufgestellt werden. Dieser Abstand reicht gut aus für Porträtaufnahmen mit Seitenlicht.
Blitzsynchronisationskabel	Mit speziellen Blitzsynchronisationskabeln können mehrere Blitzgeräte zusammengeschlossen und miteinander eingesetzt werden. Dadurch ist eine gute Ausleuchtung der Motive möglich.
Slave-Funktion	Moderne Blitzgeräte verfügen über eine Slave-Funktion. Sie können dann unabhängig vom Hauptblitzgerät im Raum platziert werden. Die Blitzauslösung erfolgt durch den Licht- oder Infrarotimpuls des Hauptblitzes.
Mehrfachblitze	Bei langen Belichtungszeiten können Sie einen Raum auch mit mehreren Einzelblitzen aus der Hand fotografieren. Durch die lange Belichtungszeit wird die Bewegung nicht festgehalten. Sie müssen dazu den Blitz auf manuell stellen und mit den Belichtungswerten experimentieren.

es nicht möglich, die Motive dreidimensional auszuleuchten. Dazu muss der Blitz von der Kamera entfernt werden. Entfesseltes Blitzen ist mit Elektronenblitzgeräten auf verschiedene Arten möglich (siehe Tabelle). Weil Sie im Gegensatz zur Studioblitzanlage über kein (oder nur ein sehr kurzes) Einstelllicht verfügen, sehen Sie vor der Aufnahme nicht, wie sich die Schatten abbilden werden. Entfesseltes Blitzen ist deshalb eine anspruchsvolle Sache, und Sie müssen viel experimentieren, bis Sie die passenden Einstellungswerte herausgefunden haben. Beim Bild des Chamäleons im Zoo Zürich war die Lichtsituation in der Tropenhalle sehr schlecht. Mit einem TTL-Verlängerungskabel konnte aber der Aufhellblitz von seitlich oben das Tier sehr schön ausleuchten und die bunten Farben leuchtend zur Geltung bringen.

Chamäleon im Zoo Zürich, Fotograf: Martin Zurmühle.

23.4 Ausleuchten von Gebäuden mit Mehrfachblitzen

Eine Variante des entfesselten Blitzens ist das Ausleuchten von großen Räumen oder Häusern mit Mehrfachblitzen. Stellen Sie dazu die Kamera auf ein stabiles Stativ und wählen Sie eine genügend lange Belichtungszeit (z. B. 30 Sekunden).

Natürlich benötigen Sie dazu sehr dunkle Räume, weil sonst das Umgebungslicht die Aufnahme überbelichten würde. Die Belichtungsmessung der Kamera sollte eine Unterbelichtung von 2 Blendenstufen oder mehr anzeigen. Dadurch bleibt die Umgebung genügend dunkel, und das angeblitzte Motiv hebt sich klar ab. Wählen Sie die Blende so, dass die Blitze genügend Leuchtkraft für die Ausleuchtung des Motivs aufweisen. Bei der Nachtaufnahme des Barockschlosses (siehe Bild auf der nächsten Seite) verwendete ich das Blitzgerät SB 28 von Nikon mit der Leitzahl von 36 (bei ISO 100). Die Blitzdistanz bei voller Leistung (Einstellung Manuell) ergibt sich dabei aus folgender Formel:

Blitzdistanz = Leitzahl / Blendenzahl (bei ISO 100)

Im Beispiel: Blitzdistanz = 36 / 5.6 = 6,5 m

Mit nur einem Blitz mit einer Reichweite von 6,5 m könnte so das Gebäude nicht genügend ausge-

EXIF-Daten	
Brennweite	28 mm
Belichtungszeit	30 Sek.
Blendenwert	5.6
Empfindlichkeit	ISO 100

Ein mit Mehrfachblitzen ausgeleuchtetes Schloss bei Nacht, Fotograf: Martin Zurmühle.

leuchtet werden. Mit einem lichtstarken Objektiv hätte ich die Blende auch auf 2.0 stellen können. Dann vergrößert sich die Reichweite des Blitzes auf 18 m, aber das Umgebungslicht führt dann zu einem zu hellen Himmel. Ich habe die Belichtungszeit auf 30 Sekunden fest eingestellt.

Dank des Selbstauslösers von 10 Sekunden konnte ich nach dem Auslösen der Kamera zum Schloss gehen und innerhalb der 30 Sekunden das Gebäude mit vier Blitzen aus unterschiedlichen Richtungen gleichmäßig ausleuchten. Dazu müssen Sie das Blitzgerät auf manuelle Steuerung stellen und mit voller Blitzleistung arbeiten.

Mein Körper deckte beim Blitzen einzelne Bereiche des Schlosses ab, sodass meine Silhouette an mehreren Stellen sichtbar ist. Wollen Sie keinen Eigenschatten auf den Bildern, müssen Sie die Blitzstandorte geschickt wählen, sodass Ihr Körper beim Blitzen nicht vor dem Motiv steht. Versuchen Sie, mit den Blitzen den Raum oder das Gebäude möglichst gleichmäßig auszuleuchten.

Sie werden wahrscheinlich mehrere Versuche benötigen, bis Sie die richtige Kombination von Blitzleistung und Blende gefunden haben. Dann aber werden ganz spezielle Bilder möglich.

TIPP Mehrfachblitzen

- Stellen Sie bei der Kamera eine lange Belichtungszeit (30 Sekunden oder mehr) ein.
- Wählen Sie eine große Blendenöffnung (kleine Blendenzahl), damit Ihr Blitzgerät genügend Reichweite bekommt.
- Achten Sie darauf, dass das Umgebungslicht nicht zu einer Überbelichtung der Aufnahme führt (schon starke Straßenlampen können bei einer Belichtungszeit von 30 Sekunden und einer Blende von 5.6 die Szene genügend ausleuchten).
- Sie können mit dem Selbstauslöser Zeit gewinnen, um die optimalen Blitzstandorte rechtzeitig zu erreichen.
- Leuchten Sie das gewünschte Motiv mit mehreren Blitzen aus verschiedenen Richtungen möglichst gleichmäßig aus.
- Machen Sie verschiedene Aufnahmen mit unterschiedlichen Einstellungen bei der Kamera und den Blitzstandorten.
- Nehmen Sie genügend Reservebatterien mit. Blitze bei voller Leistung benötigen sehr viel Energie.

23.5 Blitzen mit einer Studioblitzanlage

Die beste Kontrolle des Lichts bietet die Studioblitzanlage. Das Thema ist allerdings zu umfangreich, um Ihnen in diesem Buch alles zu zeigen, was mit Studiolicht möglich ist. In meinem zweiten Buch, „Die große Fotoschule – Bildgestaltung für Fortgeschrittene", wird dieses Thema indessen umfassend behandelt. Ich gebe Ihnen hier aber einige Hinweise zum klassischen Porträtlicht und zur Beeinflussung der Schatten.

Anschluss der Kamera

Zum Arbeiten mit einer Studioblitzanlage eignen sich in erster Linien die DSLR-Kameras. Die meisten Kompakt- und Bridge-Kameras verfügen entweder nicht über einen geeigneten Blitzkontakt oder Sie können nicht mit Blitzanschluss und manueller Belichtungssteuerung fotografieren. Eine DSLR-Kamera kann auf mehrere Arten an eine Studioblitzanlage angeschlossen werden:

Infrarotsender	Am bequemsten geht es mit einem Infrarotsender, der direkt auf den Blitzschuh der Kamera montiert wird.
Kabelanschluss	Einige DSL-Kameras verfügen über einen Kabelanschluss direkt am Kameragehäuse. Das Kabel ist allerdings oft eine Stolperquelle im Studio.
Kabelanschluss mit Aufsteckschuh	Mit einem Aufsteckschuh kann das Kabel auch bei den übrigen DSLR-Kameras eingesetzt werden.
Funksteuerung	Mit zwei kleinen Funkgeräten können die Blitzgeräte auch über größere Distanzen ausgelöst werden.
IR-Filtervorsatz	Mit einem Infrarotfiltervorsatz kann durch den eingebauten Kamerablitz ein Infrarotimpuls ausgelöst werden. Der Kamerablitz wird abgeschirmt und der Infrarotimpuls löst die Blitzgeräte aus.

Infrarotsender auf dem Blitzschuh.

Kleines Funkgerät auf dem Blitzschuh der Kamera.

Anschluss eines Synchronisationskabels an die Kamera.

Mit dem IR-Filtervorsatz können alle Kameras mit eingebauten Blitzgeräten ausgelöst werden.

Anschluss des Synchronisationskabels am Blitzschuh mit Adapter.

Untereinander lösen die Studioblitze automatisch über den Lichtimpuls des ersten Blitzes aus.

TIPP **Blitzauslösung**

Wenn all diese Methoden versagen, können Sie die Blitzanlage auch mit einem guten Blitzgerät auslösen. Stellen Sie das Blitzgerät auf manuell und reduzieren Sie die Blitzleistung auf 1/64 oder weniger. Montieren Sie den Blitz auf die Kamera und stellen Sie ihn senkrecht nach oben. Nun löst dieser schwache Blitz die Studioblitzgeräte aus, ohne die Bildwirkung zu beeinflussen.

Belichtungsmessung

Der größte Vorteil von Studioblitzanlagen liegt beim Einstelllicht. Dieses zeigt Ihnen schon vor der Aufnahme, wie sich die Lichter und Schatten der Blitzgeräte im Bild auswirken werden. Auf der anderen Seite können Sie im Studio mit Ausnahme des Autofokus nur mit manuellen Kameraeinstellungen arbeiten.

Die Belichtungsmessung erfolgt mit einem Handbelichtungsmesser. Dieser misst mit der ausgedrehten Kalotte das auf das Motiv einfallende Licht und gibt die entsprechenden Kameraeinstellungswerte bekannt (im Beispiel bei ISO 200 und einer Belichtungszeit von 1/125 eine Blende von 8.0).

Es stehen drei verschiedene Messmodi zur Verfügung (siehe nachfolgende Tabelle).

Bei der Messung des Umgebungslichts (AMBI) werden die Werte für die Belichtungszeit

Der einfacher Handbelichtungsmesser Auto Meter IV F von Minolta.

AMBI	Ambivalent: Misst das Umgebungslicht, im Studio das Licht der Einstellleuchten.
CORD	Kabel: Löst den Blitz mit dem Verbindungskabel zur Blitzleuchte aus und misst anschließend die Blitzleistung.
NON CORD	Kein Kabel: Wartet nach der Aktivierung 60 Sekunden lang, bis ein Blitzlicht ausgelöst wird.

und die Blende angegeben. Bei der Messung der Blitzleistung spielt hingegen die Belichtungszeit keine Rolle, da der Lichtimpuls sowieso nur sehr kurz ist und das Umgebungslicht (Einstelllicht) nur bei sehr langen Belichtungszeiten einen Einfluss hat. So können Sie die Kamera auf eine möglichst kurze Belichtungszeit einstellen (z. B. 1/250 bei der Nikon D300 und D3).

Wenn Sie eine zu kurze Belichtungszeit einstellen (z. B. 1/500), erhalten Sie wegen des langsamen Kameraverschlusses abgedunkelte Bereiche im Bild. Einzelne Kameras wie die Nikon D70s haben einen elektronischen Verschluss.

Dort wird die Belichtungszeit durch die Abblitzzeit der Blitzgeräte limitiert, die bei ca. 1/500 Sekunde liegt. Kürzere Belichtungszeiten führen zu Lichtverlusten.

Der Belichtungsmesser gibt Ihnen nun den Blendenwert an, den Sie bei manueller Belichtungssteuerung an der Kamera einstellen müssen. Alle anderen Belichtungssteuerungsmethoden (Programm-, Zeit- und Blendenautomatik, Motivprogramme) funktionieren im Studio nicht und führen zu fehlbelichteten Bildern. Stellen Sie auch eine allfällige ISO-Automatik an der Kamera ab, weil sonst die Automatik den ISO-Wert aufgrund des schwachen Einstelllichts auf ISO 1600, 3200 oder höher setzt.

TIPP Belichtungsmessung

Ich verwende den Belichtungsmesser im Studio nur für die Feststellung der Belichtung der ersten Grundeinstellung. Anschließend kontrolliere ich die Belichtung immer mit dem Histogramm des Kameradisplays, wie ich es Ihnen in Kapitel 5.5 gezeigt habe.

Porträtlicht

Ich erkläre Ihnen die wesentlichen Lichteinstellungen im Studio anhand von Porträtaufnahmen. Folgende Lichter können dort eingesetzt werden:

Hauptlicht	Auch als erstes Licht oder Führungslicht bezeichnet. Das Hauptlicht ist die wichtigste Lichtquelle, der alle anderen Lichtquellen unterzuordnen sind, und liefert die Grundhelligkeit und die Objektmodulation.
Aufhelllicht	Auch als zweites Licht bezeichnet. Das Aufhelllicht dient zur Schattenaufhellung und zur Reduzierung der Kontraste. Anstelle des Aufhelllichts kann auch ein heller Reflektor verwendet werden.
Effektlicht	Auch als drittes Licht bezeichnet. Das Effektlicht dient zur gezielten Erzeugung von Lichteffekten wie z. B. Gegenlicht im Haar.
Hintergrund-licht	Das Hintergrundlicht beleuchtet den Hintergrund gleichmäßig oder ruft einen gezielten Helligkeitsverlauf hervor.

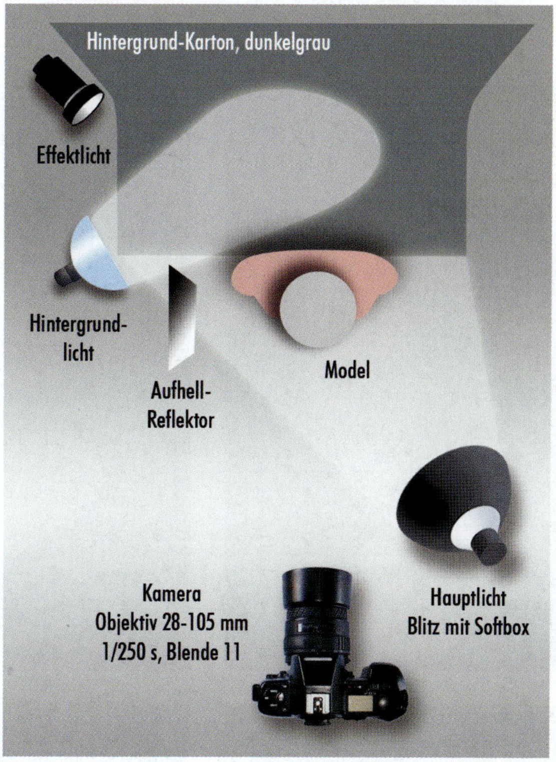

Haben Sie diese Grundeinstellungen gemacht, können Sie sich dann ganz auf das Model konzentrieren. Variieren Sie bei Porträtaufnahmen die Kopf- und Körperhaltung und die Blickrichtung des Models. Dadurch erhalten Sie eine Vielzahl verschiedener Bilder mit unterschiedlicher Bildaussage und -wirkung. Erst am PC können Sie dann definitiv entscheiden, welche Einstellung Ihnen und Ihrem Model am besten entspricht.

TIPP Farbige Hintergründe

Mit farbigen Folien vor Standardreflektoren und einem dunkelgrauen Hintergrundkarton können Sie auf einfache Weise farbige Hintergründe ersetzen.

Rote, blaue oder gelbe Farbfolien vor einem Standardreflektor, Model Daniela, Fotograf: Martin Zurmühle.

Varianten von Porträtaufnahmen bei gleicher Lichtsituation, Model Jenny, Fotograf: Martin Zurmühle.

Licht und Schatten

Die Lage der Blitzleuchten zum Gesicht hat einen entscheidenden Einfluss auf die Wirkung. Frontales Blitzlicht zeigt keine Schatten. Je größer der Winkel wird, desto länger werden die Schatten. Bezüglich der seitlichen Lage des Blitzlichts unterscheiden wir folgende Lichter:

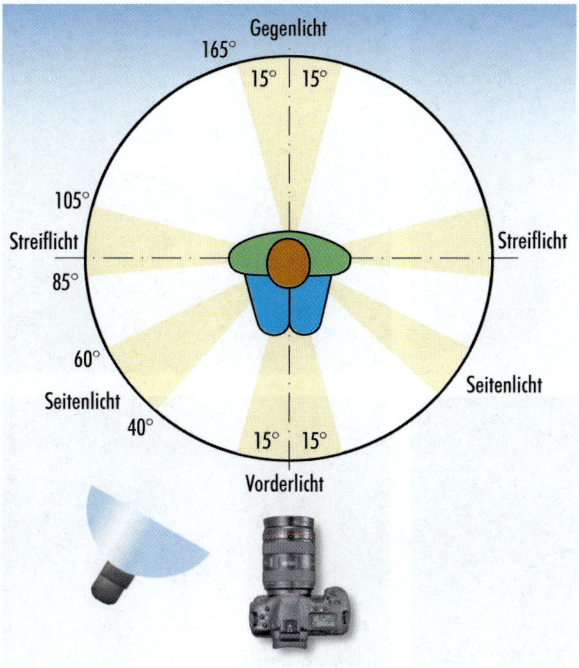

Vorderlicht	Frontalbeleuchtung von vorn zwischen 0 und 15 Grad.
Seitenlicht	Seitenlicht zwischen ca. 40 und 60 Grad.
Streiflicht	Seitenlicht zwischen ca. 85 und 105 Grad.
Gegenlicht	Licht von hinten zwischen ca. 165 und 195 Grad.

TIPP **Ober- und Unterlicht**

Ober- und Unterlicht erzeugen lange Nasenschatten. Unterlicht wirkt sehr theatralisch. Beide Lichtarten werden deshalb bei Porträtaufnahmen nur selten eingesetzt.

Neben der seitlichen Lage bestimmt auch die Höhe der Blitzleuchten zum Model, wie die Schatten wirken:

Oberlicht	Licht senkrecht oder steil von oben zwischen 0 und 30 Grad
Unterlicht	Licht von unten.

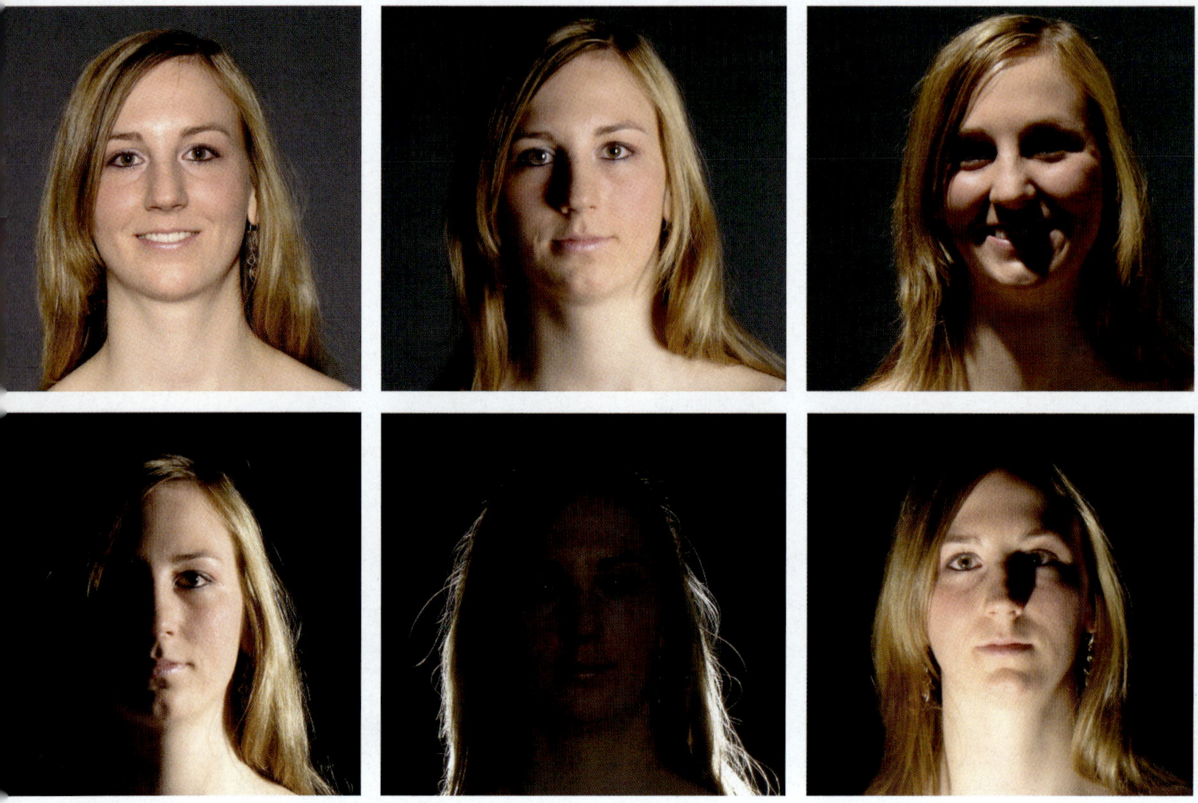

Lichtvarianten mit derselben Grundposition, Model Katrin, Fotograf: Martin Zurmühle. Oben links Vorderlicht, oben Mitte Seitenlicht, oben rechts Oberlicht. Unten links Streiflicht, unten Mitte Gegenlicht, unten rechts Unterlicht.

24

Digitale Bildkompositionen

Mit digitalen Bildern können Sie mehr machen, als nur die Bilder zu perfektionieren. Mit Mehrfachbelichtungen machen Sie innerhalb weniger Minuten spannende neue Bilder. Durch die Kombination von verschiedenen Bildern können Sie ganz neue Zusammenhänge zeigen und eindrucksvolle Bilder gestalten. Und mit der Bildverfremdung machen Sie den Schritt von der Fotografie zur bildenden Kunst. Sie sehen, die Grenzen liegen nur in Ihrer Fantasie und Vorstellungskraft.

Eine spannende Mehrfachaufnahme, in der digitalen Welt ein Kinderspiel, Fotograf: Mathias Vogel.

24.1 Mehrfachbelichtungen ab Stativ

Die digitale Fotografie bringt nicht nur viele neue Möglichkeiten bei der Aufnahme und der Bildoptimierung. Digitale Bilder sind auch sehr gute Ausgangsbilder für neue Bildkompositionen. Hier öffnen sich neue Felder, in denen sich Fotografie und Kunst annähern.

Jahrelang wurde gestritten, ob die digitale Fotografie mit ihren Bildveränderungen überhaupt bei Fotowettbewerben zugelassen werden soll. Heute ist das kein Thema mehr. Entscheidend ist einzig die Qualität des Resultats, unabhängig von der Herstellungsmethode.

Schauen Sie sich mal die Resultate der großen Fotowettbewerbe an. Empfehlenswert sind dazu die Wettbewerbsbücher des weltweit größten Fotowettbewerbs, des Trierenberg Super Circuits (*www.supercircuit.at*). Fantastische digitale Bildkompositionen haben dort ihren festen Platz erobert und zeigen die technischen Fähigkeiten und das große Vorstellungs- und Gestaltungsvermögen der heutigen digitalen Fotografen.

Mehrfachbelichtungen sind in der digitalen Welt sehr einfach und schnell zu realisieren. Verwenden Sie dazu ein stabiles Stativ.

Sie möchten drei identische Aufnahmen erhalten. Stellen Sie deshalb die Kamera auf manuelle Belichtungssteuerung und schalten Sie die Automatikfunktionen wie den automatischen Weißabgleich, das automatische Scharfzeichnen und den Autofokus ab.

Verändern Sie die Einstellungen zwischen den Aufnahmen nicht. Sie erhalten so drei Bilder, die passgenau übereinander liegen. Achten Sie bei der Platzierung der Personen aber darauf, dass sie sich nicht gegenseitig überschneiden. Genügend Zwischenraum zwischen den Models erleichtert Ihre Arbeit am PC sehr.

Der Zusammenbau der Bilder geht nun ganz einfach:

1 Zweite Figur ins Bild holen

Öffnen Sie das erste Bild in Photoshop. Machen Sie dabei noch keine Bildkorrekturen. Öffnen Sie anschließend das zweite Bild. Aktivieren Sie das Verschieben-Werkzeug. Drücken Sie die [Umschalt]-Taste und ziehen Sie mit der Maus das Bild mit den beiden Models in die dritte Aufnahme hinein.Beide Bilder liegen nun pixelgenau übereinander. Erstellen Sie mit dem Befehl *Ebene/Ebenenmaske hinzufügen/Alles einblenden* eine Maske zum oberen Bild. Mit einem schwarzen weichen Pinsel können Sie nun den Bereich des unteren Bildes in der Maske schwarz färben und so das Model sichtbar machen. Da die Pixel beider Bilder deckungsgleich sind, müssen Sie dabei nicht sehr genau arbeiten. Wichtig ist nur, dass die ganze Figur vollständig in der Maske schwarz eingefärbt wird.

2 Dritte Figur ins Bild holen

Mit dem Befehl *Ebene/Sichtbare auf eine Ebene reduzieren* werden beide Ebenen in eine verschmolzen. Öffnen Sie jetzt das dritte Bild. Drücken Sie die [Umschalt]-Taste und ziehen Sie mit der Maus das Bild mit den beiden Models in die dritte Aufnahme hinein. Nun erstellen Sie wie vorher eine leere Maske beim oberen Bild und holen mit einem schwarzen Pinsel die dritte Figur ins Bild. Achten Sie darauf, dass der Bereich genügend groß ist und auch die Spiegelung auf der Tischplatte umfasst. Hingegen dürfen Sie nicht zu nahe an die mittlere Figur kommen, weil Sie diese sonst zerstören könnten.

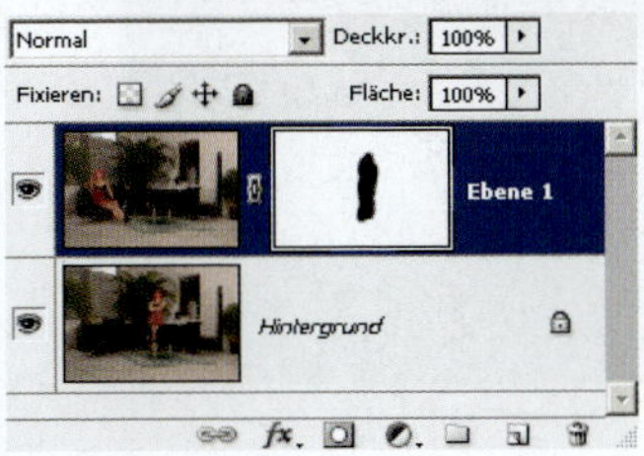

Zwei Models in einem Bild zusammengebaut, Fotograf: Mathias Vogel.

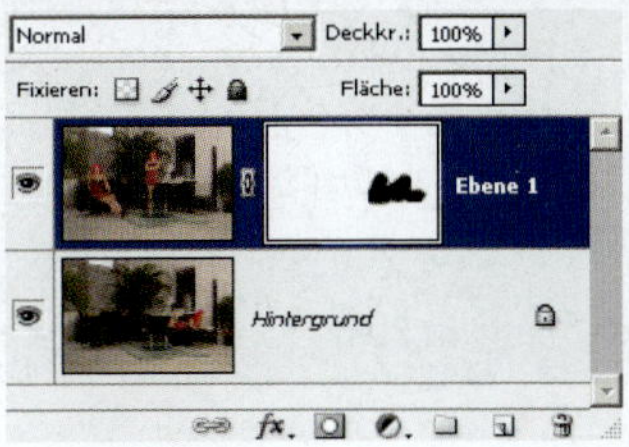

Nun sind alle drei Models im Bild, Fotograf: Mathias Vogel.

3 Bildkorrekturen durchführen

Anschließend werden die beiden Ebenen erneut wie vorher in eine verschmolzen. Erst jetzt werden die Bildunreinheiten entfernt und allgemeine Bildkorrekturen (Tonwerte, Gradationskurve, Sättigung) vorgenommen. Am Ende wird das Bild noch fertig zugeschnitten und geschärft. Sie können solche Bilder mit beliebig vielen Figuren machen. Wichtig ist nur, dass sich die einzelnen Figuren nicht überlappen, weil sonst der Arbeitsaufwand sehr groß wird.

24.2 Zaubern wie David Copperfield

Mit Mehrfachbelichtungen können Sie auch mit einem Model zaubern. Sie benötigen etwas Vorbereitung und viel Fantasie, dann sind auch spezielle Bilder möglich. Mit Model Julia habe ich eine Zauberszene im Stile von David Copperfield nachgestellt.

Bei der ersten Aufnahme schwebt Julia über dem Sarg. Ich wollte die Kerzen und das Licht gut zur Geltung bringen und habe deshalb nur mit dem Einstelllicht der Blitzanlage fotografiert. Aufgrund der langen Belichtungszeit verwischten die drehenden Füße und der Kopf, was sehr gut zur Bildwirkung passt. Bei der zweiten Aufnahme hält sie wie eine Zauberin die Hände unter die schwebende Figur.

Die Hauptarbeit liegt beim sauberen Entfernen der Seile. Dazu eignen sich das Kopierstempel-Werkzeug, das Ausbessern-Werkzeug und der Reparatur-Pinsel. Sie brauchen etwas Geduld, aber der Aufwand lohnt sich. Um dem Bild einen möglichst großen Realitätsbezug zu geben, müssen die Schat-

Zwei Aufnahmen vor dem Zusammenbauen, Model Julia, Fotograf: Martin Zurmühle.

ten der schwebenden Figur sowohl im Hintergrund wie auf der stehenden Zauberin sichtbar sein. Den Hintergrundschatten nehmen Sie einfach vom Bild der schwebenden Frau. Da sich die beiden Figuren überlagern, müssen Sie sehr sorgfältig arbeiten und die stehende Frau mit einer Auswahl vor Veränderungen schützen. Zum Schluss dunkeln Sie noch einen Bereich bei den Armen ab, um die Illusion des Schattens auch auf der Zauberin zu erzeugen. Machen Sie dazu eine Auswahl und dunkeln Sie diese danach mit der Tonwertkorrektur stark ab. Nun brauchen Sie nur noch die allgemeinen Bildkorrekturen vorzunehmen, das Bild fertig zu schärfen und zuzuschneiden. Fertig ist die Zauberei.

Zauberei im Stile von David Copperfield, Model Julia, Fotograf: Martin Zurmühle.

Eine fantastische Bildkomposition im Kunstmuseum, Fotograf: Gerhard Busch.

24.3 Zusammenbau verschiedener Bilder zu einer neuen Komposition

Vorlagebild für die Bildkomposition, Fotograf: Gerhard Busch.

Mit genügend Fantasie können Sie aber auch aus ganz verschiedenen Bildern neue Bildkompositionen erstellen.

Ein Meister dieser Kunst ist Gerhard Busch. Beim Museumsbild nahm er zuerst ein schönes Porträtbild im Studio mit einem fantastischen Hintergrundbild mit schönen Vogelfedern auf.

Dann machte er eine passende Aufnahme in einem

Bild aus dem Museum mit einem virtuellen Bilderrahmen, Fotograf: Gerhard Busch.

Museum auf der Museumsinsel Hombroich bei Neuss. Schon bei der Aufnahme hatte er das Konzept für das fertige Bild im Kopf. Auf die Wand legte er virtuell einen leeren Bilderrahmen mit Schatten.

Anschließend baute er das Bild des Models in die Museumssituation ein. Er löschte die weiße Fläche des Rahmens. Mit der aktivierten unteren Ebene wählte er alles aus und transformierte das Bild mit *Bearbeiten/Frei transformieren* so, dass es perfekt in den Rahmen passte.

Mit entsprechenden Fähigkeiten und der Beherrschung der Bildbearbeitung können ganz fantastische Bilder erstellt werden. Auf der nächsten Seite ein paar weitere Bildbeispiele von Gerhard Busch. Im Rahmen dieses Buches ist es nicht möglich, Ihnen alle Tricks und Kniffe zu der umfassenden Bildbearbeitung dieser digitalen Bildkompositionen zu zeigen. Für Fachkundige macht Gerhard Busch hier aber ein paar Angaben dazu, wie er die Bilder gemacht hat:

„Der Wald ist ein Schwarz-Weiß-Bild, das in ein RGB-Farbbild umgewandelt wurde. Anschließend habe ich mit *Farbton/Sättigung* und der Option *Färben* eine leicht bläuliche Tönung erzeugt. Die Blumen fügte ich mit dem Filter *Extrahieren über Ebenen* ein. Die Schatten der Bäume wurden abgedunkelt. Die Nebelfelder erzielte ich mit dem Pinsel in Airbrush-Technik mit verminderter Deckkraft.

Das Hauptmotiv mit der Metallkugel ist ein Kunstwerk auf dem Gelände einer ehemaligen Raketenabschussbasis in der Nähe von Hombroich. Das Aktmodel kommt von einer anderen Bilddatei und wurde ins Bild eingefügt. Der Schatten, den das Model auf den Boden wirft, wird erreicht, indem ich das Aktmodel im Ebenenfenster dupliziere. Anschließend wird der Schatten mit dem Befehl *Bild/Anpassungen/Helligkeit/Kontrast* schwarz eingefärbt. Mit dem Befehl *Bearbeiten/Frei transformieren* wurde der Schatten anschließend gestaucht. Mit dem Gaußschen Weichzeichner und einer angepassten Deckkraft erzeugte ich eine natürliche Wirkung des Schattens."

Eine Kombination aus einem Waldbild mit einer Blumenwiese, Fotograf: Gerhard Busch.

Eine kraftvolle Kombination, Fotograf: Gerhard Busch.

Ein Bild aus einer anderen Welt, Fotograf: Gerhard Busch.

„Beim Bild der Tänzerin im Wald nahm ich wiederum ein Schwarz-Weiß-Bild. Mit dem Befehl *Filter/Weichzeichnungsfilter/Bewegungsunschärfe* erzeugte ich eine horizontale Bewegungsunschärfe der Bäume. Mit dem Befehl *Bild/Anpassungen/Fotofilter* habe ich dem Bild einen kühlen Farbton gegeben.

Die Tänzerin habe ich aus einer anderen Bilddatei mit dem Befehl *Filter/Extrahieren* freigestellt und als separate Ebene ins Bild gezogen.

Die Tänzerin habe ich anschließend separat farblich angepasst (mit *Farbton/Sättigung*) und eingefärbt. Mit dem Radiergummi wurde das Bein der Tänzerin hinter dem Baum wegradiert."

24.4 Digitale Kunstkompositionen

Der Fotokünstler Michael Maier geht bei seiner Arbeit noch einen Schritt weiter. Er orientiert sich an den surrealistischen Bildern des 20. Jahrhunderts (z. B. Salvador Dalí). Auch er setzt seine Bilder aus mehreren Fotografien zusammen. Dann aber verfremdet er die Bilder weiter. Beim Bild mit dem Radio zieht er die Beine der beiden Models in die Länge, ähnlich den Kunstwerken der surrealistischen Maler.

Alle Bildteile haben eine besondere Bedeutung und sind sorgfältig komponiert. Michael Maier macht so den Sprung von der Fotografie zur darstellenden Kunst. Es entstehen ganz fantastische Bilder, die unsere Fantasie anregen, genau die richtigen Bilder, um dieses Kapitel zu beenden.

Das Radio gehört zum tanzenden Paar. Die Vögel lassen die Gedanken und die Töne fliegen. Die Linie im Gras führen zum tanzenden Paar.

Ein surreales Bild, Fotograf: Michael Maier.

Eine Traumsituation, Fotograf: Michael Maier.

Ein Auf-Wiedersehen-Gruß von Fotograf Michael Maier.

25

Bilder drucken und präsentieren

Bilder entfalten erst ihre Wirkung, wenn sie gezeigt werden. Mit dem Internet haben Sie heute eine fantastische Möglichkeit, Ihre Bilder weltweit zu zeigen und zu diskutieren. Bilder können schnell und einfach online von Printdiensten ausgedruckt werden. Bei Eigendrucken benötigen Sie eine geeignete Kombination aus Tinte und Papier und die richtigen Einstellungen von Monitor und Drucker. Und wenn Sie Ihre Bilder wirkungsvoll am Bildschirm oder im Ausdruck präsentieren wollen, setzen Sie schöne Rahmen ein. Die konventionelle Diashow wird heute ersetzt durch die elektronische Diashow am PC, Fernseher oder mit dem Beamer.

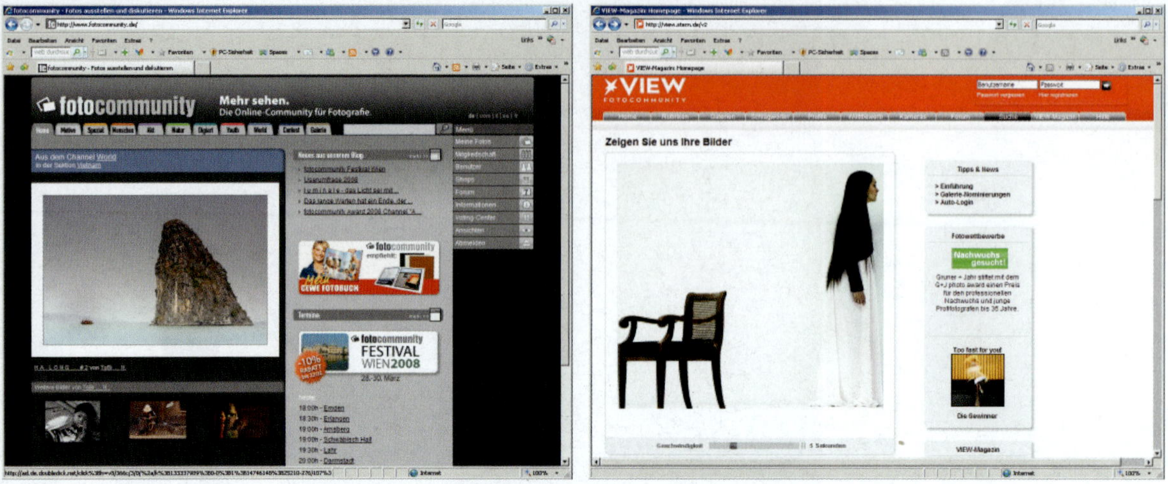

Fotocommunity (www.fotocommunity.de) und Stern View Community (www.view.stern.de), zwei deutschsprachige Fotoplattformen im Internet.

25.1 Online präsentieren im Internet

Das Internet bietet Ihnen heute eine perfekte Möglichkeit, Ihre Bilder anderen zu zeigen. Verschiedene Plattformen funktionieren im Stile von virtuellen Fotoklubs.

Durch die kritische Auseinandersetzung mit Bildern lernen Sie sehr schnell und entwickeln Ihre Fähigkeiten als Fotograf weiter. Für die Präsentation Ihrer Bilder stehen Ihnen folgende Möglichkeiten zur Verfügung:

Fotoplattformen und virtuelle Fotoklubs	Verschiedene Fotoplattformen erlauben die Präsentation und Besprechung von Bildern: *www.fotocommunity.de* *www.view.stern.de* *www.photoforum.ru* *www.photosig.com*
Eigene Homepage	Eigene Homepages sind heute nicht mehr teuer und bieten die beste Präsentationsmöglichkeit der eigenen Arbeiten. Sie benötigen dazu aber gute EDV-Kenntnisse.

Auf der Fotoplattform Fotocommunity.de können Sie Ihre Bilder anderen Fotografen zeigen. Sie erhalten Kommentare und Anregungen, aber auch Kritik zu Ihrer Arbeit.

Sehr gute Bilder werden in Galerien gewählt. Sie können mit gleich gesinnten Fotografen chatten oder Fragen in Foren diskutieren. An regelmäßigen Usertreffs können Sie andere Mitglieder treffen und außerhalb des virtuellen Raums über die Fotografie diskutieren. Das Abonnement kostet pro Monat je nach Umfang zwischen 3,50 und 6,50 Euro. Das ist eine tolle Sache für engagierte Fotografen.

25.2 Bilder bei Printdiensten drucken lassen

Der einfachste Weg, seine Bilder drucken zu lassen, führt über die Printdienste. Für die Übermittlung der Bilder haben Sie verschiedene Möglichkeiten:

Internet	Übermittlung direkt über das Internet im JPEG-Format.
CD/DVD	Senden einer CD oder DVD ans Labor (in verschiedenen Formaten möglich).
Speicherkarten	In Fotofachgeschäften können auch Speicherkarten direkt eingelesen werden.

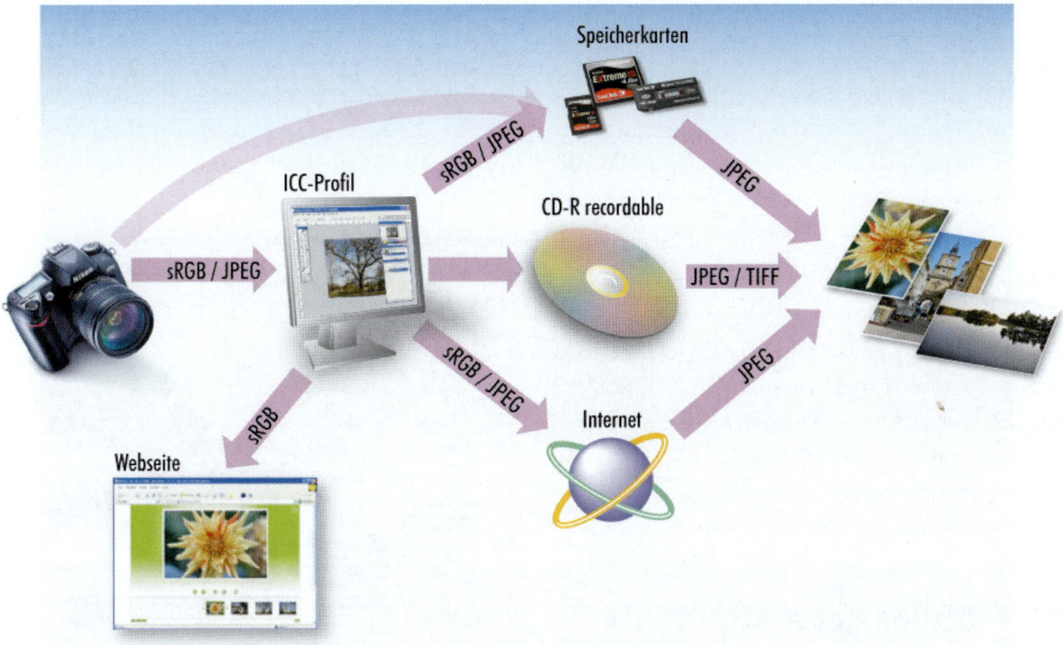

Der Workflow beim Drucken der Bilder im Labor.

Für Ihren Workflow kann ich Ihnen folgende Einstellungen empfehlen.

Kamera	Farbraum sRGB, Dateiformat JPEG.
Bildschirm	Kalibrierter Bildschirm (mit Kolorimeter) oder Kalibrierung mit Farbkarte des Printdienstleisters.
Datenformat	JPEG in bester Qualität (in Photoshop Stufe 12).

Dieser Workflow eignet sich auch für die Darstellung der Bilder im Internet. Nur müssen Sie dann die Bildgröße mit dem Befehl *Bild/Bildgröße* nach den Vorschriften der Fotoplattform verkleinern. Da bei der Skalierung das Bild leicht unscharf wird, sollten Sie es nochmals leicht mit USM nachschärfen.

Wichtig ist, dass Sie Ihren Bildschirm kalibrieren und profilieren. Dadurch stellen Sie sicher, dass die Farben neutral und ohne Farbstich wiedergegeben werden.

Unter Kalibrierung versteht man die hardwareseitige Einstellung des Monitors für Farbtemperatur, Kontrast und Helligkeit. Unter Profilierung ist die softwareseitige Einstellung und Anpassung mittels der ICC-Profile zu verstehen. Ein ICC-Profil (International Color Consortium) ist eine Datei, die das Farbverhalten eines bestimmten Ein- oder Ausgabegeräts in einer vom ICC definierten Form beschreibt. Bei unterschiedlichen, aber kalibrierten und profilierten Monitoren sehen die Bilder dann gleich aus.

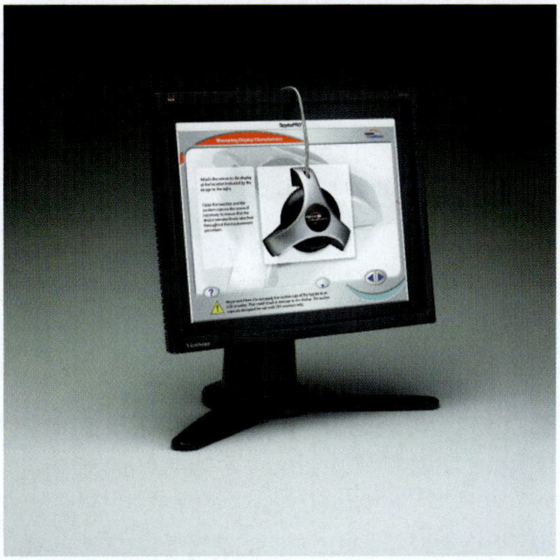

Monitorkalibriergerät Spyder von ColorVision.

Mit Monitorkalibriergeräten wie dem Spyder von ColorVision (*www.colorvision.ch*) werden alle Vorgänge weitgehend automatisch durchgeführt. Da die Bildschirme mit dem Alter ihre Einstellungswerte verändern, sollte die Kalibrierung in regelmäßigen Abständen wiederholt werden.

Drucken bei den Printdiensten ist günstiger als der Selbstdruck. Die Bilder sind zudem robuster und weniger empfindlich als Eigendrucke. Ein Nachteil liegt bei den „Bildoptimierungen", die einzelne Labors automatisch vornehmen. Bei mit der Bildbearbeitung gut vorbereiteten Aufnahmen sollten Sie solche Maßnahmen ausschalten lassen.

Die Bilder werden auf Fotopapier gedruckt wie bei den analogen Filmen. Es stehen verschiedene Bildformate zur Verfügung. Auch spezielle Angebote wie Kalender und Fotobücher können bestellt werden. Hier eine Liste von Onlineprintdiensten:

www.aldifotos.de	www.schlecker.de
www.ifolor.de	www.bilderservice.de
www.hobbylab.ch	www.pixelnet.de
www.photocolor.de	www.photocolor.ch
www.snapfish.de	www.fujifilm.ch
www.pixum.de	

Ein Problem bei Printdiensten liegt in den zum Teil schwer kalkulierbaren Farben der Bilder. Sehr oft weichen diese von den Darstellungen auf dem Bildschirm ab. Manche Anbieter offerieren deshalb Musterkarten zum Kalibrieren der Bildschirme.

Der Druck bei Printdiensten ist der leichteste Weg zu guten Bildern. Am einfachsten geht die Bestellung direkt per Internet. Sie müssen sich nicht um die Probleme mit den Fotodruckern und den Fotopapieren kümmern. Es ist sicher der richtige Weg für Familienfotos und Bilder für den Beruf. Aber auch anspruchsvolle Bilder für Fotowettbewerbe können in Labors in sehr guter Qualität gedruckt werden.

Bilder mit einem normalen Kontrastumfang werden gut gedruckt. Bei starken Kontrasten fressen die Lichter manchmal aus. Die Qualität von Schwarz-Weiß-Bildern ist allerdings recht unterschiedlich. Manche Labors bieten dafür auch spezielle Papierqualitäten an.

Fotobücher haben eine erstaunlich gute Bildqualität. Nur bei Schwarz-Weiß-Bildern neigen sie zu leichten Farbstichen.

Mit der Software, die gratis heruntergeladen werden kann, können Sie Ihre Bücher selbst gestalten und schon in einer Auflage von nur einem Stück drucken lassen. Solche Bücher wirken vor allem mit einem harten Bucheinband sehr nobel.

Hier ein paar Anbieter von Fotobüchern:

www.fotobuch.de	www.photolux.de
www.myphotobook.de	www.printmyphotobook.ch
www.pixopolis.de	www.eyepublications.com
www.fotobuch-xxl.de	www.book4you.ch
www.cewe-fotobuch.de	www.bookfactory.ch

Fotobücher sind eine tolle Sache, und sie ersetzen heute die klassischen Fotoalben. Sie sind wesentlich kompakter als Fotoalben und können so leicht mitgenommen werden.

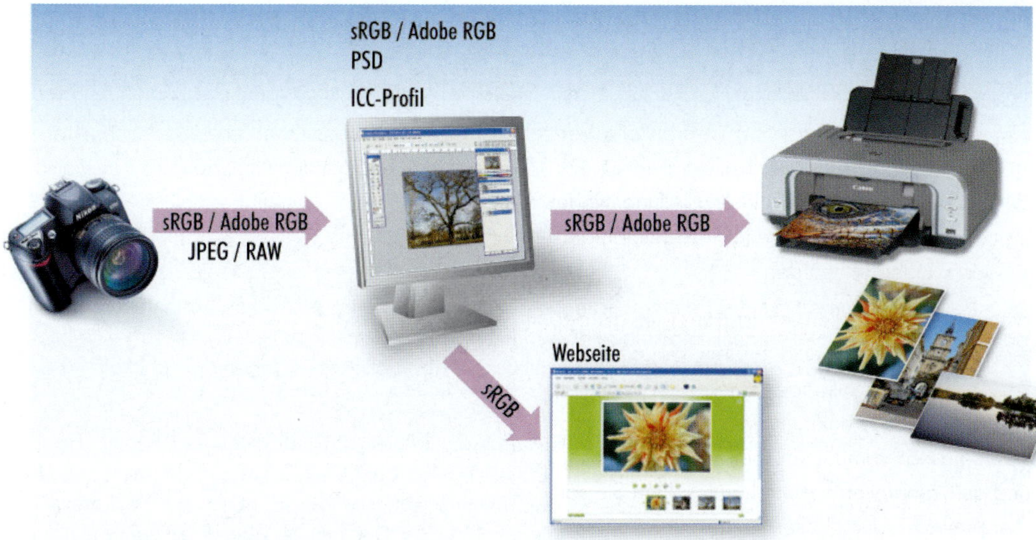

Workflow beim Selberdrucken der Bilder.

25.3 Bilder selbst drucken

Für Ihren Workflow kann ich Ihnen folgende Einstellungen empfehlen:

Kamera	Farbraum sRGB oder Adobe RGB, Dateiformat JPEG oder RAW.
Bildschirm	Kalibrierter Bildschirm (mit Monitorkalibriergerät).
Drucker	Drucken mit Profil des verwendeten Papiers (von Drucker- oder Papierlieferant).
Papiere	Spezielles Fotopapier glänzend, halbmatt oder matt, passend zur verwendeten Tinte.

Der Farbraum Adobe RGB ist größer als der sRGB-Farbraum und eignet sich so besser für den Eigendruck. Wollen Sie die Bilder aber auch im Internet zeigen, müssen Sie diese vorher mit dem Befehl *Bild/Modus/In Profil konvertieren* in den sRGB-Modus konvertieren. Ohne diese Umwandlung werden die Farben auf der Fotoseite im Internet verändert und viel flauer wiedergegeben.

Qualitativ hochwertige Fotodrucker werden heute günstig angeboten. Diese erlauben je nach Modell Ausdrucke bis zur Größe von A3+. Für eine gute Bildqualität müssen Sie aber die richtigen Fotopapiere und Druckereinstellungen verwenden.

Die Drucker sind erstaunlich günstig. Die Druckerhersteller verdienen ihr Geld vor allem bei den sehr teuren Drucktinten. Da auch die Spezialpapiere recht teuer sind, kosten Eigendrucke im Gesamten wesentlich mehr als Bilder aus dem Labor. Der Vorteil liegt in der schnellen Verfügbarkeit der Bilder und der besseren Kontrolle über die Resultate. Für Eigendrucke stehen Ihnen verschiedene Drucksysteme zur Verfügung (siehe Tabelle auf der nächsten Seite oben).

Am besten geeignet für Fotodrucke sind Tintenstrahldrucker. Diese gibt es mit zwei unterschiedlichen Tintensystemen:

Pigmentierte Tinte	Pigmentierte Tinte hat eine sehr lange Lebensdauer (über 50 Jahre), aber auch einen kleineren Farbraum und weniger Farbsättigung und Leuchtkraft.
Dye-Tinte	Dye-Tinte hat einen größeren Farbraum und eine hohe Farbsättigung und Leuchtkraft, allerdings verblassen die Bilder schneller als mit pigmentierter Tinte.

Tintenstrahldrucker	Ein Tintenstrahldrucker spritzt feine, meist farbige Tintentropfen auf das Papier. Bei richtiger Wahl der Tinte und des Papiers sind Ausdrucke in bester Fotoqualität möglich.
Farblaserdrucker	Anders als Tintenstrahldrucker arbeiten Laserdrucker nicht mit Tinte, sondern mit einem sehr feinen Pulver (Toner). Dieses wird bei hoher Temperatur mit einem Laser auf das Papier gebrannt. Farblaserdrucke sind günstig, eignen sich aber wegen der fehlenden Brillanz und Farbdichte nicht für hochwertige Bilddrucke.
Thermosublimationsdrucker	Farbdrucker, der die Farben der Trägerfolien in einen gasförmigen Zustand verwandelt, bevor sie in ein Spezialpapier eindringen. Thermosublimationsdrucker liefern eine besonders gute Farbtiefe und Farbsättigung, haben aber meist sehr hohe Anschaffungs- und immer sehr hohe Verbrauchskosten.
Thermotransferdrucker	Drucker, der mithilfe von Hitze Farbpartikel von einer Trägerfolie auf das Papier überträgt. Das Thermotransferdruckverfahren liefert kräftige, lichtechte Farben. Die Kosten liegen zwar deutlich unter denen des Thermosublimationsdrucks, aber meist noch beim Doppelten bis Dreifachen des Tintenstrahldrucks. Der Drucker eignet sich sehr gut für Foliendrucke.

Möchten Sie sehr leuchtende Bilder mit großem Farbraum, wählen Sie einen Drucker mit Dye-Tinte. Ist Ihnen die Lebensdauer Ihrer Prints wichtiger, nehmen Sie einen Drucker mit Pigmenttinte. Bei Druckern wird die Auflösung in dpi angegeben. Hier gibt es oft Verwechslungen mit der Bildauflösung der Kamera, die in ppi angegeben wird.

ppi (pixel per inch)	Die Angabe sagt aus, wie viele Pixel pro Inch (= 2,54 cm) oder Zoll vorhanden sind. Monitore besitzen eine Auflösung von 72 ppi, bei Drucken werden in der Regel 300 ppi benötigt. Bei Postern (mit großem Betrachtungsabstand) reichen aber auch 150 ppi.
dpi (dots per inch)	Bei Drucken besteht ein Bild aus einer Vielzahl von Punkten in den Grundfarben. Je mehr Punkte pro Inch oder Zoll gedruckt werden, umso schärfer können die Bilder dargestellt werden. Es werden somit wesentlich mehr dpi benötigt, um ein Bild mit vorgegebenem ppi zu drucken. Der Tintenstrahldrucker Epson Stylus Photo R2400 hat z. B. eine maximale Druckauflösung von 5.760 x 1.440 dpi.

Mit den Standardpapieren der Druckerhersteller und mitgelieferten ICC-Profilen können Sie hochwertige und farbgenaue Drucke machen.

Hochwertige Papiere für den Ausdruck am eigenen Tintenstrahldrucker können Sie von verschiedenen Herstellern erwerben.

Hierbei ist darauf zu achten, dass das Papier eine möglichst hohe Auflösung für den Druck zulässt und das Papier eine gewisse Mindeststärke besitzt, um wirklich hochwertige Druckergebnisse zu ermöglichen.

INFO **Downloadhinweis**

Einige Bilder können Sie unter folgender Internetadresse als Übungsbeispiele herunterladen: *www.databecker.de*.
Dort geben Sie unter *Downloads/Buch-Extras* den Titel dieses Buches ein.

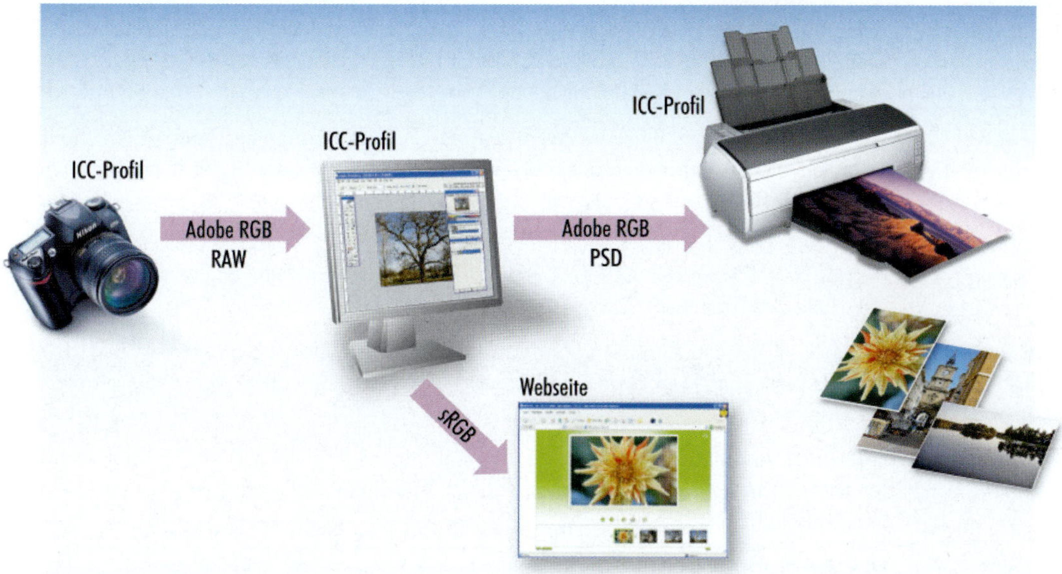

Workflow beim Fine-Art-Printing.

25.4 Fine-Art-Printing

Für Ihren Workflow kann ich Ihnen folgende Einstellungen empfehlen.

Kamera	Farbraum Adobe RGB, Dateiformat RAW.
Bildschirm	Kalibrierter Bildschirm (mit Monitorkalibriergerät).
Drucker	Kalibrierter Drucker (mit Spektrokolorimeter) für jede verwendete Tinte und Papiersorte. Evtl. RIP-Software zur Druckersteuerung.
Papiere	Spezielle hochwertige Fotopapiere (meistens matte Kunstpapiere), passend zur verwendeten Tinte.

Fine-Art-Printing ist eine Wissenschaft für sich. Ziel ist es, Drucke in höchster Qualität herzustellen, vergleichbar mit den Drucken aus dem Schwarz-Weiß-Labor. Im digitalen Labor müssen alle Faktoren von der Kamera bis zum Druck optimal aufeinander abgestimmt werden, um diese Qualität zu erreichen. Das Fine-Art-Printing erfordert ein hohes Fachwissen. Im Rahmen dieses Buches kann ich Ihnen nicht alle Tipps und Tricks erklären. In meinem zweiten Buch, „Die große Fotoschule – Bildgestaltung für Fortgeschrittene", behandle ich dieses Thema umfassend. Für erfahrene Anwender gibt hier Markus Zuber (*www.fineartpix.ch*) als Fachmann für Fine-Art-Printing einige Hinweise. Ein systematisches Vorgehen ist hier empfehlenswert (Siehe Tabelle auf der folgenden Seite). Fine-Art-Printing ist eine anspruchsvolle Sache. Die Resultate bei optimalem Workflow sind aber absolut sehenswert und vergleichbar mit den besten Drucken aus den analogen Labors. Und Sie haben die Kontrolle über den ganzen Herstellungsprozess. Da die Materie nicht einfach zu lernen ist, möchte ich Ihnen entsprechende Kurse von Fachleuten empfehlen. Sie ersparen sich dadurch viele Stunden Probierarbeit und Kosten für unzählige Fehldrucke.

TIPP **RIP-Software**

Der Begriff RIP kommt aus dem Englischen und bedeutet **R**aster **I**mage **P**rozessor. Ein **RIP** fungiert als Bindeglied zwischen Computer und Drucker und ermöglicht die perfekte Linearisierung des Druckers. Arbeiten Sie mit unterschiedlichen Druckern auf verschiedenen PCs, ist der Einsatz eines RIPs empfehlenswert. Arbeiten Sie aber immer mit dem gleichen PC bzw. Drucker, können Sie vergleichbare Resultate auch mit guten Druckerprofilen erreichen.

Digitales Ausgangsbild	Aufnahme im RAW-Format ohne Scharfzeichnung. Konvertierung in Photoshop mit Capture-One, Nikon Capture NX oder Adobe Camera Raw. Farbraum Adobe RGB 1998. Speichern als RAW-Datei im PSD-Format.
Veredlung	Leichtes Vorschärfen z. B. mit RAW Presharpener von nik Sharpener 2. Ausflecken, Staub entfernen und Bildrauschen reduzieren (z. B. mit NeatImage oder Noise Ninja). Speichern als Clean-Datei.
Graustufenkonvertierung	Falls gewünscht, Graustufenkonvertierung durch Kanalmixer, Schwarzweiß oder spezielle Plug-ins (BW Conversion, nik Color Efex oder BW Workflow). Verlustfreies Umwandeln in ein 16-Bit-Graustufenbild.
Bildbearbeitung	Tonwertkorrektur und Anpassung der Gradation und der Sättigung am ganzen Bild. Selektive Helligkeits- und Gradationskorrektur mittels Ebenen und Masken. Speichern als digitales Negativ.
Printvorbereitung	Festlegung des Bildausschnitts und der Bildgröße (mit Auflösung 180 bis 360 ppi). Schärfen für den Drucker (z. B. mit nik Sharpener 2). Speichern als Print-Bild im PSD- oder TIF-Format, 8 oder 16 Bit.
Drucken	Drucken der Datei mit ICC-Profil, passend zur Kombination aus Tinte und gewähltem Papier.

Das Spektralfotometer Eye-One von GretagMacbeth.

Die Druckerkalibrierung können Sie wie die Monitorkalibrierung mit einem Spezialgerät durchführen. Sie erfassen einen vorher mit der gewählten Kombination aus Tinte und Papier gemachten Ausdruck (nach genügend langer Trocknungszeit) mit einem Spektrokolorimeter oder Spektralfotometer. Das Gerät erstellt dann ein zu dieser Kombination passendes ICC-Profil, das Sie für den Druck einsetzen können. Die Farben werden dann genauso gedruckt, wie sie am ebenfalls kalibrierten Monitor angezeigt werden.

25.5 Bilder wirkungsvoll präsentieren

Sie können die Wirkung Ihrer Bilder durch geeignete Rahmen verstärken.

Es lohnt sich, auch bei der Internetpräsentation einfache Rahmen um die Bilder zu gestalten. Das geht ganz einfach und schnell.

Das Ausgangsbild für den Rahmen, Fotograf: Thomas J. Kiefer.

1 Bild verkleinern

Öffnen Sie das Bild in Photoshop. Passen Sie die Bildgröße mit dem Befehl *Bild/Bildgröße* an die Anforderungen der Fotoseite oder Ihre Homepage an. Die Gesamtgröße mit Rahmen sollte maximal eine Breite von 1.000 Pixeln und eine Höhe von 800 Pixeln haben, damit das Bild als Ganzes am Bildschirm gezeigt werden kann.

Wählen Sie beim Verkleinern der Bilder die Option *Bikubisch schärfer (optimal zur Reduktion)*. Dadurch werden die Bilder bei der Verkleinerung noch leicht nachgeschärft.

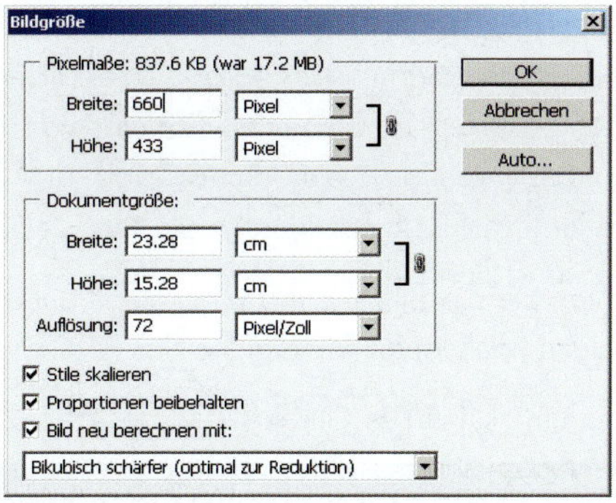

2 Innerer Rahmen

Mit der Taste D stellen Sie den Vordergrund auf Schwarz und den Hintergrund auf Weiß. Vergrößern Sie nun mit *Bild/Arbeitsfläche* die Arbeitsfläche um einen kleinen Wert von 2 Pixeln. Dadurch wird eine feine weiße Linie von einem Pixel Breite um das Bild gezogen.

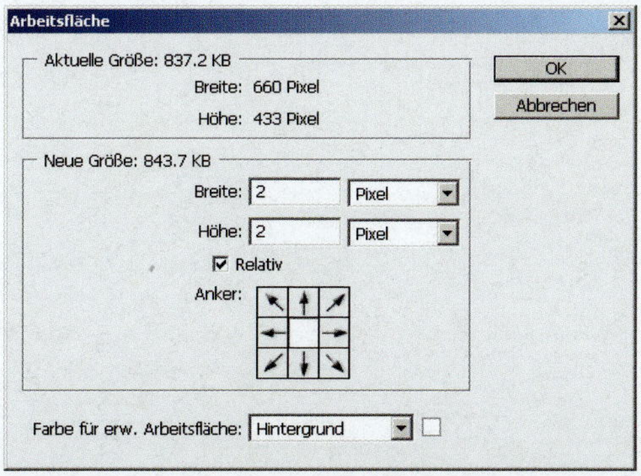

3 Äußerer Rahmen

Mit der Taste X wechseln Sie die Vordergrund- und Hintergrundfarbe aus. Erstellen Sie nun erneut mit *Bild/Arbeitsfläche* einen breiteren schwarzen Rahmen ums Bild mit dem gleichen Befehl.

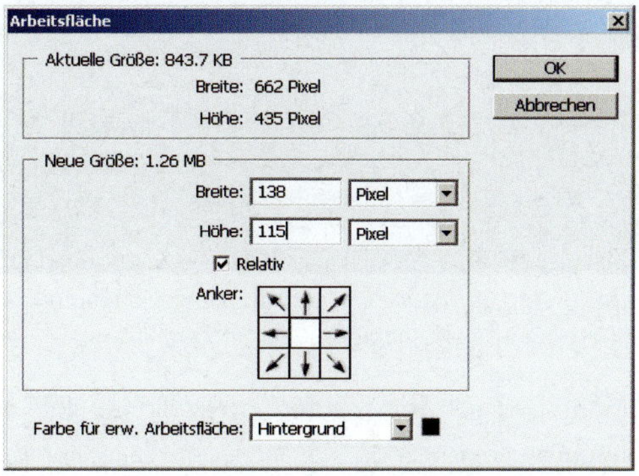

Zum Schluss können Sie noch, wenn Sie möchten, Ihren Schriftzug oder ein Copyright-Vermerk anbringen. Halten Sie die Schrift aber klein, damit er nicht das Bild dominiert.

Für das Erstellen von Rahmen gibt es folgende Regeln:

- Farbige Bilder wirken mit dunklen oder schwarzen Rahmen besser.
- Schwarz-Weiß-Bilder wirken mit hellen oder weißen Rahmen besser.
- Der innere Rahmen kann die Farbe eines kleinen Bereichs des Bildes übernehmen.
- Der äußere Rahmen kann die Farbe eines dominierenden Bereichs des Bildes übernehmen.

Das Ausgangsbild mit einem orangefarbenen Haus und dunkelgrauen Felsen, Fotograf: Martin Zurmühle.

Für das Bild mit dem kleinen Haus eignet sich als innere Rahmenfarbe das Orange der Hütte. Für den äußeren Rahmen können Sie mit der Pipette einen dunklen Grauton der Felsen im Vordergrund auswählen.

Fertig ist der Rahmen. Seien Sie bei der Gestaltung der Rahmen zurückhaltend, damit sie nicht vom Bild ablenken. Mit einem passenden Rahmen können Sie aber die Bildwirkung verstärken und den Betrachter auf das Wesentliche, nämlich das Bild selbst, lenken.

Gedruckte Bilder können Sie mit Rahmen und Passepartout hinter Glas zeigen. Passepartouts verhindern, dass sich das Bild und das Glas berühren. Passepartout-Schneidemaschinen sind sehr teuer und lohnen sich nur für professionelle Fotografen oder große Fotoklubs. Einfache Schneidelineale sind aber billig und genügen für die Herstellung einzelner Passepartouts.

Noch einfacher geht es, wenn Sie Rahmen und Passepartout in der richtigen Größe direkt über das Internet bestellen (z. B. bei *www.alutech.de* oder *www.monochrom.de*). Sie können dort die Lochgröße für jedes Bild individuell festlegen.

Möchten Sie die Bilder ohne Glas direkt auf Aluminiumplatten aufziehen, können Sie das Passepartout direkt in der Bildbearbeitung erstellen. Das funktio-

▲ *Das Ausgangsbild mit einem roten Schweizerkreuz und einem blauen Ballon, Fotograf: Thomas J. Kiefer.*

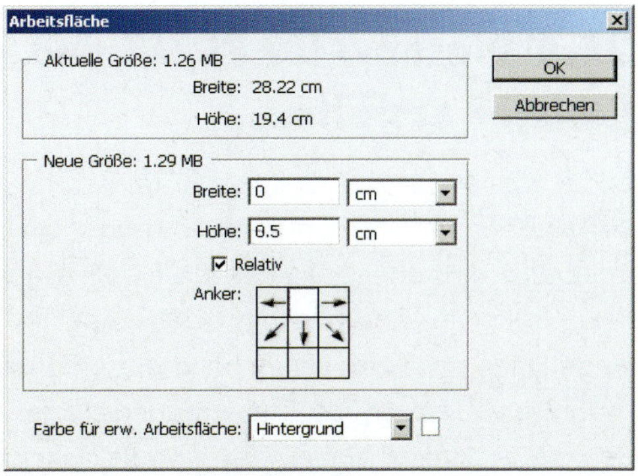

niert genauso, wie vorher gezeigt. Erstellen Sie hier zuerst einen freien weißen Raum um das Bild. Damit Sie später das Bild dort nummerieren und unterschreiben können, vergrößern Sie den unteren Bereich etwas.

Für den inneren Rahmen nehmen Sie die rote Farbe mit der Pipette vom Schweizerkreuz ab. Für den äußeren Rahmen wählen Sie einen dunkelblauen Bereich des Ballons auf der linken Seite. Auch beim äußeren Rahmen vergrößern Sie den unteren Bereich leicht. Fertig ist das „gerahmte" Bild für die Ausstellung oder die Wohnungswand.

Durch die Wahl der Rahmenfarben direkt aus dem Bild passen diese gut zur Bildgestaltung. Der Rahmen gibt dem Bild einen edleren Charakter.

25.6 Diashow für PC, TV und Beamer erstellen

Leider können Sie die digitalen Bilder nur mit großem Aufwand als konventionelle Diashow projizieren. Dafür ist es aber ganz einfach, mit einer geeigneten Software Diashows am PC zu erstellen. Ich zeige Ihnen das Vorgehen anhand des Programms DiaShow XP von Aquasoft (*www.aquasoft.de*). Laden Sie nach dem Starten des Programms mit der Plustaste in der Befehlszeile die gewünschten Bilder. Auf der unteren Leiste werden alle gewählten Bilder als Vorschaubild angezeigt.

TIPP **Diashows**

Um Ihre Datei klein und schnell zu halten, empfehle ich Ihnen, die Bilder vorher auf das richtige Format zu verkleinern (entsprechend der Auflösung des PCs oder des Beamers). Dadurch werden die Bilder kleiner und so gezeigt, wie Sie sie vorbereitet haben. Mit einer Bildgröße von 1.600 x 1.200 Pixel sind sie auch auf neuere Bildschirm- und Beamer-Generationen gut vorbereitet und die Dateien bleiben noch klein und schnell.

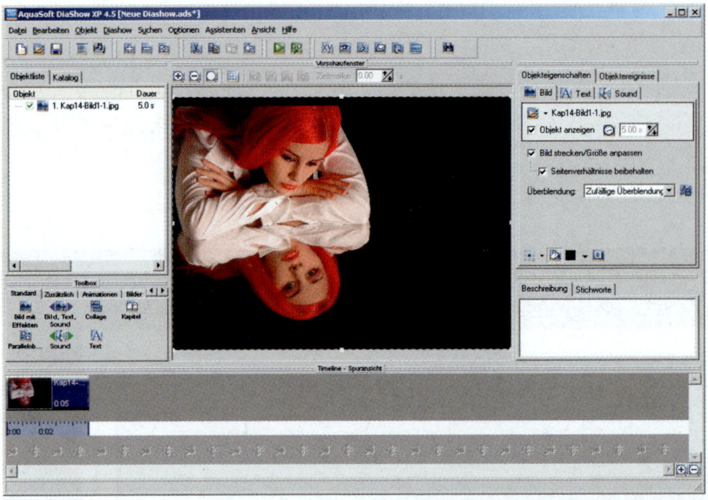

Sie können anschließend die Diashow am PC oder Notebook zeigen. Die Diashow kann auch auf CD gebrannt und mit dem CD-Player am Fernseher wiedergegeben werden.

Haben Sie nun alle Bilder ausgewählt, können Sie wo gewünscht Texte zu den Bildern schreiben. Auch Anzeigedauer und Überblendmodus können bei jedem Bild festgelegt oder ausgewählt werden.

Sie können die Bilder zudem mit einer Hintergrundmusik versehen und so Ihre Diashow vertonen. Dadurch entfalten die Bilder eine wesentlich stärkere Wirkung auf den Betrachter.

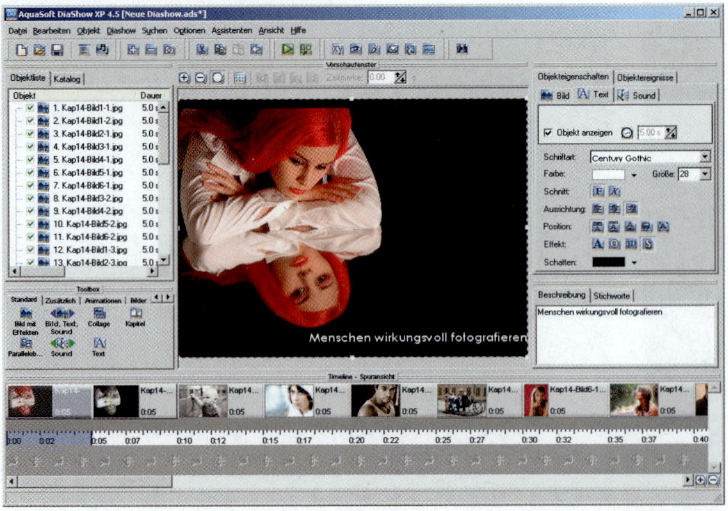

25.7 Diashow mit Beamer präsentieren

Am eindrucksvollsten ist aber die Präsentation mit einem guten Beamer. Die modernen hochwertigen Beamer erlauben heute Präsentationen in der Qualität der analogen Diaprojektoren.

Der Canon XEED SX60, ein geeigneter Beamer für die Präsentation von Digitalbildern.

Hier einige technische Daten zum Canon XEED SX60:

Größe (B x H x T)	266 mm x 114 mm x 336 mm
Gewicht	4.6 kg
Panel	LCOS für Verhinderung von Gittermustern
Auflösung	1.400 x 1.050 Pixel (SXGA+)
Seitenverhältnis	4:3
Helligkeit	2500 ANSI Lumen
Kontrastumfang	1000:1 2000:1 im Home Cinema Modus
Projektionsabstand	1.2 bis 9 m
Lautstärke	27 dB im Silent Modus
Besonderheiten	Automatische Erkennung des Eingangssignals, Fokussierung und Keystone-Korrektur 5 Einstellungen für verschiedene Präsentationsarten (Standard, Präsentation, Movie, Home Cinema, sRGB) Farbanpassungen und Gamma-Korrektur möglich

Die Panelkonstruktion entscheidet, wie stark die Gittermuster bei der Projektion sichtbar werden:

LCD-TFT-Projektor	LCD-Projektoren (Liquid Christal Display) haben drei Panels in den Farben Rot, Grün, Blau. Auf der Projektionsfläche entsteht ein mehr oder minder ausgeprägtes Gittermuster.
DLP-Projektor	Bei DLP-Projektoren (Digital Light Processing) wird das Licht über winzige Spiegel statt TFT-Zellen reguliert. Die Farben werden mit einem drehenden Farbrad generiert.
LCOS-Beamer	LCOS (Liquid Cristal On Screen) ist eine Mischtechnik aus DLP und LCD. Die Pixel sind hier fast ohne Steg angeordnet und Gittermuster werden so verhindert.

Je größer die Auflösung des Beamers ist, desto näher können die Zuschauer sitzen. Die Auflösung eines gesunden Auges beträgt 0,075 Grad. Unser Auge ist deshalb ab einer gewissen Distanz nicht mehr in der Lage, die feinen Punkte zu unterscheiden, und alles sieht scharf aus. Bei der XGA-Auflösung (1.024 x 768 Pixel) beträgt der Abstand mindestens 1,5 x die Leinwandbreite. Bei der SXGA+-Auflösung (1.400 x 1.050 Pixel) noch ca. 1,2 x die Leinwandbreite. Näher sollte man sowieso nicht sitzen, weil sonst das Bild gar nicht vollständig erfasst werden kann.

Leinwandbreite	Abstand XGA (1.024 x 768 Pixel)	Abstand SXGA+ (1.400 x 1.050 Pixel)
1 m	1,5 m	1,2 m
1,5 m	2,2 m	1,8 m
2 m	3 m	2,4 m
2,5 m	3,7 m	3 m
3 m	4,5 m	3,6 m

Die Helligkeit in Lumen ist wichtig für Präsentationen in hellen Räumen (Vorträge, PowerPoint-Präsentationen). Digitalbilder zeigen Sie aber besser in ganz

TIPP **Beamerkauf**

Für die Präsentation von Digitalbildern in dunklen Räumen brauchen Sie keine sehr hohe Helligkeit. 1.000 ANSI Lumen reichen gut aus.
Ein möglichst hoher Kontrastumfang (1000:1 oder höher) ist empfehlenswert, damit das Schwarz nicht grau gezeigt wird und die hellen Bereiche nicht ausfressen.
Der Beamer sollte analoge (VGA) wie auch digitale (DVI) Eingänge besitzen. Achten Sie auch auf die Lautstärke. Laute Beamer stören eine Präsentation.
Reine Projektionsbeamer für PowerPoint-Präsentationen mit hoher Helligkeit und tiefen Kontrasten eignen sich nicht für die Präsentation von Digitalbildern.
Ideal sind Beamer mit Einstellungen für verschiedene Anwendungszwecke wie Präsentationen, Movie, Home Cinema. Auch sollten die Farben und die Gammakurve individuell eingestellt und korrigiert werden können.
Falls genügend Betrachtungsabstand vorhanden ist, reicht eine XGA-Auflösung (1.024 x 768 Pixel). Bei größeren Auflösungen (z. B. SXGA+ mit 1.400 x 1.050 Pixel) kann der Betrachtungsabstand verkleinert werden. Das Bildformat 4:3 eignet sich besser für eine digitale Diashow als 16:9.
Der optimale Betrachtungsabstand für Projektionen liegt bei ca. 2 bis 2,5 x die Leinwandbreite. Der Raum sollte dabei möglichst vollständig abgedunkelt werden.
Am besten testen Sie den Beamer vor dem Kauf mit eigenen Digitalbildern. Die technischen Daten allein garantieren noch keine optimale Bildpräsentation.

dunklen Räumen. Deshalb spielt hier die Helligkeit keine so große Rolle (auch 1.000 Lumen reichen gut aus). Wichtiger ist aber der Kontrastumfang. Je größer er ist, desto schwärzer wird das Schwarz gezeigt, desto schöner werden die Helligkeitsübergänge und die hellen Bereiche werden nicht überstrahlt.

Einzelne Projektoren wie der Canon XEED SX60 haben einen speziellen Modus für die Projektion von Digitalbildern und Videos (Home Cinema Modus). Dabei wird die Bildhelligkeit reduziert und der Kontrastumfang erhöht. Auch können bei diesem Beamer die Farben und die Gammakurve individuell angepasst werden. Der Projektionsspezialist Kurt Koller (*www.kollerav.ch*) gibt ein paar Tipps, worauf Sie beim Kauf eines Beamers achten sollten.

Qualitativ hochwertige Beamer sind nicht billig, bieten aber eine optimale Bildqualität. Mit billigen Präsentationsbeamern können Digitalbilder nur in schlechter Qualität mit tiefem Kontrastumfang und überstrahlten hellen Bereichen gezeigt werden.

25.8 Digitale Bilderrahmen

Holen Sie sich Ihre schönsten Digitalbilder auf den Tisch oder an die Wand ganz ohne Labor, Drucker, PC oder Notebook mit einem digitalen Bilderrahmen.

Diese gibt es in unterschiedlichen Größen und Preisklassen. Sie können nur ein Bild oder eine ganze Diashow mit sehr vielen Bildern anzeigen lassen. Die Anzahl der Bilder ist nur begrenzt durch die Größe der Speicherkarte.

Kaufargumente sind neben dem Preis die Bildschirmgröße (meistens in Zoll angegeben), die Auflösung in Pixeln, das Seitenformat (die meisten digitalen Bilderrahmen haben das Seitenverhältnis von 16:9) und die Bildqualität. Das Seitenverhältnis von 16:9 führt bei Bildern mit einem anderen Aufnahmeformat zu schwarzen Streifen.

Für Bilder der Kompaktkameras ist das Seitenverhältnis von 4:3 besser geeignet. Die meisten DSLR arbeiten standardmäßig mit einem Seitenverhältnis von 3:2. Kleine Bilderrahmen haben eine Bildschirmgröße von 5,6 Zoll, größere von 7 - 11 Zoll.

Bilder im digitalen Bilderrahmen wirken durch die Hintergrundbeleuchtung hell und brillant. Die Farben kommen sehr gut zur Geltung. Die Helligkeit des Bildschirms sollte im Bereich von 200-350 cd/m^2 liegen. Der Kontrast der digitalen Bilderrahmen von ca. 300:1 ist größer als beim gedruckten Bild. Ein Problem der digitalen Bilderrahmen ist der begrenzte Blickwinkel.

Diese Angabe wird von den Herstellern oft nicht genannt, ist aber für die Verwendung wichtig. Bei einem größeren Blickwinkel können die Bilder aus unterschiedlichen Richtungen besser gesehen werden.

Wie bei den Kameradisplays wirken die Bilder in digitalen Bilderrahmen am besten bei gedämpftem Umgebungslicht. Werden die Bilder direkt von der Sonne beschienen, können Sie aufgrund der großen Helligkeit des Umgebungslichtes kaum mehr etwas erkennen.

Digitale Bilderrahmen sind sehr vielfältig. Manche haben eingebaute Stereolautsprecher und spielen auch Musik oder Videos ab. In der Regel werden je nach Ausstattung die gängigen Bild- (JPEG), Video- (AVI, MPEG) und Musikformate (MP3) unterstützt. Die Daten werden per USB oder mit Speicherkarten auf den digitalen Bilderrahmen übertragen. Idealerweise verwenden diese die gleichen Speicherkarten wie die Kamera.

Der Philips PhotoFrame 10FF2CMI hat einen 10,2-Zoll-Monitor, eine Auflösung von 800 x 480 Pixel, eine Helligkeit von 200 cd/m^2, ein Kontrastverhältnis von 300:1 und ein Seitenverhältnis von 3:2

Der Autor und die beteiligten Fotografinnen und Fotografen

Ein solches Fotobuch lebt von der Qualität der Bilder. Bei meiner Arbeit wurde ich von sehr engagierten und hervorragenden Fotografinnen und Fotografen aus Deutschland, der Schweiz und Portugal unterstützt. Alle am Buch beteiligten Fotografen stellen sich mit ihren eigenen Worten vor. Und natürlich darf auch der Dank an die Unterstützung durch den Verlag und meine Familie nicht fehlen.

Der Autor

Kurzlebenslauf

Ich bin in Luzern (Schweiz) geboren und aufgewachsen. Nach dem Gymnasium studierte ich Architektur an der ETH in Zürich. Nach meinem Diplom eröffnete ich ein Architekturbüro in Luzern.

Später kamen weitere Tätigkeiten hinzu. Seit 1992 doziere ich Planung und Management am VSSM-Ausbildungszentrum Bürgenstock.

Seit 1996 bin ich Auditor bei der SGS SA und zertifiziere Firmen und Schulen nach verschiedenen Qualitätsmanagementsystemen.

Seit 2002 betreibe ich ein Fotostudio und eine Fotoschule in Ebikon bei Luzern. 2005 habe ich meine Ausbildung zum Ausbilder mit eidgenössischem Fachausweis abgeschlossen.

Fotostudio und Fotoschule

Seit meinem 16. Lebensjahr fotografiere ich mit Leidenschaft. Zuerst interessierte mich das familiäre Umfeld, dann dokumentierte ich die vielen Reisen in Europa, Asien und Nordamerika. Später fotografierte ich mit der Fachkamera Architektur und Landschaften. 2002 habe ich mich auf die digitale Porträt-, Akt- und Erotikfotografie spezialisiert (*www.fokus-fotos.ch*).

Durch meine langjährige Erfahrung in der Erwachsenenbildung kam bei mir bald einmal der Wunsch auf, mein Wissen anderen ambitionierten Amateurfotografen weiterzugeben. Ich habe deshalb 2003 die Aktschule.ch (*www.aktschule.ch*) gegründet.

Die Ausbildung behandelt das Studiolicht, die klassische Aktfotografie, die Locationfotografie (Indoor und Outdoor) mit Tageskursen in Ebikon sowie kürzeren und längerer Workshops im In- und Ausland.

Ergänzend dazu werden weitere Themen der digitalen Fotografie wie die Bildbearbeitung mit Photoshop und Fragen der Bildgestaltung behandelt.

Aufgrund verschiedener Anfragen von Kursteilnehmern habe ich das Angebot der Aktschule auf die gesamte digitale Fotografie erweitert. Die 2005 gegründete Fotoschule.biz (*www.fotoschule.biz*) bietet nun verschiedene Kurse zur Fotografie mit digitalen Spiegelreflexkameras an. Ich bin Präsident von nudeART.ch – Verein für Kunstvolle Aktfotografie.

Der Verein setzt sich zum Ziel, das Ansehen und die Qualität der Aktfotografie in der Schweiz zu fördern. Informationen zum Verein unter *www.nudeart.ch*. Mit viel Freude und gutem Erfolg nehme ich an nationalen und internationalen Fotowettbewerben teil.

Meine Bilder werden heute regelmäßig in verschiedenen Ausstellungen sowie in Zeitschriften und Büchern gezeigt.

Die beteiligten Fotografinnen und Fotografen

Ich möchte mich an dieser Stelle herzlich für die Unterstützung durch den DATA BECKER-Verlag und insbesondere den Projektleiter Herrn Hans-Peter Kusserow bedanken. Seine kritischen Fragen halfen mir, ein so umfassendes Thema wie die digitale Fotografie zu bewältigen. Dieses Buch ist nur möglich geworden dank der ausgezeichneten Zusammenarbeit mit hervorragenden Fotografinnen und Fotografen aus Deutschland, der Schweiz und Portugal. Ich möchte mich hier bei allen herzlich für die vielen wunderbaren Bilder bedanken, mit denen sie das Buchprojekt tatkräftig unterstützt haben. Ganz besonders danke ich meiner Frau und meinen Kindern für das Verständnis und die Geduld mit mir, wenn ich mit den Gedanken mehr beim Buch als bei der Familie war.

Gerhard Busch

Aus Essen (Deutschland).

1939 in Essen (Deutschland) geboren. 1955 Berufsausbildung als Buchdrucker. Verheiratet und zwei erwachsene Kinder. Bis 1996 als Beamter tätig.

1972 - 1977: Öl und Aquarellmalerei.

1978 - 1994: Fotoausstellungen in Essen.

1991 - 1996: Erfolgreiche Teilnahme an internationalen Fotosalons.

1992: Verleihung des Ehrentitels ARTISTE DE LA FEDERATION DE L' ART PHOTOGRAPHIQUE.

1998: der Ehrentitel EXELLENCE FIAP.

Es begann mit der Malerei in den 70er Jahren. Die Möglichkeit, sich durch Bilder auszudrücken, hatte mich schon immer fasziniert.

Fernando Dinis

Aus Lissabon (Portugal).

Ich war gerade zwölf Jahre alt, als mir mein lieber Vater eine KODAK No. 1 Pocket Jahrgang 1913 übergab. Diese Kamera ist noch vollständig funktionsfähig und wird noch heute von mir mit viel Liebe gepflegt. Damals wurde meine Leidenschaft für die Fotografie geweckt.

Ich machte 1975 meine erste eigene Ausstellung in der portugiesischen Vereinigung für Fotowesen bei B&W unter der Schirmherrschaft von ILFORD. In einem portugiesischen Jahrbuch der Fotografie und in verschiedenen Zeitungen und Zeitschriften habe ich Fotos veröffentlicht. Heute, mit den neuen Technologien, arbeite ich digital und zeige meine Arbeiten an verschiedenen Stätten der Fotografie in der ganzen Welt. Ich benutze Material von Nikon, und mein momentan bevorzugtes Thema ist die Natur mit all ihren Ansichten, einschließlich Makro, Landschaft, Architektur. Ich betätige mich auch im Bereich der Werbegrafik.

Ich wurde 1947 in Lissabon, Portugal, geboren.

Thomas J. Kiefer

Aus Hallwil (Schweiz).

Eine Fünf-Groschen-Kamera aus einer Werbeveranstaltung im örtlichen Lichtspieltheater, die mir meine Eltern nach Hause brachten, weckte im Alter von elf Jahren mein Interesse an der Bildkonservierung. In der Folge war ich es, der an Vaters Agfa-Balgenkamera mehrheitlich den Auslöser betätigte. Mit ersten Erfahrungen im Schwarz-Weiß-Labor mit Montagen durch Doppelbelichtungen ließ ich der Kreativität meines Hobbys freien Lauf. In den 90iger Jahren verlagerte sich meine Tätigkeit auf das bewegte Videobild. In dieser Zeit entstanden unter anderem Vernissage-Reporte diverser Künstler wie Hanspeter Bäni, Mario Comensoli oder Alexander Zakharov. Mit dem Aufkommen der Digitaltechnik im Fotobereich besann ich mich wieder meiner Wurzeln. Heute arbeite ich digital, bin bekennender Macianer und seit Längerem mit Photoshop eng befreundet.

Als Autodidakt bin ich ständig bestrebt, die Welt der Bits and Bytes mit der Kreativität in der Bildbearbeitung in Einklang zu bringen. Mit Ausstellungen meiner Bilder in Amsterdam, Berlin, Paris und New York kann ich leider nicht aufwarten, aber bei anderen Gelegenheiten haben sich schon viele Menschen an ihnen erfreut.

www.kjt-pro.ch

Sebastian Kobel

Aus Winterthur (Schweiz).

2003 habe ich ohne jegliches Wissen über die Fotografie begonnen, „sehen zu lernen". Früher war es die Natur, die mich in den Bann gezogen hat, heute ist es das Thema Licht und Schatten, das mich am Fotografieren fasziniert. Mit der Zeit habe ich gelernt, dass oft die einfachsten Dinge die interessantesten sein können – mit etwas Kreativität. Ob nun eine Hausfassade in einer nordamerikanischen Großstadt oder einfach das Blatt eines Baums am

Boden im Gegenlicht – die Fotografie ist so vielseitig wie das Leben auch, und genau das will ich mittels meiner Kamera umsetzen. Immer wichtig ist mir dabei, dass meine Fotos doch immer etwas speziell sind, sei es vom Motiv her, von der Perspektive oder auch vom Bildschnitt. Meine erste Nachtaufnahme entstand am Atlantik, mit einer Verschlusszeit von 8 Sekunden und ohne Stativ – das Ergebnis war nicht sehenswert und die Kamera hat mir wenig geholfen. Eine meiner letzten Nachtaufnahmen entstand am Pazifik mit einer Verschlusszeit von 4 Sekunden, mit Stativ um 6 Uhr morgens bei Eiseskälte. Es ist schön, wenn man auf seine Vergangenheit blicken kann und seinen Erfolg sieht – noch viel schöner ist es, wenn man seine Fotos in einem Fotobuch betrachten kann – danke Martin!

www.verschlusszeit.ch

Nadja Kornrade

Aus Dortmund (Deutschland).

Geboren am 26.07.1976. Nach meiner Schulausbildung wollte ich eigentlich Fotografin werden, aber beruflich schlug ich doch einen anderen Weg ein. Im Sommer 2004 begann ich aus der Laune heraus Modell zu stehen und machte mich auch sofort mit der digitalen Bildbearbeitung vertraut, die auch heute noch fast täglich zu meinem Alltag gehört. Im Sommer 2005 wurde ich von einem innerlichen Bauchgefühl überrumpelt und musste mir zu meinem Geburtstag eine Canon 350D kaufen. Einen Tag später begannen meine fotografischen Anfänge, bei denen ich mich auf mein Gefühl und auf mein Auge verlassen musste, denn irgendwelche Kenntnisse hatte ich nicht vorzuweisen. Ich war umso überraschter, als meine ersten Aufnahmen dann für den Anfang absolut vorzeigbar waren, und hielt das für Anfängerglück, was jedoch durch die darauf folgenden immer besser werdenden Aufnahmen widerlegt wurde. Die Fotografie hat mich wachgeküsst und zeigt mir die Welt und die Menschen, die ich fotografiere, mit anderen Augen. Sie hat mir neue Wege eröffnet, und ich bin neugierig geworden, wohin mich diese Wege noch führen werden.

www.adrastheas-fotowelten.de

Andreas Krähenbühl

Aus Leimiswil (Schweiz).

Am 03.03.1970 geboren. Aufgewachsen in Bleienbach, wo ich auch den Kindergarten und die Realschule absolvierte. Meine Arbeit verrichtete ich nach der Realschule im technischen Dienst und Service im Bereich Büromaschinen (Schreibmaschinen, Faxgeräte, Kopierer etc.). Ein großes Hobby ist für mich die Astronomie und deren Instrumente, mit denen ich die Planeten, Sterne und Kometen beobachte und fotografiere. Nebenbei gebe ich regelmäßig Führungen zum Thema Astronomie für Privatpersonen und Schulklassen. Optische Instrumente interessierten mich immer, und da gehört natürlich die Fotografie dazu. Nach etlichen Jahren Weiterentwicklung im Selbststudium beschloss ich, mich 2004 mit der Hochstativ-Fototechnik selbstständig zu machen, indem ich hauptsächlich für Kunden Immobilien und Grundstücke aus der Vogelperspektive fotografiere. Hochzeitsreportagen und andere fotografische Aufträge (z. B. für Zeitungen und Fotokurse) gehören natürlich auch zu meinen Dienstleistungen. In der Freizeit bin ich gern in der Natur und fotografiere Tiere und Landschaften für gelegentliche Bilderausstellungen und Diavorträge.

www.fotozoom.ch

Michael Maier

Aus Heidelberg (Deutschland).

Michael Maier, 1970 in Heidelberg geboren, arbeitet nach dem Motto: „Die Kunst verleiht der Fantasie Flügel. Fotografien verschmelzen zu fantasievollen Kunstwerken. Mein künstlerisches Handwerkszeug besteht aus digitaler und analoger Spiegelreflexkamera, PC, Scanner, Fotodrucker sowie zahllosen EBV-Programmen. Dass es doch nicht so einfach ist, High-Tech-Werkzeuge zu benutzen, um klassische, schöne Bilder zu gestalten, während die Technik im Bild selbst unsichtbar bleibt, erweist sich allzu oft als langer Entwicklungsprozess. Die heutige Technik ermöglicht es mir, Kreativität freizusetzen und meine Ideen zu verwirklichen. Wenn man einmal digitale Luft geschnuppert hat, gibt es kein Zurück mehr."

Michael Maier arbeitet mit verschiedenen Techniken: Digital art composings: zumeist surrealistische Bildkompositionen, bestehend aus mehreren analog und digital aufgenommenen Fotografien. Panorama photographic art: Panoramafotos aus bis zu 20 einzelnen Aufnahmen und mit teilweise einer 360-Grad-Rundumansicht. Seine Bilder werden seit 2001 in verschiedenen Ausstellungen in Deutschland und im Internet gezeigt.

www.mikelmeetsart.de

Poli Moutevelidis

Aus Düsseldorf (Deutschland).

Im Februar 1978 erblickte ich in der Stadt Düren die Welt. Aufgewachsen auf dem Land in einem kleinen Dörfchen, entdeckte ich bald meine Leidenschaft für die Natur und versuchte mit offenen Augen durch die Welt zu gehen, um vieles wahrzunehmen.

Zu meinem elften Geburtstag wünschte ich mir dann eine kleine Kamera, eine Konica. Damit ging ich dann auf Beutezug. Vornehmlich schuf ich mir meine Welten und fotografierte unser Dörfchen, aber auch Spielzeug und alles, was mir damals vor die Linse kam, ohne große Rücksicht auf Verluste, ganz zum Leitwesen meiner Eltern.

Das Interesse an der Fotografie steckte zwar immer noch in mir, allerdings kam es erst Jahre später wieder zum Vorschein, als ich als Model für gelegentliche Shootings gebucht wurde (aufgrund meiner Fitness-Model-Karriere). Zu diesem Zeitpunkt versuchte ich mich auch immer in die Lage des Fotografen zu versetzen und denke, dass ich schon in dieser Zeit mehr für die Fotografie empfand, als mir bewusst war.

Im Sommer 2005 sollte der Hebel allerdings umgelegt und mir der Weg aufgezeigt werden, den ich nun gehe, denn durch ein spontan organisiertes Shooting mit der Fotografin Nadja Kornrade wurde meine Leidenschaft fürs Modeln, das ich lange habe schleifen lassen, wieder geweckt.

Bei unserem dritten oder vierten Shooting wollte ich dann einfach mal selbst die Kamera in die Hand nehmen, und in dieser Minute entflammte wohl das Feuer der Leidenschaft für die Fotografie. Zurzeit bezieht sich mein Hauptgebiet auf die Porträtfotografie, aber auch Teilbereiche anderer fotografischer Gebiete habe ich zukünftig in meine persönliche Planung mit einbezogen. Ich sehe die Fotografie als Stilmittel, eigene Welten zu erschaffen und diese Welten dem Betrachter nahe zu bringen.

www.PMS-Fotowelten.de

Sreto Motika

Aus Reussbühl (Schweiz).

Ich wurde 1962 in Bosnien-Herzegowina geboren. In der Primarschule machte ich zuerst mit einer Smena 8, später mit einer Zenit, beides russische Kameras, erste Erfahrungen mit Fotografieren. Seitdem bin ich von der Fotografie fasziniert.

1983 kam ich in die Schweiz. Mit dem ersten ersparten Geld kaufte ich meine erste eigene Kamera, eine Canon EOS 500. Heute arbeite ich mit digitalen und analogen Kameras in Klein- und Mittelformat und bearbeite die Bilder am Computer und konventionell.

Meine bevorzugten Motive sind Landschaften, Architektur und Artfotografie. Ich hatte mehrere einzelne und kollektive Ausstellungen in Bosnien und in der Schweiz, und meine Arbeiten wurden in verschiedenen Fotomagazinen publiziert.

„Mein Blick durch den Sucher ist die Liebe, die mich mit der Natur verbindet."

Jörg Rhode

Aus Herrnhut (Deutschland).

Jörg Rhode wurde im März 1977 in Bad Frankenhausen geboren. Als Dreijähriger zog seine Familie mit ihm in die mütterliche Heimat – die Oberlausitz, in der er bis heute sehr gern sesshaft ist.

Nach zehnjähriger Schulbildung und einem kurzen Ausflug Richtung Abitur zog er es vor, sich im väterlichen Betrieb als Mechaniker für Kunststofftechnik auszubilden, übernahm Fertigungs- und Montageleitungen und bildete sich selbst zum 3-D-Konstrukteur weiter. Seit vielen Jahren plant er erfolgreich mit seinen Kollegen Anlagen für die industrielle Oberflächenbeschichtung.

Zum intensiven Fotografieren kam er erst im Alter von 25 Jahren anlässlich der bevorstehenden Geburt seines Sohnes. Seitdem probiert er mit sämtlichen Fort- und Rückschritten, sich in viele Bereiche der digitalen Fotografie einzuarbeiten.

Dabei sind ihm der Erfahrungsaustausch mit anderen Fotografen über Internetforen sowie das Sichten von Bildmaterial in Onlinegalerien eine wichtige Hilfe. Als positiver Nebeneffekt baut sich ein stetig wachsender Freundeskreis mit Gleichgesinnten aus ganz Europa auf.

Mittelfristig möchte sich Jörg als Fotograf und Fotodesigner in seiner Region selbstständig machen.

www.derknork.de

Dragan Tasic

Aus Luzern (Schweiz).

Geboren 1962. Nach der Musikschule in den frühen 80er Jahren startete er für die nächsten zehn Jahre seine Karriere als Blues- und Jazzmusiker. Gegen Ende der 80er Jahre wuchs sein Interesse an der Fotografie. Mitte der 90er Jahre, nach Abschluss der Ausbildung für Fotografie und Film in Zürich, wurde die Fotografie zu seinem Hauptberuf. Heute lebt und arbeitet er in der Schweiz als Konzertfotograf und unabhängiger Künstler.

„Meine Liebe zur Musik lebt weiter in meiner Konzertfotografie. Dank meiner Erfahrung als Konzertmusiker sehe und spüre ich genau die kreativen und entscheidenden Momente während der Performance. Ich kann so die tiefen Gefühle und Gesten in meinen Bildern festhalten. Das Resultat meiner Konzertfotografie ist eine Verdichtung der kreativen Momente des Künstlers, die Sammlung der Höhepunkte seiner musikalischen Seele."

Mehr Fotos (über 1.000 Künstler und 50.000 Bilder) von Dragan Tasic sehen Sie auf seiner Homepage.

www.nga.ch

Walo Thönen

Aus Caslano (Schweiz).

1950 in Schaffhausen/Schweiz geboren. Ich habe in der Rheinstadt die obligatorischen Schulen besucht. Mein Bezug zur Lichtbildnerei war schon früh durch den fotografierenden Großvater gegeben. Leider fand ich keine Lehrstelle, und so wählte ich den Weg des Augenoptikers.

Ab 1966 fotografierte ich mit der eigenen Spiegelreflex, einer Soligor mit drei Wechselobjektiven. Leider verschwand die Ausrüstung nach meinem schweren Autounfall, der mich auch zur Aufgabe des Berufs zwang, komplett. Nach dem oben erwähnten Einschnitt in meinem Leben war mir sofort klar, dass ich jetzt eine Chance hatte, meinen Berufstraum ohne kommerziellen Druck auszuleben.

Nach Selbststudium, Besuch vieler Seminare im In- und Ausland, eröffnete ich 1986 in meinem Haus im Tessin ein kleines Fotostudio. Zurzeit arbeite ich im Studio Fotowalo in Ponte Tresa.

Nach vielen Jahren der Suche und des Experimentierens fand ich meine Berufung in der Personenfotografie. Porträt-, Akt- und Erotikfotografie betreibe ich mit Leidenschaft und großer Akribie. Meine Erfahrungen gebe ich in Workshops im Tessin, auf Ibiza, Lanzarote und Südfrankreich weiter. Daneben arbeite ich als Gastreferent in Deutschland und Tschechien.

Viele meiner Bilder wurden in Salons auf allen fünf Kontinenten gezeigt. Die Liste der Annahmen und Auszeichnungen ist lang und international. Etliche Fotos finden sich in Lehrbüchern wieder, und ich durfte auch schon einige Male Kalender mit Aktmotiven gestalten.

2003 habe ich mit der traditionellen Fotografie abgeschlossen. Die Arbeit am Mac und mit der Digital-Spiegelreflex macht sehr viel Spaß, und ich lerne ständig weiter; das hält jung und flexibel!

Ich wünsche mir für die Zukunft, weiter meine Leidenschaft ausleben zu können und einige größere Projekte zu realisieren.

www.fotowalo.ch

Mathias Vogel

Aus Küblis (Schweiz).

Ich wurde am 22.09.1975 in Locarno (Schweiz) geboren. Aufgewachsen bin ich größtenteils auf der Lenzerheide im Kanton Graubünden. Nach der Primar- und der Realschule machte ich eine Lehre als Elektromonteur und später eine Zusatzlehre als Zeichner. Ich bin über meinen Vater zur Fotografie gekommen. Es ist und war immer schon sein großes Hobby. Ich habe dann mit ca. 12 oder 13 Jahren einen kleinen Fotoapparat gekauft. Das Geld dazu hatte ich mir auf dem Golfplatz als Caddy verdient. Ich habe dann vor allem in den Ferien fotografiert.

Vor ca. drei Jahren habe ich begonnen, mich intensiver mit der Fotografie zu beschäftigen. Ich habe diverse Kurse besucht und an verschiedenen Workshops teilgenommen. Heute beschäftige ich mich vor allem mit Landschafts-, Porträt- und Aktfotografie.

www.mv-fotografie.ch

Eliane Zwimpfer

Aus Sursee (Schweiz).

Eliane Zwimpfer wurde im Frühjahr 1972 im Zeichen des Fisches in Luzern geboren. Bereits als Kind fotografierte sie im Urlaub gern mit der Spiegelreflexkamera ihres Vaters, und eigentlich wollte sie ursprünglich Grafikerin werden. Aber wie so oft im Leben schlug sie einen ganz anderen Berufsweg ein. Nach der obligatorischen Schulzeit absolvierte sie das Lehrerinnenseminar und arbeitet heute als Lehrerin.

Die Leidenschaft für die Fotografie entwickelte sich etwas später, als sie ihre ersten Fotokurse besuchte, noch ausgeprägter. So wurde ihre Kameraausrüstung auf Reisen eine treue Begleiterin, und nebst Reisedokumentationen widmete sie sich auch immer öfter der People-Fotografie.

Heute fotografiert sie in ihrer Freizeit nach Lust und Laune als Ausgleich zum Berufsalltag, ist in einem Fotoklub aktiv und hat sich ein kleines Fotostudio eingerichtet.

Die Kunst des Fotografierens besteht für sie im Wesentlichen darin, den Menschen ihre Wahrnehmungen mitteilen zu können. Sie möchte dem Betrachter etwas zeigen, was er vielleicht noch gar nicht entdeckt hat.

www.peoplephoto.ch

Glossar

Das Glossar erklärt die im Buch verwendeten Fachbegriffe und Abkürzungen. Sie erhalten eine kurze Beschreibung. Wenn Sie noch weitere Informationen zu technischen Details suchen, hilft meistens eine gezielte Suchabfrage bei *www.google.de* weiter. Auch folgende Internetseiten bieten gute technische Erklärungen:

www.wikipedia.org

www.foto-faq.de

A

Abbildungsmaßstab: Ist das Verhältnis zwischen der Größe eines Gegenstands und der Größe seiner Abbildung auf dem Sensor.

Abblendtaste: Sie dient der visuellen Kontrolle des Schärfebereichs vor der Aufnahme. Durch Drücken der Abblendtaste schließt die Blende am Objektiv auf den eingestellten Wert, das Sucherbild wird dunkler und der Schärfebereich sichtbar.

Achromate: Ein optisches System aus zwei Linsen, einer Sammel- und einer Zerstreuungslinse. Damit können Farblängenfehler behoben werden.

Adobe RGB: Ein von Adobe Systems im Jahr 1998 entwickelter RGB-Farbraum.

Akt: Die künstlerische Darstellung eines nackten menschlichen Körpers.

Aliasing: Bildfehler, die beim digitalen Abtasten von Signalen auftreten. Sie führen bei fein aufgelösten Originalbildern zur Darstellung von nicht enthaltenen Mustern.

Alphakanal: Alphakanäle werden in Photoshop zum Erstellen und Speichern von Auswahlen und Masken verwendet.

Analog: Analog bedeutet stufenlos. Analoge Daten können theoretisch unendlich viele Werte annehmen, während digitale Daten auf ihre Datentiefe beschränkt sind.

Apochromatische Linse: Auch Apo-Linse genannt. Besteht aus drei oder noch mehr Einzellinsen, die die verschiedenen Wellenlängen des Lichts ausgleichen.

Artefakte: Bedeutet etwas, das von Menschenhand künstlich hergestellt wurde. In der digitalen Fotografie zum Beispiel die Treppeneffekte in einem Bild.

Asphärische Linse: Linsen zur praktisch völligen Beseitigung von Koma und anderen Abbildungsfehlern.

Astigmatismus: Unschärfe durch verschiedene Brechungen der Linse in senkrechter und horizontaler Richtung.

Aufhellblitz: Die Belichtung und die Blitzleistung werden so aufeinander abgestimmt, dass Motiv und Hintergrund richtig belichtet werden.

Aufhelllicht: Licht im Fotostudio, auch Zweitlicht genannt. Hellt die Schatten auf.

Auflösung: Fähigkeit des Objektivs, feine Strukturen abzubilden. Mit der Bildauflösung bezeichnet man die Anzahl der Bildpunkte (Pixel) des digitalen Bildes.

Aufnahmebetriebsart: Bestimmt die Steuerung der Blende und der Belichtungszeit (Programm-, Blenden-, Zeitautomatik, Manuell).

Auslöser: Mechanismus zum Öffnen des Kameraverschlusses und zur Belichtung der Aufnahme.

Auswahl: Ausgewählte Bildbereiche in der Bildbearbeitung mit Photoshop.

Autofokus: Automatisches Scharfstellen des Objektivs auf das Motiv.

B

Bayer-Muster: Fotosensor, der schachbrettartig mit einem Farbfilter überzogen ist. Der Sensor besteht zu 50 % aus grün- und zu je 25 % aus rot- und blauempfindlichen Pixeln.

Balgengerät: Eine in der Länge verschiebbare Verbindung zwischen Objektiv und Kamera mit der Möglichkeit der Verschwenkung des Objektiv- und/oder Kameraanschlusses.

Beamer: Spezieller Projektor, der digitale Daten analog zu Diaprojektoren in vergrößerter Form auf eine Projektionsfläche projiziert.

Belichtung: Das Produkt aus Lichtintensität (gesteuert durch die Blende) und Dauer der Lichteinwirkung (gesteuert durch die Belichtungszeit).

Belichtungskorrektur: Verändert die Belichtungsmessung der Kamera um einen festen Lichtwert (LW).

Belichtungsmesser: Entweder ein eigenständiges Gerät (Handbelichtungsmesser) oder Teil einer Kamera (interner Belichtungsmesser), mit dem die Helligkeit des Motivs gemessen wird.

Belichtungsmessung: Messung der vorhandenen Belichtung zur Bestimmung der passenden Kombination aus Verschlusszeit und Blende.

Belichtungsreihe: Mehrere Aufnahmen (meistens drei oder fünf) werden mit jeweils abweichenden Belichtungswerten nach oben und unten aufgenommen.

Belichtungssteuerung: Bestimmt, nach welchen Kriterien die Kombination von Blende und Belichtungszeit bestimmt wird.

Belichtungszeit: Auch Verschlusszeit genannt. Gibt an (meist in Sekundenbruchteilen), wie lange das Licht auf den Sensor einwirken kann.

Beugung: Lichtstrahlen werden an einer sehr kleinen Blendenöffnung gebeugt, was zu unscharfen Bildern führen kann.

Bewegungsunschärfe: Engl. Motion Blur. Verwischte Bereiche im Bild aufgrund von Bewegungen während der Aufnahme.

Bildbearbeitung: Digitale Bearbeitung von bereits vorhandenen Bildern.

Bildfeldwölbung: Eine ebene Fläche wird schalenförmig abgebildet.

Bildgestaltung: Entscheidende Tätigkeit beim Malen, Zeichnen oder Fotografieren. Kunstvolle und gezielte Platzierung der bildwichtigen Elemente.

Bildgröße: Siehe Auflösung.

Bildkreis: Dieser beschreibt jenen Bereich (Kreis), den ein Objektiv im Stande ist abzubilden. Der Bildkreis muss mindestens so groß sein wie das Sensorformat.

Bildmontage: Zwei oder mehr Bilder werden zu einem Bild montiert.

Bildrauschen: Verschlechterung der Bildqualität durch Überlagerung von Störungen, die keinen Bezug zum eigentlichen Bildinhalt haben.

Bildstabilisator: Technische Systeme, die Bewegungen der Kamera und/oder des Objektivs ausgleichen, die zu Bewegungsunschärfen führen.

Bildwinkel: Die Größe des Feldes (als Winkel), das vom Objektiv auf den Sensor abgebildet wird.

Blaue Stunde: Poetischer Begriff für die Zeit der Dämmerung zwischen Sonnenuntergang und nächtlicher Dunkelheit und für die Zeit kurz vor Sonnenaufgang.

Blende: Annähernd kreisrunde Öffnung vor, im Inneren oder hinter dem Objektiv. Sie regelt die Menge des auf den Sensor fallenden Lichts.

Blendenautomatik: Engl. Shutter Speed Priority, Vorrang der Belichtungszeit. Die Belichtungszeit wird fest eingestellt und die Blende von der Kamera aufgrund der Belichtungsmessung automatisch gewählt.

Blendenstufe: Siehe Lichtwert.

Blendenwert: Siehe Blendenzahl.

Blendenzahl: Auch Blende, Blendenwert oder F-Zahl genannt. Gibt die Lichtstärke eines Objektivs an. Diese Zahlen sind bei älteren Objektiven am Blendenring angegeben.

Blitzgerät: Beleuchtungstechnisches Hilfsmittel. Mit einem starken Lichtblitz kann das Motiv ausgeleuchtet werden.

Blitzsynchronisation: Automatisches Synchronisieren des Zündens eines Blitzgeräts mit dem Ablauf des Verschlusses der Kamera.

Blooming: Als Blooming (von engl. Bloom für Blüte, also „Ausblühen") bezeichnet man die Überstrahlung bei besonders hellen Bildstellen.

Bokeh: Japanischer Begriff, der die subjektive, ästhetische Qualität von unscharfen Gebieten in einer fotografischen Abbildung kennzeichnet.

Brennpunkt: Auch Fokus genannt. Der Punkt, in dem eine optische Linse oder ein Hohlspiegel alle parallelen Lichtstrahlen sammelt.

Brennweite: Abstand, in dem sich parallel einfallende Lichtstrahlen (Objektivstellung auf unendlich) in einem Punkt, dem Brennpunkt, bündeln.

Bridge-Kamera: Eine große Kompaktkamera mit der Funktionalität einer DSLR. Sie schlägt eine Brücke zwischen den Kompakt- und den Spiegelreflexkameras (Bridge = Brücke).

Byte: Eine Maßeinheit für 8 Bit (Binary Digit, engl. für Binärziffer).

C

CAD: Computer Aided Design, computerunterstütztes Zeichnen.

CCD: Charge-Coupled Device, ein lichtempfindlicher Halbleiterdetektor, der unter anderem in der digitalen Fotografie verwendet wird.

Chip: Fertig bearbeiteter Halbleiterkristall, speziell ein integrierter Schaltkreis bzw. in der technischen Informatik ein Mikroprozessor.

Chromatische Aberration: Farbfehler aufgrund unterschiedlicher Brechung der verschiedenen Farben wegen ihrer unterschiedlichen Wellenlänge.

CMOS: Complementary Metal Oxide Semiconductor, integrierte Schaltkreise, die in der Digitalfotografie als Fotosensoren eingesetzt werden.

CMYK: Cyan (ein grünliches Blau), Magenta (ein zum Violett tendierendes Rot), Yellow (ein mittleres Gelb) und Key (Schwarz, zur Erhöhung des Kontrasts in dunklen Stellen), ein subtraktives Farbmodell, das die technische Grundlage für den modernen Vierfarbdruck bildet.

Cropfaktor: Größenvergleich zwischen Kleinbildformat und der Sensorgröße einer Digitalkamera.

Der Cropfaktor wirkt als Brennweitenverlängerungsfaktor. Eine halbe Sensorgröße (Cropfaktor 2) verursacht eine Verdopplung der Brennweite.

D

Diffusor: Aufsatz für ein Blitzgerät, durch den das Blitzlicht gestreut wird. Durch einen Diffusor bewirkt man ein weiches Licht und reduziert in Aufnahmen störende Reflexe.

Digital: Die Darstellung von Werten in Form von Ziffern oder Zahlen.

Display: Anzeigefenster der Kamera.

dpi: **d**ots **p**er **i**nch, Punkte pro Zoll, Bildauflösung bei Ausgabegeräten, vor allem bei Druckern und Scannern.

DRI: Die Technik **D**ynamic **R**ange **I**ncrease wird verwendet, um einen größeren Kontrast eines Motivs auf einem Bild abzubilden.

DSLR: Digitale Spiegelreflexkamera (siehe auch SLR).

Dye-Tinte: Nicht pigmentierte Tinte. Chemisch eingefärbt, das heißt, die Farbpartikel sind sehr kleine Moleküle. Instabile und sehr UV-Licht-empfindliche Farbe.

E

Ebene: In der Bildbearbeitung mit Photoshop Begriff für eine separate Schicht von Bildinformationen.

Ebenenmaske: Maske, die einer Ebene zugeordnet ist.

Effektlicht: Licht im Fotostudio zur Betonung einzelner Bereiche (z. B. Haare) und zur Erzeugung spezieller Lichteffekte.

Einstellknopf: Drehknopf an der Kamera zum Wählen verschiedener Kameraeinstellungen.

Einstellscheibe: Siehe Mattscheibe.

Einstellungsebene: In der Bildbearbeitung mit Photoshop Begriff für eine Befehlsebene ohne Bildinformationen.

Einzelbild: Bei jedem Durchdrücken des Auslösers wird nur ein Bild belichtet.

Einzelfeldmessung: Für die Fokussierung wird nur ein Sensorfeld verwendet.

Elektronenblitzgerät: Siehe Blitzgerät.

Empfindlichkeit: Siehe Lichtempfindlichkeit.

Entfesseltes Blitzen: Blitzen mit von der Kamera entfernten Blitzgeräten.

EV: **E**xposure **V**alue, siehe Lichtwert.

EXIF: Das **Ex**changeable **I**mage File **F**ormat ist ein Standard der **J**apan **E**lectronic **I**ndustry **D**evelopment **A**ssociation (JEIDA) für das Dateiformat, in dem Digitalkameras ihre Aufnahmeinformationen speichern.

F

Fachkamera: Großformatkamera. Sie ist meist auf einer optischen Bank montiert, und die Standarten (Sensor- und Objektivebene) können gegeneinander verstellt werden. Beide sind durch einen Balgen miteinander verbunden.

Farbkanal: Der Farbkanal bietet Informationen über die im Bild enthaltenen Farbkomponenten.

Farbkreis: Der Farbkreis, präzise Bunttonkreis, ist eine in der Farbtheorie angewandte kreisförmige Darstellungsform bunter Farben.

Farbmanagement: Mit Farbmanagement (engl. Color Management) wird erreicht, dass eine Aufnahme, die mit einem Eingabegerät (z. B. Kamera) erfasst wurde, auf einem Ausgabegerät (z. B. Drucker) möglichst ähnlich wiedergegeben wird.

Farbmodell: Ein Farbmodell beschreibt den Farbraum, der von einem Ein- oder Ausgabegerät (z. B. Kamera, Scanner, Bildschirm, Drucker) erkannt und dargestellt werden kann.

Farbmodus: Digitaler Bildmodus wie Bitmap, Graustufen, Duplex, indizierte Farben, RGB, Lab und CMYK.

Farbraum: Menge von Farben, die von einem Ein- oder Ausgabegerät unter spezifischen Bedingungen erkannt bzw. dargestellt werden kann.

Farbraumkonvertierung: Umwandlung der Farben von einem Farbraum (z. B. sRGB) in einen anderen (z. B. CMYK).

Farbsättigung: Engl. Saturation, Grad der Buntheit eines Bildes.

Farbtemperatur: Entspricht der Temperatur, die ein schwarzer Körper haben müsste, damit sein abgestrahltes Licht denselben Farbeindruck erweckt wie die tatsächliche Lichtquelle. Die Farbtemperatur wird in der Einheit **K**elvin (K) angegeben.

Farbtiefe: Die Farbtiefe ist der Speicherplatz, der für die Kodierung der Werte eines Farbkanals eines Farbraums verwendet wird. Sie wird in Bit pro Farbkanal angegeben.

Farbton: Der Farbton beschreibt die Farbe im Farbkreis.

Fernauslöser: Löst die Kamera mit Infrarot, Kabel oder Funk aus der Entfernung aus.

Festbrennweite: Name für ein Objektiv, dessen Brennweite fest eingestellt ist und sich nicht wie bei einem Zoomobjektiv verändern lässt.

Festplatte: Engl. **H**ard **D**isk (HD), ein magnetisches Speichermedium der Computertechnik.

Filmkorn: In der analogen Fotografie die kleinsten Strukturen des entwickelten Films, die bei starker Vergrößerung sichtbar werden.

Filter: Filter werden vor das Objektiv der Kamera geschraubt, um das Bild bei der Aufnahme zu verändern.

Fine-Art-Printing: Hochwertige Ausdrucke von digitalen Bildern mit Tintenstrahldruckern und Spezialpapieren (vergleichbar mit Drucken aus dem Schwarz-Weiß-Labor).

FireWire: 1986 von Apple entwickelte Schnittstelle zur Datenübertragung.

Fischaugenobjektiv: Auch Fisheye genannt. Es hat eine sehr kurze Brennweite und damit einen sehr großen Bildwinkel (meist 180° in der Bilddiagonalen).

Fixfokusobjektiv: Fixfokusobjektive haben einen fixierten Fokus, also eine unveränderliche Entfernungseinstellung.

Floating Elements: Objektivkonstruktion, bei der bei der Scharfstellung nicht nur der Auszug verändert wird, sondern innerhalb des Objektivs auch gleichzeitig bestimmte optische Glieder gegeneinander verschoben werden.

Fluchtpunkt: Im Fluchtpunkt einer perspektivischen Abbildung schneiden sich alle Geraden (Fluchtlinien), die in Wirklichkeit parallel zueinander verlaufen.

Fokussierung: Entfernungseinstellung, d. h. das Einstellen des Objektivs auf die Objektentfernung (auch Scharfstellung genannt).

Foveon-Sensor: Der von Foveon gefertigte CMOS-Sensor Foveon X3 Direktbildsensor verwendet drei Sensorelemente. Er zeichnet mit jedem Pixel alle drei Grundfarben auf.

Froschperspektive: Betrachtung eines Gegenstands von einem unter der normalen Augenhöhe liegenden Augenpunkt aus.

Funkfernauslöser: Löst die Kamera aus der Entfernung mit Funksignalen aus.

G

GByte: GB (**G**iga**b**yte) = 1.024 MByte.

Goldener Schnitt: Bestimmtes Verhältnis zweier Zahlen (ca. 5 zu 8), das in der Kunst und Architektur oft als ideale Proportion und als Inbegriff von Ästhetik und Harmonie angesehen wird.

GPS: **G**lobal **P**ositioning **S**ystem, satellitengestütztes System zur weltweiten Positionsbestimmung.

Gradationskurve: Dichtekurve. Dabei wird zeichnerisch eine Beziehung zwischen den Eingangswerten und dem Rechenergebnis dargestellt.

Gyro-Sensor: Kreiselsensoren zur Erfassung von Bewegungen bei Bildstabilisatoren.

H

Handbelichtungsmesser: Siehe Belichtungsmesser.

Handy-Kamera: Unter einem Kamera-Handy versteht man ein Mobiltelefon mit integrierter Digitalkamera.

Hauptlicht: Stärkstes Licht im Fotostudio, das Licht- und Schattenwirkung beim Motiv bestimmt.

HDRI: **H**igh **D**ynamic **R**ange **I**maging. Technik, um Bilder mit einem sehr großen Kontrastumfang darzustellen.

Helligkeit: Siehe Luminanz.

Highkey: Technisch-gestalterischer Stil, bei dem helle Farbtöne vorherrschen.

Hintergrundkarton: Rückwände aus Karton auf Rollen im Studio.

Hintergrundlicht: Licht im Fotostudio zur Beleuchtung des Hintergrunds.

Histogramm: Grafische Darstellung der Häufigkeitsverteilung der Tonwerte im Bild.

Hochformatauslöser: Erlaubt das bequeme Auslösen der Kamera im Hochformat mit einem separaten Auslöser.

Hyperfokale Distanz: Gegenstandsweite, bei der im Unendlichen liegende Objekte gerade noch mit einer akzeptablen Unschärfe abgebildet werden. Die Schärfentiefe (d. h. der Bereich, der mit akzeptabler Unschärfe abgebildet wird) reicht dann von unendlich bis zur halben hyperfokalen Distanz.

I

ICC-Profil: **I**nternational **C**olor **C**onsortium. Datei, die das Farbverhalten eines bestimmten Ein- oder Ausgabegeräts in einer vom ICC definierten Form beschreibt.

Imaginäre Linie: Nicht effektiv vorhandene, aber in unserer Vorstellung trotzdem zusammengesetzte Linie.

Individualfunktionen: Funktionen im Kameramenü, die individuell durch den Benutzer festgelegt werden können.

Infrarotfernauslöser: Auslösung der Kamera oder der Studioblitzgeräte mit Infrarotstrahlen.

ISO: **I**nternational **O**rganization for **S**tandardization, internationale Vereinigung der Standardisierungsgremien.

ISO-Wert: Angabe der Lichtempfindlichkeit des Sensors.

J

JPEG-Format: **J**oint **P**hotographic **E**xperts **G**roup. Entwickelte ein standardisiertes Verfahren zur sowohl verlustbehafteten wie verlustfreien Kompression von digitalen Bildern. Im Web das am weitesten verbreitete Grafikformat für Bilder.

K

Kabelfernauslöser: Dient dem erschütterungsfreien Auslösen der Kamera bei Stativaufnahmen.

Kalibrierung: Präzises Einstellen eines Geräts durch Feststellung der Abweichungen von festgelegten Standardwerten.

Kanal: Ein Kanal ist in der Bildbearbeitung mit Photoshop ein Graustufenbild, das verschiedene Informationen enthält.

Kanalmixer: Auf der Basis der Prozentwerte der einzelnen Farbkanäle können hochwertige Graustufenbilder erstellt werden.

Kartenleser: Gerät zum Einlesen verschiedener Speicherkarten auf den PC.

KByte: KB (**K**ilo**b**yte) = 1.024 Byte.

Kelvin: Maßeinheit für die Messung der Farbtemperatur. 0 Kelvin = -273 °C. 273 Kelvin = 0 °C.

Kleinbild: 35-mm-Film (Kleinbildfilm), wurde ursprünglich für Kinofilme verwendet. Erst später wurde es als praktisches Fotoformat zum Standard in der Fotografie. Das Bildformat beträgt 24 mm x 36 mm.

Kleinbildäquivalenz: Umrechnung der Brennweiten von Digitalkameras auf die entsprechenden Größen des analogen Kleinbildformats.

Koma: Verzerrungen durch sphärische Aberration am Bildrand.

Kompaktkamera: Kamera mit einer geringen Größe und einem vergleichsweise geringen Gewicht.

Komplementärfarben: Begriff aus der Farbenlehre. Mit der Ursprungsfarbe gemischt ergeben sie einen Grauton. Beide Farben liegen sich im Farbkreis gegenüber.

Komposition: In der Kunst die nach Harmoniegesetzen vorgenommene Anordnung und Verbindung formaler Elemente.

Komprimierung: Datenkompression. Verkleinerung der Datengröße mit und ohne Datenverlust.

Kontrast: Helligkeitsunterschied eines Bildes.

Kontrastumfang: Der Kontrastumfang oder die Dynamik beschreiben den Intensitätsunterschied zwischen dem hellsten und dem dunkelsten Punkt eines Bildes.

Konvex: Als konvex bezeichnet man in der Optik Formen (Flächenteile, Linien), die nach außen gewölbt sind.

Kunstlicht: Künstliches Licht mit einer Farbtemperatur von ca. 3.400 Kelvin.

L

Lab: Das L*a*b-Farbsystem ist standardisiert, gleichabständig, geräteunabhängig. Es baut auf der Sehweise unserer menschlichen Wahrnehmung auf.

Langzeitaufnahme: Belichtungszeit von einer Sekunde oder länger.

Langzeitsynchronisation: Verfahren der Blitzlichtfotografie mit längeren Belichtungszeiten.

Laserdrucker: Arbeiten mit einem sehr feinen Pulver (Toner). Dieses wird bei hoher Temperatur mit einem Laser auf das Papier gebrannt.

Leitzahl: Die Leitzahl ist das Produkt aus dem Abstand zwischen Blitz und Motiv in Metern und der Blendenzahl.

Leuchtstofflampen: Niederdruck-Gasentladungslampe, die innen mit einem fluoreszierenden Leuchtstoff beschichtet ist.

Lichtempfindlichkeit: Empfindlichkeit des fotografischen Sensors einer Digitalkamera.

Lichter: Helle Teile (im oberen Drittel) eines digitalen Bildes.

Lichtmessung: Messung des Lichtwerts mit einem Handbelichtungsmesser des auf das zu fotografierende Objekt fallenden Lichts.

Lichtstärke: Das Verhältnis der größten wirksamen Blendenöffnung zur Brennweite eines Objektivs.

Lichtwert: Kurzform LW (engl. **E**xposure **V**alue oder EV), bezeichnet eine Schar von Kombinationen aus Blende und Belichtungszeit, die zueinander äquivalent sind.

Linse: Als Linse bezeichnet man ein optisch wirksames Bauelement mit zwei lichtbrechenden Flächen, von denen mindestens eine Fläche konvex oder konkav gewölbt ist.

Live View: Dauerndes Anzeigen des Bildes vor der Aufnahme im Display.

Lochkamera: Die Lochkamera (Camera obscura) ist eine dunkle Kammer oder Schachtel, in die durch ein kleines Loch Licht hineinfallen kann. Auf der dem Loch gegenüberliegenden Seite entsteht ein spiegelverkehrtes und auf dem Kopf stehendes Abbild.

Lowkey: Technisch-gestalterischer Stil, bei dem dunkle Farbtöne vorherrschen.

Luminanz: Auch Leuchtdichte oder Bildhelligkeit genannt. Begriff, der als Maß die Lichtstärke pro Fläche angibt.

Lux: Einheit für die Beleuchtungsstärke.

M

Makroaufnahmen: Bilder kleiner Motive im Maßstab 1:2 oder größer.

Makroobjektiv: Spezielles Wechselobjektiv, das auch mit einem besonders geringen Objektabstand eingesetzt werden kann. Es ermöglicht es, Aufnahmen mit einem großen Abbildungsmaßstab wie z. B. 1:1 zu erzielen.

Manuell: Kameraeinstellungen ohne Automatikfunktionen.

Masken: Masken steuern in der Bildbearbeitung mit Photoshop, wie unterschiedliche Bereiche innerhalb einer Ebene oder eines Ebenensets aus- und eingeblendet werden.

Master-Blitzgerät: Blitzgerät auf der Kamera, das die Slave-Blitzgeräte steuert.

Matrixmessung: Siehe Mehrfeldmessung.

Mattscheibe: Die Mattscheibe oder Einstellscheibe ist eine Scheibe aus zwei Teilen, bei der eine Seite angeraut und die andere speziell als Fresnellinse geschliffen wurde. Sie dient der Motivbetrachtung im Sucher.

MByte: MB (**M**ega**b**yte) = 1.024 KByte.

Megapixel: Million Pixel.

Mehrfachbelichtung: Der Sensor wird mehrfach belichtet, oder mehrere Aufnahmen ab Stativ werden in der Bildbearbeitung zu einem Bild zusammengebaut.

Mehrfachblitze: Bei Langzeitbelichtung wird das Motiv mit mehreren Blitzen ausgeleuchtet.

Mehrfeldmessung: Auch Matrixmessung genannt. Mehrere Sensorfelder werden zur Ermittlung der richtigen Belichtungszeit berücksichtigt.

Mehrfeldsteuerung: Mehrere Sensorfelder werden zur Fokussierung verwendet.

Messwertspeicher: Speichert die aktuellen Messwerte.

Metadaten: Allgemein Daten, die Informationen über andere Daten enthalten.

Mischlicht: Aufnahmesituationen mit verschiedenen Lichtquellen mit unterschiedlichen Farbtemperaturen.

Mittenbetonte Messung: Die Kamera misst die Lichtverhältnisse im gesamten Bildfeld, legt aber den Messschwerpunkt auf ein mittleres Kreissegment.

Mitteltöne: Mittelhelle Tonwerte eines digitalen Bildes.

Mitziehen: Technik, bei der man mit der Kamera dem bewegten Objekt folgt und dabei fotografiert.

Moiré: Ein Moiré-Effekt ist ein Interferenzmuster, das entsteht, wenn sich das Muster eines Motivs und das Pixelraster überlagern.

Monochrom: Ein Bild oder Medium, das nur Graustufen bzw. Abstufungen einer einzigen Farbe zeigt.

Motiv: Ein prägender Bildteil, oft zentral dargestellt.

Motivprogramme: Diese stellen die Kamera je nach fotografischen Motiven automatisch richtig ein (z. B. bei Porträt-, Landschafts- oder Sportaufnahmen).

Multiblitzsteuerung: Mehrere Blitzgeräte werden gemeinsam gesteuert und ausgelöst.

N

NC-Filter: Neutral Color-Filter haben keine sichtbaren Auswirkungen auf die Farben. Als Objektivschutz eignet er sich für den Alltagsgebrauch.

ND-Filter: Neutraldichtefilter, auch Neutralfilter oder Graufilter genannt. Ermöglichen das Hervorrufen einer gleichmäßigen Abdunklung im Bild.

Nodalpunkt: Auch Knotenpunkt genannt. Optimaler Drehpunkt für die Kamera, d. h. der Schnittpunkt zwischen der optischen Achse und der Hauptebene des Objektivs.

Normalobjektiv: Objektiv mit einer Brennweite entsprechend der Länge der Diagonalen des Aufnahmeformats (Sensorgröße). Sie haben einen Bildwinkel von etwa 46 Grad.

Notebook: Auch Laptop (auf dem Schoß) genannt, ein kleiner, tragbarer Mikrocomputer.

O

Objektiv: Ein Linsensystem in der Optik bzw. Fotografie.

Objektmessung: Gegenteil der Lichtmessung. Bei der Objektmessung peilt der Fotograf mit einem externen oder in die Kamera integrierten Belichtungsmesser das zu fotografierende Motiv an (oder bestimmte Teile davon), um den Lichtwert für das vom Objekt reflektierte Licht zu ermitteln.

P

Panorama: Breitformatiges Gemälde oder Fotografie mit einem großen Bildwinkel.

Parallaxe: Bei zweiäugigen Kameras tritt bei Sucherkameras ein sogenannter Parallaxenfehler auf: Der Bildausschnitt im Sucher und das resultierende fotografische Bild stimmen nicht überein. Dieser Fehler wird umso größer, je näher das Objekt gelegen ist.

PC: Personal Computer.

Pentaprisma: Siehe Prisma.

Perspektive: Fasst die Möglichkeiten zusammen, dreidimensionale Objekte auf einer zweidimensionalen Fläche so abzubilden, dass dennoch ein räumlicher Eindruck entsteht.

Phasenverschiebung: Zwei oder mehr periodisch ablaufende Vorgänge mit gleicher Wiederholungshäufigkeit (Frequenz) treten jeweils zu einem zeitlich versetzten Moment auf.

Photoshop: Adobe Photoshop ist ein Bildbearbeitungsprogramm des US-amerikanischen Softwarehauses Adobe Systems.

Pigmentierte Tinte: Hat Farbpartikel, die wesentlich stabiler und schwerer wieder lösbar sind als bei Dye-Tinte.

Pixel: Kleinste Einheit einer digitalen Rastergrafik sowie deren Darstellung auf einem Bildschirm.

Plug-in: Vom engl. to plug in („einstöpseln, anschließen"), ist eine Bezeichnung für ein Computerprogramm, das in ein anderes Softwareprodukt eingeklinkt wird.

Polarisationsfilter: Auch Polfilter genannt, besteht aus zwei Glasscheiben, die sich gegeneinander drehen lassen. Er schaltet je nach der Drehstellung nicht metallische Reflexe (Wasseroberfläche, Plas-

tik, Holz, Glas etc.) aus. Zudem verbessert er die Farbsättigung und wirkt kontraststeigernd.

ppi: pixel per inch, ein Maß für die Bildauflösung.

Printdienste: Drucken Bilder aufgrund digitaler Daten aus.

Prisma: Unter einem Prisma versteht man in der Optik einen Körper, der zwei nicht planparallele Oberflächen und die Form eines Keils besitzt.

Profil: Siehe ICC-Profil.

Profilierung: Erstellen eines ICC-Profils für ein Aufnahme-, Anzeige- oder Ausgabegerät.

Programmautomatik: Stellt die Blende und die Belichtungszeit automatisch ein basierend auf der bestehenden Lichtsituation.

Programmverschiebung: Verschiebt die Kombination von Blende und Belichtungszeit bei Programmautomatik nach oben oder unten.

R

Rauschen: Siehe Bildrauschen.

Rauschunterdrückung: Software zur Reduktion oder Unterdrückung des Bildrauschens.

RAW-Format: Rohdatenformat in der Digitalfotografie.

RAW-Konverter: Wandelt RAW-Bilder meistens in das TIF-Format zur Weiterbearbeitung um.

Reflektor: Helle Oberflächen, die das Licht reflektieren und so das Motiv aufhellen.

Reflexion: Von Reflexion spricht man, wenn ein Lichtstrahl von einer Oberfläche zurückgeworfen wird. Der Eintrittswinkel des einfallenden Strahls ist gleich dem Austrittswinkel.

RGB: Rot Grün Blau (engl. Red Green Blue), ein additives Farbmodell, bei dem sich die Grundfarben zu Weiß addieren. Eine Farbe wird durch drei Werte beschrieben.

RIP: Raster Image Processor. Bindeglied zwischen Computer und Drucker, ermöglicht die perfekte Linearisierung des Druckers.

Rote-Augen-Effekt: Auftreten von roten Pupillen in den Augen von mit Blitzlicht fotografierten Lebewesen.

S

Sammellinse: Auch Konvexlinse oder Positivlinse genannt, eine Linse mit positiver, vergrößernder Brechkraft. Die Sammellinse sammelt das Licht und fokussiert es in ihrem Brennpunkt.

Sättigung: Siehe Farbsättigung.

Schärfentiefe: Oft auch Tiefenschärfe genannt. Bereich in Tiefenrichtung, in dem das Objekt noch vor und hinter der eingestellten Entfernung scharf erscheint.

Scharfzeichnen: Durch Scharfzeichnen wird die Kantendefinition in Bildern verbessert, und sie wirken so auf den Betrachter schärfer.

Scheimpflugsche Regel: Die Regel besagt, dass sich die Bild-, Objektiv- und Gegenstandsebene in einer gemeinsamen Schnittgeraden schneiden müssen, damit alle Objekte der Gegenstandsebene auf der Bildebene scharf abgebildet werden.

Schlitzverschluss: Der Schlitzverschluss wird durch zwei Jalousien (oder Verschlussvorhänge) gebildet.

Schwingspiegel: Lenkt den Lichtstrahl der Optik zum Sucher um. Beim Auslösen wird er hochgeklappt und gibt den Strahlengang zum Sensor frei.

Selbstauslöser: Wenn man den Selbstauslöser betätigt, löst er die Kamera erst nach Ablauf einer fest eingestellten Zeit aus.

Sensor: Ein Sensor (oder Bildsensor) ist ein Halbleiterdetektor, der als lichtempfindliches Element eines digitalen Fotoapparats verwendet wird.

Sepia: Verblasste Schwarz-Weiß-Fotografien, deren Schwarzanteil bräunlich geworden ist und deren Weiß auf dem Papier mit der Zeit gelblich-cremefarben erscheint. Die meisten Fotografieabzüge, die 60 Jahre und älter sind, zeigen diese Farbe.

Serienaufnahme: Auslösen mehrerer Aufnahmen beim Drücken des Auslösers.

Silent-Wave-Motor: Objektiv mit Ultraschallmotor, der Ultraschallschwingungen in Rotation umwandelt. Dies wird für extrem präzise Scharfstellung bei Teleobjektiven genutzt.

Skylight-Filter: Haben eine leicht hellrosa Färbung und beseitigen leichten Dunst im Hochgebirge und am Meer.

Slave-Blitzgerät: Sklavenblitz. Blitzlichtgerät, das von einem Hauptblitzgerät (dem Master) ausgelöst wird.

SLR: **S**piegel**r**eflexkamera oder **S**ingle **L**ens **R**eflex. Als Spiegelreflexkamera bezeichnet man eine Kamera, bei der das Motiv zur Betrachtung über einen Spiegel umgelenkt auf einer Mattscheibe abgebildet wird.

Softbox: Blitzvorsatz mit einer großen Streuscheibe aus Stoff, der ein weiches diffuses Licht erzeugt.

Sonnenblende: Auch als Streulichtblende oder Gegenlichtblende bezeichnet. Sie verhindert, dass seitlich einfallendes Licht an Linsen oder Fassungsteilen reflektiert wird.

Spektralfotometer: Messgerät der Spektralwerte von Farben. Es wird der genaue Farbort der Farbe definiert und Farbabweichungen von einem Messpunkt zum nächsten werden berechnet.

Spektrokolorimeter: Kalibriergerät für Tintenstrahldrucker.

Speicherkarte: Manchmal auch Flash Card oder Memory Card genannt, ein kleines Speichermedium, das verwendet wird, um Bilder zu speichern.

Sphärische Aberration: Abbildungsfehler der Linsen aufgrund der unterschiedlichen Brechung außen und innen.

Spiegel: Siehe Schwingspiegel.

Spiegelvorauslösung: Möglichkeit, den Rückschwingspiegel zeitlich deutlich vor der eigentlichen Aufnahme hochzuklappen.

Spotmessung: Die Kamera misst die Lichtverteilung in einem kleinen Kreissegment (ca. 2 % des Bildfelds des Suchers).

sRGB: Standard-RGB (Rot, Grün, Blau), ist ein RGB-Farbraum, der durch eine Kooperation von Hewlett-Packard und Microsoft geschaffen wurde.

Stativ: Engl. Tripod, dient der stabilen Aufstellung von Kameras.

Stativkopf: Wechselbarer beweglicher Kopf mit Kameraanschlussteil auf festen Stativen.

Striplight: Hohe, aber sehr schmale Softbox.

Stroboskopblitz: Serienblitz. Kurze Lichtblitze in sehr rascher Folge.

Studio: Gut eingerichteter Aufnahmeraum.

Studioblitz: Blitzanlagen im Studio mit integrierten oder separaten Generatoren.

Studiolicht: Licht im Fotostudio mit Studioblitzgeräten. Lichtsteuerung mit Haupt-, Aufhell-, Effekt- und Hintergrundlicht.

Stürzende Linien: Linien und Kanten, die aufeinander zustreben, obwohl sie in Wirklichkeit parallel verlaufen.

Sucher: Eine Vorrichtung zum Anvisieren des aufzuzeichnenden Bildausschnitts des Motivs.

Symmetrie: Ein Objekt wird als symmetrisch bezeichnet, wenn es gegenüber bestimmten Veränderungen (z. B. Spiegelungen) im Erscheinungsbild unverändert bleibt.

Synchronbuchse: Auch als Blitzsynchronanschluss oder Synchronanschluss bezeichnet. Standardisierte Anschlussbuchse bei Fotoapparaten, an die systemfremde Blitzgeräte oder Blitzanlagen in der Studiofotografie angeschlossen werden.

T

Tageslicht: Licht mit einer Farbtemperatur von ca. 5.600 Kelvin.

Telekonverter: Zusatzgeräte für Kameraobjektive, die die Brennweite des vorhandenen Objektivs vergrößern.

Teleobjektiv: Objektiv mit einer gegenüber dem Normalobjektiv längeren Brennweite und damit einem kleineren Bildwinkel.

Teleskop: Früher war das Wort Teleskop gleichbedeutend mit Fernrohr. Heute bezeichnet man damit Instrumente, die elektromagnetische Wellen sammeln und bündeln können, um weit entfernte Objekte vergrößert betrachten zu können.

Thermosublimationsdrucker: Farbdrucker, der die Farben der Trägerfolien in einen gasförmigen Zustand verwandelt, bevor sie in ein Spezialpapier eindringen.

Thermotransferdrucker: Drucker, der mithilfe von Hitze Farbpartikel von einer Trägerfolie auf das Papier überträgt.

Tiefen: Dunkle Teile (im unteren Drittel) eines digitalen Bildes.

TIFF: Engl. Tagged Image File Format, ein Dateiformat zur Speicherung von Bilddaten.

Tilt- und Shiftobjektiv: Spezialobjektiv, das das Verschieben (engl. Shift) und das Verschwenken (engl. Tilt) des Linsensystems gegenüber der Sensorebene ermöglicht.

Tintenstrahldrucker: Ein Tintenstrahldrucker spritzt feine, meist farbige Tintentropfen auf das Papier.

Tonwertkorrektur: Anpassung des Tonwertumfangs eines Bildes.

Tonwertumfang: Gibt an, wie viele Farbinformationen (Tonwertstufen) ein Bild oder eine Bilddatei enthalten kann.

Transformieren: Drehen, Skalieren, Neigen, Verzerren und perspektivisches Verzerren von Bildern in Photoshop.

TTL-Messung: Belichtungsmessung (Kamera und Blitz) durch das Objektiv (Through The Lens).

U

Umgebungslicht: Ambivalentes Licht. Dauerlicht der Umgebung im Gegensatz zum Blitzlicht.

Unschärfekreise: Siehe Zerstreuungskreise.

Umkehrring: In der Makrofotografie zum umgekehrten Montieren des Objektivs an die Kamera.

USB: Universal Serial Bus, Schnittstelle zur Datenübertragung vor allem bei Windows-Computern.

USM: Unscharf maskieren, flexible Scharfzeichnung in der Bildbearbeitung mit Photoshop.

UV-Filter: Sind farbneutral, beseitigen Dunst und bringen mehr Kontrast ins Bild.

V

Vergütung: Die Vergütung (Beschichtung) von Objektiven dient der Vermeidung von Reflexionen an den Grenzflächen zwischen dem Glas und der Luft. Damit wird sowohl störendes Streulicht vermindert als auch die Lichtstärke des Objektivs erhöht.

Verlaufsfilter: Verlaufsfilter besitzen eine über die Filterfläche kontinuierlich veränderliche Filterwirkung. Konzentrische Verlaufsfilter können die Vignettierung der Objektive ausgleichen.

Verschluss: Lichtdichtes, mechanisch bewegliches Element vor dem Sensor.

Verschlusszeit: Siehe Belichtungszeit.

Verzeichnung: Tonnenförmige oder kissenförmige Verzeichnung (oder Distorsion) an den Bildrändern.

Vignettierung: Randhelligkeitsabfall (vor allem bei Weitwinkelobjektiven).

Virtueller Fotoklub: Fotoklubs im Internet als lose Verbindung ohne Mitgliedschaft.

Vogelperspektive: Betrachtung eines Gegenstands von einem schräg darüber gelegenen Augenpunkt aus.

Vollformatsensor: Sensoren in ungefährer Größe eines Kleinbildfilms (36 × 24 mm).

Vorblitz: Vor dem Hauptblitz zündende Blitze mit geringer Stärke zur Reduktion des Rote-Augen-Effekts.

Vorsatz: Vorsatzlinsen und Vorsatzobjektive erweitern die Möglichkeiten der Objektive in den Bereichen Weitwinkel-, Tele- und Makroaufnahme.

VR-Drive: Engl. **V**ibration **R**eduction, Bildstabilisator.

W

Weichzeichnerobjektiv: Auch Defocusobjektiv genannt. Objektiv, bei dem die sphärische Aberration unterkorrigiert ist. Das scharfe Kernbild wird somit von einem unscharfen überlagert, wodurch der bekannte schmeichelnde bis surrealistische Eindruck entsteht.

Weichzeichnung: Effekte, die gezielt zur Bildgestaltung eine nicht scharfe Abbildung bewirken.

Weißabgleich: Der Weißabgleich (engl. **W**hite **B**alance, WB) dient dazu, die Kamera auf die Farbtemperatur des Lichts am Aufnahmeort einzustellen.

Weitwinkelobjektiv: Objektiv mit einer gegenüber dem Normalobjektiv kürzeren Brennweite und einem größeren Bildwinkel.

Wireless-Adapter: Schnittstelle zum drahtlosen Netzwerk (WLAN). Sie wird meist dazu verwendet, einen Computer mit einem Wireless-Access Point (WLAN-Basisstation) zu verbinden.

Wischeffekt: Durch Mitziehen der Kamera wird der Hintergrund verwischt dargestellt.

Z

Zeitautomatik: Engl. Aperture Priority, Vorrang der Blende. Die Blende wird fest eingestellt und die Belichtungszeit von der Kamera aufgrund der Belichtungsmessung automatisch gewählt.

Zentralperspektive: Betrachtung aus normaler Augenhöhe.

Zerstreuungskreise: Sie entstehen bei Unschärfe im Bild, wenn die Projektion eines Punktes eines Motivs außerhalb der scharf gestellten Ebene liegt.

Zerstreuungslinse: Auch Konkavlinse genannt. Parallelstrahlen werden so gebrochen, dass sie (scheinbar vom Brennpunkt auf der Gegenstandsseite kommend) divergent (zerstreuend) die Linse verlassen.

Zoomobjektiv: Ein Zoomobjektiv oder kurz Zoom, ist ein Objektiv mit variabler Brennweite.

Zweidimensional: Darstellung des Raums auf einer Fläche.

Zwischenring: Wird zwischen Objektiv und Kameragehäuse eingesetzt. Dient der Verlängerung der Brennweite, um einen größeren Abbildungsmaßstab für den Nahbereich zu erhalten.

T

U

V

W